抗战时期区域教育研究

——以山西为个案

A Study on Regional Education
During the Period of Anti-Japanese War :
A Case Study of Shanxi

申国昌 著

社会科学文献出版社
SOCIAL SCIENCES ACADEMIC PRESS (CHINA)

图书在版编目（CIP）数据

抗战时期区域教育研究：以山西为个案/申国昌著.—北京：社会科学文献出版社，2014.10

（中国社会科学博士后文库）

ISBN 978-7-5097-6431-2

Ⅰ.①抗… Ⅱ.①申… Ⅲ.①教育史-研究-山西省-1937~1945 Ⅳ.①G527.25

中国版本图书馆CIP数据核字（2014）第201206号

·中国社会科学博士后文库·

抗战时期区域教育研究

——以山西为个案

著　　者／申国昌

出 版 人／谢寿光

项目统筹／宋月华　许　力

责任编辑／连凌云

出　　版／社会科学文献出版社·人文分社（010）59367215

地址：北京市北三环中路甲29号院华龙大厦　邮编：100029

网址：www.ssap.com.cn

发　　行／市场营销中心（010）59367081　59367090

读者服务中心（010）59367028

印　　装／北京季蜂印刷有限公司

规　　格／开 本：787mm×1092mm　1/16

印 张：30　字 数：500千字

版　　次／2014年10月第1版　2014年10月第1次印刷

书　　号／ISBN 978-7-5097-6431-2

定　　价／148.00元

《中国社会科学博士后文库》编委会及编辑部成员名单

第三批中国博士后科学基金特别资助项目
(编号：201003488)
第四十六批中国博士后科学基金面上资助项目
(编号：20090460967)
教育部人文社会科学研究2008年度规划基金项目
(批准号：08JA880028)
华中师范大学中央高校基本科研业务专项资金项目
(编号：120002040510)

序　一

博士后制度是19世纪下半叶首先在若干发达国家逐渐形成的一种培养高级优秀专业人才的制度，至今已有一百多年历史。

20世纪80年代初，由著名物理学家李政道先生积极倡导，在邓小平同志大力支持下，中国开始酝酿实施博士后制度。1985年，首批博士后研究人员进站。

中国的博士后制度最初仅覆盖了自然科学诸领域。经过若干年实践，为了适应国家加快改革开放和建设社会主义市场经济制度的需要，全国博士后管理委员会决定，将设站领域拓展至社会科学。1992年，首批社会科学博士后人员进站，至今已整整20年。

20世纪90年代初期，正是中国经济社会发展和改革开放突飞猛进之时。理论突破和实践跨越的双重需求，使中国的社会科学工作者们获得了前所未有的发展空间。毋庸讳言，与发达国家相比，中国的社会科学在理论体系、研究方法乃至研究手段上均存在较大的差距。正是这种差距，激励中国的社会科学界正视国外，大量引进，兼收并蓄，同时，不忘植根本土，深究国情，开拓创新，从而开创了中国社会科学发展历史上最为繁荣的时期。在短短20余年内，随着学术交流渠道的拓宽、交流方式的创新和交流频率的提高，中国的社会科学不仅基本完成了理论上从传统体制向社会主义市场经济体制的转换，而且在中国丰富实践的基础上展开了自己的伟大创造。中国的社会科学和社会科学工作者们在改革开放和现代化建设事业中发挥了不可替代的重要作用。在这个波澜壮阔的历史进程中，中国社会科学博士后制度功不可没。

值此中国实施社会科学博士后制度20周年之际，为了充分展示中国社会科学博士后的研究成果，推动中国社会科学博士后制度进一步发展，全国博士后管理委员会和中国社会科学院经反复磋商，并征求了多家设站单位的意见，决定推出《中国社会科学博士后文库》（以下简称《文库》）。作为一个集中、系统、全面展示社会科学领域博士后优秀成果的学术平台，《文库》将成为展示中国社会科学博士后学术风采、扩大博士后群体的学术影响力和社会影响力的园地，成为调动广大博士后科研人员的积极性和创造力的加速器，成为培养中国社会科学领域各学科领军人才的孵化器。

创新、影响和规范，是《文库》的基本追求。

我们提倡创新，首先就是要求，入选的著作应能提供经过严密论证的新结论，或者提供有助于对所述论题进一步深入研究的新材料、新方法和新思路。与当前社会上一些机构对学术成果的要求不同，我们不提倡在一部著作中提出多少观点，一般地，我们甚至也不追求观点之“新”。我们需要的是有翔实的资料支撑，经过科学论证，而且能够被证实或证伪的论点。对于那些缺少严格的前提设定，没有充分的资料支撑，缺乏合乎逻辑的推理过程，仅仅凭借少数来路模糊的资料和数据，便一下子导出几个很“强”的结论的论著，我们概不收录。因为，在我们看来，提出一种观点和论证一种观点相比较，后者可能更为重要：观点未经论证，至多只是天才的猜测；经过论证的观点，才能成为科学。

我们提倡创新，还表现在研究方法之新上。这里所说的方法，显然不是指那种在时下的课题论证书中常见的老调重弹，诸如“历史与逻辑并重”、“演绎与归纳统一”之类；也不是我们在很多论文中见到的那种敷衍塞责的表述，诸如“理论研究与实证分析的统一”等等。我们所说的方法，就理论研究而论，指的是在某一研究领域中确定或建立基本事实以及这些事实之间关系的假设、模型、推论及其检验；就应用研究而言，则指的是根据某一理论假设，为了完成一个既定目标，所使用的具体模型、技术、工具或程序。众所周知，在方法上求新如同在理论上创新一样，殊非易事。因此，我们亦不强求提出全新的理论方法，我们的最低要求，是要按照现代社会科学的研究规范来展开研究并构造论著。

我们支持那些有影响力的著述入选。这里说的影响力，既包括学术影响力，也包括社会影响力和国际影响力。就学术影响力而言，入选的成果应达到公认的学科高水平，要在本学科领域得到学术界的普遍认可，还要经得起历史和时间的检验，若干年后仍然能够为学者引用或参考。就社会影响力而言，入选的成果应能向正在进行着的社会经济进程转化。哲学社会科学与自然科学一样，也有一个转化问题。其研究成果要向现实生产力转化，要向现实政策转化，要向和谐社会建设转化，要向文化产业转化，要向人才培养转化。就国际影响力而言，中国哲学社会科学要想发挥巨大影响，就要瞄准国际一流水平，站在学术高峰，为世界文明的发展作出贡献。

我们尊奉严谨治学、实事求是的学风。我们强调恪守学术规范，尊重知识产权，坚决抵制各种学术不端之风，自觉维护哲学社会科学工作者的良好形象。当此学术界世风日下之时，我们希望本《文库》能通过自己良好的学术形象，为整肃不良学风贡献力量。

中国社会科学院副院长

中国社会科学院博士后管理委员会主任

2012 年 9 月

序　二

在21世纪的全球化时代，人才已成为国家的核心竞争力之一。从人才培养和学科发展的历史来看，哲学社会科学的发展水平体现着一个国家或民族的思维能力、精神状况和文明素质。

培养优秀的哲学社会科学人才，是我国可持续发展战略的重要内容之一。哲学社会科学的人才队伍、科研能力和研究成果作为国家的"软实力"，在综合国力体系中占据越来越重要的地位。在全面建设小康社会、加快推进社会主义现代化、实现中华民族伟大复兴的历史进程中，哲学社会科学具有不可替代的重大作用。胡锦涛同志强调，一定要从党和国家事业发展全局的战略高度，把繁荣发展哲学社会科学作为一项重大而紧迫的战略任务切实抓紧抓好，推动我国哲学社会科学新的更大的发展，为中国特色社会主义事业提供强有力的思想保证、精神动力和智力支持。因此，国家与社会要实现可持续健康发展，必须切实重视哲学社会科学，"努力建设具有中国特色、中国风格、中国气派的哲学社会科学"，充分展示当代中国哲学社会科学的本土情怀与世界眼光，力争在当代世界思想与学术的舞台上赢得应有的尊严与地位。

在培养和造就哲学社会科学人才的战略与实践上，博士后制度发挥了重要作用。我国的博士后制度是在世界著名物理学家、诺贝尔奖获得者李政道先生的建议下，由邓小平同志亲自决策，经国务院批准于1985年开始实施的。这也是我国有计划、有目的地培养高层次青年人才的一项重要制度。二十多年来，在党中央、国务院的领导下，经过各方共同努力，我国已建立了科学、完备的博士后制度体系，同时，形成了培养和使用相结合，产学研相结合，政府调控和社会参与相结合，服务物质文明与精神文明建设的鲜明特色。通过实施博士后制度，我国培养了一支优秀的高素质哲学社会科学人才队伍。他们在科研机构或高等院校依托自身优势和兴趣，自主从事开拓性、创新性研究工作，从而具有宽广的学术视野、突出的研究能力和强烈的探索精神。其中，一些出站博士后已成为哲学社会科学领域的科研骨干和学术带头人，在"长江学者"、"新世纪百千万人才工程"等国家重大科研人才梯队中占据越来越大的比重。可以说，博士后制度已成为国家培养哲学社会科学拔尖人才的重要途径，而且为哲学社会科学的发展造就了一支新的生力军。

哲学社会科学领域部分博士后的优秀研究成果不仅具有重要的学术价值，而且具有解决当前社会问题的现实意义，但往往因为一些客观因素，这些成果不能尽快问世，不能发挥其应有的现实作用，着实令人痛惜。

可喜的是，今天我们在支持哲学社会科学领域博士后研究成果出版方面迈出了坚实的一步。全国博士后管理委员会与中国社会科学院共同设立了《中国社会科学博士后文库》，每年在全国范围内择优出版哲学社会科学博士后的科研成果，并为其提供出版资助。这一举措不仅在建立以质量为导向的人才培养机制上具有积极的示范作用，而且有益于提升博士后青年科研人才的学术地位，扩大其学术影响力和社会影响力，更有益于人才强国战略的实施。

今天，借《中国社会科学博士后文库》出版之际，我衷心地希望更多的人、更多的部门与机构能够了解和关心哲学社会科学领域博士后及其研究成果，积极支持博士后工作。可以预见，我国的博士后事业也将取得新的更大的发展。让我们携起手来，共同努力，推动实现社会主义现代化事业的可持续发展与中华民族的伟大复兴。

人力资源和社会保障部副部长
全国博士后管理委员会主任
2012 年 9 月

序

中国是一个幅员辽阔、地形复杂、民族众多、文化多元的国家，只有加强对区域史或地方史的研究，充分展示五彩纷呈的各地文化教育传统，方可绘制出一幅生动鲜活的中华历史图景。我国著名历史学家、华中师范大学教授张舜徽先生曾于20世纪80年代就呼吁，要注意对地方史（含区域史）的研究与整理，以便写成一部真正可称为国史的史籍。我认为，通史只有以区域史为基础，方能成其通；而区域史只有以通史的观念去理解，方能成其深。

教育史研究也不例外，不仅要研究历史上中央的、官方的、精英的、上层的教育制度与教育思想，而且要研究地方的、下层的、民间的、基层的教育活动与办学理念，尤其要关注那些被学术界忽视与遗漏的、被边缘化的区域教育历史。因为这些不被人重视的区域教育历史中有可能恰恰隐藏着不少通史中难以见到的史学瑰宝，这些瑰宝，可能是宝贵的办学经验和理念，也可能是学界稀有的第一手史料。只有建立在丰富多彩的区域教育史基础之上的中国教育史，才可能是全面的、立体的、有血有肉的。

抗战时期区域教育研究是中国近现代史研究的一个重要领域，也是中国教育史研究的一个重要内容。抗战时期由于日本对我国发动侵略战争并建立了各级伪政权，同时大肆推行奴化教育，我国区域教育出现复杂化格局。而山西又是呈现这种复杂化格局的典型代表，主要教育类型有共产党领导下的根据地教育、阎锡山退守中的晋西教育、日伪统治下的奴化教育。三种教育在交锋与博弈过程中，分别依据自身的优势或手段来扩大影响。日伪奴化教育，以军事为依托，凭借强大的军事力量用武力征服教育界人士及广大民众，强制我国人民被动接受奴化教育；阎锡山的晋西教育，以政治为优势，借助其长期统治山西形成的政治优势和在民众中的影响力来兴办国难教育；根据地教育，则以民意为基础，坚持走群众路线，赢得广大人民的拥护，从而实施革命教育。因而，区域教育出现了各种教育之间相互交锋与彼此博弈的复杂格局。

申国昌教授多年来对区域教育研究怀有浓厚兴趣，并发表了该方面研究的系列成果，已出版了专著《守本与开新——阎锡山与山西教育》（山东教育出版社 2008 年版）。2008 年他进入我校中国近代史研究所博士后流动站后，经与我协商，将该题作为其博士后出站报告选题。经过两年多的艰辛钻研，现将这部著作呈现给学界，尽管该书因资料有限，有个别地方研究得还不够深入，但是总体来看，这部近 50 万字的著作堪称是抗战时期区域教育研究的一部力作。全书主要包括六部分内容。第一，抗战时期区域教育复杂化格局形成的综合动因。作者运用美国政治社会学家丹尼斯·朗（Dennis H. Wrong）关于权力与权威的相关理论、约翰·纳什（John Nash）的非合作博弈理论，来分析抗战时期区域教育格局复杂化的综合动因。第二，共产党领导下的革命根据地教育。主要以晋察冀、晋绥根据地的初等教育、中等教育、高等教育、教师教育、干部教育、社会教育等为研究对象，通过大量的第一手资料来生动再现 20 世纪三四十年代共产党领导下山西农村教育的发展情况，并总结出根据地教育的主要特点及办学经验。第三，国民党主持下的国统区教育。重点研究抗战时期阎锡山退守晋西后，兴办干部教育、基础教育、高等教育、社会教育等，尽管条件简陋，但也收到了一定的教育效果，诸如民族革命大学、洪炉训练基地、克难坡中小学等，从而成为当时山西境内的一股不容忽视的教育力量。第四，日伪统治下沦陷区的奴化教育。从日伪奴化教育的本旨、奴化教育政策、奴化教育内容、师资来源、课程设置以及日伪基础教育、高等教育、教师教育、职业教育、社会教育、留学教育的实施情况进行初步探究，力求达到对当时教育的“原生态”研究。第五，三种教育之间的交锋与博弈。运用复杂学理论和博弈论来分析三种教育之间的复杂关系及其相互交锋与彼此博弈，最后以根据地教育的取胜而告终。第六，抗战时期区域教育格局复杂化的特征及影响。

综观全书，我认为，可概括为如下几个特点。

第一，运用各种理论解读历史现象。作者运用美国政治社会学家丹尼斯·朗（Dennis H. Wrong）关于权力与权威的相关理论、约翰·纳什（John Nash）的非合作博弈理论、格若赫姆·罗珀（Graham Romp）的动态博弈和重复博弈理论，来分析抗战时期山西教育格局复杂化的综合动因。三种教育的主办者均是为了在广大民众中获取自己的权力，只是日本侵略者运用的手段是强制性权威，阎锡山使用的是诱导性权威，而共产党采用的是合法性权威，因此，革命根据地教育注定是要最终取胜的。作者还运用复杂学理论和博弈论来分析三种教育之间的复杂关系及其相互交锋与彼此博弈，其中根据地教育与晋西教育遥相呼应，在合作多于排斥的情况下，共同抗拒日伪沦陷区奴化教育。对奴化教育的反抗，成为发展根据地教育与晋西教育的潜在动力，加速了简陋条件下这两种教育的发展。如果说 1940 年前根据地教育与晋西教育是以合作为主的话，那么，抗战后期山西境内的两种教育处于较量与博弈之中，最后以根据地教育的取胜而告终。

第二，采用多种方法阐释教育史实。作者采用史料分析法、口述史学法、计量史学法、比较分析法等研究方法，对抗战时期出现在山西境内的三种教育的办学实况进行生动、真实的展现。作者研究时将抗战时期区域教育发展的基本情况通过数字和系统的数量关系表述出来，以期更加准确、鲜明地反映出抗战时期教育发展的基本状况；研究抗战时期沦陷区奴化教育和晋西教育时，运用了口述资料和回忆录；运用个案研究法，生动再现历史发展的实况；通过心态分析法，分析了日伪实施奴化教育、阎锡山兴办晋西教育的心态。

第三，通过原始史料展现历史实况。史料犹如盖楼房的建筑材料，没有史料的教育史研究好似无米之炊。近代史学大师梁启超强调：“史料为史之组织细胞，史料不具或不确，则无复史之可言。”① 因此，作者为了搜集第一手史料，曾历时一年东奔西走、北上南下，先后到中国第二历史档案馆、国家图书馆、山西省档案馆、山西省图书馆、河北省档案馆、山东省档案馆等地查阅档案资料。还深入到城乡采访，获取关于日伪奴化教育和晋西教育的第一手史料。正是通过这些第一手资料构筑起了日伪奴化教育和晋西教育的基本框架，尽可能真实地反映当时教育的实况，体现对历史的“原生态”研究。

第四，逻辑严密，思路清晰，结构完整。首先，从军事、政治、文化、自然环境等多个角度分析了抗战时期区域教育复杂化格局形成的综合动因；接着，对抗战时期并存于区域内的三种教育（共产党领导下的革命根据地教育、国民党主持下的国统区教育、日伪统治下沦陷区的奴化教育）分别以专章形式作了深入透彻的历史解读，将三种教育的历史图景生动地展示出来；之后，以史料为依据考察了抗战时期三种教育之间的交锋与博弈情况；最后，概括了抗战时期区域教育格局复杂化的特征及影响，还在结语中对抗战时期区域教育的共性特征作了提升与概括。阅读全书后，给人以一种有前因后果、来龙去脉清晰的完整印象。

章开沅先生说过：“历史研究的本身首先是求真求实，历史的真实就是历史对象的原生态……历史事件、历史人物的原生态，就是其本来面貌，就是它们的真实面相。”② 无论是研究全球史还是区域史，首先要看其能否生动展示历史的真实场景；无论是叙事史学还是分析史学，关键要看其能否揭示历史的真实面相。该书作者正是朝着“原生态”展示区域教育真实历史场景的方向逐步迈进，我衷心希望以后他在该研究领域能走得更远！

马　敏

华中师范大学近代史研究所教授、博士生导师

2013 年 11 月 22 日

① 梁启超：《中国历史研究法》，上海古籍出版社 1998 年版，第 40 页。

② 章开沅：《商会档案的原生态与商会史研究的发展》，《学术月刊》2006 年第 6 期。

摘要

抗战时期由于日本对我国发动侵略战争并建立了各级伪政权，同时大肆推行奴化教育，我国区域教育出现复杂化格局。而山西又是呈现这种复杂化格局的典型代表，主要教育类型有共产党领导下的根据地教育、阎锡山退守中的晋西教育、日伪统治下的奴化教育。三种教育在交锋与博弈过程中，分别依据自身的优势来扩大影响。日伪奴化教育，以军事为依托，凭借强大的军事力量来武力征服教育界人士及广大群众，强制我国人民被动接受奴化教育；阎锡山的晋西教育，以政治为优势，借助其长期统治山西形成的政治优势和在民众中的影响力来兴办国难教育；根据地教育，则以民意为基础，坚持走群众路线，赢得广大人民的拥护，从而实施革命教育。因而，区域教育出现了各种教育之间相互交锋与彼此博弈的复杂格局。

本书试图运用美国政治社会学家丹尼斯·朗（Dennis H. Wrong）关于权力与权威的相关理论、约翰·纳什（John Nash）的非合作博弈理论、格若赫姆·罗珀（Graham Romp）的动态博弈和重复博弈理论，来分析抗战时期山西教育格局复杂化的综合动因。三种教育的主办者均是为了在广大民众中获取自己的权力，只是日本侵略者运用的手段是强制性权威，阎锡山使用的是诱导性权威，而共产党采用的是合法性权威，因此，革命根据地教育注定是要最终取胜的。另外，还从地形地貌的多样化和复杂性、民国早期的教育基础、日本对原有教育的破坏、权力的博弈与军事争战在教育中的反映等角度，分析抗战时期区域教育格局复杂化的综合动因。

本书采用史料分析法、口述史学法、计量史学法、比较分析法等研究方法，对抗战时期出现在山西境内的三种教育的办学实况进行生动、真实的展现。首先，研究共产党领导下的根据地教育。主要以晋绥、晋察冀根据地的初等教育、中等教育、高等教育、教师教育、干部教育、社会教育等为研究对象，通过大量的第一手资料来生动再现20世纪三四十年代共产党领导下山西农村教育的发展情况，并总结根据地教育的主要特点。其次，研究阎锡山退守中的晋西教育。重点研究太原沦陷后，阎锡山退守晋西，在这块“统治地盘还不到山西总面积八分之一”的“小小的弹丸统治范围内享受着日本侵入山西前他曾竭力想得到而又没有得到的独裁专制权”。[①] 为此，他苦苦经营晋西这块贫瘠山地，力求通过人为的努力，来改变其穷途末路的命运。为了实施其“洪炉训练”计划和实践其“种谷”教育理念，在晋西兴办干部教育、基础教育、高等教育、社会教育等，尽管条件简陋，但也收到了一定的教育效果，诸如民族革命大学、洪炉训练基地、克难坡中小学等，从而成为当时山西境内的一股不容忽视的教育力量。最后，挖掘日伪统治下沦陷区的奴化教育。从日伪奴化教育的本旨、奴化教育政策、奴化教育内容、师资来源、课程设置以及日伪基础教育、高等教育、教师教育、职业教育、社会教育、留学教育的实施情况进行初步探究，力求达到对当时教育的“原生态”研究，进而从中总结出日伪奴化教育的性质、特点以及对山西社会的负面影响。

运用复杂学理论和博弈论来分析三种教育之间的复杂关系及其相互交锋与彼此博弈，其中根据地教育与晋西教育遥相呼应，在合作多于排斥的情况下，共同抗拒日伪沦陷区奴化教育。对奴化教育的反抗，成为发展根据地教育与晋西教育的潜在动力，加速了简陋条件下这两种教育的发展。如果说1940年前根据地教育与晋西教育是以合作为主的话，那么，抗战后期山西境内的两种教育处于较量与博弈之中，最后以根据地教

① ［美］唐纳德·G. 季林：《阎锡山研究——一个美国人笔下的阎锡山》，牛长岁等译，黑龙江教育出版社1990年版，第306页。

育的取胜而告终。

最后，本书总结了抗战时期区域教育格局复杂化的特点及其影响。研究的重点是抗战时期共产党领导下的根据地教育、国统区教育、日伪统治下的奴化教育。研究的难点是运用博弈论和复杂学理论去分析三种教育的复杂关系，抛开政治因素仅从教育内部找出根据地教育的富有生命力的内在机理，进而从中探索适合当今中西部农村教育发展的现实路径。

关键词： 抗战时期　区域教育　根据地教育　国统区教育　奴化教育

Abstract

During the Anti-Japanese War, Japan launched the invasion war in China, established a puppet government at all levels and wantonly implemented slavery education, which resulted in complicate pattern shaping in China's regional education. Shanxi was the typical representative of this complicated pattern. Its main educational types were education of base areas under the leadership of the communist party, the Jin West education under Yen Hsi-shan's withdraw and the slavery education under the rule of puppet government. In the process of clash and game, those three types of education respectively extended their influence in accordance with its own advantages. The slavery education, on the basis of military, coquetted educators and the masses with strong military strength and compelled our people to accept the slavery education passively. Yen Hsi-shan's Jin West education, which based on politics advantage, initiated national calamity education with its political advantage and the influence in people under its long reign of Shanxi. Education of base area, taked public opinion as foundation, adhered to the mass line, gained the masses of people's support, thus implemented the revolution education. Therefore, the complex pattern appeared in the regional education under clash and game among various types of education.

This book attempts to apply the power and authority related theory of Dennis H. Wrong, non-cooperative game theory of John Nash, and the dynamic games and repeated game theory of Graham Romp, who are American political sociologists, to analyze comprehensive drivers of Shanxi's education pattern complication during the Anti-Japanese War. All those three types of education sponsors all tried to get his power in the general, but they used different means. The Japanese aggressors used mandatory authority, Yen Hsi-shan's government used the inductive authority, while the communist party used the legitimacy authority. Therefore the revolutionary base education was doomed to win at last. In addition, this book also analyzes comprehensive drivers of Shanxi's education pattern complication during the Anti-Japanese War from the diversity and complexity of the landform, the education foundation in the early years of the republic, the destruction of the original education caused by Japan, the reflection of power game and military war in education, and so on.

Through analyzing historical materials, oral history method, measuring historiography method, comparative analysis and other methods, this paper makes a vivid and live show of three types of education's situation appearing in Shanxi province during the anti-Japanese war. Firstly, it researches the revolutionary base education under the leadership of the communist party. It mainly takes the elementary education, secondary education, higher education, teacher education, cadre education and social education in Jin-Sui and Jin-Cha-Ji base area as the research objects. It vividly represents the rural education development situation of Shanxi province under the leadership of the communist party in 1930s by a lot of first-hand materials, and summarizes the main characteristics of education base areas. Secondly, it researches Jin West education under Yen Hsi-shan's. The key research point is after Taiyuan's fall and Yen Hsi-shan's withdraw after Jin West, " in this rule area which was less than one eighth of Shanxi total site, he enjoyed the dictatorial right which he had tried to want to get but hadn't get before Japanese invading Shanxi but in this small projectile rule range" . Therefore, he has endeavored to build Jin West such the barren hill land and strived to change its extremity of destiny through artificial efforts. In order to implement its "melting pot" plan and practice its "seeding valley" education concept, he initiated basic education , cadres education , higher education and social education in the Jin West area. Although the condition was simple and crude, it received some education effect, such as national revolutionary university, the melting pot training base, gram difficult slope primary and middle school, which became an unignorable educational strength in Shanxi province at that time. Finally, this paper researches the slavery education in the Japanese-occupied areas under the rule of the puppet government. It makes a preliminary study from the slavery education's main purpose, policy, content, teachers, curriculum setting and implementation of puppet basic education, higher education puppet, teacher education, vocational education and social education, study abroad education to, strive to achieve the research of original education at that time. Furthermore, this paper concludes the puppet slavery education's properties, characteristics and the negative influence in Shanxi society.

This book uses complexity theory and game theory to analyze the complex relation of the three types of education and the clash and game with each other, including the base area education and Jin West education from afar. Under the situation of cooperation than exclusive circumstance, they jointly resisted the puppet slavery education in the Japanese-occupied areas. The revolt to slavery education became underlying dynamic of the base area education and Jin West education, accelerating their development under the simple and crude condition. If before 1940 years the base area education and Jin West education gave priority to cooperation, thus in the later period of Anti-Japanese War in Shanxi province these two types of education were in competition with game, ending in the win of base area education.

Finally, this book summarizes the characteristics and the

influence of the complicated regional education pattern during Anti-Japanese War. Its key point is the base area education under the leadership of the communist party, the boosting education and the slavery education under the puppet government. The difficult point is to use the game theory and the complex theory to analyze the complicated relationship among three kinds of education, aside from political factors only from education's inner part to find base of education find the vitality inner mechanism of the base area education, and then explore a realistic paths for today's Midwest rural education development.

Keywords: The Period Of Anti-Japanese War; Regional Education; The Anti-Japanese Base Areas Education; The Kuomintang Areas Education; The Enslaving Education

目 录

Contents

图表目录

导　论

一个国家的生命，系于全国人民身上；一场战争的胜败，取决于人心之向背。①

——［美］唐纳德·G. 季林

正如美国学者唐纳德·G. 季林所说，国家的命运取决于人民，战争的胜负取决于人心。同样，教育的发展取决于民众。抗战时期因军事和政治因素所致，我国大部分区域教育呈现出复杂化的格局，即在抗日根据地有共产党领导的根据地教育，在日伪沦陷区有日伪开办的奴化教育，在国统区有国民党维持的原有教育，这三种教育在交锋与博弈中并存。这三种政治与军事力量之所以都十分关注教育，其原因像法国布迪厄所讲："任何权力都发挥符号权力的作用，也就是说，任何权力都试图通过掩藏构成其力量基础的权力关系来强加意义，并把这些意义强加为合法意义，都将自身的特殊的符号力量增强到那些权力关系之上。"② 教育活动就是一种符号权力，所有政治权力集团为了掩藏其权力支配关系和维系其权力运行机制，均十分重视发展教育，因为"教育体制隐藏了权力运作的至关重要的秘密，它既是权力运作、传承和再生产的主要途径，同时又由于其超功利相对自主的形式，掩盖了权力的支配关系"③。

---

① ［美］唐纳德·G. 季林：《阎锡山研究——一个美国人笔下的阎锡山》，牛长岁等译，黑龙江教育出版社 1990 年版，第 282 页。

② Bourdieu, P. et al., *Reproduction in Education, Society and Culture*, London: SAGE Publications, 1990, p. 3.

③ 朱国华：《权力的文化逻辑》，上海三联书店 2004 年版，第 83—84 页。

然而，由于兴办这三种教育主体的不同，特别是培养目的、教育体制、课程设置的不同，以及争取民众政策与路径的不同，体现出在正义与非正义性质上的差异，因而最终结果是坚持走群众路线、团结民众、为民着想的根据地教育取得最后胜利。而在抗战时期呈现复杂化格局的区域教育当中，山西是最具典型特征的省份，可以说是当时全国战时教育的一个缩影。以山西为例研究抗战时期区域教育格局，尽管是带有区域性质的历史研究，但是由于山西地处华北地区，是抗战时期共产党领导下华北抗日的中心，又是日寇统治下的沦陷区，而阎锡山在山西的统治又根深蒂固，共产党、阎锡山与日伪在该地区均开展了各种类型的教育活动，这样就形成了三种教育的交锋与博弈。本课题研究主要以抗战时期出现在山西境内的共产党领导下的根据地教育、阎锡山退守中的晋西教育、日伪统治下的奴化教育以及这三种教育的交锋与博弈为个案，运用博弈论去分析三种教育的复杂关系，进而找出根据地教育富有生命力的内在机理，进而为拉开抗战时期区域教育史研究起到抛砖引玉的作用。

一、选题缘由与研究价值

山西在中国抗日战争史上占据着十分重要的历史地位，是华北抗战的基石和依托，是共产党领导下全民族抗战的“出发地”和“立脚点”。抗战时期山西呈现出复杂化的教育格局，有共产党领导下的根据地教育、阎锡山退守中开办的晋西教育和沦陷区的日伪奴化教育。这三种教育一直在交锋与博弈中并存，日伪奴化教育对阎锡山的原有教育和根据地教育进行残酷的破坏与打击，根据地教育与阎统区教育在合作抗日期间共同进行反奴化教育；而1939年底“晋西事变”之后阎统区教育对根据地教育进行排斥，同时根据地教育对阎锡山的反共教育进行反击。这样就形成了三种教育的交锋与博弈，最后以抗日战争的胜利和共产党领导的根据地教育的发展壮大而告终。

（一）选题缘由

之所以要选此课题作为我博士后出站报告的研究内容，主要基于以下几方面的考虑。

第一，关于抗战时期三种教育并存、交锋与博弈研究，目前学界很少有人涉及。抗日战争时期，是一个战争频仍、社会动荡的时期，也是一个危机深重、民不聊生的时期。在抗战时期由于日本侵略者的入侵，致使中国大部分领土沦陷。日伪在进行军事与政治侵略的同时，也进行了大肆的文化教育侵略。面对日本的猖狂入侵和野蛮掠夺，中国共产党从民族利益出发，建立抗日民族统一战线，与第二战区阎锡山联合抗日，同时大力发展根据地文化教育事业，积极开展反奴化教育。抗战时期出现了一种复杂的教育格局，即根据地教育、国统区教育、日伪奴化教育三种教育并存，尽管学术界对三种教育分别从全国角度进行过专门研究，但是就一个区域或一个省份将三种教育放在一起来研究，并探究三种教育的交锋与博弈，迄今为止尚未有人从事这方面的研究。

第二，研究抗日战争时期区域教育复杂化格局，有助于进一步丰富抗战史研究。以往研究抗战史大都集中在政治与军事方面，而全方位探究战时区域教育的成果几乎没有。目前仅有单纯就日伪奴化教育进行研究的成果，也有专门研究根据地教育史的成果。但就一个省去解剖抗战时期区域教育复杂格局以及三种教育的交锋与博弈的研究成果，至今尚未出现，这就为本课题研究留下了较大的空间，驱使著者去下功夫挖掘该方面的研究资料，并对三种教育的博弈进行理论层面的分析。

第三，乡土观念和个人兴趣驱使著者倾心于该项研究课题。我作为山西人，对抗日战争相关情况从小就了解不少，因为我父亲曾是一名参加过抗日战争多次战役的八路军战士，他于 1943 年光荣地参加了八路军 120 师 358 旅。我从小常听父亲讲述抗战的动人故事，同时也听父母讲述了不少当时百姓的生活境遇，其中也不乏关于日伪对农村教育的破坏、根据地教育的艰难维系、日伪奴化教育的推行及基层民众的抵触等。这些生动、逼真的故事，深深地印在了我的幼小心灵，也像种子一样深埋在我的内心深处。因此，于 2008 年申请进入华中师范大学中国近代史研究所博士后流动站时，我就选择了这一课题作为自己的出站报告研究内容，并得到了合作导师马敏教授的首肯，同时在征求所长朱英教授意见的基础上，确定了该选题。

（二）研究价值

第一，研究抗战时期革命根据地教育，特别是民众教育，可为当今加强中西部地区农村教育和新农村建设提供一定的历史参照。抗战时期在山西境内主要有晋绥、晋察冀等抗日根据地，而根据地所占的区域大都在经济文化相对落后的山区农村，在当时因战争导致生存条件极其恶劣的情况下，竟然能够在中国共产党的领导下将各类教育特别是小学教育和社会教育办得轰轰烈烈，成就卓著。以晋察冀根据地为例，1938 年晋察冀边区 48 个县，共有小学 4898 所，小学生数 220460 人；1940 年增加到 7697 所，小学生数为 469416 人，比 1938 年增加了 248956 人，也就是说增加了 1 倍多；1941 年小学校数增至 7901 所，学生数为 616029 人。仅就晋东北十多个县来说，1941 年春在自然条件和社会条件均十分恶劣的情况下，克服重重困难，努力发展小学教育。当年该区学龄儿童总数为 101135 人，共有小学校 1530 所，在校学生 68666 人，学龄儿童入学率达 67.9%；同年 7 月，学生数增至 69044 人，男女教员共计 1908 人。四专区，1941 年春学龄儿童总数为 107881 人，入学儿童数为 93918 人，学龄儿童入学率为 87.1%，小学教员总数达 1275 人。[①] 所以，李公朴先生于 1940 年就说过，晋察冀边区“小学在 1 万以上，学生共计 40 多万。这是正规学校教育内的数字，所在各种冬校、夜校、识字班……一类的教育组织尚不在内。……50 户以上的村庄，起码成立一所小学校”[②]。社会教育方面，以晋绥根据地为例，据不完全统计，兴县、保德等晋西北 19 县 1940 年共设冬学 3116 所，平均每个行政村拥有冬学 2.18 所；入学人数为 178182 人，平均每校有学员 57 人。其中静乐等六县入学人数为 47193 人，占应入学人数 69432 人的 68%。[③] 从根据地的办学经验中，可以汲取有益成分，为当今发展中西部农村义务教育和建设新农村提供历史借鉴。

第二，研究抗战时期阎锡山退守中的晋西教育，特别是山西民族革命大学和克难教育运动，有利于重新认识国共合作对发展中国文化教育的重要意义。在抗战初期建立的民族革命大学，是国共合作、联合抗日的杰作，培养了一大批华北抗日骨干。而且，该校教师中，有不少是全国声望素著的进步学者、教授和专家，如李公朴、杜任之、江隆基、侯外庐、施复亮、陈唯实、何思敬、温健公、秦丰川、刘潇然、胡磊、周巍峙、杜心源、徐懋庸、孙荪荃、萧三、萧军、萧红等，也有当时的山西名流李冠洋、邱仰浚、薄右丞、周新民等，还有来自朝鲜的教师朴建雄、尹澄宇、

① 张向一：《边区小学教育的概况》，《晋察冀日报》1943 年 1 月 23 日。

② 李公朴：《华北敌后——晋察冀》，生活·读书·新知三联书店 1979 年版，第 139—140 页。

③ 杜心源：《民国二十九年度教育工作总结》，《行政导报》第 2 卷第 2、3 期合刊，1941 年 8 月。

崔英等，可谓名流荟萃，盛极一时。民族革命大学是国民党和共产党合作抗日、携手共进的成功典范，为新世纪国共合作，繁荣与发展两岸文化教育事业提供了良好的范式和历史经验。

第三，探究日伪统治下的奴化教育，有利于揭示日本对华实施文化教育侵略的真实面目，从而为当今年青的一代提供国耻教育的警示教材。中国抗日战争和世界反法西斯战争取得胜利已将近70年，但日本至今有不少政要和学者肆意否认其发动侵略战争给中国人民所带来的惨重破坏和民族感情的伤害。因此，在新世纪，饱受战争之痛的中国人民发起了总结历史、以史为鉴的呼吁，民间开展搜寻与陈列日本侵华历史罪证活动，以此来引起发动战争国家的反省。然而，日本右翼分子掀起了一股美化侵略战争的逆流，日本有人甚至宣称日本发动战争是为了“亚洲的解放”“亚洲的独立”，还有人扬言“不承认是侵略战争”，甚至认为“南京大屠杀是虚构的”，等等，这种态度极大地伤害了中国人民的感情。因此，从不同角度加深对日本侵华历史罪证的研究成为我国抗战史研究的一项重要内容。本课题试图从教育角度以一个区域为个案，专门研究日本侵华对山西原有教育体系的破坏及其对战时青少年儿童心灵的深层次伤害。以此来真实展现日本对华实施文化教育侵略的本来面目，为人们提供日本对中国进行文化侵略的历史罪证，同时也可为我国青少年提供国耻教育的教材。

第四，本课题研究对于深化华北抗战史研究和丰富区域教育史研究具有一定的学术价值。从学术角度来看，本课题研究有助于丰富抗日战争史研究，因为以往学界对抗日战争史的研究大多从军事和政治角度去研究，该方面的研究成果也颇为丰硕。而从文化教育角度，尤其从一个区域入手，以解剖麻雀式的方法去研究抗战时期教育的成果，迄今为止可谓寥若晨星，这就为以后开展区域抗战史研究提供了较大的余地。另外，就中国教育史研究而言，本来关于抗战时期的教育史研究成果就不算多，而已有的研究成果也仅从全国角度研究日本侵华教育史和革命根据地教育史，缺乏区域性研究成果。以山西为例，尤其缺乏对阎锡山退守晋西教育和日本在山西实施奴化教育的专题研究。因此，本课题着重从根据地教育、晋西教育和奴化教育三种教育并存、交锋与博弈的视角，对抗战时期区域教育史进行研究，作者认为这对丰富中国教育史研究亦具有一定的学术价值。

二、研究现状及文献综述

从区域角度研究抗战时期三种教育的专题成果，目前学界尚未出现。而从全国范围去研究根据地教育、国统区教育、奴化教育的成果也不算多，只是以零星的论文方式出现的研究成果已有不少。现就与抗战时期在山西境内出现的三种教育相关的研究成果以及相关文献陈述于下。

（一）研究现状

第一，关于抗战时期中共领导下革命根据地（涉及在山西境内根据地）教育的研究。迄今为止，尚未出版关于抗战时期山西教育研究的专门著作，只是有些著作中有少量相关内容涉及。如毛礼锐、沈灌群主编的《中国教育通史》（山东教育出版社 1988 年版）第五卷的“革命根据地教育”部分，有少量涉及晋察冀根据地教育的内容。李国钧、王炳照主编的《中国教育制度通史》（山东教育出版社 2000 年版）第七卷的“新民主主义教育制度”，只是从宏观角度概括性介绍了抗战时期革命根据地教育制度，并未涉及晋察冀、晋绥及晋冀鲁豫边区教育的相关政策。延安时事问题研究会编的《抗战中的中国文化教育》（上海人民出版社 1961 年版），对华北敌后抗日根据地教育作了简略介绍。董纯才的《中国革命根据地教育史》（教育科学出版社 1991 年版）有晋察冀和晋绥根据地教育的相关内容，仅就史料的时间顺序作了初步梳理，缺乏理论分析。中国抗日战争史学会编的《抗战时期的文化教育》（北京出版社 1995 年版）第九章“各抗日根据地的文化教育”，仅用很短的篇幅论述了晋察冀、晋冀鲁豫、晋绥根据地的文化教育政策简况。《晋冀鲁豫边区太岳中学校史》（山西人民出版社 2004 年版）和《晋绥边区第一中学校校史》是两部涉及山西抗日根据地教育的中学校史。代表性的论文有：邓红的《论晋察冀边区的社会教育》（《抗日战争研究》1999 年第 2 期），主要研究了晋察冀边区社会教育的阶段划分、主要形式及社会功能；康俊娟的《抗战时期晋察冀边区教育事业的发展》（《档案天地》2002 年第 1 期），仅就小学教育、民众教育、干部教育作了简单的史料梳理；郭夏云的《简论抗战时期晋察冀农村冬学教育的意义》（《晋阳学刊》2007 年第 2 期），重点论述了晋察冀边区冬学教育的意义；解佐欣的《浅谈山西抗日根据地的民众教育》（《沧桑》2007 年第 3 期），仅就山西抗日根据地的民众教育进行简单梳理，并未作深层次分析；张雪琴的《山西抗日根据地的教育事业》（《党史文汇》1997 年第 12 期），以较短的篇幅介绍了山西抗日根据地的教育发展概况。

第二，关于抗战时期阎锡山退守晋西教育的研究。李茂盛主编的《阎锡山全传》（当代中国出版社 1997 年版），由于著者基本放弃了“左”倾态度，收起了有色眼镜，因而能够从客观的视角、以平和的心态去审视与评判阎锡山的言行。但这部著作仍以研究政治为主线，以军事为主体，只是粗线条地从“用民政治”角度去简略论述了阎锡山的教育观，也有少部分内容涉及抗战时期阎锡山在晋西兴办教育。中共中央党校编的《阎锡山评传》（中央党校出版社 1991 年版）更多地从政治与军事两方面对阎锡山在山西的活动作了评述，而涉及教育方面的内容微乎其微。1988 年台湾阎伯川先生纪念会编写的《民国阎伯川先生锡山年谱长编初稿》由台湾商务印书馆出版，1997 年出版了由该会编的《阎伯川先生感想录》，2003 年又出版了《阎伯川先生 120 年诞辰纪念集》，这些均属史料整理方面的成果，为研究阎锡山提供了比较翔实的第一手材料。不过，台港及海外的研究成果大都有失真现象，往往将阎锡山抬得太高，不符合史实之处比比皆是。此外，美国的唐纳德 · G. 季林撰写的《阎锡山研究》中译本，也于 1990 年由黑龙江教育出版社出版。该书对阎锡山又否定得太多，作者基本持贬抑态度，原因是阎锡山一生对美国不感兴趣，而且一直与亲美的蒋介石貌合神离。目前，关于阎锡山研究仍存在不少缺憾与不足：第一，不能客观公正、实事求是地评价阎锡山，将阎锡山定位于一个反面人物去研究。多数研究成果，对阎锡山的评价只停留在他是一个狡猾、老成的守土军阀和凶残、毒辣的反共老手，把阎锡山说得一无是处，似乎在其统治山西 38 年间净干坏事不干好事。这主要是由于长期以来受政治因素的影响，一些研究者不能也不敢对阎锡山作实事求是的评价和客观公正的定位，往往对其治晋成绩轻描淡写、不予肯定；而对阎锡山的缺点大写特写、无限夸大，使得阎锡山成为一个带着几层假面具的戏剧性历史人物，而不是一个有血有肉的生动形象的现实人物。第二，研究的视野还不够开阔，仍将阎锡山研究的重心停留在政治与军事领域。即使有一少部分对文化教育方面的研究，也只是粗线条的归纳和史料的简单归类而已。其实阎锡山也像普通人一样，除了参加政治争斗和军事争战之外，还对文化教育、思想宣传和文学艺术颇感兴趣。过去学术界习惯于将阎锡山作为一个政治人物来研究，而对其重视文化教育的思想与兴教办学的实践却研究甚少，成果寥寥无几。此外，《山西大学百年校史》（中华书局2002年版）中有抗战时期山西大学的西迁过程记述。与民国时期山西教育研究相关的成果还有笔者的《守本与开新——阎锡山与山西教育》（山东教育出版社2008年版），重点研究1917—1937年阎锡山兴办山西国民教育、人才教育、职业教育、社会教育的情况，其中也有少量篇幅涉及抗战时期的晋西教育。同时，笔者的论文《民国时期山西义务教育经费保障机制研究》（《教育与经济》2008年第2期）、《民国时期山西高等小学研究》〔《华东师范大学学报》（教科版）2009年第4期〕、《民国时期山西初等小学教育实施效果及其影响》（《教育理论与实践》2008年第12期）、《以教促政：民国时期山西社会教育模式研究》（《近代史学刊》第6辑）等，也有部分内容涉及抗战时期的阎统区教育。

第三，关于日伪在沦陷区的奴化教育。余子侠、宋恩荣合著的《日本侵华教育全史》第2卷（人民教育出版社2005年版），主要就日伪在华北地区实施奴化教育情况作了专门研究，重点研究了伪华北政权的教育政策与措施、伪华北政权各级各类教育的设置与变迁、伪华北政权的留学教育及教育交往等，其中涉及山西的内容可以说凤毛麟角。齐红深主编的《日本侵华教育史》（人民教育出版社2002年版）和张玉成的《汪伪时期日伪奴化教育研究》中有零星关于华北伪政权教育的论述，而且由于资料的缺乏，其中对山西的奴化教育论述极少。张全盛等编著的《日本侵晋纪实》（山西人民出版社1992年版），仅有一章内容论述日伪对山西的文化教育侵略，而且也只是资料罗列式的，缺乏专门分析。岳谦厚著的《战时日军对山西社会生态之破坏》（社会科学文献出版社2008年版），只有一章涉及日军对山西文化教育资源的掠夺与破坏，并未对日伪在山西的奴化教育实施全貌进行全方位展示。还有如张理明的《日本侵华期间在山西沦陷区的奴化教育》（《沧桑》2000年第6期）、王运丽的《日伪在山西沦陷区推行的奴化教育》（《沧桑》1997年第1期）、屈殿奎的《抗战时期汾南沦陷区教育状况》（《文史月刊》1996年第4期）等，只有零星的涉及抗战时期山西教育的内容，并未对其作专门的研究。

综观以上情况，至今学术界对抗战时期的山西教育仍缺乏专门、全面与系统的研究，在当今实施中部崛起战略，大力发展农村教育，着力构建和谐教育体系的新形势下，加强对抗战时期山西教育的研究具有特殊的历史意义。

（二）文献综述

除以上成果外，尚有不少档案资料、文史资料、地方教育志资料，亦可作为本课题研究的重要参考文献。举其要者，简述如下。

关于晋察冀、晋绥根据地教育史研究文献，抗战时期的一些报刊如《晋察冀日报》《边区教育》《边区往来》《教育阵地》《抗敌报》《抗战日报》等，是研究根据地教育史的第一手资料。还有王谦主编的《晋察冀边区教育资料选编》（河北教育出版社 1990 年版），王用斌、刘茗、赵俊杰编的《晋察冀边区教育资料选编》（续集）（北京师范大学出版社 1991 年版）和山西省教育史晋绥边区编写组等编的《晋绥革命根据地教育史资料选编》等，较为全面地搜集了关于晋察冀和晋绥根据地教育史方面的资料。还有李公朴的《华北敌后——晋察冀》（山西太行文化出版社 1940 年版），刘振华、王培德主编的《晋绥一中校史》（中共吕梁地委党史研究室 1988 年编印），太岳中学校史编委会编的《晋冀鲁豫边区太岳中学校史》（山西人民出版社 2004 年版）等，可为研究根据地教育史提供较为具体的内容。此外，董纯才主编的《中国革命根据地教育史》（教育科学出版社 1991 年版），也可作为本课题研究的辅助参考资料。还有《山西文史资料》和山西各市、县文史资料以及各县教育志等，均可为本课题研究提供重要的资料。

关于战时阎锡山的教育理念及晋西教育史研究文献，主要有刘克著《抗战中的阎伯川将军》（学习社和复兴日报社 1944 年编印）、山西民训联席会议编《阎主任升降旗训话》（晋西民族革命出版社 1937 年版）、山西省普训干部及民众指导委员会编《会长训话辑要》（1944 年编印）、太原民族革命社编《阎伯川先生最近言论集》（阵中日报社 1938 年编印）、太原绥靖公署主任办公处编《阎伯川先生言论辑要》（太原绥靖公署办公处 1937 年编印）、《阎伯川先生救国言论选集》第 1—3 辑（现代化编译社 1945 年版）、《阎伯川先生与山西政治的客观记述》（现代化编译社 1946 年版）等，可为研究抗战时期阎锡山的政治观与教育观提供第一手资料。《中央日报》《申报》《大公报》《教育公报》《阵中日报》《香港星岛日报》《扫荡报》《东方杂志》《教育杂志》《中华教育界》《壶口》等报刊，可为研究抗战时期晋西教育状况提供重要的第一手资料。民国教育部编《第二次中国教育年鉴》（台湾宗青图书出版公司 1991 年影印版）、中国第二历史档案馆编《中华民国史档案资料汇编》（江苏古籍出版社

1991 年版)，可以提供一些有价值的统计数据。《山西大学百年纪事》(中华书局 2002 年版)、赵立法编著《山西高等教育简史》(山西教育史志编审委员会 1984 年编印)、山西省史志研究院编《山西通志 · 教育志》(中华书局 1999 年版)、唐纳德 · G. 季林著《阎锡山研究——一个美国人笔下的阎锡山》(黑龙江教育出版社 1990 年版)，可作为本研究的辅助性参考资料。还有台北山西同乡会编《山西文献》、山西省政协文史资料研究委员会编《山西文史资料全编》(山西人民出版社 1996 年版) 及山西各县教育志等，也是研究晋西教育的重要资料。

关于日伪山西奴化教育研究文献资料，主要有《苏省长言论集》(伪山西省公署 1942 年编印)、《山西省单行法规汇编》(伪山西省公署秘书处 1943 年编印)、《民国二十八年度山西省统计年编》(伪山西省公署秘书处统计室 1940 年编印)、《民国二十九年份山西省统计年编》(伪山西省公署秘书处统计室 1941 年编印)、《民国三十年份山西省统计年编》(伪山西省公署秘书处统计室 1942 年编印)、《民国三十一年份山西省统计年鉴》(伪山西省公署秘书处统计室 1944 年编印)、《民政纪要》第 1—3 辑 (伪山西省公署民政厅 1939—1941 年编印)、《山西省立新民教育馆三十年度年刊》(伪山西省立新民教育馆 1942 年编印)、《山西省立新民教育馆三十一年度年刊》(伪山西省立新民教育馆 1943 年编印)、《山西省第一届中等学校教员讲习会工作报告》(伪山西省教育厅 1941 年编印)、《第五次教育行政会议山西省教育状况报告书》(中国第二历史档案馆藏“伪华北政务委员会教育总署档案”二〇二一②/51)、《山西省第四次治安强化运动有奖征文选集》(伪山西省公署教育厅 1942 年编) 等，这些第一手资料可为本课题研究提供基础性资料。《教育时报》《新民报》等日伪报刊，也是重要的第一手资料。还有宋恩荣、余子侠编《日本侵华教育全史 · 华北卷》(人民教育出版社 2005 年版) 及资料集，张全盛、魏卞梅编著《日本侵晋纪实》(山西人民出版社 1992 年版)，齐红深主编《日本侵华教育史》(人民教育出版社 2002 年版) 等，对研究日伪在山西的奴化教育也具有重要的参考价值。

三、基本内容与创新之处

本课题研究主要将抗战时期山西教育分成三大块：共产党领导下的根

据地教育、阎锡山退守中的晋西教育、日伪统治下的奴化教育。根据地教育，主要集中在五台山区的晋察冀革命根据地、吕梁山区的晋绥革命根据地；阎锡山退守中的晋西教育，主要在山西临汾地区的吉县一带的山区；日伪统治下的奴化教育，曾一度占据山西的大部分城市与平川地区。三种教育在交锋与博弈过程中，分别依据自身的优势来扩大影响。日伪奴化教育，以军事为依托，凭借强大的军事力量来武力征服教育界人士及广大群众，强制广大民众被动接受奴化教育；阎锡山的晋西教育，以政治为优势，借助其长期统治山西形成的政治集团的威力和在民众中的影响力来兴办国难教育；革命根据地教育，则以民意为基础，通过坚持走群众路线，赢得广大人民的拥护，从而实施革命教育。本课题的基本内容如下。

其一，研究抗战时期山西复杂化教育格局形成的政治动因与社会生态。运用美国政治社会学家丹尼斯·朗（Dennis H. Wrong）关于权力与权威的相关理论、约翰·纳什（John Nash）的非合作博弈理论、格若赫姆·罗珀（Graham Romp）的动态博弈和重复博弈理论，来分析抗战时期山西三种教育呈现的内在政治动因。三种教育的主办者均是为了在广大民众中获取自己的权力，只是日本侵略者运用的手段是强制性权威，阎锡山使用的是诱导性权威，而共产党采用的是合法性权威，因此革命根据地教育注定是要最终取胜的。另外，还从地形地貌的多样化和复杂性、民国早期的教育基础、日本对原有教育的破坏、权力的博弈与军事争战在教育中的反映等角度，分析抗战时期区域教育格局复杂化的综合动因。

其二，共产党领导下的根据地教育。主要以晋绥、晋察冀革命根据地的初等教育、中等教育、高等教育、师范教育、职业教育、社会教育、干部教育为研究对象，通过大量的第一手资料来生动再现20世纪三四十年代共产党领导下山西农村教育的发展情况。并总结出根据地教育的特点，即各类教育紧紧围绕抗战救国这一中心工作，政治动员是确保各类教育取得良效的基本保障，坚持教育与生产劳动相结合原则，全力实现各类教育的大众化，教学内容由群众自己来决定，克服困难创造条件办教育，教育在实践中探索与创新。

其三，阎锡山退守中的晋西教育。太原沦陷后，阎锡山退守晋西，“统治地盘还不到山西总面积八分之一，但在这一小小的弹丸统治范围内享受着日本侵入山西前他曾竭力想得到而又没有得到的独裁专制权”①。为此，他苦苦经营晋西这块贫瘠山地，力求通过人为的努力，来改变其穷途末路的命运。为了实施其“洪炉训练”计划和实践其“种谷”教育理念，在晋西兴办干部教育、基础教育、高等教育、社会教育等，尽管条件简陋，但也收到了一定的教育效果，诸如民族革命大学、洪炉训练基地、国立七中、克难坡中小学等，从而成为当时山西境内的一股不容忽视的教育力量。

其四，日伪统治下沦陷区的奴化教育。从日伪奴化教育的本旨、奴化教育政策、奴化教育内容、师资来源、课程设置以及日伪基础教育、高等教育、教师教育、职业教育、社会教育和留学教育的实施情况等方面进行初步探究，力求达到对当时教育的“原生态”研究。进而，从中总结出日伪奴化教育的性质、特点以及对山西社会的负面影响。

其五，三种教育之间的交锋与博弈。运用博弈论来分析这三种教育的复杂关系，其中根据地教育与晋西教育遥相呼应，在合作多于排斥的情况下，共同抗拒日伪沦陷区奴化教育。对奴化教育的反抗，成为发展根据地教育与晋西教育的潜在动力，加速了简陋条件下这两种教育的发展。如果说1940年前根据地教育与晋西教育是以合作为主的话，那么，抗战后期山西境内的这两种教育处于较量与博弈之中，最后以根据地教育的取胜而告终。

其六，抗战时期区域教育格局复杂化的特点及影响。本课题研究的重点是抗战时期共产党领导下的根据地教育、阎锡山退守中的晋西教育、日伪统治下的奴化教育。研究的难点是运用博弈论去分析三种教育的复杂关系，进而找出根据地教育的富有生命力的内在教育机理。

运用政治社会学理论去分析与探究抗战时期山西境内三种教育出现的政治动因与社会环境，通过大量的第一手材料，力求较为真实地反映抗战时期三种教育存在的客观史实；借鉴博弈论来分析三种教育的内在关系与发展潜力，抛开政治因素，仅从教育内部去寻找根据地教育最终取胜的内在机理；带着问题意识，去比较抗战时期山西与其他省份的教育，找出山西复杂教育格局的独特之处，进而从中体悟出适合当今中西部农村各类教

① ［美］唐纳德·G. 季林：《阎锡山研究——一个美国人笔下的阎锡山》，牛长岁等译，黑龙江教育出版社1990年版，第306页。

育发展的现实路径。

本书主要创新之处：首先，通过广泛搜集档案资料和深入乡村采访，得到关于日伪奴化教育的第一手史料，力求初步构筑日伪奴化教育和阎锡山晋西教育的基本框架，尽可能真实地反映当时教育的实况，体现对历史的“原生态”研究。其次，比较山西与其他省份教育的不同，从中找出根据地教育之所以在山西形成规模并发展壮大的内在机理。再次，运用丹尼斯·朗（Dennis H. Wrong）的权力论，分析抗战时期三种教育出现在山西的内在动因。得出奴化教育与晋西教育缺乏生命力，是因为其通过强制性权威和诱导性权威去实施，而共产党通过合法性权威去感召大众，因此根据地教育注定要取胜。最后，通过研究抗战时期区域教育特别是根据地教育，探寻切实推动中西部农村教育发展的新出路。

四、研究思路与研究方法

运用政治社会学理论和博弈理论去分析与揭示抗战时期区域内三种教育出现的政治动因与社会环境，通过大量的第一手材料，力求较为真实地反映抗战时期三种教育存在的客观史实；借鉴博弈论来分析三种教育的内在关系及交锋与博弈，即三种教育力量之间不断地进行相互排斥与争斗。日伪奴化教育，以军事为依托，凭借强大的军事力量来武力征服教育界人士及广大群众，强制我国人民被动接受奴化教育；阎锡山的晋西教育，以政治为优势，借助其长期统治山西形成的政治集团的威力和在民众中的影响力来兴办国难教育；根据地教育，则以民意为基础，坚持走群众路线，赢得广大人民的拥护，从而实施革命教育。力求抛开政治因素，仅从教育内部去寻找根据地教育最终取胜的内在机理，进而从中体悟出适合当今中西部农村各类教育发展的现实路径。

法国教育史专家安多旺·莱昂指出：“历史学家通常不仅关心再现真正发生的事件，而且也关注方法的重新创造。”[①] 教育史研究也同样要注重研究方法的创新。近年来，教育史学界开始了学科反思与方法创新。本课题的研究力求将教育活动史、教育思想史、教育制度史三者结合起来，并本着教育史“原生态”研究的宗旨，既要研究抗战时期共产党、阎锡

① ［法］安多旺·莱昂：《当代教育史》，樊慧英、张斌贤译，光明日报出版社1989年版，第49页。

山和日本侵略者各自不同的办学思想和目的，又要探究三方制定和颁布的不同教育制度与政策，还要分析根据地、阎统区、沦陷区的教育活动，以及各种教育的实施状况。在具体的撰写过程中，主要采用以下研究方法。

1. 计量史学法。最早由法国年鉴学派倡导使用该研究方法，通过准确的数据来达到对历史的科学化表述。欧美新史学流派也极力倡导计量史学研究法，即将所研究客体的信息用数字和系统的数量关系来表述出来。具体做法是将收集到的资料分门别类用数据列表显示出来。法国年鉴学派第二代代表布罗代尔强调，要追求史学的科学性、精确性，就必须运用计量的方法①，年鉴学派第三代代表之一勒普瓦·拉迪进一步指出，无计量的历史不能称作科学的历史。只有用计量研究法将民国时期山西教育发展的各种数据列表显示，才能更加准确、鲜明地反映出当时教育发展的状况。而且“运用计量研究方法所产生的后果是为那些至今尚未开始进行系统研究的领域增添了新的研究范围”②。英国经济史学家罗德里克·弗拉德的《计量史学方法导论》一书将计量方法分为资料分类、资料整理和资料分析三个步骤。可依据此方法，研究时将抗战时期区域教育发展的基本情况通过数字和系统的数量关系表述出来，以期更加准确、鲜明地反映出抗战时期教育发展的基本状况。

2. 口述史学法。口述史学是在拓宽研究视阈、实现重心下移的史学研究取向背景下的产物，由于史学研究的着眼点移向了以往很少有人关注的下层和边缘领域，而这些领域往往因资料缺乏而难以深入。在这种情况下，只有借助口述的方式来搜集资料，才能获取研究所需的生动鲜活的史料。口述史学法具有其他表述所缺乏的优越性：一是口述史料的“在场性”“生活性”“精神性”特征可以更好地发挥“存史”与“释史”功能。二是口述史学贴近生活，具有可读性，可以与官方史料形成互补，为教育政策的制定提供民间的声音，更好地服务现实。三是口述史学法可以将教育史学研究者从书斋中解放出来，更好地参与、服务与享受生活。四是口述史学作品以第一人称讲述故事，融教育于生活之中，极富现实性和鲜活性，读来通俗易懂，具有大众教育的功能。要研究抗战时期教育发展

---

① ［法］布罗代尔：《论史学》，巴黎 1969 年版，引自何兆武、陈启能主编《当代西方史学理论》，上海社会科学出版社 2003 年版，第 412—416 页。

② ［英］杰费里·巴勒克拉夫：《当代史学主要趋势》，杨豫译，上海译文出版社 1987 年版，第 137 页。

情况，特别是抗战时期沦陷区奴化教育的情况，现存的档案资料十分有限，只能通过访问一些在世的八旬以上老人，通过记录和整理他们的口述资料来构筑当时教育的基本框架。这种研究方法，又能体现出史学研究的生动性、趣味性与可读性。

3．个案研究法。通过抗战时期部分具有代表性的学校办学实况，如以晋察冀边区的抗战建国学院、定襄学院为例，来分析边区高等教育办学特色；以李林高小、神偏完小等校为例，来展现晋绥边区的小学教育情况；以民族革命大学为个案，来反映阎锡山晋西教育的情况。个案研究法，是一种生动具体的研究方法，可以起到以管窥豹的目的。在进行个案研究的过程中，采用了叙述的方法，以生动再现历史发展的实况。正如美国历史学家杜赞奇所说："作为一个历史学家、社会史学者的任务是在历史长河中找出历史的原因和结果，并用叙述方式将其展现出来。"[①] 同样，我们教育史研究者也应当采用叙述的方法去鲜活地展示抗战时期的教育个案，以达到以小见大、以管窥豹的研究目的。个案研究法往往通过生动的历史故事来展现，正如著名历史学家马敏教授所说："无论史学如何演变，'故事'始终是历史的中心线索，而'描述'或'描写'，即讲述故事的能力则是历史学家最基本的技艺和看家本领。"[②] 教育史研究者也要用好这一"看家本领"，从而将个案研究搞得生动活泼。

4．心态分析法。心态史学是历史学与心理学嫁接的一种新的研究方法，借助和运用心理学的理论与方法，来分析和探索历史人物的内在心态和思想情感，进而更全面、更深入地阐述历史人物的主观心态在人类历史进程中的重要影响作用。心态分析法"就是用心理分析理论和历史学相结合的方法来研究个人和群体的生活"[③]。由于本课题研究的重点正是探讨阎锡山的治晋理念对抗战时期山西教育的影响与推动，因此，有必要认真分析和研究阎锡山热衷于教育的心态、欲望和热情，以此来研究其兴办山西教育的个人动机，从而真实地述说教育历史。著名历史学家章开沅先

① ［美］杜赞奇：《文化、权力与国家——1900—1942 年的华北农村》，王福明译，江苏人民出版社 1995 年版，第 246 页。

② 马敏：《追寻已逝的街头记忆——评王笛著〈街头文化：成都公共空间、下层民众与地方政治，1870—1930〉》，《历史研究》2007 年第 5 期。

③ ［美］埃里克森：《新同一的范围》，引自张广智、张广勇编著《现代西方史学》，复旦大学出版社 1996 年版，第 288 页。

生说过:“历史研究的本身首先是求真求实，历史的真实就是历史对象的原生态……历史事件、历史人物的原生态。”① 研究教育史，也应当像章先生所讲，通过客观的心态分析来达到对教育历史当事人的“原生态”研究。

总之，抗战时期区域教育，是非常时期的教育。由于区域内多种政治与军事力量的博弈与抗争，受其影响在教育领域呈现出复杂化的格局，日伪奴化教育、阎统区教育、根据地教育三种教育类型相互排斥，体现为交锋与博弈的态势，最终受国际与国内军事力量变化与战争形势的影响，再加上根据地教育政策符合民众愿望，因此随着抗日战争乃至解放战争的胜利，共产党领导的根据地教育最终取得胜利，并为新中国教育的发展积累了丰富的经验，奠定了扎实的基础。研究抗战时期区域教育，既有助于丰富抗战史研究内容，又有利于拓宽近现代教育史研究领域。

① 章开沅:《商会档案的原生态与商会史研究的发展》,《学术月刊》2006 年第 6 期。

第一章　战时区域教育复杂化格局形成的综合动因

抗战前我国区域教育固然不是以公立为主的单一格局，因为从古代以来就有私立学校的存在与延续，近代以来西方传教士的批量来华又新增了教会学校。但在中国教育史上区域教育格局最为复杂的时期，莫过于抗日战争时期。抗战时期，由于日本的入侵，严重破坏了中国原有的社会生态环境，引发了中国政治、军事与文化等方面前所未有的变故，受其影响区域教育格局趋于复杂化。就学校教育而言，除了原有的私立教育、教会教育之外，以山西为例，又出现了日伪在沦陷区的奴化教育、阎锡山退守中的晋西教育和共产党领导下的根据地教育，由于各种教育的主办主体不同，教育的目的、内容、方式各不相同，同时三种教育之间进行着激烈的交锋与博弈，因此，当时的教育呈现出复杂、混乱与多变的特点。这种复杂与多变的教育格局的形成是有其深刻的社会动因的，究其原因有政治、军事与文化等多种因素。但最为关键的还是政治动因，著者试图运用美国政治社会学家丹尼斯·朗（Dennis H. Wrong）关于权力与权威的相关理论、约翰·纳什（John Nash）的非合作博弈理论、格若赫姆·罗珀（Graham Romp）的动态博弈和重复博弈理论，来分析抗战时期山西三种教育呈现的内在政治动因。三种教育的主办者均是为了在广大民众中获取自己的权力，只是日本侵略者运用的手段是强制性权威，阎锡山使用的是诱导性权威，而共产党采用的是合法性权威，因此革命根据地教育注定是要最终取胜的。另外，还要从地形地貌的多样化、民国早期的教育基础、日本入侵华北的动机、抗战初期的国共合作、阎锡山的“洪炉训练”、共产党倡导全民族抗战等方面，分析抗战时期山西复杂化教育格局形成的生态环境与综合动因。

第一节　抗战前山西的生态环境及文教状况

固然导致抗战时期区域教育格局复杂化的主要原因是各种政权机构与军事集团之间的交锋、冲突与博弈，将教育作为其“权力隐藏”和“政治动员”的关键所在，因而各种利益团体“将自身的特殊的符号力量增强到那些权力关系之上”[①]。然而，一种复杂局面的出现，并不仅仅是政治与军事诱因的结果，而往往是多因之果。细究抗战时期山西教育格局复杂化的各种原因，不难发现，其复杂且封闭的地理与生态环境为抗战时期各种力量提供了赖以生存的空间，同时也为各种教育的多年并存提供了可能性与机会。

一、抗战期间山西的生态环境

法国著名史学家雅克·勒高夫说过，影响人类历史发展的因素，是山脉、高原和平原，是浩瀚的大海和海边的城市以及城市间的航运，是在水一方的岛屿，是气候和统计数字，是航行在地中海上的大船和小船，是人口的增长。这些因素是“摆布人类命运的力量”，对人类的命运起着“引导、阻碍、遏制、推动和促进作用”。[②] 山西位于中国北方的黄土高原，因地处太行山之西而得名；又因春秋时期晋国曾雄踞此地，屡次称霸中原，故简称晋。山西位于黄河中游地带，是伟大的中华民族的主要发祥地和灿烂的中华文化的摇篮。抗战前后的“山西东与察哈尔、河北为界，南邻河南，北接绥远，西毗邻陕西，四周有群山河流环绕。……这些障碍实际上使得山西与邻省隔离，围绕四周山脉只能从仅有的三处主要关口穿过：北部的雁门关、宁武关和东部的娘子关。这些关口狭窄险峻，真可谓‘一夫当关，万夫莫开’。在西部和西南部，汹涌澎湃的黄河同样构成了

---

① Bourdieu, P. et al., *Reproduction in Education, Society and Culture*, London: SAGE Publications, 1990, p. 3.

② ［法］雅克·勒高夫等编：《新史学》，姚蒙译，上海译文出版社 1989 年版，第 17 页。

阻碍入侵者的有效屏障”[1]。正如美国罗斯于20世纪初所描述的那样：“在黄土高原，一片片的黄土地宛如一块块奶酪。……沟壑纵横的黄土高原，到处都是坍塌的土坡、泥沙堵塞的河道、淤泥充塞的桥梁。”[2] 可见，山西的地形地貌复杂，四周群山环绕与大河相隔，不同的地理区域之间相对交通不便，信息难通，这样就形成彼此隔离、相互阻隔的众多盆地、谷地、山区。这种地形为抗战时期在山西形成三种政治与军事力量提供了天然的地理屏障，也为战时山西教育形成复杂化格局创造了有利的自然条件。

由于天然的众多山脉将山西分割成大小不一的数十个盆地，世世代代的山西人就在各自的活动领地生息繁衍，而日本的入侵打破了这里的民众稳定与宁静的生活，使得沦陷区民众陷入了被奴役与蹂躏的境地。山西东有太行山，西有吕梁山，南有中条山，北有恒山，在吕梁山西、中条山南均以黄河分别与陕西、河南分界，境内围绕桑干河、滹沱河、汾河、漳河、浍河等，形成了大同盆地、忻定盆地、晋中盆地、晋南盆地和上党谷地，在这些平川地区历史上形成了大同、忻州、太原、榆次、临汾、运城、长治等主要城市。这些城市交通便利、经济活跃、教育相对发达，历来是兵家必争之地，因而日本侵晋先后占领这些城市，并由城市向周围各县平川地区蔓延。日伪政权多建立在这些城市和平川地区，并在这些地方开办了用以实施奴化教育的各类学校。

因太行和吕梁两大山系，形成了分踞山西东西两侧的两大山区，正是这些山区为抗战时期共产党领导下的八路军建立晋察冀、晋绥及晋冀豫等抗日根据地提供了良好的条件，因为这些地方有崇山峻岭作为天然屏障易守难攻。正如李公朴先生于1940年所描写的：“太行山是晋察冀的保姆，它纵贯于晋察冀边区。晋察冀囊括察南、晋东北及河北的大部，他虽然是被日本法西斯蒂所占领的平绥、同蒲、正太、平汉四大铁路干线和沧石线所包围。但现在他已冲破了平汉到达津浦路左右与东海相接，在北方已跨过了古老的长城，打通了直达辽吉黑热的道路与东北抗日联军携手。……晋察冀就象是一条神龙匍匐于太行山之巅，一当反攻阶段到来的时候，他

① ［美］唐纳德·G. 季林：《阎锡山研究——一个美国人笔下的阎锡山》，牛长岁等译，黑龙江教育出版社1990年版，第1页。

② ［美］罗斯：《变化中的中国人》，公茂虹、张皓译，时事出版社1998年版，第18页。

将一爪抓住大同，一脚捺住天津，后面的一个爪控制住太原，弯出头颈咬住山海关，另一个爪扫荡津浦和平汉。"① 由李公朴先生的描述，可以看出当时共产党领导的八路军之所以选择这些山区创建根据地的原因与意义所在。中国共产党领导八路军就是利用山西及其周围相邻省份山区的天然屏障功能，发动群众创立了几块抗日根据地，依靠根据地自然屏障功能，一方面，积极开展抗击日本侵略活动，给予日伪军以沉重打击；另一方面，与日伪奴化教育展开交锋与博弈，在根据地广泛开展反奴化的学校教育和社会教育。

吕梁山区纵贯山西西部与西南部，由北向南跨越吕梁地区和临汾地区的西南部，这里西面与南面是咆哮的黄河，区域内层峦叠嶂，起伏不平，地形十分复杂，有易守难攻之优势。正如美国的唐纳德·G. 季林所说："在西部和西南部，汹涌澎湃的黄河同样构成了阻碍入侵者的有效屏障。"② 因此，当日本侵略军相继占领太原、晋中及晋南时，阎锡山看中了晋西这块山区，便带领军政人员在晋西吉县克难坡安营扎寨，在这里度过了抗战时期的战乱岁月。克难坡更是一个典型的山区，地势起伏，山路崎岖，位置偏僻，条件艰苦。当时战地记者林焕平描述阎锡山的卧室时讲道："没有窗，一个土炕，铺着毯子，毯子上再铺着一张皮褥子，折叠着两条棉被，一张尺把高的小矮桌子，桌子上放着一个墨盒、一枝毛笔、一折信笺，两条长板凳摆在炕前，两个小箱子搁在洞的深处。此外，便什么都没有了。"③ 由于条件艰苦，因此阎锡山倡导全体军政人员开展克服困难运动。阎锡山经常告诫其部下："只有忍苦耐劳，克服困难，才能支持华北的战场。"④ 阎锡山正是凭借这个崎岖的晋西山区，躲避了战乱的威胁，保存了已有的实力，从而达到其"在三颗鸡蛋上跳舞"⑤ 的军事与政

---

① 李公朴：《华北敌后——晋察冀》，生活·读书·新知三联书店 1979 年版，第 6—7 页。

② ［美］唐纳德·G. 季林：《阎锡山研究——一个美国人笔下的阎锡山》，牛长岁等译，黑龙江教育出版社 1990 年版，第 1 页。

③ 林焕平：《阎司令长官访问记》，《香港星岛日报》1940 年 5 月 30 日。

④ 谢永炎：《领导克服困难的阎伯川先生》，《扫荡报》（重庆）1942 年 6 月 28 日。

⑤ "三颗鸡蛋上跳舞"，是阎锡山在抗战时期提出的所谓外交政策，"三颗鸡蛋"是指日本人、蒋介石、共产党。也就是说，他在抗战时期奉行的基本原则是对于日本人、蒋介石和共产党，他哪一个都不能得罪，不愿得罪，也不敢得罪，因而他起初听蒋介石的话，和共产党搞统一战线，联合抗日；后来，又和日本人讲和，镇压共产党；同时，他与蒋介石交往过程中也不时要一些小聪明，有时玩弄蒋介石，当蒋发现时，他马上又讨好蒋介石。以此来维系其在山西的统治。

治外交目的。而且在晋西山区稍一稳定，便开始兴办各类教育。一方面，因为他一贯热衷于兴教设学，20年代他一度因大力施行义务教育而名扬海内外，另一方面，发展晋西教育也是为了与日伪奴化教育、共产党的根据地教育进行博弈与较量，并宣传其施政策略，以扩大其在山西民众中的影响。

正是这种复杂且相对封闭的地形，为抗战时期三种政治与军事力量的并存与争战客观上提供了生存空间，也为三种力量分别发展自己的教育提供了可能，同时还为三种教育的并存、交锋、冲突与博弈创造了自然条件。可见，抗战时期区域教育复杂化格局的形成，与区域内自然生态环境的复杂性有密切关系。

二、抗战前山西教育状况

清末以来，山西的经济在全国排名可以说每况愈下，教育却一直走在全国的前列。1902年李提摩太创办山西大学堂，成为全国最早成立的3所大学之一。经过几任热衷于兴办教育巡抚的努力，民国成立之前，“山西已拥有2所大学和1所政法专门学校，4所师范学校，13所中学，98所高级小学，1948所初级小学，更重要的是，有180名女孩在2所女子学校里受教育”[①]。民国建立后，特别是阎锡山主政以来，大力兴办地方教育，“以国民教育培育根基，以人才教育铸就精英，以职业教育谋求生计，以社会教育感化民众”[②]，使山西各类教育得到了较大发展，特别是义务教育取得了令世人惊叹不已的突出成绩，一度居全国首位。阎锡山之所以大力兴办教育，是因为其“通过改造教育和公共道德来寻求乡村复兴”[③]。其他各类教育也走在了全国的前列，可以说抗战前的山西教育已经奠定了较好的基础。

（一）基础良好的义务教育

阎锡山从1918年开始施行义务教育，到1924年全省已入学的学龄儿童总数达1056115人，受义务教育儿童数占学龄儿童总数1461842人

---

① ［美］E. A. 罗斯：《变化中的中国人》，公茂虹、张浩译，时事出版社1998年版，第301页。

② 申国昌：《守本与开新——阎锡山与山西教育》，山东教育出版社2008年版，第2—3页。

③ ［美］费正清主编：《剑桥中华民国史》，章建刚等译，上海人民出版社1994年版，第372页。

的百分比高达72.2%，男童受义务教育人数占男学龄儿童总数的比例更是高达90%多，[①] 在20世纪前半叶一直居全国首位，并直接带动了全国各省义务教育的实施。人民教育家陶行知到山西三次参观后，评价说，“中国除山西省外，均无义务教育可言”[②]，“山西是中国义务教育策源地”[③]。

到抗战前的1936年，全国共有初等教育机构320080个，在校学生18364956人，年总经费数为119725603元。山西省于1936年共有初等教育机构24177所，在校学生数为936456人，教职员34034人，总经费数为4171737元。1937年上半年，初等教育机构数为26651所，比上年增加10.2%；在校学生数为952422人，比上年增加1.7%；教职员人数为58234人，比上年增加71.1%；总经费数4742582元，比上年增加13.7%。[④] 若将晋奉鲁三省作一比较（详见表1－1），

表1－1　1936年晋奉鲁三省初等教育发展概况

省份	学校数	学级数	儿童数			教职员数	岁出经费数
			小计	男	女		
山西省	24177	32544	936456	769224	167232	34034	4171737
辽宁省	9228	11885	601830	375821	226009	17081	4777853
山东省	42174	86416	1901868	1738733	163135	73864	9627178

资料来源：中国第二历史档案馆编：《中华民国史档案资料汇编》第五辑第一编·教育（一），江苏古籍出版社1991年版，第580—583页。

人口仅为山东1/3的山西省，小学校数为山东的57%，入学儿童数为山东的一半；而山西的小学校数是辽宁的2.6倍，在校生数是辽宁的1.56倍，教职员人数是辽宁的2倍。说明抗战前山西初等教育发展在全国仍居前列。

由表1－2可见，处于大后方且在抗战前初等教育远不如山西的四川与陕西两省，四川省小学校数和入学儿童数1942年比1937年分别增加了

① 《第一次中国教育年鉴》（1934年）丙编，台湾宗青图书出版公司1991年影印版，第503页。

② 华中师范大学教育科学研究所编：《陶行知全集》第1卷，湖南教育出版社1984年版，第227页。

③ 《陶行知全集》第2卷，四川教育出版社1991年版，第245页。

④ 中国第二历史档案馆编：《中华民国史档案资料汇编》第五辑第一编·教育（一），江苏古籍出版社1991年版，第580—587页。

表 1-2　1937 年和 1942 年晋川秦三省小学校数与入学儿童数比较表

省份	1937 年学校数	1942 年学校数	1942 年比 1937 年学校数增减幅度（%）	1937 年入学儿童数	1942 年入学儿童数	1942 年比 1937 年入学儿童数增减幅度（%）
山西省	26651	2334	-91.24	952422	218328	-77.08
四川省	24474	44349	+81.21	1891979	3696903	+95.08
陕西省	11722	13115	+11.88	484078	793050	+63.83

资料来源：根据民国教育部编：《第二次中国教育年鉴》第十四编·教育统计（上海商务印书馆 1948 年版，第 64—67 页）、中国第二历史档案馆编：《中华民国史档案资料汇编》第五辑第一编·教育（一）（江苏古籍出版社 1991 年版，第 580—583 页）制作而成。

81.21% 和 95.08%，陕西省小学校数和入学儿童数 1942 年比 1937 年分别增加了 11.88% 和 63.83%；而抗战前本来基础较好的山西初等教育，在日本侵略者的破坏之下，小学校数和入学儿童数 1942 年比沦陷前的 1937 年分别减少了 91.24% 和 77.08%。尤其是陕西省 1937 年的初等学校数和入学儿童数分别仅为山西省的 43.98% 和 50.83%，而到 1942 年初等学校数和入学儿童数却增加为山西省的 5.62 倍和 3.63 倍。可见，抗战期间，日伪对山西教育的惨重破坏。

（二）多元发展的中等教育

民国时期山西中等教育也得到了较快发展，到 1930 年，全省中学校数就增至 51 所，在全国排第 12 位，学生数为 9399 人，居全国第 14 位。① 阎锡山还亲自创办川至中学和进山中学两所私立中学，一所在五台县河边镇，一所在太原市。这两所学校是完全按照他的意图去创办和实施管理的，他经常到校视察和训话。可以说，这两所学校是阎锡山实施其个人教育设想的试验场。1918 年 8 月，阎锡山出资在五台县河边村成立私立中学，定名为私立川至中学校。川至中学的校名、校训、校旗、校歌均由阎锡山亲自制定，除了支付全部基建经费外，还于初创之时，就将 10 万元存入太原通顺巷由他开办的德生厚银号，作为川至中学的基金，以其利息为该校的日常经费。进山中学是阎锡山在山西创办的第二所私立中学，成立于 1922 年 9 月 23 日。阎锡山亲自担任校长。这两所中学在办学过程中均体现了阎锡山的办学思路，其办学风格独特：第一，经费充足，设备先

① 《第一次中国教育年鉴》（1934 年）丁编，台湾宗青图书出版公司 1991 年影印版，第 104—105 页。

进。由于这二校是阎锡山亲自创办而且十分重视的中等学校，因此经费投入较其他中学大的多。设施齐全，有大礼堂、会议室、生化研究室、标本陈列室、体育场。许多教学仪器都是从国外进口的。[①] 第二，选聘师资，吸纳贤才。1922 年，川至中学教职员中北高师毕业 5 人，北京大学毕业 1 人，北京协和大学毕业 2 人，山西大学毕业 5 人，山西法政专门学校本科毕业 2 人；进山中学师资更加雄厚，1925 年前后的教职员中，留学国外的有 5 人，北京大学毕业 2 人，北京师大毕业的有 8 人，金陵农大毕业 1 人，山西大学毕业 5 人。[②] 第三，教法新颖，管理得当。先后采取分团教学法、养蚕抽茧式教学法、实验教学法、观摩操作法等新教育方法。第四，注重培养学生服务社会的能力。阎锡山要求川至中学必须注重培养学生对社会的服务意识和服务技能，设立学生社会服务团和学生售品所，为了锻炼学生的动手操作能力，开办了纺工、木工、印刷工等实习工厂。[③]

（三）风格独特的师范教育

20 世纪二三十年代阎锡山将师资问题作为国民教育中两大难题之一，十分重视师范教育的发展。据统计，1930 年山西共有 7 所省立师范学校：省立第一至第六师范学校和省立国民师范学校；省立女子师范学校 6 所：省立第一至第六女子师范学校。据 1922—1923 年中华教育改进社调查，全国 26 个省区共有师范学校 275 所，其中男校 208 所，女校 67 所，共计在校学生 38277 人，男生 31553 人，女生 6724 人；山西省共有 13 所师范学校，居全国第八位，其中男校 8 所，女校 5 所，居全国第四位，在校生总数为 3442 人，居全国第二位，男生 2629 人，居全国第二位，女生 813 人，居全国第一位。[④]

山西师范教育体系，不仅学校种类齐全，而且富有特色。既有全国普遍设立的省立师范学校、女子师范学校、幼稚师范学校、简易师范学校、特别师范科、简易师范科等，又有阎锡山自己创造的一些史无前例的师资培养形式，如国民师范学校、师范讲习所、模范示教等。这些独特的师范

---

① 陈应谦：《阎锡山与家乡》，山西古籍出版社 1995 年版，第 117 页。

② 参见徐崇寿《抗战前的进山中学》，载《山西文史资料》第 38 期，第 104—105 页；《进山中学校史》，进山中学校史编审组 1987 年编印，第 88—91 页。

③ 申国昌：《守本与开新——阎锡山与山西教育》，山东教育出版社 2008 年版，第 251—274 页。

④ 高践四：《三十五年来中国之民众教育》，载《最近三十五年之中国教育》卷上，上海商务印书馆 1931 年版，第 193 页。

教育形式，引起了国内外教育界的关注和好评。陶行知评价道："将来实行义务教育，自必从推广师范学校入手。山西国民师范学校的办法，很可参考。"① 省立国民师范学校是阎锡山倡导创办的一所专门为国民学校培养师资的师范学校。从1919年开办到1936年停办，18年为山西各县教育培养了近2万名合格师资。该校在全国尚属首例，投入经费充足，建筑规模宏大，聘任名师，实行独特的管理体制，取得了良好的教育效果，为国民教育培育了大批师资。

此外，阎锡山首倡一种山西独有的师资培育方式——模范示教，1918年，阎锡山就提出了模范示教的师资培育模式。即每学区设模范示教员若干人，每人负责10多所学校；其职责为对各校进行代授和示范各科，以规范的教学方式来影响和带动那些没有经过正规师范教育的农村教员，并指导各校教员进行规范教学，定期与各校教员集中研讨教学方法之改进。②

（四）起步较早的高等教育

民国初年，按照教育部改学堂为大学校或专门学校的要求，当时山西的高校有：山西大学校、山西公立法政专门学校、山西公立农业专门学校、山西公立商业专门学校。1918年全国26个省中共有公立专门学校47所，平均每省只有1.8所，而山西有3所，居全国前列。其中农业专门学校的在校生数、办学质量、办学规模与经费投入等均居全国前三名。③ 1919年又成立了山西省立工业专门学校，1921年成立了私立川至医学专门学校，此外，1922年又新成立山右大学和兴贤大学2所私立高校。1922年，山西共有公私立高校8所。1925年，为了加大中学教师的培养力度，在太原国民师范设高等师范部，1929年独立建成了山西省立教育学院。同年，私立山右大学与兴贤大学合并组建成了并州大学。1931年山西省共有省立专科以上学校6所，在全国各省省立高校数排名中居第一位，其中省立专科学校数为3所，居全国第二位④；共有在校学生2387人，当年全省总人口数为12228155，每百万人口中拥有的专科以上学生

① 《陶行知全集》第1卷，四川教育出版社1991年版，第395页。

② 申国昌：《守本与开新——阎锡山与山西教育》，山东教育出版社2008年版，第231—247页。

③ 中国第二历史档案馆编：《中华民国史档案资料汇编》第三辑·教育，江苏古籍出版社1991年版，第181—186页。

④ 《第一次中国教育年鉴》（1934年）第5册丁编·教育统计，台湾宗青图书出版公司1991年影印版，第40—41页。

数为 195 人，在全国各省排名中与江苏省并列居第三。[①]

特别是山西大学具有悠久的历史，其原名山西大学堂，创建于 1902 年，是由传教士李提摩太和山西巡抚岑春煊共同创办的，是中西文化教育交流与融合的产物。[②] 该校是中国近现代教育史上具有现代气息的最早的 3 所高等学府之一，为中国近现代高等教育史做出了突出的贡献，研究山西地方主义的 Donald G. Gillin 曾盛赞山西大学“技术教育办理之善”[③]。据 1933 年和 1934 年《山西年鉴》所载，投入该校教学及教师待遇经费分别为 193820 元及 308424 元，[④] 1934 年比前一年增加 1.6 倍（详见表 1－3）。

表 1－3　1931—1934 年山西大学岁入经费总额及国省库款额增减表

年度	岁入总额(元)	指数	国省库款(元)	指数	备注
1931	248294	100	236006	100	以 1931 年为基数
1932	227682	92	217851	92	
1933	384288	155	351341	149	
1934	341125	137	332458	141	

资料来源：《教育杂志》第 20 卷，1939 年第 2 号。

由表 1－3 可见，除 1932 年度外，历年经费均有所增加，但 1934 年度则稍减。两项史料来源不同，其记载亦互异，且数字相差颇大。但 1927 年，其经费仅 15 万元。至 1934 年度已达 34 万元，故其经费是逐年增加的。1931 年公布的《全国地方大学经费概况》，显示山西大学岁出经费 235994 元，岁入 248294 元，居全国第六位。[⑤]

而且民国时期山西高等教育已经形成具有特色的管理体系和办学经验：第一，健全机构，规范管理。到 30 年代各校均在校长之下设有秘书处、训育处、事务处、图书馆、出版部、注册部、体育部及各教学院系。

① 中国第二历史档案馆编：《中华民国史档案资料汇编》第五辑・教育（一），江苏古籍出版社 1991 年版，第 246—247 页。

② 申国昌、史降云：《李提摩太与山西大学堂》，《山西师大学报》（社会科学版）2006 年第 4 期。

③ Donald G. Gillin, *Warlord: Yen His-shan in Shansi Province, 1911－1949*, Princeton University Press, 1967, pp. 163－174.

④ 《山西年鉴》，山西省政府统计处 1933 年编印，第 29—39 页。

⑤ 中国第二历史档案馆编：《中华民国史档案资料汇编》第五辑第一编・教育（一），江苏古籍出版社 1991 年版，第 252—253 页。

制定各项管理规章制度，规范学校管理。在办学方面，山西大学校长王录勋就提出了“思想开放、学术自由”的治校方针，取得了良好的办学效果。第二，规划专业，优化教学。1934 年山西省根据教育部督导的指导意见，将山西省立法学院、教育学院并入山西大学，由以前的 3 个学院，增为文学院、理学院、工学院、法学院、教育学院 5 个院。法学院中又增设经济学系，教育学院（在原省立教育学院授课）设中国文学系、历史系、教育学系，理学院设数学系、物理学系、化学系，工学院设土木工程学系、机械工程学系、采矿学系、冶金学系、电气工程学系，这些专业一直设置到 1937 年。第三，招纳名师，明定职责。山西大学十分注重罗致国内外名师，抗战前先后从国外聘请的外籍教师有数十人；聘请的国内教授，或是学识渊博的国学大师，或是国外著名大学留学归国者，或是国内名校毕业者。后任东京远东国际军事法庭大审判首席大法官、获美国芝加哥大学法学博士学位的梅汝璈（1904—1973）曾于 1929—1931 年任法学院教授并主讲国际法学。还颁布了许多教师聘任与管理方面的规章。第四，社团林立，活动纷呈。民国时期山西高校的社团活动较为活跃，成立了数十个社团。影响较大的有山西大学的新共和学会、瑞华地质调查会、中外语文学会、英语实习社、社会科学研究会、山西青年暑假健身团，山西公立法政专门学校的政法月刊社、政治学会、经济学会、国学研究会，山西省立教育学院的“夜光”文学社等。

（五）务求实效的职业教育

据中华职业教育社调查，1921 年全国职业学校共有 842 所，包括甲、乙种农工商业学校、职业补习学校和慈善性质的职业学校。其中山西 60 所，在全国排第 4 位。据中华职业教育社调查统计，1925 年全国职业教育机关共有 1666 所，其中山西 151 所，由 1921 年的全国第 4 名跃居第 2 名。

第一，高等职业教育取得了较快发展。1931 年全国共有省立农工商专门学校 8 所，而山西省就有 3 所，即山西省公立农业专门学校、山西省公立专门工业学校和山西省公立商业专门学校，占总数的 37%，居全国首位。① 第二，中等职业教育也呈现出良好的发展势头。抗战前全省共有甲种实业学校 7 所，在全国 24 个被统计省份中居前 5 名。这说明民国时

---

① 何炳松：《三十五年来中国之大学教育》，载《最近三十五年之中国教育》卷上，上海商务印书馆 1931 年版，第 127 页。

期山西省的中等职业教育在原来良好的发展基础上取得了较大的进步，在全国堪称是一流的。中等职业学校的发展往往结合当地经济，开办特色专业。以省立第一职业学校为例，因晋南地势平坦、气候温和、土壤肥沃，是山西的粮食主产区，适合大面积推广优良作物的栽培，因而将作物栽培方法、种子改良、肥料配合等技术作为该校的主攻专业方向；晋南又是山西棉花主产区，每年产出大量的优质棉，所以增设了纺织科；同时，加大农产品加工技术的培训力度。[①] 1931 年，该校就在与当地经济结合方面迈出了一大步。关于作物和蔬菜的栽培，有种子、肥料、土质、播种等比较试验；关于果树园艺技术，有接木、剪木实习等；农产制造与园艺产品有葡萄酒和桃、杏、梨罐头等，均投放到市场销售，而且所制罐头、柿饼、梨膏、藕粉等非常可口；养蚕方面，缫丝、制棉技术过关，产品为社会所欢迎。第三，初等职业教育以获取谋生手段为主。抗战前，山西省共有乙种实业学校 51 所，仅次于河南和山东，居全国第 3 位；教职员总数为 221 人，在全国排第 4 位；在校生人数为 2239 人，居全国第 4 位；岁入经费 42310 元，居全国第 4 位。总体来看，山西初等职业教育发展稍次于河南、山东和江苏，居全国第 4 位。第四，职业补习教育异军突起。为了补救正规职业教育之不足，山西省从 1918 年开始直到 30 年代，大力发展职业补习教育。职业补习教育的办学形式有农民传习所、商业传习所、兵工筑路传习所、林业传习所、医学传习所、银行簿记传习所、权度练习所、女子职业传习所、女子蚕桑传习所、女子纺织传习所等。据不完全统计，战前各种职业补习教育机构共招收学生 14909 人，毕业学生 8071 人。其中省立农民传习所、林业传习所、商业传习所等职业补习教育机构共有学生 5837 人，毕业生人数为 3856 人，总经费为 321301 元。[②] 为民国时期山西经济发展培育了一大批一线技术人员，有力地促进了区域经济的发展。

（六）广泛开展的社会教育

抗战前山西省共设立的社会教育机构有博物馆、图书馆、通俗图书馆、公众阅报处、巡回文库、通俗教育讲演所、巡回宣讲团、公众补助学校、半日学校、简易识字学塾、通俗教育会等。30 年代又成立了民众教育馆、党化教育图书馆等。社会教育机构主要分为四大类：学校式社会教

① 《山西教育公报》第 267 期，山西省教育厅 1929 年编印，第 28 页。

② 山西省政府统计处编：《山西省第一次学校系统以外教育统计》，1920 年印行，第 62 页。

育机构、流动式社会教育机构、场馆式社会教育机构和社团式社会教育机构。学校式社会教育机构包括：公众补习学校、半日学校、露天学校、简易识字学校等；流动式社会教育机构主要有：通俗教育讲演所、巡行讲演团、通俗教育会、平民问字处、巡回文库等；场馆式社会教育机构主要有：图书馆、博物馆、书报阅览处、体育场、国术馆、民众娱乐所、电影院、剧院以及洗心社等；社团式社会教育机构有洗心社、自省堂、通俗教育研究会、“青年团”、学生讲演团等。1936 年，全国 35 个省、区、市中共有社会教育机关 158038 个，学生 3867158 人，教职员 208145 人，经费为 16275610 元；其中山西的社会教育机关为 7554 个，居全国第八位，学生为 183323 人，居全国第八位，教职员为 8852 人，居全国第八位，经费为 191811 元，居全国第十位。[①] 1937 年，全国 18 个省、区、市中共有社会教育机关 138842 个，学生 4220444 人，教职员 129359 人，经费为 9678956 元；其中山西的社会教育机关为 7698 个，居全国第六位，学生为 163634 人，居全国第八位，教职员为 5756 人，居全国第八位，经费为 302135 元，居全国第四位。[②]

民国时期山西的社会教育活动形式多样，主要有识字运动、官方宣讲、师生讲演、标语公告、散发印刷品、健康教育、体育活动、歌谣戏曲、游艺活动等。民国时期山西的社会教育与施政紧密结合，本着开启民智、促进“新政”、净化风气的宗旨，将政策宣传、职业教育与社会教育内容融为一体，形成综合性社会教育内容。如讲演“六政三事”，配合政策施行；宣传整理村范，劝导民众从善；颁发《人民须知》《村长副须知》和《家庭须知》，分层实施教化。20 世纪二三十年代山西实施社会教育的方法在很大程度上属于“说服”型，具有以下特点：其一，充分利用文告形式进行社会教育。其二，广泛调动各界人士开展宣讲活动。阎锡山动员知事、区长、宣讲员、村长副、街长副、教员、学生、商人、绅士结成团体，深入民间进行广泛宣讲。其三，特别注重凭热情去感化民众。倡导各级官员和各类讲演者要满怀热情，凭借自己的真情去感化民众。

---

① 中国第二历史档案馆编：《中华民国史档案资料汇编》第五辑第一编·教育（一），江苏古籍出版社 1991 年版，第 737—739 页。

② 中国第二历史档案馆编：《中华民国史档案资料汇编》第五辑第一编·教育（一），江苏古籍出版社 1991 年版，第 740—743 页。

表 1－4　1937 年晋鲁秦社会教育情况比较表

省份	社教机构数	受教民众数	教职员数	年经费数(国币元)
山西省	7554	183323	8852	191811
山东省	6841	113735	5741	979014
陕西省	1698	36314	2240	400717

资料来源：中国第二历史档案馆编：《中华民国史档案资料汇编》第五辑第一编·教育（二），江苏古籍出版社 1991 年版，第 737—739 页。

由表 1－4 可知，抗战前山西省的社会教育机构数分别是陕西省与山东省的 1.1 倍和 4.4 倍，受教育民众数分别是山东和陕西的 1.6 倍和 5 倍，从事社会教育的教职员数是山东和陕西的 1.5 倍和 3.9 倍。在年支出经费不多的情况下，成功地开展了全省的社会教育活动，并收到了良好的实施效果，使广大民众的文化素质得到了提高，可见，抗战前山西的社会教育已步入了正常的发展轨道。

由上可见，民国建立之后到抗战前，山西各类教育均步入正常发展轨道，并取得了较好的办学效果，特别是义务教育始终走在全国的前列，普及程度居全国首位。社会教育也探索出了独具特色的发展模式。这些为当时维护阎锡山的统治、促进社会稳定起到了积极的推动作用，可以说从 1918 年至 1937 年这 20 年是民国时期山西新式教育得到较为全面发展的黄金时期。然而，日本的入侵打破了相对宁静的社会秩序，严重破坏了山西原有教育的结构，使全省教育陷入一片混乱当中，教育格局呈现出前所未有的复杂性。

第二节　日伪对山西社会生态与教育环境的破坏

日本发动侵华战争的目的，就是掠夺中国资源，奴役中国人民，扩大统治领地。为达此目的，不惜破坏我国的社会生态环境、工农业生产秩序和文化教育环境，进而以其畸形的具有殖民性质的政治体制、生产体系和教育格局来取代或抵触中国原有的社会生态与教育体系。因而，导致对中国原有社会秩序、生态环境和教育体系的严重破坏，在中国人民反抗其侵略与破坏过程中，便出现了各种政治力量在教育领域的交锋与博弈，从而形成抗战时期区域教育复杂化的格局。

一、日伪对民众生命与财产的掠夺与破坏

日伪对中国民众生命与财产的掠夺和破坏，主要表现为两种情况：一种是通过战争来屠杀民众和掠夺民众的财产，另一种是日伪统治机构中的汉奸利用手中权力横征暴敛，敲诈勒索，巧取豪夺，搜刮民财，杀害百姓。抗战八年间，日伪烧杀掳掠致使中国百姓伤亡多达 1800 万人，财产损失达 600 多亿美元。[①]

（一）抗战时期日伪军对山西人口资源的破坏

在日本侵略军大举入侵及后来统治山西过程中，推行所谓“三光”政策，到处烧杀抢掠，大肆屠杀民众。据不完全统计，抗战八年间太行、太岳地区，被日伪杀害的人口约有 255843 人，被敌致残者 9.26 万人，因战争冻馁而死者 8.49 万人，流亡在外难民 128.7 万人。晋西北地区直接被日伪杀害的民众约有 85810 人，间接被日伪杀害者（主要指因日军破坏导致非正常死亡者）有 50288 人，漂流在外或下落不明者 14792 人，流徙难民 42300 人，被日伪致残者 12462 人。[②] 另据不完全统计，阳曲、太谷、榆次等 65 县市在抗战八年中被日伪杀害人口数为 812634 人，逃亡他省难民 30 多万人。[③] 日伪惨杀中国民众常用的手段有枪杀、刺杀、烧杀、刀砍、活埋、溺水、肢解、剥皮、剜心、毒气熏、绳索勒、军犬咬等，通过这些残忍的手段夺去了中国民众的性命。仅以下面一例来管窥日伪军残害中国民众的暴行：

> 在 1943 年日军的“五月扫荡”中，日寇在黎城抓捕了 130 多名青壮年，有的用刺刀刺死，有的用绳索勒死。有的被砍了头，有的被挖了眼，有的被割了耳朵，有的被割掉生殖器，有的被剖腹挖肠，有

---

① 张全盛、魏卞梅编著：《日本侵晋纪实》，山西人民出版社 1992 年版，第 361 页。

② 岳谦厚：《战时日军对山西社会生态之破坏》，社会科学文献出版社 2008 年版，第 192 页。

③ 山西省史志研究院编：《山西通志·民政志》，中华书局 1999 年版，第 264 页。

的被摘掉心肝。更使人无法耳闻目睹的是，日寇将我同胞姐妹轮奸后，竟在阴部插入木棒致死还不罢休，还要将受害妇女赤裸裸、血淋淋的尸体挂在树上暴尸。①

此外，日伪还用更加残忍的酷刑折磨与残害山西民众，如从鼻腔里灌辣椒水、军犬咬、火烧、铁烙、上吊、毒打、捅奶眼（对女子）、刺尿道（对男子）、坐老虎凳等。② 日伪军就通过这些惨无人道的野兽式的手段来摧残中国人民。

此外，日本侵略者还大肆掠夺山西壮劳力，为其修炮楼、筑碉堡、开壕沟、修机场、立电杆、修道路、开煤矿、运粮食等，以服务于其在华在晋的统治。后来日军俘虏河本大作在笔供中也承认，日伪在山西成立的所谓“急进建设团”主要任务是“强制征募以太原为中心的各县青年，从事开采矿石、维修公路等劳动”③。据不完全统计，1939—1945 年六年当中，日军仅在长治地区就修筑碉堡 239 个，每个碉堡累计动用劳力 6402 人，共用工 152960 人次；修据点 94 个，每个动用劳力 600 多人，累计用工 56400 人次；修炮楼 210 个，每个动用劳力 200 多人，累计用工 42000 人次；修公路 61 段，用工 235200 人次；修沟墙 28 段，用工 105000 人次；其他差务 1148300 人次，共计耗用民力 1739860 人次。④ 一方面，日伪用武力胁迫山西百姓为其服劳役，严重耽误了民众自己的工农业生产；另一方面，日伪在奴役中国民众为其进行劳动过程中，不仅不给劳力提供任何生活待遇，而且经常对中国劳力进行毒打和折磨，致使无数百姓成为残废，甚至丧失劳动能力。当时山西晋东南流传的歌谣，形象地说明日本侵略者对山西民众的掠夺与破坏：

日本鬼，活像鬼。日本人坏了心，中国人受苦又遭殃，河西村修

① 张全盛、魏卞梅编著：《日本侵晋纪实》，山西人民出版社 1992 年版，第 361 页。

② 徐增祥：《日寇统治大同纪略》，载《大同文史资料》第 1—5 辑合订本，大同市政协文史资料研究委员会 1987 年编印，第 112 页。

③ 中央档案馆、中国第二历史档案馆等编：《河本大作与日军山西“残留”》，中华书局 1995 年版，第 147 页。

④ 王采庵：《日寇占长治时期的罪行》，载《山西文史资料》第 12 辑，山西省政协文史资料研究委员会 1965 年编印，第 128 页。

路的石头，要从沙会搬运，来回一次三十里，肚子饿，腿发病，牲口饿得不能动。

日本鬼，活像鬼。说出话来听不里，手拿三尺柳棒有五斤重，一棒打得头昏眼花耳朵聋，赶头回过“哭啦”、“苦力”声，又是一棒。[①]

（二）日伪军在战争中对民众财产的掠夺与破坏

日本侵略者占领山西后，除了掠夺工矿业、交通运输业、工商业、农林业等大型资源外，连民众的财产也不放过。日伪军所到之处，老百姓的家产往往被洗劫一空。1939 年《申报》载文记录了日本侵略者掠夺太原市民众生命与财产的实况：

日寇于去冬侵略太原后，首先把绥晋和繁荣的区域烧了，把日本人所谓的“抗日分子”杀了。同时，在正太路旁设立稽查处，对出入的人民严厉的搜查和盘问，女人给打了药针，男人在耳朵上穿孔。据说经过这番手续后，男女都停止了繁殖的作用，在商业区和住宅区开始了有计划的抢劫，起初是金银财宝，以后移到桌椅板凳。日本人抢过以后，再由流氓地痞大小汉奸重新洗劫一次，敲诈勒索也是公开的行为，前晋军师长朵士珍的侄子瑞奎被汉奸绑去，索款五万元，后来少到 11000 元，据说是 11 个好分配平均。强奸案件更是层出不穷。[②]

日本侵略者就是这样掠夺山西民众钱财的，致使日伪军所到之处，大部分民众家破人亡，流离失所，土地荒芜，十室九空。据不完全统计，仅晋东南地区在八年抗战期间，被日伪军拆毁或焚烧的房屋达 2602688 间，被抢粮食 102056107 石，被毁或被掠夺去的被子和衣服 30275145 件，被毁坏家具 51341944 件，抢掠和屠杀大牲畜 279774 头、羊 684009 只、猪 105815 口、鸡 2652607 只。仅太原、阳曲、清源、徐沟等四县市在抗战期间，被烧民房 6479 间，抢掠牛马驴骡 3941 头、羊 2372 只，抢掠粮食 3607421 石。[③] 下面是一段当时太原一位目击者黄廷璧的口述资料：

---

① 《晋东南民间歌谣》，《抗战日报》1945 年 5 月 24 日。

② 郭从周：《沦陷后的太原》，《申报》1939 年 8 月 1 日。

③ 张全盛、魏卞梅编著：《日本侵晋纪实》，山西人民出版社 1992 年版，第 362—363 页。

> 1937 年夏，我刚从小学毕业考入初中，还未入学，“七七事变”爆发了，整个太原人心惶惶，中学、大学纷纷南迁。我随家逃往河西村，一天天还没亮，一声枪响，惊醒了全村男女老少，接着就听有人惊呼：“不好啦！日本兵来了！”顿时，村头嘈杂声、脚步声、小孩啼哭声交杂一片，年轻力壮的，跑得快的，顺后山跑了，不少村民钻进了废煤窑洞。我们这些从平川逃入山中的人生地不熟，无处躲藏，只好挤在黑屋里抖做一团，听天由命。屏着气听着外边的动静，每一声枪响、每一颗炸弹爆炸声，都撕裂着人的心肺。有时传来一声惨叫，更使人胆碎。……太阳偏高，鬼子才收了兵往城里返。牛车被鬼子赶走了，车上捆着十数头嘶叫的猪，有些牛羊被牵走了。[①]

当时太行山区流行着这样的歌谣：“鬼子来了是杀哩，伪军来了是抢哩，汉奸来了是烧哩，特务来了是搜哩。”[②] 说明了当时日伪军烧杀抢掠的本性。日本侵略者及汉奸凭借武力大肆破坏与抢掠中国民众的财物，导致民众一贫如洗，这样的遭遇连身家性命都难以保障，更谈不上让子女上学接受教育，因此文化教育受到空前的破坏。

（三）日伪在统治中掠夺与剥削民脂民膏

在日伪残暴统治之下，老百姓过着暗无天日的生活，因为日伪的各种机关实质上均是横征暴敛、敲诈勒索、搜刮民财、骑在百姓头上作威作福的“阎王殿”。正如当时民众中所流传的民谣所说：

> 警备队无法无天，宪兵队罪恶滔天，警务厅一手遮天，合作社洪福齐天，急进建设团屁股朝天，新民会一天不如一天，公务员闭门聊天，老百姓叫苦连天。[③]

这是对当时日伪统治山西的情景所作的生动形象的描述。为了加强其在山西的统治，日伪先后设立了用来镇压与监视民众的机关，如警备

① 黄廷璧：《日寇暴行目击记》，载《太原文史资料》第 5 辑，太原市政协文史资料研究委员会 1985 年编印，第 173—174 页。

② 《抗战时期的太行歌谣》，《山西革命根据地》1985 年第 4 期。

③ 胡敬斋：《日伪统治太原时期的民谣〈八大天〉》，载《太原文史资料》第 2 辑，太原市政协文史资料研究委员会 1984 年编印，第 41 页。

队、宪兵队、警务厅、新民会等，还有掌管经济和贸易的合作社，以及用来修筑民事的急进建设团等。这些均是欺压百姓的机构，只是权力与利益大小不同而已，正是这些机构致使老百姓无法生活，叫苦连天。警备队，是日寇豢养的伪军，遍布在全省各地，日本人主要借助其实施“三光政策”，镇压抗日民众。吸收的队员大部分是地痞流氓、烟民赌徒等社会的渣滓，这些人倚仗日伪势力，到处掠夺百姓钱财，可谓无法无天。宪兵队，是以日军宪兵为主的特务机构，还组织了几支便衣队，实际上是几个流氓汉奸集团，在太原主要有“四大天王”“十大弟兄”“八大金刚”，到处抓捕群众，敲诈勒索，开娼聚赌，制贩毒品，无恶不作。大部分霸占良田，三妻四妾，腰缠万贯，百姓对之恨之入骨。[①] 警务厅，是伪省政府设立的一个推行警察统治的指挥机构，其中专设经济检查班，通过突击检查户口、戏院、饭馆、旅店、妓院等办法，来掠取钱财。合作社，是日伪经济组织和商业机构，通过推行经济封锁，物资配给，囤积居奇，来中饱私囊，大发横财。

二、日伪对山西文化教育资源的破坏

日本侵略者占领山西后，一方面培植一批为其服务的汉奸，建立了各级伪政府机关；另一方面破坏原有文化教育机构，在军事入侵过程中对原有学校教育进行惨重破坏，进入日伪政权统治时期经常捕杀教师和学生，同时竭力开展奴化教育，以此来打破民国时期山西原有教育体系。日伪对山西原有文化教育的破坏，将在第五章第三节详细论述，这里仅简略陈列以下几条，以粗略勾勒一下大致轮廓。

（一）日伪通过武力对山西原有学校进行惨重破坏

日军在入侵山西过程中，通过飞机轰炸、放火烧毁、抢夺校产等方式对山西教育进行直接破坏。1937 年日本入侵前，山西拥有初等学校 26651 所，学级数 39134，在校生 952422 人，[②] 到日本侵占山西后的 1938 年，山西初等学校减少为 22469 所，比上年减少了 15.7%；学级数 32814，比上

① 胡敬斋：《日伪统治太原时期的民谣〈八大天〉》，载《太原文史资料》第 2 辑，太原市政协文史资料研究委员会 1984 年编印，第 42 页。

② 中国第二历史档案馆编：《中华民国档案资料汇编》第五辑第一编·教育（一），江苏古籍出版社 1991 年版，第 586—587 页。

年减少了16.2%，在校生681770人，比上年减少了28.4%。[①] 太原沦陷后，所有大专院校被迫关停。全省中小学校数和在校生数锐减。以代县为例，1934年该县共有初小198所，在校生共有10565人；到1941年，初小减少至150所，学生减少至4080人，减少了61.4%，该县儿童失学率高达46%。[②] 浑源县在抗战期间，全县小学校减少70%，入学人数减少80%，教师减少75%以上，致使该县教育处于低潮与动荡之中。[③] 运城县抗战前的1934年全县有小学302所，在校生9743人；抗战期间的1940年全县仅有小学172所，在校生3844人，分别比1934年下降了45%和60.54%。据当时读小学的卫兴华[④]回忆，1938年他正在五台县东冶镇沱阳高小读书，该校前身是创建于1905年的沱阳两级学堂，由本地士绅和省城官员募捐而不断扩建和更新设备建成的，1912年更名为沱阳高小。抗战前的"沱阳高小，师资力量强，教学水平高，思想教育好。整个学校的教学与生活，生动活泼，丰富多彩"。1938年10月，日军占领了五台县，沱阳高小难以继续开办。"我原盼望局势好转，就继续恢复学业，所以把书籍留在学校。不想日军占领了五台东冶镇及许多村庄，到处烧杀抢掠，我复学的期望破灭了。"[⑤] 通过卫兴华先生的回忆可以看出，当时日军每到一处都要对当地的学校进行焚烧和掠夺，校舍遭到惨重破坏，导致学校被迫停办。

（二）日伪统治者大量逮捕和迫害学校教职员

日伪为了维护其反动统治，对爱国教师和进步知识分子进行疯狂逮捕和屠杀。1941年11月至1942年2月，日伪在大同先后进行了四次逮捕活动。第一次于1941年11月29日逮捕了赵连元1人，第二次于同年12月4日逮捕了马文进等35人，第三次于同年12月16日逮捕了陈效舜等45人，第四次于次年2月5日逮捕了李树棠等75人，连同平时零星抓捕的教师，共计200余人。[⑥] 这些教师受尽了折磨，敌人采用吊打、石压、火

---

① 民国教育部编：《第二次中国教育年鉴》第三编·初等教育，上海商务印书馆1948年版，第57页。

② 黄培业、高开源主编：《代县志》，书目文献出版社1988年版，第319页。

③ 浑源县志编纂委员会编：《浑源县志》，方志出版社1999年版，第529页。

④ 卫兴华，我国著名经济学家，中国人民大学教授。

⑤ 卫兴华：《我与沱阳学校的情结》，载《沱阳校史》，北岳文艺出版社2000年版，第211—212页。

⑥ 行定远：《日军在大同惨杀知识分子的概况》，载《山西文史资料》第25辑，山西省政协文史资料研究委员会1983年编印，第107页。

烫、冷冻、灌辣椒水、插竹签、下水牢、电击等毒辣手段折磨进步教师和知识分子。1943—1944 年，太原宪兵队在太原各中学大肆进行抓捕活动，日伪以“共产党嫌疑”之名抓捕了数十名教师，有不少教师被活活折磨致死。如太原中学教师赵天爵，被捕后天天遭受宪兵队的毒打和拷问，其家人每过三五天去扣押处换取一次衣服，每次取回的都是沾满血迹的衣服，3 个月后宪兵队通知家人去领人，“结果接回来的是一个浑身重伤、血肉模糊、不言不语、丝毫不能行动的亲人。他们抬着赵天爵回到家中，还没等到赵天爵开口，已见赵气绝身亡了。”[①] 有无数教师就像赵天爵一样，无辜遭到日伪的迫害。1940 年冬日伪军在疯狂扫荡中将所到之处的学校洗劫一空。如将盂县东乡、北乡的边远山区划为火焚区，将那里的四五十所学校化为灰烬，数十名教师被杀，其中一区西麻何驿王书仁父子 3 人为小学教员，兄弟 2 人竟同时遇害，上百名孩子惨死在敌人的屠刀之下，学校教育遭到严重摧残。[②] 1937 年日本入侵前，山西拥有初等学校 26651 所，教职员 58234 人。[③] 1938 年，山西初等学校减少为 22469 所，比上年减少了 15.7%；教职员 27384 人，比上年减少了 52.97%。[④] 可见，日伪军对山西原有学校教育和教师队伍的破坏程度。

（三）日伪通过各种奴化教育机构进行奴化宣传和教育

为了从思想上扰乱山西民众原有的思想体系，日伪广泛开展奴化宣传和教育活动。为此，专门设立了许多奴化教育机构，如“新民会”“协和会”“大民会”“全民党”等反动组织，在这些组织的主持下，开办各种奴化教育培训班，进行奴化宣传教育活动。到处宣扬所谓“中日亲善”“共存共荣”“新民主义”“和平防共”“大东亚共荣”“建立东亚新秩序”等。还通过收买、欺骗、利诱、麻醉等办法，来对青年学生和社会民众进行奴化训练和奴化教育。[⑤] 还通过宣传封建旧道德、旧文化，倡导尊孔读经和祭孔活动，来抵触与排斥民主进步的先进文化。如长治市原有的中

① 张全盛、魏卞梅编著：《日本侵晋纪实》，山西人民出版社 1992 年版，第 414 页。

② 郑永才：《抗战时期盂县的教育略述》，载《阳泉文史资料》第 8 辑，山西省政协文史资料研究委员会 1991 年编印，第 173 页。

③ 中国第二历史档案馆编：《中华民国档案资料汇编》第五辑第一编·教育（一），江苏古籍出版社 1991 年版，第 586—587 页。

④ 民国教育部编：《第二次中国教育年鉴》第三编·初等教育，上海商务印书馆 1948 年版，第 57 页。

⑤ 延安时事问题研究会编：《抗战中的中国文化教育》，上海人民出版社 1961 年版，第 226 页。

学、师范、职校、女中、乡师及4所完小、24所初小，均被日军破坏殆尽。日伪占领长治后，设立了1所师范学校、1所完全小学，派日籍教官当监督，日语成为必修课程，天天宣扬所谓“大东亚共荣圈”“中日同文同种”等谬论，[①]以此来毒化青少年，实施奴化教育。日伪还利用电影来在山西民众中宣扬日本大和民族“忠君爱国”的民族传统，宣扬“敬奉天皇如神圣，天皇视人民为赤子”，还传播信仰神教舍身为国的“武士道”精神、“勤劳奉仕”的国民精神、侵略有理的强盗逻辑，还通过广播和报刊，宣传日本的物质文明，以此来炫耀日本的东亚盟主地位。经常在报刊上打出“皇军万岁，武运长久”“大日本皇军是建设东亚新秩序的神兵”“保卫东亚共荣圈的强大主力军”，等等[②]，以此来麻痹中国人民的意志，毒化广大民众的思想。

三、日伪对山西社会环境的破坏

日本为了实施其在华的殖民统治，削弱中国人民的反日抗日力量，麻痹民众的反抗与斗争意志，通过吸毒、赌博等不良风气来扰乱民众正常生活，致使社会生态环境遭到严重破坏。日伪破坏山西社会环境的手段主要有：

其一，怂恿汉奸开赌场、设妓院。日伪统治者为了大肆敛财，公开设大型赌场与妓院，引诱广大平民参与赌博，欲使广大青壮年将注意力转移到赌博和色欲上来，从而削弱民众的抗日情绪。如1940年前后晋北政厅以投票方式，利用汉奸和赌棍公开设立“聚贤社”和“俱乐部”两大赌场，定期向日伪政府交纳包款，公开设局开赌，赌博项目齐全，聚众赌博。还利用农村赶集演戏之机，聚众开赌，趁机搜刮老百姓的钱财。搞得无数平民倾家荡产、妻离子散、家破人亡。日伪开设妓院的目的是，一方面供他们自己娱乐、开心，另一方面吸引更多的汉奸上钩，从而为其统治服务。日伪在太原开了百余家有名的妓院，日伪警察署明确规定，初为妓女必须填表登记并交4寸半身相片，定期交“营业税”，定期进行体检，

---

① 王采庵：《日寇占长治时期的罪行》，载《山西文史资料》第12辑，山西省政协文史资料研究委员会1965年编印，第127页。

② 白蔚武：《沦陷时期的大同》，载《山西文史资料》第56辑，山西省政协文史资料研究委员会1988年编印，第57页。

如染有花柳病等传染病，就吊销“营业”资格。[①] 日伪还经常引诱良家妇女充当妓女，坑害了无数良家女子。妓院是日伪统治者和汉奸经常出入的场所，结果受害最严重的还是妓女。当时大同一带流传着这样的打油诗：“少美入班混，老大到下处。债务重重压，梅毒染全身。结果更惨痛，洒身与扬尘。”这是对当时妓女生活与处境的真实描绘。赌场和妓院这些乌烟瘴气的地方，严重扰乱了社会秩序，败坏了社会风气。

其二，通过鸦片政策来腐蚀中国人民的身心。为了便于统治与奴役中国人民，日本侵略者出台了狠毒的鸦片政策，妄图通过让广大民众吸食鸦片，来侵害其身体，削弱其意志，从而成为顺从其蹂躏的亡国奴。一方面，允许农村大面积种植罂粟。1939 年伪山西省政府经日本特务机关批准，出台《罂粟增产计划》，下令在沦陷区农村普遍种植罂粟。[②] 次年，山西 30 多个县，有 500 多万亩土地种植罂粟。为了让民众大规模种植，日军还专门从东北运入山西大批罂粟种子，销售到全省各地以供种植。[③] 1940 年晋北 13 县，共种植罂粟 16 万亩，产大烟 129655 两。[④] 仅离石县于 1942 年就种植罂粟 4284 亩，繁峙县种植 3614 亩。[⑤] 另一方面，日伪还以制药之名公开收购罂粟汁，制作成各种毒品，再销售给老百姓，以牟取暴利。因而，太原、大同、长治等地在比较繁华的商业街到处开设料面店、“土膏[⑥]店”，公开销售鸦片。据不完全统计，1940 年全省有专门销售毒品的“土膏店”百余家。同时，城市还专门开办供人吸食鸦片的烟馆，主要供日伪上层及汉奸享用。由于日伪放纵社会各级人士吸食鸦片，因而当时山西城乡民众中有不少人因吸毒上瘾而面黄肌瘦、骨瘦如柴，许多烟民倾家荡产、沦为乞丐，甚至毒瘾发作病死在街头或荒野；有的为了能吸到鸦片，只好当汉奸，这正是日本人所期望的结果。可见，日伪的鸦片政策，严重危害普通百姓的身心健康，同时也污染了社会环境。

---

① 张全盛、魏卞梅编著：《日本侵晋纪实》，山西人民出版社 1992 年版，第 341 页。

② ［日］内田知行：《山西省日军侵占区的鸦片管理政策》，载台湾山西同乡会编《山西文史资料全编》第 9 卷，第 160 页。

③ 岳谦厚：《战时日军对山西社会生态之破坏》，社会文献出版社 2008 年版，第 120 页。

④ 王德溥：《日本在中国占领区内使用麻醉毒品戕害中国人民的罪行》，《民国档案》1994 年第 1 期。

⑤ ［日］内田知行：《黄土大地 1937—1945：山西沦陷区的社会经济史》，东京创士社 2005 年版，第 152 页。

⑥ 土膏，即用罂粟汁土制的鸦片烟。

其三，利用各种宗教会社和帮会组织扰乱民心。日军占领山西后，利用各种宗教会社和帮会，一方面培植其殖民统治所需要的汉奸，另一方面让这些组织开展各种神秘说教活动，以达到愚弄民众的目的。在太原，成立安清同义委员会，该组织在日军的操纵下开办夜校，大肆宣扬三纲五常、封建道德和四书五经，并利用青帮和红帮，在民间开展亲日宣传。红卍字会，是借助神鬼、占卜等进行奴化宣传的组织，是替日本侵略者笼络民众的机构。由伪山西省长苏体仁的亲家郑心泉发起成立的，会员大都是好吃懒做、游手好闲的汉奸和混混。每周六为该会“扶乩日”[①]，扶乩者，满口胡言乱语，说什么只要参加该会的人，神灵就会保佑其安康，并要求所有百姓要“听天由命”“亲日友善”“睦邻友好”，共同实现“东亚和平”。晋北佛教会，成立于1938年5月，是伪晋北政厅在原大同佛教会的基础上改组成的，通过组织佛寺庙会，借百姓赶庙会之机，开展念经、跳鬼、祈祷、演戏等活动，趁机宣传亲日思想。大同道教会，成立于1939年春，是在伪晋北政厅文教科的操纵下成立的，通过开展道教活动，宣传愚民政策。一贯道，是日伪在晋北一带成立的打着宗教幌子开展封建迷信、反动宣传以及淫乱活动的一个极端社会垃圾组织。该组织的主要任务是造谣惑众，愚弄百姓，骗民钱财，破坏抗战。日伪就是通过这些反动帮会组织聚集一大批流氓无赖和社会渣滓，开展反动宣传，愚弄百姓，造谣惑众，扰乱社会秩序，从而破坏山西原有的社会生态环境。

第三节　权力博弈与军事争战在教育中的反映

不管是权力的博弈，还是军事的争战，都离不开教育的辅助。因为政治权力的建立与维护，首要前提是要有人才，同时还需要得到一定数量民众的支持，这就需要兴办与发展为其服务的教育。同样，军事争战也不仅仅需要武器和兵力，也需要通过教育来为其进行思想文化宣传，营造有利于自身扩张的舆论氛围。

---

① 张全盛、魏卞梅编著：《日本侵晋纪实》，山西人民出版社1992年版，第318—319页。

一、权力博弈需要教育辅助

美国当代社会学家丹尼斯·朗对权力的解释是："权力（power）是对外部世界产生某种效果的能力以及潜藏在一切人的表演中的物理或心理能量，当然，控制或作用于抵抗物的思想，已经包含在作为技巧和能力的权力概念中。"① 也有的学者将权力等同于主宰（mastery），或等同于"使外部世界产生显著变化的能力"。② 而英国哲学家托马斯·霍布斯（Thomas Hobbes）则将权力解释为"获得未来任何明显利益的当前手段"③。这些解读尽管表面上各不相同，但实质上有其共同点：一是视权力为能量释放、控制外界，二是将之看作主宰他人、获取利益。无论是日伪统治者，还是阎锡山，为了长期拥有和保持这种能主宰他人并获取利益的统治权，想方设法排斥干扰、扩大其统治基础，这便需要培育能力强且为其摇旗呐喊的同盟军，也需要造就更多的能够领悟和理解其统治旨意的广大民众，从而使民众更加服服帖帖地顺从其统治，因此，必然要将兴办用以增强其权力的教育作为首选的途径。因为任何现代政治过程，无论是出于社会整体团结的需要、国家社会经济利益的要求，还是迫于上层特权维护的要求，都会竭尽全力去扩展教育的平等。④ 兴办各类教育，就是为了造就统治帮凶和技术人才。

美国教育社会学家柯林斯（Randal Collins）认为，作为办学主体的政府，办教育的主要目的：一是培养政治统治、经济建设和文化发展所需的人才，二是传播符合政府意愿的有助于政权稳定、社会安定的思想、信念和文化。因为教育有三个来源：个体实践技能的需求、确认身份群体成员资格的需要以及国家出于社会团结和政治控制考虑的管理需要。⑤ 革命根

---

① ［美］丹尼斯·朗：《权力论》，陆震纶、郑明哲译，中国社会科学出版社 2001 年版，第 1 页。

② Geoffrey Gerer. *Escape from Freedom*. New York：Farrar and Rinehart，1998，p. 157.

③ Thomas Hobbes. Leviathan，Parts Ⅰ and Ⅱ，转引自丹尼斯·朗著《权力论》，陆震纶等译，中国社会科学出版社 2001 年版，第 3 页。

④ 这是由美国当代社会学家罗尔斯所论述的《正义论》（中国社会科学出版社 1988 年版）中的两个正义原则，即公平的正义原则与差异原则，所引发的对兴办公平教育的思考。这既是培养统治人才的需要，也是取得民心的需要。

⑤ Randal Collins. *Some Comparative Principles of Educational Stratification*，Harvard Educational Review，1977（1）.

据地教育正是出于培育人才与宣传抗日之目的，去兴办国民教育、干部教育和社会教育；为了实现社会团结与思想宣传之目的，大力举办各类教育，旨在向山西民众广泛宣传共产党的抗日主张和统一战线政策，以团结广大民众，从而达到在意识形态领域，既排斥日伪殖民教育和奴化宣传，又排斥蒋介石“一党专政”的党化教育和阎锡山的晋西教育的目的。权力的博弈，不仅体现在政治和军事方面，而且体现在教育领域。集中在五台山区、吕梁山区和太行山区的根据地教育，阎锡山退守在吉县山区的晋西教育，日伪在山西的大部分城市与平川地区等沦陷区兴办的奴化教育，这三种教育在交锋与博弈过程中，分别依据自身的优势来扩大影响。日伪奴化教育，以军事为依托，凭借强大的军事力量来武力征服教育界人士及广大群众，强制广大民众被动接受奴化教育；阎锡山的晋西教育，以政治为优势，借助其长期统治山西形成的政治集团的威力和在民众中的影响力来兴办国难教育；革命根据地教育，则以民意为基础，通过坚持群众路线，赢得广大人民的拥护，从而实施革命教育和社会教育。

美国当代社会学家丹尼斯·朗（Dennis H. Wrong）将“权力”分为三种形式：武力、操纵与说服。“武力”是将权力等同于不顾反抗强迫服从的能力；“操纵”是掌权者对权力对象隐瞒其真实意图，诱导权力对象按其意图行事的能力；如果掌权者向权力对象提出呼吁或劝告，权力对象根据自己的价值观独立地估量其内容之后，接受掌权者的意见并作为其行为依据，这就是“说服”。武力带有明显的强制性，操纵具有一定的诱骗性，说服体现出公平性和互惠性。[①] 综观抗战时期三种政治力量进行的教育与宣传，笔者认为，抗战时期日伪在实施奴化教育与政治宣传时，所采用的方法主要是“武力”；阎锡山在晋西开办教育的方法，主要以“操纵”为主；而共产党在根据地举办各类教育，主要通过动之以情的“说服”，因为“说服”有两个显著特点——公平性和广延性，其关键是取决于权力对象对说服者意见的自由接受。当说服者的意见与权力对象的利益相吻合时，权力对象就会自觉去采纳说服者的意见；若说服者意见与权力对象的利益有冲突时，就不会见效。从中可见，权力对象在此过程中，有着充分的自主决定权。这正是共产党领导的根据地教育之所以

① Dennis H. Wrong. *Power*: *Its Forms*, *Bases*, *and Uses*. Rutgers University, New Brunswik, 1994, pp. 26 - 41.

能得民心，受到民众普遍欢迎的原因所在，也是其能够最终取得胜利的重要因素之一。

二、军事争战激化教育博弈

抗战时期日本为了建立所谓的“东亚新秩序”和“大东亚共荣圈”，疯狂地对我国进行军事侵略、经济掠夺和殖民政治体系的建立。在不断发动大小战争和军事扫荡的同时，先后在华建立了伪满洲国、伪察南自治政府、伪晋北自治政府、伪河北省政府、伪山西省公署、伪河南省自治政府、伪蒙古联盟自治政府、伪华北政务委员会、伪上海特别市政府、伪广东省政府、伪中华民国维新政府、伪蒙疆联合自治政府、汪伪国民政府等大小数十个日伪政权。而且日本通过所有伪政权兴办为其服务的教育，一方面培养忠于其统治的铁杆汉奸，以扩大其对华侵略的势力范围，另一方面采取各种手段来与根据地教育、国统区教育进行博弈，竭力排斥与破坏这两种教育。而且这种博弈正是美国博弈论专家约翰·纳什（John Nash）提出的不合作的博弈、重复的博弈与动态的博弈，即到抗战中后期三种力量彼此并不合作与交流，始终进行着打击与反打击、破坏与反破坏、排斥与反排斥的重复博弈，而且在长期的重复博弈中，彼此力量不断消长，呈现出动态演变的趋势，最后以日伪的失败而告终。

美国社会学家泰罗（Sidney Tarrow）认为，原来被政体排除在外的社会群体，由于某种原因对政体的影响力增大，这就为这一群体中的某些人发起社会运动创造了机会，从而导致政治平衡被破坏。[①] 由于抗战前后共产党及其领导下的军队长期以来被排斥在国民政府政权体系之外，经常遭到国民党的打击与排斥，因而面对国民党的黑暗统治共产党掀起揭露其不抵抗政策运动，并针对蒋介石及国民党在教育领域对根据地教育的排斥与破坏，进行了针锋相对的斗争，正如美国博弈论专家约翰·纳什（John Nash）提出的“不合作博弈”（noncooperative game）理论所指，基于联盟的缺失或破裂，联盟双方分别独立行动，不再与对方交流，而是相互排斥与抵触，这就使原有的合作博弈（cooperative game）结束，进入了不合作博弈状态。譬如：抗战初期，坚持国共合作、联合抗日的统一战线政

---

① Tarrow, Sidney. *Power in Movement*. New York: Cambridge University Press, 1994, pp. 174 – 182.

策，中共领导下晋察冀、晋绥等革命根据地与阎锡山合作较多，能够联合对付日伪奴化教育和宣传。前期处于“合作博弈”状态，彼此还能进行交流、沟通与合作，建立抗日统一战线，联合对付日伪的奴化宣传与教育。自从阎锡山于1939年冬发动“十二月事变”之后，面对阎锡山对根据地教育的破坏，共产党领导下的根据地进行了针锋相对的斗争，开始对阎锡山晋西教育进行反破坏与反排斥，从此根据地教育与阎统区教育难以相容，根据地教育进入对阎统区教育进行打击与排斥阶段，双方进入了“不合作博弈”阶段，并且在后来的六年中一直不间断地进行着重复博弈和动态博弈，也就是说，双方始终在重复着师生的争夺与反争夺、投降与反投降、破坏与反破坏等宣传与教育博弈。由于共产党采用的路线方针符合人民大众的利益，走的是人民的路线，深得民心，因此在动态博弈中逐步占了上风，进而最终取得完全胜利。正如美国社会学家查尔斯·梯利(Charles Tilly）所言，一个政治运动的动员能力取决于该社会运动成员所控制的资源多少，而动员能力是由成员所控制的生产因子总量和将其所控制的生产因子转换为社会运动资源的能力所决定的。[①] 由于共产党制定的政策得民心、顺民意，领导下的根据地政治与军事力量不断壮大，相应地抗日根据地的面积日益扩大，所拥有的各种资源总量也在扩大，其成员支配与转化资源的能力不断增强；相比之下，蒋介石与阎锡山走的是一条与人民利益背道而驰的道路，因而其所拥有的社会资源越来越少，所以，抗日战争乃至解放战争中与共产党在政治与教育领域的博弈，最终必然以我党的胜利而宣告结束。

---

① Tilly, Charles. *From Mobilization to Revolution*. New York: Randon House, 1978, pp. 192 - 203.

第二章　共产党领导下的根据地教育

山西是中共抗战的中心，抗战时期在山西境内有三块革命根据地，晋东北和雁北属于晋察冀根据地，晋西北属于晋绥根据地，晋东南属于晋冀鲁豫根据地。“这样，华北根据地就在山西的崇山峻岭中诞生了，它把分散在敌后的八路军各部队连在一起。”① 由于本课题研究以山西为重点，因此主要就三大革命根据地在山西的各种教育活动进行专门探究，即主要以三大根据地在山西境内开展的高等教育、中等教育、初等教育、师范教育、职业教育、社会教育、干部教育、军事教育等为研究对象，通过大量的第一手资料来生动再现20世纪三四十年代共产党领导下山西农村教育的发展情况。据1940年民国教育部统计，中国共产党共有52个在全国影响较大的教育机构，其中设在山西的就有10个，占全国总数的19.23%，分别是：中国人民抗日军政大学移到山西屯留县，抗大第二分校设在晋东南，陕北公学迁到晋东南，八路军总部随营学校设在山西辽县（现为左权县），后改为十八集团军军政干部学校，晋察冀边区军政学校设在山西五台县，政治训练班设在山西阳高县，晋东南民族革命学校、战斗中学设在晋北，农工干部学校设在晋北，速成新闻学校设在晋东南。②

第一节　晋察冀抗日根据地教育

晋察冀革命根据地于1937年10月27日在山西省五台县石咀镇建立，

① ［美］费正清主编：《剑桥中华民国史》第2卷，章建刚等译，上海人民出版社1992年版，第695页。

② 中国第二历史档案馆编：《中华民国史档案资料汇编》第五辑第二编·教育（二），江苏古籍出版社1991年版，第552—555页。

“11 月，晋察冀边区已初具雏形，在晋东北和冀西的 30 个县、冀中的 20 个县和察南的 4 个县中，地方性的动员委员会和各种初级组织十分活跃。”① 1938 年 1 月 10 日迁往河北省阜平县，并成立了晋察冀边区临时行政委员会，管辖43 个县，总面积约80 万平方公里，1200 多万人口，其中在山西境内有第一专署的十多个县，主要分布在大同、朔州、忻州和阳泉等地。这是中国共产党在敌后创建的第一块抗日根据地，是“模范的抗日根据地”，也是“在敌后所有中共根据地中唯一获得中央政府承认的根据地”②。囊括山西东北部、察哈尔南部及河北大部，东临渤海，西越太行，北跨长城，南括正太。正如李公朴先生所描述的那样：“像是一条神龙匍匐于太行山之巅，一当反攻阶段到来的时候，他将一爪抓住大同，一脚捺住天津，后面的一个爪控制住太原，弯出头颈咬住山海关，另一个爪扫荡津浦和平汉。”③ 晋察冀根据地在共产党领导下坚持打持久战，直接钳制了日军的进攻，有力地配合了国民党的正面抗战。晋察冀根据地在抗战期间，始终将发展教育作为一项重要任务，大力发展各类教育，同时在教育界展开了与日伪奴化教育的交锋与博弈，为抗战顺利进行做了有力的舆论宣传和教育动员工作。

一、晋察冀边区文化教育概览

“模范的抗日根据地晋察冀边区是一个模范的政治速成学校。”④ “晋察冀边区的学校教育，是华北各抗日根据地中最有成绩的。”⑤ 中共中央北方局曾要求其他各抗日根据地应当根据本地区的情况，好好地接受晋察冀边区的经验。《晋察冀边区施政纲领》中规定：“在提高国民文化水准及民族觉悟的目标下，实行普及的、义务的、免费的教育，建立并健全学校教育，至少每行政村设一小学，每行政区设一完全小学或高小，每专区

① ［美］费正清主编：《剑桥中华民国史》第 2 卷，章建刚等译，上海人民出版社 1992 年版，第 696 页。

② ［美］费正清主编：《剑桥中华民国史》第 2 卷，章建刚等译，上海人民出版社 1992 年版，第 697 页。

③ 李公朴：《华北敌后——晋察冀》，生活·读书·新知三联书店 1979 年版，第 1 页。

④ 宋劭文：《边区文化教育工作应努力的方向及当前的几个具体问题》，载《晋察冀边区教育资料选编》（教育方针政策分册上），河北教育出版社 1990 年版，第 147 页。

⑤ 延安时事问题研究会编：《抗战中的中国文化教育》，上海人民出版社 1961 年版，第 203 页。

设一中学，高小及中学应收容半工半读生；建立并改进大学及专门学校，加强自然科学教育，优待科学家及专门学者……”① 如 1940 年李公朴所说，晋察冀边区“小学在 1 万以上，学生共计 40 多万。这是正规学校教育内的数字，所在各种冬校、夜校、识字班……一类的教育组织尚不在内。……50 户以上的村庄，起码成立一所小学校”②。

纵观晋察冀边区教育发展历程，大致可分为四个阶段。

第一阶段，初创阶段（1937 年 10 月—1939 年 3 月）。日本侵略者在侵占华北过程中，对教育机构进行了大肆破坏，日伪所到之处“社会秩序紊乱到极点，学校十有九停闭，孩子们成群地彷徨流浪在街头，过着恐怖的日子”③，教育几乎陷于停顿状态。此时，日伪军正集中全力进行正面进攻，对敌后的扫荡还没有开始，这就为根据地初创自己的教育体系赢得了很好的时机。在这一时期，晋察冀革命根据地成立了教育行政机构，制定了发展教育的基本方针与政策，制定了学校教育课程体系，编印了自己的教材，恢复农村小学校。据不完全统计，1938 年晋察冀边区共有小学 4898 所，小学生数为 220460 人。④ 中学教育、干部教育、社会教育均得取了较快的发展。1938 年冬，培训干部 6780 人；民众学校已达 450 所，识字班 1597 处，入学人数达 69826 人。经过这一阶段的努力，边区各项教育事业基本走上了正常发展轨道。

第二阶段，发展阶段（1939 年 4 月—1940 年 3 月）。从军事角度来看，正处于向相持阶段过渡期，尽管日伪军不断进行扫荡，但总体上以攻势防御为主，对根据地没有构成多大威胁，这就为边区发展教育事业形成了一定空隙。1939 年 9 月，边区政府颁布“社会教育实施办法”，大力加强对广大民众的教育，到年底民众学校达 1883 所，比上年增加 3.18 倍；识字班 3805 个，比上年增加 1.38 倍；入学民众达 331621 人，比上年增加 3.75 倍。由于边区规定小学一律免除学费，实行男女同校，⑤ 1940 年

① 郭洪涛：《论敌后抗日根据地的政治、经济、文化建设》，《解放》1941 年 2 月第 124 期。

② 李公朴：《华北敌后——晋察冀》，生活·读书·新知三联书店 1979 年版，第 139—140 页。

③ 王谦主编：《晋察冀边区教育资料选编》（教育方针政策分册上），河北教育出版社 1990 年版，第 212—213 页。

④ 张向一：《边区小学教育的概况》，《晋察冀日报》1943 年 1 月 23 日。

⑤ 汉章、小波：《挺进中的晋察冀边区文化教育》，载《中华民国史档案资料汇编》第五辑第二编·教育（二），江苏古籍出版社 1991 年版，第 581 页。

小学增加到7697所，小学生数为469416人，比前两年增加了248956人，也就是说增加了1倍多。1940年3月，公布“晋察冀边区中学暂行办法”，促进了中学的发展，因此当年边区就创办了8所民族革命中学，共有学生2200余人。1940年将民族革命中学改为边区第一至五中学，还设有6所短期师范学校，共培训小学教师3491人。

第三阶段，困难阶段（1940年4月—1943年12月）。这一阶段正值战略相持阶段，日军加紧对敌后的扫荡，实行“三光”政策，我军发动了反扫荡战争。因而，这个时期是晋察冀边区最困难的时期。在严峻的形势下，只能通过开办抗日隐蔽小学、抗日两面小学的形式来发展初等教育。边区提出“重质不重量”办学思路，并开展整理学校运动，到1943年下半年边区学校数量大大减少。1941年小学校数增至7901所，学生数为616029人。仅就晋东北十多个县来说，1941年春在自然条件和社会条件均十分恶劣的情况下，克服重重困难，努力发展小学教育。当年该区有学龄儿童总数101135人，共有小学校1530所，在校学生68666人，学龄儿童入学率达67.9%。[①] 1942年在最艰苦的时期，北岳区仅剩下1所中学，学生只有178人，教员只有29人。[②] 而到1943年五台等17县共有抗日隐蔽小学和两面小学1290所，比1941年减少了15.7%。又恢复并新建了9所中学，共培训干部2万余名。[③]

第四阶段，恢复重建时期（1944年1月—1945年8月）。1944年边区进入了局部战略反攻阶段，先后夺回了一些县城和据点，军事形势向着好的方向发展，这就为发展教育创造了良好的条件。因此，在这一阶段一批中小学得以恢复与重建。据不完全统计，1944年底共有小学3468所，在校学生135718人。在边区的多次倡导下，冬学运动开展得轰轰烈烈，96%的村庄广泛开展冬学运动，就连晋北、晋东北一些新开辟的根据地，在斗争中调动了群众的积极性，大都办起了冬学，在民众中开展识字活动、抗战宣传、军事教育以及生产知识教育等，收到了良好的社会教育效果。

总之，晋察冀革命根据地的学校教育得到了快速发展。就其教育发展

---

① 张向一：《边区小学教育的概况》，《晋察冀日报》1943年1月23日。

② 董纯才主编：《中国革命根据地教育史》第2卷，教育科学出版社1991年版，第346页。

③ 中国抗日战争史学会编：《抗战时期的文化教育》，北京出版社1995年版，第330页。

成就而言，主要表现在：首先，学校数与学生数大大增加。到 1940 年边区小学校数已达 7000 余所，小学生增至 40 余万人，真正达到了“一村一初小、一区一高小”的办学目标；中学也达到每一行政区均有一至多所中学，学生数也比抗战前有所增加，因为有许多贫苦子弟均已入学。其次，中小学教学内容和学校生活发生根本变化。“教学内容从复古的、武断的和迷信的，改变为革命的、战斗的、民族的、民主的、科学的、大众的；学校生活，由压迫儿童、青年思想的专制制度，读死书、死读书的制度，改变为民主的、活泼愉快的、和实际抗战工作联系起来的生活。”① 再次，创办了多所高等学校和战时干部学校及干部训练班。晋察冀边区著名的高等学校有联合大学、抗战学院。

二、晋察冀边区教育机构与政策

为了更好地贯彻党的教育方针政策，推动边区教育事业的发展，1938 年 1 月晋察冀边区第一次军政民代表大会，决定在边区行政委员会下设教育处，内部包括秘书科、学校教育科、编审科、社会教育科等，刘奠基为首任教育处长；同年，边区下设三个行政主任公署，主任公署下设文教处；专署、县增设教育科，区设教育助理员，村设文教委员。1943 年 1 月，边区重新选举行政委员会，继续保留教育处，下设秘书科、教育科、编审科、督学、视导员等，由刘皑风担任教育处长，王九茎为副处长。之后，由于边区实行精兵简政政策，将专区、县民政科与教育科合并，专署与县改为督学，负责教育行政领导与监督工作。

边区教育行政机构成立后，为了加强对边区教育工作的领导与管理，先后召开了一系列会议。1940 年 3 月，教育处召开第一次中学校长会议，讨论中学教育的方针与性质、组织与领导、课程与教学等相关内容。次年 5 月，召开第二次中学校长会议，中心任务是讨论中学高度正规化建设问题，其内容包括建立各种完备的教育制度，采用规范的教育方法等。1944 年春，晋察冀边区召开教育工作会议，总结了前段时间教育的经验与教训，认为在前一段教育过程中有脱离群众、脱离实际的倾向，因而提出了“教育与生产劳动相结合”“教育与群众结合”“干部教育重于群众教育”

① 延安时事问题研究会编：《抗战中的中国文化教育》，上海人民出版社 1961 年版，第 202—203 页。

“成人教育重于儿童教育”以及“民办公助”的方针政策[①]，强调教育与学习形式要适合于农村。教育内容增添家庭生活、农村生活所需要的知识。在干部教育方面，提出轮流培训、试办干部高小、发展中学、提高在职干部培养。社会教育方面，强调贯彻群众需要与自愿相结合的原则，克服强迫命令作风。

方针政策是指引教育发展的根本指针和导航系统，晋察冀边区各项教育事业之所以能够得到较快发展，与我党及边区政府制定的各项正确的方针政策是分不开的。抗战期间，晋察冀边区先后制定了一系列保证教育发展的政策，成为指导边区各类教育健康发展的有力保障。1938 年 1 月，在军政民代表大会上通过了文化教育决议案，规定了文化教育的原则，以及整顿学校教育、扩大民众教育与干部教育等规划。次年 9 月，发出《关于边区社会教育实施办法的通知》，对成人教育的实施对象、原则、内容与方法等诸多方面均作了明确规定与部署。年底又作出冬学运动的号召，要求利用冬季农闲时间，广泛而深入地开展冬学运动，以加强民众的政治教育，丰富乡村文化娱乐生活，加速文盲的扫除。1940 年 3 月，公布《晋察冀边区中学暂行办法》，规定了边区中学的性质与任务、学校制度、行政组织、课程与教学、学生活动及经费等，成为指导边区中等教育发展的指南。第二年初，发出《关于普及国民教育的指示》，明确规定了动员儿童入学的标准与要求、动员入学的方式与方法，并提出了可能出现的困难及克服办法。并划分学区，实行强迫义务教育。[②] 11 月又发出《部队帮助开展冬学运动的指示》，要求部队帮助地方开展冬学运动，尤其是在军事上指导民众进行训练，向民众传达我军战况及斗争形势等。1942 年 2 月，边委会颁布《民众学校暂行规程》，对民众学校的目的、组织、课程、教学及管理等作了相应规定，成为指导战略相持阶段民众教育的指导性文件。3 月又颁布《小学教师服务章程》，具体规定小学教师的职责、义务及管理等事项。次年 3 月，作出《实验强迫儿童入学的指示》，接着又发布《整理小学加强儿童生产教育的指示》，对整理小学的目的与办法以及如何加强学生的生产教育作了规定和部署。1944 年 10 月 2

① 丁冠英：《教育史上的不朽篇章》，载《晋察冀边区教育资料选编》（回忆录分册），河北教育出版社 1990 年版，第 29 页。

② 汉章、小波：《挺进中的晋察冀边区文化教育》，载中国第二历史档案馆编《中华民国史档案资料汇编》第五辑第二编·教育（二），江苏古籍出版社 1991 年版，第 582 页。

日，边委会发出《关于研究与试行“民办公助”小学的指示》，基本思路是将小学交给群众自办，经费由群众自筹，教师由群众自聘，但民办仍需公助，也需要加强领导，经常督促、检查、帮助与指导。当天，还发布“开展冬学运动的指示”，提出当年的冬学运动以提高群众文化为中心，着重开展识字运动，而以政治教育、生产教育为辅，纠正过去一切政治化偏向。

三、初等教育：多种形式并存的培养机制

晋察冀根据地始终将初等教育作为教育工作的重中之重，无论形势多么复杂、环境多么恶劣，都要将恢复与发展初等教育作为主要工作来抓，将初等教育作为对敌斗争的一个重要阵地。边区初等教育分初级小学和高级小学两个层次。为了发展边区的初等教育，边区行政委员会根据形势发展的需要，及时调整初等教育发展的方针与政策，改革管理制度，加大师资选拔与培训力度，调整教学内容与课程结构，强调教学方法改革，注重提高教学质量，取得了良好的教育效果，有力地支援了八路军抗战。

（一）小学教育的方针与任务

小学教育，是国民教育的重要组成部分，是粉碎敌伪奴化教育的坚强堡垒。因此，晋察冀边区一直重视小学教育。晋察冀边区根据形势发展的需要，及时调整小学教育的方针政策，不断提出新的任务，为边区小学教育的发展指明方向，确保小学教育朝着正规化方向发展。综观边区小学教育发展历程，晋察冀边区刚建立时，由于遭到日伪的严重破坏，大部分小学处于瘫痪状态，当时社会秩序一片混乱，因此，边区政府首先该做的事就是“努力安定社会秩序，坚定群众的认识外，对于各县、镇、乡、村恢复各级小学校”[①]。为此，1938 年 1 月，晋察冀边区军政民代表大会通过了《文化教育决议案——确定边区文化教育计划》，规定：为了“发挥高度的民族精神，加强抗战力量”，恢复乡（村）镇的初级小学和高级小学，一律于春季开学，学生男女兼收；将小学课本重新编订，使内容适应抗战需要；重新检定小学教师；重新整理乡镇小学校经费，小学完全免

① 延安时事问题研究会编：《抗战中的中国文化教育》，上海人民出版社 1961 年版，第 206 页。

费；实行小先生教育制。[①] 1940 年 4 月，中共中央北方局作出《关于国民教育的指示》，强调开展国民教育，是培养革命干部与知识分子，动员群众参加抗战的重要环节。各地党的领导机关，必须将这一工作作为中心任务来抓。[②]

为了进一步促进初级小学教育的发展，1941 年 4 月边委会颁布《边区小学校暂行办法》，对小学教育的任务、方针、学校设置、学制、学校组织领导、课程及其比率、经费等作了明确规定，指出：

> 小学教育的任务是实施义务教育，培养抗战建国的健全公民。小学教育的方针是：发扬儿童国家民族意识与优良品质，培养儿童普通的科学知能，启发儿童对社会发展的初步认识，培养儿童对劳动生产之正确认识与习惯，养成儿童优良生活习惯，促进儿童身心发育健康。[③]

还规定小学校设置的原则是每个行政村至少设 1 所初级小学，每个区至少设 1 所高级小学；初小学制为 4 年，高小学制为 2 年。这是一个比较成熟的较为全面的关于小学教育的指导性文件，对明确边区小学办学方向，规范小学办学行为，促进边区小学教育发展，均具有重要意义。

1944 年又颁布《北岳区小学暂行方案》，规定小学教育的方针："小学教育为国民教育，培养新民主主义社会良好公民，以奠定公民必需的文化科学基础，并适当的贯彻新民主主义思想教育。"[④] 还对学制、课程、生活指导、组织领导以及其他制度作了相应的规定。

根据形势发展，不断更新中的小学教育任务：

第一，成立中心学校，带动周边学校发展。1938 年 4 月，边委会为中心小学提出明确的任务：为了适应战争的形势，增加教育效能，有效地

---

① 《文化教育决议案》，载《晋察冀边区教育资料选编》（教育方针政策分册上），河北教育出版社 1990 年版，第 1—2 页。

② 河北省社会科学院历史研究所编：《晋察冀抗日根据地史料选编》上册，河北人民出版社 1983 年版，第 247 页。

③ 《边委会颁布边区小学校暂行办法》，《边区教育》1941 年 4 月 15 日。

④ 《北岳区小学暂行方案》，载《晋察冀边区教育资料选编》（初等教育分册上），河北教育出版社 1990 年版，第 132 页。

使学校与政府之间能够灵活地连到一起，学校与学校之间能够发生更多的横向联系，从而形成一个教育网，减少受敌侵扰的影响，望各县将相邻的几处小学校编成一个单位，将其中规模较大、办理较好的一校作为核心，以起模范作用，定名为中心小学校。①

第二，各地小学组织儿童团，开展儿童自我教育。为了组织训练广大儿童，实施抗日救亡教育，1938 年 9 月边委会指示各村必须建立儿童团，凡 8—15 岁的儿童均为儿童团员，设团部及正副团长，下设大队、中队、小队。② 本着“教学做合一”的原则，采取讲演、讨论、批评等方式，在实践中求进步。围绕军事训练、政治常识教育、生产训练等，开展组织、宣传、教育、纠察、通信、协助等工作。

第三，动员适龄儿童入学，力争普及国民教育。1941 年 1 月，边委会作出了《关于普及国民教育的指示》，规定了儿童入学的标准与要求、动员入学的方式与方法。规定学龄儿童 7—10 周岁均须入学接受初级小学教育，力争年内有 60% 以上的地区普及国民教育；动员儿童入学不仅求数量发展，而且保证儿童不缺课、不辍学；动员初小毕业的学生，尽可能入高小学习；以广泛政治动员和深入宣传为主，必要时政府可以实施强迫入学；根据“一村一初小，一区一高小”③ 的原则，普设学校，为儿童入学提供便利条件。

第四，小学辅导冬学运动，促进冬学运动的开展。1939 年 11 月边委会颁布《关于辅导冬学运动实施办法》，为了推动各村冬学运动广泛深入地开展，增加抗战建国的力量，要求各校教师动员小学生积极参加为冬学服务活动，进行广泛宣传，动员农村男女文盲入学，帮助民众抄写教材，担任识字牌讲解员，并实行家庭式学业传习。④

第五，整理小学教育，加强生产教育。1943 年 4 月晋察冀边委会颁布《关于整理小学 加强儿童生产教育的指示》，对整理小学的范围和办

---

① 《边委会指示信关于中心小学校任务及办法》，载《晋察冀边区教育资料选编》（教育方针政策分册上），河北教育出版社 1990 年版，第 8 页。

② 《边委会关于儿童团组织训练及活动纲要的指示》，载《晋察冀边区教育资料选编》（教育方针政策分册上），河北教育出版社 1990 年版，第 23—26 页。

③ 《关于普及国民教育的指示》，载《晋察冀边区教育资料选编》（续集），北京师范大学出版社 1991 年版，第 1—2 页。

④ 《边委会关于小学辅导冬学运动的实施办法》，载《晋察冀边区教育资料选编》（初等教育分册上），河北教育出版社 1990 年版，第 16—18 页。

法、教师的调动与配备、加强小学生的生产教育等相关问题作了明确的规定。边区教育处长刘皑风于同年5月6日在《晋察冀日报》上撰文《加强边区儿童的生产教育》，就小学实施生产教育的必要性、可能性、原则与步骤作了明确论述，对指导小学生产教育具有指导意义。

（二）小学教育的组织与管理

1. 高小的领导机制与机构编制

《边区小学校暂行办法》规定，高级小学，由县政府领导，设校长1人（兼教员），负责计划与领导全校事宜；2个班3名教员，3个班4名教员，4个班5名教员，依次每增加1个班，增设1名教员，但每3个班，则增设4名教员。4个班以上的高级小学，可设教务主任1人，协助校长处理校务；其他管理事务可由教员分工兼任，不设专人；教职员在3人以上的学校，组织校务会议，由校长召集商讨全校事宜，但校长有最后决定权。

以上是1941年的规定，到1943年北岳区规定，高级小学学生以40人为标准，有学生20人者可成立高级班；20人以下者，根据条件与需要可设高级组；高小设校长1人，教员1人，每增1个班，增加教员1人，5个班以上者增设教导主任1人，校长与教导主任均须兼课；高级班设校长兼教员1人，高级组由初级教员兼任，不另设教员。①

2. 初小的领导机制与机构编制

1941年边区规定，初级小学，由村公所直接领导；拥有4个班以上的初级小学，设校长1人（兼教员），4个班以下者，不设校长，只设主任教员1人，领导与计划全校事务；每班设教员1人，4个班设教员5人；教员除教学以外，协助校长或主任教员处理事务；教职员在3人以上的学校，组织校务会议，由校长召集商讨全校事宜，但校长有最后决定权。学生学习编制以班为单位，每班至少30人，至多60人；学生人数少者，采用复式编制。② 以上是1941年边区的规定，到1943年，在《北岳区小学暂行方案》中规定，初级小学以每班学生50人配备1名教师为标准，每超过30人增设1名教师，以此类推。1943年北岳区规定，在民主集中制

---

① 《北岳区小学暂行方案》，载《晋察冀边区教育资料选编》（初等教育分册上），河北教育出版社1990年版，第135—136页。

② 《边委会颁布边区小学校暂行办法》，载《晋察冀边区教育资料选编》（初等教育分册上），河北教育出版社1990年版，第42—43页。

的基础上，实行校长负责制；同时学校设校务会议、教务会议、总务会议等制度。[①] 这为新中国成立后，实行校长负责制积累了丰富的经验。

3. 高初小的内部管理改革

为了加强对教师的指导，促进学生的学习，提高教育质量，增强抗战建国力量，1939 年 7 月，边委会特举办各级小学检阅月活动，成立县检阅委员会、区检阅委员会。检阅科目：一、二年级为政治常识，主要以口试为主；三至六年级国语、算术为笔试，政治常识为口试。同时，还要检阅学校的墙报、学生演讲、演唱救亡歌曲、体操表演等。检阅后要进行总结，并将各县前三名报送边委会。[②] 边委会多次强调，废除体罚，教师实施民主管理，培养学生的自治能力与自学意识，启发学生的创造性，将其培养成抗日救国的小战士。

由于日伪军的多次扫荡，使得根据地小学遭到严重破坏，再加上进入战略相持阶段，根据地经费不足，为此，1942 年边委会作出了初步整理北岳区小学的决定：第一，对高小整理的原则是“重质不重量”。通过县举办的统考者，学生可以升级；通不过者，实行留级或降级处理；学生数不满 30 人的学校被撤销，学生并入邻近学校；学生在 60 人以下者合并成一班，设教员 2 人；60 人以上者分为两班，平均以 40 人为一班；高小与初小并存的村庄，将两校合并为完小。第二，对初小整理的原则是“以一村一校”[③] 为原则。通过测验严格按成绩分班，适合入哪个年级的就入哪个年级；凡学生在 18 岁以上者，一律令其退学；学生在 60 人以下者，只成立 1 个班，并设教员 1 人；60 人以上者分为 2 个班，以后均以 40 人 1 班为原则；学生不足 30 人的学校，除非有特殊情况经县政府批准，否则一律撤销；巡回学校的教员，一人只能巡回两校，两校距离至多不得超过 20 里。

为了进一步研究与改进小学机构建设和管理体制问题，晋察冀边区于 1943 年 5 月颁布《实验中心小学区实验方案》。[④] 设立中心小学区的目的

---

① 《北岳区小学暂行方案》，载《晋察冀边区教育资料选编》（初等教育分册上），河北教育出版社 1990 年版，第 135—136 页。

② 《边委会发各级小学检阅月的号召》，载《晋察冀边区教育资料选编》（初等教育分册上），河北教育出版社 1990 年版，第 9—12 页。

③ 《关于整理北岳区小学的决定》，《晋察冀日报》1942 年 4 月 16 日。

④ 《实验中心小学区实施方案》，载《晋察冀边区教育资料选编》（初等教育分册上），河北教育出版社 1990 年版，第 102—106 页。

是解决山区农村义务教育问题、教师进修与交流问题和教学指导方式问题；一个中心小学区包括5个普通小学，与普通小学的距离最远不超过10里，以便集中领导；实验中心小学区内的所有学校归中心小学统一领导，中心小学设校长1人，负责领导全学区各校行政及实验工作；中心小学设教导主任1人，协助校长拟订教导计划；实验中心小学由县教育科直接领导，抽调积极负责、富有经验的研究型干部任中心校长；县督学加强对实验中心小学的领导；实验范围包括强迫义务教育、统一中心小学教导计划、课程与教材的研究与实验、教学方法实验、生活指导改进等。

（三）小学的招生办法与学制

为了办民族的、民主的、大众的、科学的教育，尽快普及边区义务教育，1939年边委会决定在小学增设儿童义务随习班，每周一、三、五下午上课，其余时间在家完成作业；随班儿童免收一切费用，学习用品由学校组织向本校学生借用或由学校发给；凡学龄儿童均可入班学习。1940年《晋察冀边区文化教育会议文化教育议决案》中提出：实施免费义务教育（免除学费，不是完全官费），这就说明对于初级小学的入学条件不作规定，凡适龄儿童均可入学，而且必须入学；同时规定小学修业年限为6年，初小4年，高小2年，学龄从7岁至12岁。①

为了实现普及国民义务教育的目标，鲁南在《1941年教育工作的任务》中明确提出，需要广泛动员学龄儿童入学，力争入学儿童数量达到全部学龄儿童总数的60%；原已达到60%入学率的地区，应提高到70%—80%；在动员儿童入学时，特别要注意动员女子入学，争取男女入学平衡发展。为了照顾女子入学，有些地方可以设立女子小学，而一般地区提倡男女同学。为了提高入学率，1941年2月边委会命令各地收容贫寒子女以半日制的方式随班入学学习；随学儿童之学习年限与普通小学生相同。1942年4月，边委会颁布的《小学校暂行办法》再次规定，初级小学入学年龄为7—10岁，高级小学入学年龄为10—14岁，男女都收；修业年限仍为初小4年，高小2年。抗战进入相持阶段后，在日伪军的多次扫荡后，边区的小学教育遭到严重破坏，不少学校关门，大量学生失学，面对这种情况，1942年春边区决定放宽在学年龄限制，由以前的7—

① 《晋察冀边区文化教育会议议决案》，《边区教育》第2卷第9、10、11期合刊，1940年6月16日。

14 岁放宽到 17 岁，到 14 岁时不得以学龄期满为借口而退学；同时，一般失学之青年女子，如确系力求进取者，经县教育科批准，虽年龄较大，亦可准其入初小肄业，不应一概加以拒绝。① 1944 年北岳区颁布的《小学暂行方案》正式将小学在学年龄放宽，规定初小为 7—15 岁，高小为 11—17 岁；初小每班以 50 人为标准，高小以 40 人为标准；还对入学、退学、转学及毕业等相关事项作了规定。

动员儿童入学的方法主要有：第一，以广泛的政治动员、深入解释说服为主，必要时配合政府法令强制入学。坚持“一村一初小，一区一高小”的原则，为广大农村儿童提供良好的就学条件。第二，在动员儿童入学时，各级政府应协同群众团体计划进行，并可通过群众团体，利用组织力量，进行深入动员。第三，发动在校儿童以动员新战士的精神，发起动员工作竞赛，形成动员儿童入学热潮。第四，小学教员利用“家庭访问”或召开“恳亲会”的机会，对儿童家长进行动员。第五，对家庭特别困难的儿童予以经济资助。由于 1939 年“晋察冀边区的巩固区基本完成了村干部的任免、村民大会的建立等任务，从而建立起了一个统一的行政系统”②。因此，边区对农村的领导得以加强，这更有利于统筹初等教育发展。针对边区抗属和贫苦子弟的特殊情况，1939 年 9 月边委会制定了《抗属及贫苦子弟等入学优待暂行办法》，初级小学生当中，凡抗属子弟无力购买书籍者，学生之父兄于“七七”事变后充任村长、教育委员或小学教师且成绩优良者，家境确系赤贫者，由本村供给其书本费；高级小学生当中，凡抗属子弟家境无力担负全部入学费用者，学生之父兄于“七七”事变后充任村长、教育委员或小学教师 2 年以上且成绩卓著曾受褒奖者，家境贫寒无力缴纳全月膳费且学业成绩优良者，可得到一半的生活费补助。③ 第六，采取强迫儿童入学的手段。1943 年 3 月边委会发出《关于实验强迫儿童入学的指示》，由于当时边区条件困难，难以全部实行强迫义务教育，因而只能先进行实验，除盲哑聋瘫等残疾者、疯癫痴呆及其他精神病者外，适龄儿童均应入学，先通知其家长在接到通知 5 天内

---

① 王谦主编：《晋察冀边区教育资料选编》（初等教育分册上），河北教育出版社 1990 年版，第 54 页。

② ［美］费正清主编：《剑桥中华民国史》，章建刚等译，上海人民出版社 1992 年版，第 713 页。

③ 《边委会发抗属及贫苦子弟等入学优待暂行办法》，载《晋察冀边区教育资料选编》（教育方针政策分册上），河北教育出版社 1990 年版，第 64—65 页。

送子女入学；家长接到通知5天后，仍未入学者，由村长予以劝告；村长劝告无效时，由区公所或督学劝告；区公所或督学劝告无效时，处以3—5元罚金（罚金作为奖励模范儿童之用）；处罚后，儿童再不入学，则酌情加重处罚。①

（四）小学教育经费与设备

晋察冀革命根据地建立初期，各地学校受战争破坏严重，甚至连基本的教学条件都不具备。正如1938年5月在教师座谈会上教师代表所反映的那样："现在有不少村庄没有校舍，有的教室没有门窗、黑板、教桌，屋里、院里、厕所里很不成样子。象这些起码的教育条件都没有，直接影响到学生的学习和身体健康。"② 针对这种情况，边区教育部门采用了相应的解决办法：在分财主房屋与财产时，将学校的房屋和必要物品考虑在内，确保学校正常教学所需的基本设备，如校舍、教室、厕所、黑板、课桌、门窗以及卫生工具等。

根据地稳定下来后，实行小学教育经费灵活政策：对已实行统筹统支的各县，仍旧实行之；未实行的各县，实行村合理负担；至于贫苦村庄，可由县给予补助。中心小学初级之经费与一般初级小学相同，在未实行教育经费统筹之前由村合理负担摊派。总的趋势是向统筹统支方向发展。1941年4月边委会颁布《边区小学校暂行办法》规定："初级小学校、高级小学校一律不收学费，衣食课本由学生自备；抗属及贫寒子弟酌予优待。高级小学校经费，一律由县统一发给；初级小学经费由各村自筹。其已由县统筹统支者，由县供给。高级小学校与初级小学校合办者，高级班经费由县发给，初级班经费由村自筹。"③

后来，因边区政府财政形势异常严峻，不能直接拨付现款，只能以粮代款。规定小学开办费为60斤米，每增加一个班，增加15斤米。教师生活实行供给制，待遇与干部一样，每天供给1.4斤小米，政府一年提供两身衣服。如遇战事吃紧，有时教师较长时间"吃不到盐，吃不到菜，没

① 《边委会关于实验强迫儿童入学的指示》，载《晋察冀边区教育资料选编》（教育方针政策分册下），河北教育出版社1990年版，第11—12页。

② 王谦主编：《晋察冀边区教育资料选编》（初等教育分册上），河北教育出版社1990年版，第7页。

③ 王谦主编：《晋察冀边区教育资料选编》（教育方针政策分册上），河北教育出版社1990年版，第140页。

有衣服换，没有被子盖，是常有的事”①。如灵邱县老湾沟小学，一间校舍都没有，“借用老寡妇的一间破房做学校，在炕上用石头支起从户家借的木板当课桌。……学生没钱买纸笔，老师利用放学后的时间带学生上山砍柴，卖下钱给学生统一购置文具”②。

为了节约经费，提高教育质量，1942 年 4—6 月晋察冀边区开展“整理小学”运动，取消 30 人以下的学校，甄别教员，合并学校，统一教材和进度。到整理结束后的 1943 年，某县撤并学校 33 所，共计节约经费 195245.5 元（详见表 2－1）。

表 2－1　1942 年晋察冀边区某县整理小学后节约经费表

实物名称	每校所需要数量	被撤并学校	估价(元)
小　米	450 斤	14850 斤	165000
海　盐	1.2 斤	39.60 斤	1584
干　柴	1800 斤	59400 斤	11880
零用费	168 元		5544
粉　笔	12 盒	396 盒	2772
铅　笔	12 支	396 支	396
毛　笔	6 支	198 支	396
墨	3 锭	99 锭	297
纸	60 张	1980 张	1584
灯　油	7.5 斤	247.5 斤	3712.5
其　他	60 元		1980
共　计			195245.5

资料来源：《整理小学工作总结》，载《晋察冀边区教育资料选编》（初等教育分册上），河北教育出版社 1990 年版，第 126—129 页。

依靠广大群众通过生产劳动和节俭办学等办法，解决经费紧张问题，主要途径有：

第一，通过有计划地组织学生家长集体开荒、运输、打柴来解决学校经费。如教师家在村，便由学生家长为他代耕，或采用拨工的办法来

① 《边委会颁布边区小学校暂行办法》，《边区教育》第 3 卷第 6 期，1941 年 4 月 15 日。

② 李成春：《回忆老湾沟西峪回小学》，载《晋察冀边区教育资料选编》（续集），北京师范大学出版社 1991 年版，第 492 页。

解决。

第二，有的地方采取自由捐献或把村里公众的不动产变为动产投入合作社，用合作社的红利来供给学校开支的办法。

第三，师生参与生产劳动，学生勤工俭学，以解决自己的课本费和文具费问题。如教师自己种植蔬菜，供自己吃用；学生利用星期日集体打柴，解决教室里冬天的烧柴和灯油。北岳区和太行区不少农村学校，“组织女生在课外休息时间纺线，男生给合作社砸核桃、打麻经、印农历出卖，以解决课本和其他文具的费用”[①]。据统计边区师生参加的生产劳动项目有开荒、种菜、打柴、拾粪、养鸡、养猪、采药、晒盐、纺纱、织布、编席、编筐、编草帽等53种。[②]

第四，要求各校自造文具与教学用具。1940年6月宋劭文在边区文教会议上讲道：“文具中的纸张、笔、墨、墨水、砚台等我们今天都可以制造，就是铅笔现在还不能自制，我们可以大量制造毛笔。”[③] 边区盂阳县（今盂县与寿阳县交界处划出的一个县）李庄小学在厚而窄的木板中间凿个方孔，用木条穿起来，当黑板。平时把黑板卸成木条，由学生分别保管，等到山上上课时凑起来便是一块黑板，他们将其称为“黑板上山”。没有粉笔，就用烧了房子的陈石灰或白黏土当粉笔；没有桌凳，就用土坯垒土桌土凳，或两端垒起土坯上面架木板来读书；没有墨，就用红土或锅烟灰和黑豆汤代替；用杏核、草珠作算盘，用子弹头作钢笔，用手榴弹壳作墨水瓶。教师创造了土造的油印机、油墨、胡琴等。[④]

第五，一些学校在日本侵略军破坏后，教师和村民进行自建校舍。如晋察冀边区模范教师高明远所述：

> 我们的学校在离敌人据点仅有十来里的一个山庄里，二年中（1940年秋季反扫荡后）敌人对我们进行了二十多次的“扫荡”，学校的房子被敌人烧了三次，我们盖了两次。我们盖房非常简单，材料不用花钱，山上有官树林，墙是现成的，砍几根木头，架起来，上边

① 刘松涛：《华北抗日根据地用革命办法办学的几点体验》，《人民教育》1951年第2期。

② 刘松涛：《在华北抗日根据地小学中进行劳动生产教育的经验》，《人民教育》1950年第1期。

③ 王谦主编：《晋察冀边区教育资料选编》（教育方针政策分册上），河北教育出版社1990年版，第173页。

④ 刘松涛：《华北抗日根据地用革命办法办学的几点体验》，《人民教育》1951年第2期。

盖上草、铺上土就是一所房子了。窗子伏天敞开着，冬天用木条编一个，糊上纸就可以了。……课本问题，国语三、四年级自抄，一、二年级我在课余时间代他们抄写。石板石笔问题，我们用烧了房的石片，蘸着水把它磨光，就是很好的石板。将山坡上的黄色软石用小刀锯成小条，就是很好的石笔。[①]

边区初小实行免费教育，而高级小学实行收费教育。由于边区政府倡导开展垦荒生产运动，因而经济状况有所好转。因此，1941 年下半年开始在每区的高小中设 2 名公费生，其待遇为：不仅免除学费，而且每人每天供应小米 1.3 斤，发菜金 1.2 角，提供免费课本。[②] 录取条件是家境贫寒、学业成绩优良、初小毕业；选拔工作由村公所和本村小学根据上述标准报送家庭状况与学业成绩表。同时，对教员实行津贴制，即对教员“酌发一些生活费，但是没有超过 10 元的。然而，这已是边区各级津贴费的最高数额”[③]。

（五）小学教育师资问题

小学教育质量的关键因素是小学教师，“小学教师是负有教育优秀儿童的重大责任，所以边区对于小学教师的训练特别注重，当战争演变到某一个程度时，即集合全区的小学教师加以配合现阶段抗战需要来一次短期的训练，再由这批新的师资去教育儿童”[④]。边区始终根据战争形势的变化，对小学教师进行培训，并克服一切困难，努力提高小学教师的待遇。

第一，规定教师任用资格，不断优化小学教师队伍。为了防范敌特分子混进根据地，根据地建立早期就规定了辖区农村小学任用教师的条件：小学教师要尽先任用本村人、临村人或在村内有特殊关系者；秘密工作的教师除地方化、职业化外，政治条件第一；选择大胆、心细、机智的人员；次之女便于男；要有团结合作精神。[⑤] 1942 年 3 月颁布的《晋察冀边

---

① 高明远：《坚持在教育阵地的前线上》，《教育阵地》第 1 卷第 6 期，1943 年 6 月。

② 牢寒：《边委会公布选取高小公费生办法》，《晋察冀日报》1941 年 7 月 27 日。

③ 李公朴：《华北敌后——晋察冀》，生活·读书·新知三联书店 1979 年版，第 138 页。

④ 汉章、小波：《挺进中的晋察冀边区文化教育》，载中国第二历史档案馆编《中华民国史档案资料汇编》第五辑第二编·教育（二），江苏古籍出版社 1991 年版，第 586 页。

⑤ 王谦主编：《晋察冀边区教育资料选编》（教育方针政策分册下），河北教育出版社 1990 年版，第 34 页。

区小学教师检定任用办法》规定：检定分无试验检定与试验检定两种：凡受师范训练在一年以上者，均得参加无试验检定，以检定学校毕业证书、受训文凭、鉴定表或其他证明文件为准；凡在18岁以上坚决抗日、热心教育、具有高小毕业以上程度者，均得参加试验检定，以试验成绩及格为准，试验科目为国语、算术、政治、自然常识、教学常识。各县小学教师检定由县政府主持，在寒暑假进行，合格教师颁发证书，有效期2年。为了提高小学教师质量，促进小学教育正规化，1943年晋察冀边区行政委员会颁布的《小学教师服务暂行规程》中进一步明确规定小学正教员的资格：

> 坚决抗日，拥护民主，身体健康，能吃苦耐劳，而愿为教育事业服务为一般小学教师必备条件。同时，具备下列资格之一者，得任为初小教员：一、一年以上师范学校毕业者；二、半年短师毕业曾任小学教师一年以上，学习进步，成绩优良者；三、初中肄业，曾任小学教师或教育行政工作一年以上，学习进步，成绩优良者；四、高小毕业，曾任小学教师或教育行政工作二年以上，学习进步，成绩优良者；五、相当高小毕业，曾任小学教师或教育行政工作三年以上，学习进步，成绩优良者。凡不合于初小正教员之资格，因工作需要，任为初小教员者，一律为初小学习教员。①

高小正教员的资格为：三年以上师范学校毕业，或初中毕业曾任教一年以上，或高小毕业曾任教五年以上。高小毕业曾受过专业训练，能胜任体育、音乐、美术、工艺等教职者，可以担任高小科任教员。

第二，加强教师培训，提高教员业务素质。为了提高小学教师素质，1938年6月边委会下令各县举办小学教师短期训练班，培训时间为2—4周，学习内容包括小学教学法、抗战形势及我们的任务、统一战线、政治常识、民众教育、军事学、救亡歌曲等，培训期间实行军事化管理，培训结束考核合格颁发证书。② 教师定期进行教学经验交流，并于假期互派教

① 晋察冀边区行政委员会：《晋察冀边区小学教师服务暂行规定》，载《晋察冀边区教育资料选编》（教育方针政策分册下），河北教育出版社1990年版，第37页。

② 边委会函发《小学教师短期训练办法》，载《晋察冀边区教育资料选编》（教育方针政策分册上），河北教育出版社1990年版，第13页。

员进行参观学习与教学观摩，中小学交换听课，取长补短。[①] 同时，拓宽小学教员培养渠道，每一专署均设立师范学校，为了工作所需，在中学里附设短期师范班，师范学校学制为2—3年，师训班为半年至1年。1941年边区政府提出，在保证小学教员数量的前提下，力求师资质量的提高。除了集中培训外，还倡导加强自我学习，边区制订了“小学教员学习计划”，规定：每天坚持学习两个小时，每周集体讨论一次；各级行政机关要将组织与领导小学教员学习作为重要工作任务；将小学教员学习成绩列为其考核的一项内容。[②] 1943年又规定，只要小学教师工作积极，学习进步，且服务一年以上者，可以由县政府保送到适当学校进修学习。当年边区29个县共有初小教师2278人，高小教师121人，总计2399人。[③] 教师缺乏，仍然是普遍存在的问题，因此，加强教师培训，提高师资质量仍是一项重要工作。为了教师平时学习提高的便利，边区政府为各级学校提供学习材料，如《晋察冀日报》《教育阵地》《教学生活》以及其他业务学习材料等。其中《教育阵地》发行量多达12000份。[④] 同时，对文化程度低、政治落后的教师利用麦假进行为期十天的训练，业务训练的内容是国语、算术、常识，政治训练的内容是时事政治和形势报告。据五台等15个县统计，仅1945年暑假就训练初小教员2760人，有的教师培训过三四次之多。[⑤]

第三，注重革命理论学习，提高其政治觉悟。为了配合抗战的需要，边区政府要求小学教员加强革命理论学习，每天学习两小时。学习社会科学，把握社会发展规律；学习革命史，把握中国革命发展规律；研究革命领袖和各报章杂志的言论，经常研究时事，从学习中去认识真理、掌握真理并将其贯彻到实际行动中。譬如：五台县和繁峙县就特别注重对教师的短期培训，1939年2月—1940年8月，相继在耿镇、西奔石村等举办师资培训班4期，每期2个月，共培训小学教师500余人。同时，还要求每位教师每天进行两小时的政治学习，制订学习计划，备有学习笔记，本着

① 娄凝先：《二年来边区教育工作的回顾与展望》，《边区教育》第2卷第1期，1940年1月15日。

② 鲁南：《1941年教育工作的任务》，《边区教育》第3卷第1期，1941年1月15日。

③ 刘皑风：《统一认识　加强领导　使教育进一步为群众服务为政治服务》，《边政导报》1944年4月11日。

④ 刘松涛：《华北抗日根据地用革命办法办学的几点体验》，《人民教育》1951年第2期。

⑤ 王谦主编：《晋察冀边区教育资料选编》（初等教育分册上），河北教育出版社1990年版，第152页。

“教啥学啥，教学相长；缺啥补啥，学以致用；能者为师，互教互学”的原则，加强平时的理论学习，并将之作为鉴定与评模的必要条件。[①] 经过教育，教师的政治素质得到普遍提高，他们不仅坚持踏实教学，而且勇敢地抗击日本侵略者。繁峙县老汉坪小学教师任彬就是一名抗日楷模：

> 他不把自己的工作限制在学校的范围内，为了群众的安全，他带领学生加强岗哨，帮助游击小队工作……1945 年 2 月 11 日拂晓，敌人包围了老汉坪村，一进村就挨家挨户搜人，任彬同志这时正在睡觉，敌人突然冲到院里，他感到形势不好，马上起来，衣服还没穿上，鬼子就进了屋子。任彬破口大骂，顾不得坚壁书包，就拿起斧子和鬼子肉拼起来，接着又进来四个鬼子，他毫不示弱，仍坚持与敌人撕杀，砍断一个鬼子的腿，砍伤一个鬼子的背，其余也都被他打得遍体受伤，终因寡不敌众，最后被敌人用枪打倒，当场牺牲，体现了中华儿女的英雄气概！[②]

第四，提高教员待遇，调动其工作积极性。1940 年晋察冀边区文化教育会议提出优待教员之意见，规定：“原则上按现有待遇标准提高教员津贴（以不超过 10 元为原则）；贫寒教员的补助由地方解决；中小学女教员在生产期内，应予以至少 6 个星期之休息，津贴公粮照常发给；中小学教员继续在一校任满 5 年者，由政府发给奖章并得休假 1 年，从事研究或学习；中小学教员因公牺牲，其子女教育费及家庭生活费援抗属例定之；小学教员因公不能料理家务，其家中生产耕种得援政府工作人员例定之；小学教员民校教员进修之书籍由政府帮助解决；教师公粮由现在的食米 1.2 斤，改为每日 1.4 斤。”同时，规定小学教员的身份是“自由职业者，不是公务人员”[③]。1943 年小学教师的待遇得到提高，小学教员每人每日供给小米 1.4 斤，每月发盐 1 斤，菜由村酌量供应，干柴 150 斤，正教员每月另加工资 14—16 元，学习教员 12—14 元，巡回教员或游击区教

---

① 檀凤栖、刘子芳：《晋察冀边区五台县学校教育的几个特点》，载《晋察冀边区教育资料选编》（回忆录分册），河北教育出版社 1990 年版，第 99 页。

② 张腾霄：《悼教师任彬同志》，《教育阵地》第 5 卷第 3 期，1945 年 6 月 1 日。

③ 王谦主编：《晋察冀边区教育资料选编》（教育方针政策分册上），河北教育出版社 1990 年版，第 142 页。

员每月 18—20 元。[1]

第五，明确岗位职责，做好本职工作。1943 年晋察冀边区行政委员会颁布的《小学教师服务暂行规程》规定，小学教师的基本职责是进行教学，指导学生生活学习，考查学生成绩，办理学生入学退学及有关学校的调查统计等工作。具体包括：负责指导童子军进行训练，协助所在村进行社会宣传教育和其他工作；出席上级政府及中心小学所召集的教师会议并执行会议决议；须定期报告工作；应按规定时间上课，不准迟到早退，并须按期完成教导计划和其他规定的工作；应受校长领导，全校只有教员一人，应负全责。此外，小学教师还应向群众宣传抗战，具体做到：要向群众说明敌伪的残暴政策，以粉碎敌人的欺骗宣传；要广泛宣传持久战的各阶段的形势，以坚定群众的抗战信心；注意发展乡村的文化运动，以提高大众的政治文化水平；推动乡村的生产运动，以奠定抗战的经济基础。[2]

第六，严格考核奖惩制度，养成良好学风教风。1942 年边委会颁发《小学教师考核奖惩条例》，规定：小学教师以平日服务表现和教学成绩为标准，考核优良者给予奖励；奖励分为记功、颁发奖状、通令表扬三种：教学方法优良、学生成绩显著者，动员入学与巩固学生均达到 90% 以上者，一年内从未缺课者，热心帮助地方工作有实绩者，均给予记功；教学有新的改进与创造者，在艰苦困难情形下坚持工作者，坚持在游击区工作卓有成绩者，均颁发奖状；发扬民族气节坚定不屈者，打击敌伪奴化教育有实绩者，有其他特殊功劳者，给予通令表扬。除了平时对教学成绩突出的小学教员进行物质与精神奖励外，每逢“六六”教师节[3]，要召开纪念大会和座谈会，并表彰优秀小学教员。标准是：“品质优良、热心教育事业，博得全村民众及儿童之信仰而有具体事实者；担任教师工作二年以上确有成绩并安心工作者；教学之管理方法优良，儿童入学情绪高涨者；学习积极，能保证两小时学习并按期完成学习计划者；打击敌伪教育有成绩者，

① 《晋察冀边区小学教师服务暂行规程》，载《晋察冀边区教育资料选编》（教育方针政策分册下），河北教育出版社 1990 年版，第 39 页。

② 李忠：《当前小学教师应有的几点任务》，《边区教育》第 1 卷第 5 期，1939 年 6 月 20 日。

③ “六六”教师节，是我国第一个教师节。1931 年由教育家邰爽秋、程其保等人倡议，以每年 6 月 6 日为教师节，并发表了《教师节宣言》。这个倡议曾呈送当时的国民政府，但后来未能得到批准。后来，在各个解放区，基本上都在 6 月 6 日纪念教师节。晋察冀边区行政委员会从 1941 年开始每年都要召开纪念“六六”教师节大会，拨奖金 2000 元，奖励模范小学教师。

在斗争中不怕牺牲坚持工作者；热心帮助社会教育并有成绩者。”[①] 1942年晋察冀边区山西境内部分县被评为模范教师的小学教师共有19人。（详见表2-2）同时，对经常旷课不按期完成教育计划者，行为不检、生活散漫、大多数家长不满者，学习不积极、不能完成学习计划者，言行不利抗战、形迹可疑者，视情节给以劝告、记过、停职或免职等处分。[②]

表2-2　1942年晋察冀边区山西境内部分县被评为模范教师者花名表

等级	代县	灵邱	繁峙	应县	广灵	灵寿	平定	合计
甲等	方英	刘德华			刘贵存	周有钧 程修武	刘三民	6人
乙等	李静轩 高士英		田镜 毋恩生	麻西亭	刘玉璞 仲勤		王填	8人
丙等		郑霞均 韩耀祥	黄布政					3人
额外				刘华 张寿之				2人
总计	3人	3人	3人	3人	3人	2人	2人	19人

资料来源：《北岳区模范教师表》，载《晋察冀边区教育资料选编》（初等教育分册上），河北教育出版社1990年版，第89—90页。

第七，“稳定教师工作岗位，反对滥事调动”。[③] 由于战争的原因，本来边区小学教师就不太充足，有不少农村缺乏师资，而在边区创建早期由于干部不足，所以经常从小学教员中选调一部分到行政机关工作。1943年，边区政府规定，不准随意从小学教员中选调干部，以稳定教师队伍，不允许小学教师随便调动工作。在《晋察冀边区小学教师服务暂行规程》中也明确规定，在任期未满以前，不得轻易调动，也不能无故引退。

晋察冀边区涌现出许多爱岗敬业、扎实工作、无私奉献、坚决抗敌、不怕牺牲的模范教师，有面对敌人的严刑拷打不屈不挠、视死如归、英勇就义的灵邱县东河南镇西沟村小学模范教师孙虔，有长期坚守岗位、踏实

① 《边委会电》，《边区教育》第3卷第9、10期合刊，1941年5月31日。

② 王谦主编：《晋察冀边区教育资料选编》（教育方针政策分册下），河北教育出版社1990年版，第42页。

③ 《边委会公布三十二年度文化教育的方针与任务》，《晋察冀日报》1943年3月5日。

教学、爱生如子、不怕艰辛、教学有方的灵寿县张家庄中心小学模范教师吴光华，有认真教学、管理有方、投身抗战、指导群众的灵邱县中庄小学模范女教师张志平，有坚持学习、扎实工作、关心学生、热爱生产的平定县神水泉小学模范教师王职玉，有英勇杀敌、奋力拼搏、砍断敌人一条腿、英勇就义的繁峙县老汉坪小学模范教师任彬等①，这些模范教师用自己的模范行为，谱写了诸多可歌可泣的英雄模范事迹。

（六）小学教育内容及教材

根据地刚建立时，小学课程主要有国语讲话、抗战常识、算术等，因为课本难以从外面运进来，所以由行政委员会编审，当时的印刷条件很困难，油印机并不多，只能用石印的方式印好后，发到各县，各县再翻印后，发到各区，这样依次翻印传送下去，到达学生手中。有时在教材紧张的情况下，只好让师生抄写课本。而且当时的教学内容中政治方面占60%强，主要是宣传抗日方面的内容。② 1941年边委会颁布的《边区小学校暂行办法》规定，初级小学课程及其所占比率：国语30%，常识20%，算术25%，歌咏5%，工艺（劳作、绘画、手工）10%，体育游戏10%；高级小学课程设置情况为：国语25%，算术20%，政治常识10%，自然常识10%，历史5%，地理5%，歌咏5%，工艺10%，军事体育10%。③同时，规定教材的编审由教材编审委员会组织进行，该委员会由边区教育处、群众团体、文救会、抗大、联大、干校等多方人士组成，编写的指导思想是“教育内容从复古的、武断的和迷信的，改变为革命的、战斗的、民族的、民主的、科学的、大众的。学校生活，由压迫儿童、青年思想的专制制度，读死书、死读书的制度，改变为民主的、活泼愉快的、与实际抗战工作联系起来的生活”④。编写原则是“分组编辑，集体审查”，然后分头付印或分区付印；巩固区与游击区使用不同的教材。当年，边委会组织重新编写高小教材，通过石印手段，共印了222000册，⑤ 盂县、定襄

---

① 王谦主编：《晋察冀边区教育资料选编》（初等教育分册上），河北教育出版社1990年版，第480—547页。

② 李公朴：《华北敌后——晋察冀》，生活·读书·新知三联书店1979年版，第138页。

③ 《边委会颁布边区小学校暂行办法》，《边区教育》第3卷第6期，1941年4月15日。

④ 延安时事问题研究会编：《抗战中的中国文化教育》，上海人民出版社1961年版，第202—203页。

⑤ 《晋察冀边区行政委员会工作报告》，载《晋察冀边区教育资料选编》（教育方针政策分册下），河北教育出版社1990年版，第82页。

县、灵寿县等各县也努力翻印教材，这样教材问题就得以解决。1942 年 1 月，边委会决定初高级小学均由秋季入学改为春季入学，教材一律由华北联大改编，但因一时难以满足整个边区需要，因此决定算术仍用旧教材，国语、常识等使用联大改编新教材。若不足，各署县可以自行排印。解决课本的方式有五种：铅印、油印、石印、木板印、手抄；万一有的地方还不能完全解决教材问题，暂时可以让学生两人使用一套。① 灵寿县还颁布过《爱护课本公约》，倡导一本课本，哥哥姐姐用过后，由学校统一收购，再分发给下届学生，这也是解决课本问题的一个好办法。② 1944 年，颁布《北岳区小学暂行方案》，规定高级小学开设的课程周学时数及在所有课程中所占比重。（详见表 2－3 和表 2－4）

表 2－3　1944 年晋察冀边区北岳区高小课程比重表

每节时间单位：分钟

科目	国语	算术	历史	地理	公民	自然	音乐	美术	体育	习字	合计
每周节数	7	6	2	2	2	3	2	1	1	2	28
每节时间	50	50	50	50	50	50	30	30	30	30	1280
所占比重(%)	27.34	23.43	7.81	7.81	7.81	11.72	4.69	2.34	2.34	4.69	

资料来源：《北岳区小学暂行方案》，载《晋察冀边区教育资料选编》（初等教育分册上），河北教育出版社 1990 年版，第 132 页。

表 2－4　1944 年晋察冀边区北岳区初小课程比重表

每节时间单位：分钟

<table>
<tr><th colspan="2">科　目</th><th>国语</th><th>算术</th><th>习字</th><th>美术</th><th>唱游</th><th>共计</th></tr>
<tr><td colspan="2">每周节数</td><td>12</td><td>6</td><td>3</td><td>1</td><td>2</td><td>24</td></tr>
<tr><td rowspan="2">每节时间</td><td>一、二年级</td><td>30</td><td>30</td><td>30</td><td>30</td><td>30</td><td>720</td></tr>
<tr><td>三、四年级</td><td>50</td><td>50</td><td>30</td><td>30</td><td>30</td><td>1080</td></tr>
<tr><td rowspan="2">所占比重（%）</td><td>一、二年级</td><td>50</td><td>25</td><td>12.5</td><td>4.17</td><td>8.33</td><td></td></tr>
<tr><td>三、四年级</td><td>55.56</td><td>27.78</td><td>8.33</td><td>2.78</td><td>5.56</td><td></td></tr>
</table>

资料来源：《北岳区小学暂行方案》，载《晋察冀边区教育资料选编》（初等教育分册上），河北教育出版社 1990 年版，第 132 页。

① 《边委会令各县高初级小学改秋季始业为春季始业》，载《晋察冀边区教育资料选编》（初等教育分册上），河北教育出版社 1990 年版，第 53 页。

② 刘松涛：《华北抗日根据地用革命办法办学的几点体验》，《人民教育》1951 年第 2 期。

晋察冀根据地小学教育内容的特点：

其一，将教材与现实生活相联系。各地根据当地孩子们生活实际编写小学教材，课文中所讲内容均是当地学生最熟悉的和现实生活相关的内容。农村小学课本，主要讲与农村相关的内容；城镇小学课本，重点讲与城镇生活密切的内容。边区五台县为农村小学编写的语文教材中，就包括了各种各样的农村应用文体写作，如写路条、开收据、记账、写信、写契约、写日记、写报告、写对联、写通知等基本常识；各地小学还根据当地生产与生活实际，采用“四言杂字”“三字经”等编写补充教材。[①] 种土豆的地方，就在课本中增加与之相关的知识；种棉花的地方，就增加关于棉花方面的知识。教学时，也可灵活处理，到春天植树的季节，就将语文课本中“植树”课专门挑出来先讲先学。常识课本中还介绍了一些抗战和生活的知识，如“简单包扎法”“简单的防毒法”“火药的制造法”“白干土作粉笔”“黑豆汤染灰布”[②] 等，旨在指导实际工作。

其二，将教材与抗战实际相结合。坚持一切为了抗战的原则，将与抗战相关的内容编入小学课本。如抗战时期初小课本《国语》第二册共有36课，其中13课是有关抗战的内容，如第五课“不让鬼子来破坏”、第十七课“加紧除奸”、第二十课“参加儿童团”、第三十一课“拿枪干一场”、第三十五课“八路军与新四军”等[③]，并将抗日教育作为教育的主题。《小学常识》第六册中选编了“晋察冀边区是怎样来的？”“边区是个怎样的地方？”“陕甘宁边区”“我们的国家”等。《国语》第三册中的“刘连长开荒”“刘老太太缝袜子”“狼牙山五壮士”“报告学校开展生产运动的信”等[④]与抗战联系紧密的内容。再如《算术》课本中，有这样的题：“16个日本鬼子让八路军杀了7个，还剩几个？”《国语》课文内容多涉及抗日英雄故事，同时在教学过程中也选取《晋察冀日报》《北岳日报》上关于抗战方面的重要文章或社论作为学生的课外阅读内容。

其三，采取生动活泼的方式编写教材。一改过去传统死板的教材编写模式，而采取灵活多样、生动有趣的方式去编写边区小学教材。无论是国

---

① 檀凤栖、刘子芳：《晋察冀边区五台县学校教育的几个特点》，载《晋察冀边区教育资料选编》（回忆录分册），河北教育出版社1990年版，第96页。

② 刘松涛：《革命战争中对儿童进行爱国教育的点滴经验》，《人民教育》1950年第3期。

③ 抗战时期初级小学适用课本《国语》第2册，晋察冀边区行政委员会1940年编印。

④ 抗战时期高级小学适用课本《国语》第3册，晋察冀边区行政委员会1940年编印。

语教材，还是抗战常识，多采用讲故事和典型事例的形式来展现。譬如：历史部分要编入重要的革命故事与革命纪念日，以给学生以深刻的记忆；抗战常识课本，包括“日本为什么要侵略中国”“打日本救中国”“好男儿上前线”“帮助抗日军和鬼子拼命”“自卫队”“肃清汉奸”“慰劳伤兵”“优待抗战军人家属”“执行坚壁清野”等内容。① 每篇课文下面均配有图画，如“慰劳伤兵”课文中，就画有男女学生拿着水果、毛巾等在和伤兵谈话；“坚壁清野”课文中画有农夫在破坏敌人的桥梁、埋藏粮食等。

其四，将生产劳动作为教学的重要内容。晋察冀革命根据地小学教育始终围绕与生产劳动相结合这一主题，因而在确定教育内容、编写教材、制订教学计划时，均十分注重突出生产知识和技能的学习。坚持“做什么学什么”的原则，将教育与实际生产活动紧密结合。如开展大生产运动时，就在常识中讲“耕三余一”“防旱备荒”等；植树时，就讲“植树法”。不少学校将生产劳动列入正式教育内容，如阳高县姚乐小学组织小组，不仅本校学生参加劳动，还吸收了不少社会青年和妇女参加。② 不仅在课堂上教给学生生产方面的知识，而且成立生产劳动小组，让学生们直接参加生产活动。不少学生通过参加生产劳动，既培养了劳动观念，又解决了个人经济上的困难，还给学校带来了收入，克服了办学经费不足的问题。

其五，注重采用乡土教材。搜集与编写乡土教材，一方面可以调动学生的学习积极性，学习自己身边的环境与事物，另一方面可以增进热爱家乡的情感。让学生了解自己家乡的地理环境、生态环境、物产资源、风俗习惯、历史传统，特别是了解当时日本侵略者的据点位置、边区政府相关设置情况等。教材中选取事例时，尽量选本区本地的抗日英雄人物和事迹，作为激励学生进步的素材。如《常识》中，编入了“晋察冀边区是怎样来的?”“边区的形势和物产”“边区是个怎样的地方?”等。③

其六，注重教材的儿童化。编写教材时，十分注重用儿童的口气，便于儿童接受。坚持“儿童怎样说，我们怎样写；儿童说什么话，我们造

---

① 克寒：《模范抗日根据地的晋察冀边区 · 崭新的边区教育》，《新华日报》1938 年 9 月 3 日。

② 《冀晋区学校教育总结》，载《晋察冀边区教育资料选编》（初等教育分册上），河北教育出版社 1990 年版，第 150 页。

③ 抗战时期初级小学适用课本《常识》第 6 册，晋察冀边区行政委员会 1940 年编印。

什么句”[①]。尤其是《国语》课本，力求适合儿童的需要，适合儿童的心理，尽量选择与搜集儿童身边的生活题材与故事。

（七）小学教学方法与组织形式

晋察冀边委会一直强调小学教学的规范化以及教学方法的改进。1938年2月晋察冀边委会颁布《小学校教学科目及每周教学时间表》，规定了小学开设课程、开设年级及学期课时数。（详见表2－5）

表2－5　1938年晋察冀边区小学教学科目及每周教学时间表

单位：分钟

科目 \ 年级 时间	一年级 二年级	三年级 四年级	五年级 六年级
国难讲话	60	120	180
国　语	540	420	420
社　会			180
自　然		180	120
算　术	120	150	180
劳　作	120	90	60
美　术		90	60
体　育	240	240	180
唱　游			120
总　计	1080	1290	1500
备　注	每30分钟为一节课，视科目性质，可延长至45—60分钟		

资料来源：王谦主编：《晋察冀边区教育资料选编》（初等教育分册），河北教育出版社1990年版，第2页。

尽管在战争年代办学条件简陋，但是根据地实行了开放的办学思路，并不因循传统的教学方法和教学组织形式，深知“只有新的教学方法，才能适应新的环境，完成新的任务”，因此，经常借鉴和采纳国内外最新的教学方法和教育组织形式。如从1939年开始一些根据地学校就借鉴和采用美国克伯屈（William Heard Kilpatrick）创立的设计教学法、美国柏克赫斯特（Helen Parkhurst）创立的道尔顿制、英国贝尔（Andrew Bell）和兰卡斯特（Joseph Lancaster）创立的导生制、陶行知的小先生制等教学

① 李南屯：《现阶段的小学教材编辑法》，《边区教育》第1卷第1期，1939年3月15日。

方法和组织形式，“发扬集体的、设计的、启发的、自动的、竞赛的、即知即传即用的”① 优点。为了进一步规范小学教学办学行为，边委会在整理北岳区小学教育的决定中颁布了初小和高小课程进度表（详见表 2 - 6 和表 2 - 7），作为各校制订教学进度表的样板。

表 2 - 6　1942 年晋察冀边区初小课程进度表

科目	国语				常识	算术	唱歌	工艺	体育
	读书	作文	演说	写字					
每周节数	7	1	1	1	6	6	2	2	
授完一课所需要时间	2—3 节				2—3 节				
每周进度	2—3 节				2 节	2 节			

表 2 - 7　1942 年晋察冀边区高小课程进度表

科目	国语	算术	政治常识	自然	历史	地理	唱歌	工艺	军事体育
每周节数	7	6	4	2	2	2	2	2	2
授一课所需时间	2—3 节	1—2 节	2—3 节	2—3 节	2—3 节	2—3 节			
每周进度	2 课	2—3 课	1 课	1 课	1 课	1 课			
备　注	每周作文两节	每周珠算一节						包括劳作绘画	

资料来源：宋劭文、胡仁奎、刘奠基：《边委会关于初步整理北岳区小学的决定》，《晋察冀日报》1942 年 4 月 16 日。

由于战争不断，边区部分学校基础薄弱、师资整体水平不高，因此，在教学中出现了诸多问题。有的地区没有教学日课表，教学随意性比较大；有些教师课前备课不充分，课后很少指导学生作业；对学生成绩考核不严格，升降级缺乏依据等；有的学校将教学方法改进仅限于口头或理论层面，而没有真正落实；教学督导工作没有深入进行，缺乏深层的了解和指导。② 针对这种状况，1943 年 9 月边委会作出了《关于改进教学工作提

① 娄凝先：《二年来边区教育工作的回顾与展望》，《边区教育》第 2 卷第 1 期，1940 年 1 月 15 日。

② 《边委会关于改进教学工作提高教学效果的指示》，载《晋察冀边区教育资料选编》（教育方针政策分册下），河北教育出版社 1990 年版，第 73—78 页。

高教学效果的指示》，建议“统一教学进度，改进教学方法”，具体要求：首先，严格建立健全教学规定的制度。由县统一制订日课表、进度表，并督促各校制订教学计划；各校设立学生成绩登记簿，按时记载学生成绩。其次，指导教员加强课前准备、课后辅导。最后，改进教学方法。督学视导要深入各校指导教员改进教学方法，督学应成为小学教员的导师；加大对教员的培训力度；给教师更多的备课时间。

为了提高教师的教学水平，各县小学教员定期进行教学经验交流，并于假期互派教员进行参观学习与教学观摩，中小学交换听课，取长补短，力求改进教学方法和生活指导的方法。为此，边区教育期刊《教育阵地》从 1943 年专门开辟“教学方法与教学经验交流”专栏，刊载了不少优秀教师的教学经验和方法，如刘华的《怎样教自然课》、高明远的《教学生作文的一点经验》、张子衡的《单级教学经验谈》、顾明的《怎样使算术课的教学做合一》、坚白的《小学教学法常识》等等，旨在让更多的教师能够学到新的教学方法，形成规范教学的意识，进而促进教学质量的提高。

综观抗战时期晋察冀边区小学教学实施情况，可总结出以下几方面的特点。

第一，教学与抗战救国密切结合。小学生“早晨上学，不是打开课本来咿咿呀呀地朗诵，而是拥挤着推进门来争抢马刀到村口去站岗。他们教自卫队，而孩子们自己便变成了小自卫队。学习和生活打成一片，使儿童格外活跃起来”①。崞县联合高小，上国语课时，主要讲述抗日英雄故事，同时，教师留给学生的作业就是编写抗日宣传讲演稿、抗日宣传黑板报、抗日宣传标语口号等。在音乐课上，老师主要教学生唱歌《大刀进行曲》《游击队之歌》《生产运动歌》《义勇军进行曲》《军民一家人》等。② 还让学生自编自演小型戏曲、小快板、秧歌舞等，主要表演除汉奸、动员参军、做军鞋、送公粮等。上游戏课时，就让学生玩“捉汉奸”“打游击战”“捉俘虏”等。开周会时，介绍报刊上劳动英雄的模范事迹，还邀请抗日英雄来学校作英模报告。

① 克寒：《模范抗日根据地的晋察冀边区·崭新的边区教育》，《新华日报》1938 年 9 月 3 日。

② 贾烈卿、张志民：《为抗战服务的崞县联高》，载《晋察冀边区教育资料选编》（回忆录分册），河北教育出版社 1990 年版，第 133 页。

第二，教学延伸到社会、田野、工厂。晋察冀边区的教学场地，不仅在学校，而且扩展到社会、田园、工厂、市镇，并且加强实验环节。正如李公朴所描述的那样：

> 晋察冀没有辉煌的教室。随便一间房子，一座树林，一片河滩，或是山坡，或是山顶，随处都是学生们的课堂。同时，所有的工作场合，也都是晋察冀全体人民的课堂。学校就是战场，战场就是课堂；是抗战的教育，是建国的营房。……这并不是什么“洋学堂”的教育，也不是三家村冬烘先生的冷板凳教育，而是理论与实践密切联系的抗战教育！[①]

师生常常集合起来在树荫下、在田野间进行讲课，书写墙壁上的标语，成为孩子们的作业；记述八路军杀敌的故事，成为小学生的最好作文。经常采用田野教学的形式，譬如：在讲授农作物或自然物时，尽可能将学生带到田间山野，让学生亲自观察实物或回校研究与讲述；[②] 讲授农作物时，使儿童了解其栽培方法，实地指导种植，真正使学生能够学到有用的知识。尤其是1943年明确将到校外进行生产劳动作为教学的一项重要内容，规定高小和全日制小学，星期六下午为劳动日，教师领导学生参加生产；规定半日制完全小学，星期一至六下午、星期日全天为生产劳动课时间，并将之列入课程表（详见表2－8）。

表2－8　1943年晋察冀革命根据地完小半日制日课表

日课表							
	一	二	三	四	五	六	日
8:00—8:50	周会（全）	算术（全）	算术（全）	算术（全）	算术（全）	算术（全）	劳动
9:00—9:40	国语（全）	国语（一二） 常识（三四）	国语（全）	国语（一二） 常识（三四）	国语（全）	国语（一二） 常识（三四）	
9:50—10:00	课间操						

① 李公朴：《华北敌后——晋察冀》，生活·读书·新知三联书店1979年版，第140—141页。

② 刘华：《怎样教自然课》，《教育阵地》第1卷第2期，1943年2月1日。

续表

日课表							
	一	二	三	四	五	六	日
10:10—10:50	唱歌	常识(一二) 国语(三四)	常识(一二) 国语(三四)	唱歌	唱歌	常识(一二) 国语(三四)	劳动
11:00—11:40	常识(全)	缀字(一二) 国语(三四)	工艺(全)	写作(一二) 作文(三四)	常识(全)	检讨会 (分组)	
11:50—12:30	自习						
下午	进行生产劳动						

资料来源：《边委会关于整理小学加强儿童生产教育的指示》，载《晋察冀边区教育资料选编》（教育方针政策分册下），河北教育出版社1990年版，第17页。

第三，注重培养学生自动学习能力。教学运用启发式与设计教学法，启发学生的自动性，发展其天才的创造性；减少课堂讲授的时间，留给学生更多的自由支配时间，让学生复习、讨论、自由阅读与创作；放弃打骂学生的封建做法。① 1943年边委会又一次强调，要转变小学教师对儿童的教育方法和态度，实施民主教育，启发儿童的积极性和创造性。“转变单纯教死书的办法，实行教学做、学做教、做教学密切联系、三位一体的教学方法，培养儿童的思考能力与工作能力。”② 初小教师善于探索新的自动民主的教学方法，有位教师总结出教自然课的新方法：先让学生预习，让其对教材有个总括性的了解；在教师的启发下，学生发现问题；让学生带着问题去实地观察；观察后，让学生自由讨论，发表自己的看法，教师作总结；最后让学生实际操作，如植棉、种菜等，并验证教学效果。③ 一位名叫杨般若的小学教师在平时教学时，除了讲述外，就注重让学生动手、动口、动脑，注意调动学生参与教学的积极性与主动性。改变传统“一言堂”的做法。④

第四，生产劳动是一项重要的教学活动。1943年边委会作出《关于整理小学加强儿童生产教育的指示》，提出了加强小学生的生产教育的方

① 《提高教师社会位　加强国民教育——纪念“六六”教师节》（社论），《晋察冀日报》1941年6月6日。

② 《边委会公布三十二年度文化教育的方针与任务》，《晋察冀日报》1943年3月5日。

③ 刘华：《怎样教自然课》，《教育阵地》第1卷第2期，1943年2月1日。

④ 杨般若：《谈教学的成功与失败》，《教育阵地》第4卷第1期，1944年11月1日。

法：通过各种教学或精神讲话，启发儿童重视生产劳动，领导儿童参加生产活动，养成劳动的习惯与兴趣；高小或全日小学，星期六下午定为劳动日，不上课，领导学生参加生产活动；半日二部制、半日巡回制、隔日巡回制小学，学生在不上课的半日或一日，一律参加生产劳动；按学生年龄、体力、性别编分为若干生产小组，负责督促检查学生的生产活动及生产成绩；教师将组织学生参加生产与学习并重，对学生的生产成绩，应视为学习成绩的一部分，作为评判学生成绩优劣的一个重要标准。优秀教师苏人总结了“在生产中进行教育”的经验：在劳动前指定作业，先计划方法与内容；指定小组长，让其在生产中与学习中发挥作用；让学生们在生产中学习，即每劳动1.5小时，将大家集中起来学习半小时，或讨论生产前讲的内容，或研究生产中发现的问题，或自己独立完成作业。①

第五，采取多种教学组织形式。处于战争非常时期，再加各地情况各不相同，所以，采用的教学组织形式有：课堂教学、游击教学、伪装教学、地下教学、隐蔽教学、两面教学、分组教学、全日教学、半日教学、复式教学、巡回教学等。就拿巡回教学来讲，有的是半日一巡回，有的是隔日一巡回，刚好空出一半时间让学生参加家庭劳动。既减轻了家长接送孩子的负担，又给农村儿童创造了更多的就学机会。如灵邱县老湾沟－西峪小学，本来是两个小学，但由于缺乏教师，所以采取巡回教学的组织形式。当时任教的教师回忆说：

> 在老湾沟和西峪建立两个教学点，我在老湾沟上半个月课，给学生布置下作业、练习，再到西峪教半个月。我两头跑着上课、辅导，个人辛苦一点，但减少了家长每天接孩子的麻烦，也使年龄小的儿童有了入学读书的机会。②

多采用教学与实习相结合的形式，平时教学形式比较灵活，有时教学就是实习，比如讲防空时，实习就等于教学，空场作课堂，墙壁作黑板。③ 再

---

① 苏人：《在生产中进行教育》，《教育阵地》第1卷第5期，1943年5月1日。

② 李成春：《回忆老湾沟西峪回小学》，载《晋察冀边区教育资料选编》（续集），北京师范大学出版社1991年版，第492页。

③ 汉章、小波：《挺进中的晋察冀边区文化教育》，载《中华民国史档案资料汇编》第五辑第二编·教育（二），江苏古籍出版社1991年版，第582页。

如广灵县有不少游击教学点，学生人数不固定，上课地点不固定，学生自带小板凳，没有课桌，古庙、戏台、树林、山谷、岩洞、土窟都可以作课堂，教师实行流动教学、游击教学，因材施教，因时而教，因地而学。①

第六，采取多种教学方法，设法提高教学质量。尽管边区小学条件简陋，师资力量薄弱，但是边委会通过加强管理，规范教学行为，强调教学方法改进来弥补条件的不足。各校教师经过培训，大都有了改进教学方法的意识，并且每位教师均根据本地本校的实际情况以及不同课程内容，分别采取了不同的教学方法，如讲述法、讲演法、问答法、讨论法、直观法、游戏法、示范法、观察法、实验法等。② 国语课采用讲述法或讲演法，算术课采用问答法、直观法，常识采用讲述法、讨论法、示范法、实验法。如有的教师在上算术课时，为使学生容易理解，就让儿童代表公式中的数字，互乘互除，大大提高了学生的学习兴趣。③ 各地小学均根据实际情况，选择了适合本地的教学法，如晋东北的定襄县，采用了分组教学法、导生制、小先生制相结合的方法，取得了明显的教学效果。④

（八）小学生的生活指导与课外活动

边区的小学教育是科学、民主、开放、活泼的教育，“而不再是把学生关在课堂里‘读死书、死读书’，而是使他们过着民主的愉快生活，使他们在课余尽量参加实际活动，把学校和社会沟通一气”⑤。为了促进儿童身心发展，使儿童养成良好的生活习惯，树立民族的、民主的、科学的新民主主义思想，成为新民主主义社会的良好公民，晋察冀边区先后开展了不少有意义的旨在丰富学生生活的活动，同时成立了指导学生课余活动的学生组织。

首先，实行儿童生活指导，实行教导合一。所谓“生活指导”，就是指导学生生活。广义上讲，包括指导儿童的全部生活，从日常饮食起居、学习，到个人与集体在学校、家庭和社会的各种活动。狭义上讲，主要是

① 赵加录：《抗日战争时期广灵县根据地办学情况》，载《晋察冀边区教育资料选编》（续集），北京师范大学出版社 1991 年版，第 603 页。

② 坚白：《小学教学法》，《教育阵地》第 1 卷第 5 期，1943 年 5 月 1 日。

③ 《改进小学教育创造多种教学方法》，《晋察冀日报》1945 年 6 月 6 日。

④ 刘奠基：《教材与教法的内容与检讨》，《边区教育》第 2 卷第 9、10、11 期合刊，1940 年 6 月 16 日。

⑤ 《边委会工作报告》，载《晋察冀边区教育资料选编》（教育方针政策分册下），河北教育出版社 1990 年版，第 82 页。

指对儿童的课外活动、学生集体活动以及有组织的社会活动等进行指导。[①] 1943 年北岳区要求对小学生进行“儿童生活指导”。具体目标是：“养成儿童活泼、愉快、民主、自由的生活习惯和作风；养成儿童团结友爱、自觉自治，有组织性和纪律性的集体生活习惯；养成儿童真诚、朴实、勇敢、负责的精神，树立劳动观念和劳动习惯；养成儿童虚心学习、实事求是、追求真理的科学态度；养成儿童爱整洁、有礼貌的良好习惯。”[②] 生活指导的组织是学生会、儿童团，学校对学生组织进行指导，在这些组织内部设学习、生活、文娱等组织，以加强学生的自治能力，并保证学习任务的顺利完成。主要活动有：一是建立必要的生活制度。如按时做晨操和课间操，加强身体锻炼；下午课后开展游戏、运动等文娱活动；每周三下午定为救亡日，作为童子军活动时间；每周六下午举行周会，总结上周生活情况并报告时事动态；每周召开一次生活检讨会。二是举行中心训练周，制定学生日常生活公约。如“遵守纪律周”“清洁卫生周”“保守秘密周”“文明礼貌周”等。既丰富了学生的课余生活，又达到了课堂教育所达不到的教育效果。

其次，成立儿童团，加强对儿童的课余管理。为了培养儿童自我教育能力，支援抗日救亡运动，晋察冀边区建立初期就倡导各村小学成立儿童团。1939 年再次强调加强儿童团建设，凡 8—15 岁儿童均可入团，成为团员；为了军事行动的便利，儿童团实行编队制，小队由 10—20 名团员组成，中队由 3—5 个小队组成，大队由 3 个以上中队组成，大中小队均设正副队长各 1 人；各村小学教师为儿童团指导员，负责训练、指导、监督儿童团的活动。儿童团训练内容包括：军事训练（整队、集合、爬山、拟战游戏、防空防毒、救护运输等演习），政治常识（革命战争常识、中日关系及实力比较、日本的侵华政策、统一战线、抗战形势及边区形势），生活训练（主要培养吃苦耐劳与勇敢冒险精神、个人服从集体观念、守时守纪与整洁卫生的习惯、正当娱乐的习惯等）；开展的活动主要有：组织工作（团员编制登记、组织突击队工作、协助救亡工作），宣传工作（演戏、讲演、张贴标语、散发传单、召开纪念会等），教育工作

① 刘皑风：《关于小学生活指导问题的商榷》，《晋察冀日报》1943 年 9 月 17 日。

② 《北岳区小学暂行方案》，载《晋察冀边区教育资料选编》（初等教育分册上），河北教育出版社 1990 年版，第 135 页。

（书写壁报、调查学童、劝导入学、进行民教），纠察工作（站岗放哨、检查行人、侦查汉奸、维持秩序等），通信工作（建立儿童通信网、传送文件或书报），协助工作（如募捐、慰劳、春耕、护秋、帮助抗属、推销救国公债）① 等。

再次，建立童子军制度，组织学生为抗战服务。为了培养学生的组织纪律观念，加强学校与社会的联系，使学生自由活泼地生活，晋察冀边区于 1942 年 7 月下令成立童子军，童子军是广大少年儿童广泛的统一战线组织。进行抗日的军事教育训练，锻炼健全体魄，培养新的道德，养成良好的习惯，以服务抗战为宗旨。凡 8—17 岁的少年儿童不分阶级、党派、宗教、民族，不分校内外，在自愿的原则下均可参加。乡村童子军设小队、分队、中队等。其任务是学习军事体育，锻炼体格，在生活和组织方面给以抗战建国、民主自由教育。② 童子军在军事方面学会了童子军礼节、健身操、棍棒操、制式教练、队形交换、刺枪、劈刀、旗语、架桥、担架、结绳、手号操、投手榴弹、拳术等。童子军在课余做了大量配合抗战的工作，如春耕、护秋、站岗、放哨、慰劳、济贫、宣传等，受到边区政府和人民的好评。从 1940 年个别县小学生参加社会活动情况可见一斑。主要项目有：

> 春耕：如盂县儿童代耕 250 亩，垦荒 71 亩。
>
> 民主运动：如崞县（今原平县）95% 以上的小学生参加了选举的宣传工作。盂县儿童剧团 40 个，演剧 254 次，又宣传队 157 个，参加 2500 人。
>
> 护秋运动：如崞县组织 68 个护秋宣传队，120 个代收队，代收（秋）1200 亩。另有 13 县小学生实际参加劳动的师生共 162130 人，代耕 91886 亩。
>
> 救济难民、慰劳抗属与军队：北岳区小学生拾麦 200 多石以救济难民，慰劳军队及抗属钱 8652.62 元，铜铁 11856 斤，还有很多鸡子、毛巾、弹壳等。

---

① 《边委会关于儿童团组织训练及活动纲要的指示》，载《晋察冀边区教育资料选编》（教育方针政策分册上），河北教育出版社 1990 年版，第 23—26 页。

② 徐光：《北岳区童子军的建立》，《晋察冀日报》1942 年 7 月 30 日。

站岗放哨通讯：有的地区变成了小学生的经常工作。[①]

最后，开展以反法西斯为主题的儿童节纪念活动。1942 年边委会作出纪念“四四”儿童节的指示，旨在在儿童中进行反法西斯教育，使广大儿童认识到“法西斯是儿童的刽子手、人类的死敌”，以此激发儿童反奴化教育的情感；引起社会各界人士对儿童的爱护和重视，在敌人加紧摧残儿童之时，提出保护民族下一代的号召。在根据地的纪念活动主要有文艺表演、体育比赛、文化测验、政治测验、奖励模范儿童和劳动小英雄等；同时，开展“五不运动”：“不上鬼子当，不念鬼子书，不告诉鬼子一句实话，不替鬼子干事，不当鬼子的奴隶。”[②] 正是通过根据地的“五不”教育，教育出一大批抗日小英雄，有力地配合了八路军打击日本侵略者。为了宣传抗战小英雄的事迹，著名作家周而复于 1944 年 8—9 月连续在《新华日报》上发表了数篇童话题材的小学生抗日故事，如《遛马的孩子》《小英雄》《小六儿的故事》等。[③]

（九）小学教育的成就、特点及问题

晋察冀边区克服重重困难，在艰苦的抗战环境下，将小学教育作为边区一项重要工作来抓，因而取得了可喜的办学成绩。

办学成绩之一：学校数、学生数、入学率逐年增加。1938 年晋察冀边区 48 个县，共有小学 4898 所，小学生数 220460 人；1940 年增加到 7697 所，小学生数为 469416 人，比 1938 年增加了 248956 人，也就是说增加了 1 倍多；1941 年小学校数增至 7901 所，学生数为 616029 人。仅就晋东北十多个县来说，1941 年春在自然条件和社会条件均十分恶劣的情况下，克服重重困难，努力发展小学教育。当年该区有学龄儿童总数 101135 人，共有小学校 1530 所，在校学生 68666 人，学龄儿童入学率达 67.9%；同年 7 月，学生数增至 69044 人，共计男女教员 1908 人。四专区，1941 年春学龄儿童总数为 107881 人，入学儿童数为 93918 人，学龄

① 《边委会工作报告》，载《晋察冀边区教育资料选编》（教育方针政策分册下），河北教育出版社 1990 年版，第 82—83 页。

② 《晋察冀边区政府纪念儿童节号召敌占区儿童展开儿童“五不运动”》，《新华日报》（华北版）1942 年 3 月 23 日。

③ 分别发表在《新华日报》1944 年 8 月 31 日、9 月 6 日、9 月 18 日。

儿童入学率为87.1%，小学教员总数达1275人。[①]“边区的学校教育，主要的是国民小学（即初级小学），有2万多所，每个村子普遍地都有1所。据说，这在边区行政委员会成立之前就是这样，但学童的人数较前却大大增加，几乎增加了1倍之多。”[②]李公朴先生于1940年就说过：晋察冀边区“小学在1万以上，学生共计40多万。这是正规学校教育内的数字，所在各种冬校、夜校、识字班……一类的教育组织尚不在内。……50户以上的村庄，起码成立一所小学校”[③]。

办学成绩之二：教师数量不断增加，为新中国培养了一批新型的教师。为了发展小学教育，边区十分重视教师的培养与教育，一方面注重发展师范教育，另一方面加强教师培训工作。从业务、思想与政治等方面进行长期的全面的培养与教育，使边区小学教师的业务素质与政治素质均得到了较大提高，边区培养起一支热爱教育工作、坚持抗战救国、艰苦朴素、乐于奉献的教师队伍。据不完全统计，1941年就连教育基础相对薄弱的晋东北地区已培养起了一支由1908人组成的小学教师队伍，四专区也拥有小学教师1275人，这只是边区小学教师队伍中的一部分。到1944年基本达到了五六十名学生配备一名教师的水平。在边区小学教师队伍中，英雄模范不断涌现，先进事迹层出不穷，为中国近现代教育史谱写了一曲又一曲生动感人的辉煌乐章。同时，晋察冀边区小学教师队伍日益壮大，并在不断积累教学与管理的经验，为后来新中国的教育发展奠定了重要的基础。

办学成绩之三：高等小学为边区培养了一批革命干部。由于当时边区高小数量较少，一区只有一校，因而高小毕业生对于边区来说，就是人才。在抗战形势严峻、培养干部的中高等教育还不很发达的情况下，高小就承担起了部分培养干部的任务，为边区各项事业培养了一批干部。如崞县（今原平县）联合高级小学，是一所为抗战服务的新型、标准化学校，其总校设在枣坡，另设10个分校，招收的学生大部分是具有抗日救国思想的进步青少年，抗日干部子弟比较多，他们大都学习主动积极、具有钻研精神、生活俭朴、吃苦耐劳、思想进步。教学内容紧扣抗日这一主题，

---

① 张向一：《边区小学教育的概况》，《晋察冀日报》1943年1月23日。

② 克寒：《模范抗日根据地的晋察冀边区·崭新的边区教育》，《新华日报》1938年9月3日。

③ 李公朴：《华北敌后——晋察冀》，生活·读书·新知三联书店1979年版，第139—140页。

课余参加抗日宣传和生产劳动，学校注重培养学生的综合素质，因而取得了可喜的办学成绩。1940—1944 年，该校共培养了 600 余名毕业生。为了抗战的需要，他们大部分奔赴边区的党政军等部门任职，有的成为抗日骨干，有的成为模范干部，有的成为模范教师。如三分校毕业生李青怀，后来被提拔为区长；五分校毕业生要任槐，成为武委会主任等。[①] 总之，边区高小为根据地培养了一大批基层干部和抗日骨干。

综观抗战时期晋察冀边区小学教育办学情况，主要有如下几个特点。

其一，以抗日救亡为中心，培养革命的新公民。晋察冀边区小学教育是在抗日救亡的特殊历史背景下兴办的一种教育，无论从当时形势考虑，还是从为未来培养人才角度考虑，均需以抗日救亡为中心，教育与抗战紧密结合。因此，在课程设置、教材编写、教学活动、课余活动等方面均以抗战为中心。课程与教材尽量渗透与抗战相关的内容（1941 年编高小《国语》课本第一册 35 篇课文中有近一半是有关抗战的内容），围绕抗日救亡开展课堂教学，课余活动组织学生进行军事训练、站岗放哨，或慰问抗日军属。边区小学教育的总目标是“使儿童成为能写、会算，能生产劳动，身心健康，具有科学知识、革命思想的新公民、新社会的主人”[②]。为了达到这一目标，教育教学主要围绕儿童修养、生产劳动、自然常识、抗战事迹、民主教育、边区建设、卫生常识等方面进行。尤其是军事本领得到很大提高，小学生大都学会刺枪、劈刀、旗语、架桥、担架、结绳、手号操、抽手榴弹、拳术等；同时，进行“五不”教育，小学生学会与敌人斗争的策略，有了保守军事秘密的意识。如五台县田家村一个 13 岁的小学生，被敌人浇冷水、用皮鞭打，最后敌人用刺刀穿透了他的手掌，还用铁钉将他的手钉在门板上，但他始终没有暴露一点秘密。灵邱县四区白台村两名小学生，在站岗时机智勇敢地抓获了一个汉奸。[③] 这样严守秘密的抗日小英雄在边区随处可见，

其二，始终注重教育与生产劳动相结合。因为抗战时期晋察冀边区在山西境内的农村地区，本来就经济基础薄弱，民众生活条件艰苦，而且又是抗战的前沿阵地，斗争十分激烈。因此，为了有力支援抗战，为边区解

---

① 贾烈卿、张志民：《为抗战服务的崞县联高》，载《晋察冀边区教育资料选编》（回忆录分册），河北教育出版社 1990 年版，第 130—134 页。

② 刘松涛：《谈谈初小国语的编写与使用问题》，《教育阵地》第 5 卷第 5 期，1945 年 5 月 16 日。

③ 王真：《活跃的北岳童子军》，《晋察冀日报》1943 年 9 月 5 日。

决经济压力，同时培养儿童的劳动意识与生产技能，边区一直十分重视教育与生产劳动相结合，鼓励儿童帮助家庭生产，参加学校集体劳动，自己动手勤于劳作。据不完全统计，仅 1940 年晋察冀边区高初级小学生 162130 人，共拔麦割麦 91886.08 亩，铡麦 167649 个，打场 4402 次，送水饭 4351 次，相当于一天由 34000 个壮劳力干的活，连同站岗放哨 12553 人次，还有拾麦队共拾小麦 349 石，共计相当于壮劳力干了 7000 个工作日。[①] 据《解放日报》报道，1942 年，仅北岳区小学生参加春耕拾粪 48.8 万斤，植树 75.79 万斤，建成儿童菜园 179 个。[②] 教师将学生的生产成绩，作为学生学习成绩的一部分，作为评判学生成绩优劣的一个标准。通过开展生产劳动，解决了学生的家庭经济负担，调动了家长送子女上学的积极性。如张家庄的一位老先生，当看到学校通过让学生参加生产劳动，解决了学生的文具问题时，他对孩子说："学生不是拾粪就是割草，学校里还集体种了一块菜园，今年上学用的笔呀、纸呀、本儿呀……什么也不用家掏钱了，他们自己都解决了，眼下的学堂真不错啊！"[③] 灵邱县独裕村小学教师带领小学生三天消灭了 8.7 亩地里的害虫，老百姓交口称赞。学校师生以实际行动感化与教育了群众，因此，1943 年以来边区入学率不断提高。以应县为例，1943 年小学入学人数为 1135 人，比上年增加了 590 人，增长了 1.08 倍。

其三，采用多种办学形式。由于抗战时期受战争影响，根据地所属区域不太固定，即使是根据地巩固区也不断遭到日伪军的扫荡，针对这种复杂的斗争形势，边区只能采取多种办学形式，以应对战争形势的变化。采取的主要办学形式有：隐蔽小学、两面小学、游击小学、巡回小学、联合高小、季节小学、一揽子学校、完全小学、复式小学等；就教学时间来看，还可以分为：全日制小学、半日制小学、隔日制小学等。根据学生的学习方式，可以分为：课堂学习、个别辅导、田野学习、生产学习、领字学习、送字学习、保姆制学习（带着弟妹到学校学习）、跟班学习等。采取多种办学形式，既适应农村形势，方便群众，又促进了教育的普及与发展。正是通过多种办学形式，使边区教育普及程度得

① 刘皑风：《加强边区儿童的生产教育》，《教育阵地》第 1 卷第 5 期，1943 年 5 月 1 日。

② 《晋察冀小学生努力帮助家庭生产》，《解放日报》1943 年 5 月 19 日。

③ 梅生、全仁等：《北岳区生产教育的活跃》，《晋察冀日报》1943 年 8 月 4 日。

到很大提高。如晋北的五台县本来属于山区，教育基础薄弱，然而在边区政府的领导下采取了多种办学形式，因而小学普及率大大提高。据统计，该县1945年共建有高级小学10所，在校学生1895人；初级小学338所，入学率达81%。①

其四，采用田野教学的方法。边区小学教育还有一个鲜明的特点，就是善于利用田野教学法。讲授常识课时，往往将学生带到田间野外，让学生实地考察，亲自观察实物，动手种植作物，让学生采集标本与样品。一方面，将教学现场移到了校外野外，扩大课堂教学的活动范围，将课堂教学与课余活动相结合，力求教学做合一；另一方面，体现教学与生产劳动相结合，使小学生在田间进行生产劳动过程中结合文化科学知识学习，如通过让小学生亲自植树、种菜，在野外劳动过程中深入领会与了解农作物与动植物的生长特点与生活习性。再加上有些学校由于战争的原因，本来就没有固定的校址，教师带着学生到野外进行教学。

其五，注重培养学生动手操作能力。边区条件艰苦，教学设备只能通过教师带领学生自制，为了鼓励各校师生自己动手制作教学用具与学习用具，北岳区每逢“四四”节、“五四”节、“六六”教师节，均要举办小学教育展览会，公开展示各校自制用具与用品，如地球仪、看图识字牌、黑板擦、粉笔、石板、石笔等教具，以及草帽、毛衣、手套、带子、筐篮等生活用具。② 盂阳县李庄小学还办起了毛织手工工厂，122名学生自己动手制作毛织品。平定县神灵台村有个儿童叫袁小牛，因家中困难，连石板、笔等文具都买不起，甚至连衣服都没有，后来，老师让他边上学边运炭出卖，干了三个月，用挣到的钱购买了各种文具，还能帮家里解决经济困难。因此，受到广大群众的称赞：“识了字，还能学手艺，这可真是文武双全啊！”③ 1941年教师节边区政府倡导，小学教育应当注意儿童的课外活动，多给学生以复习、讨论、自由阅读与创作的时间，以发展学生的天才创造性。④

---

① 檀凤栖、刘子芳：《晋察冀边区五台县学校教育的几个特点》，载《晋察冀边区教育资料选编》（回忆录分册），河北教育出版社1990年版，第93—95页。

② 梅生、全仁等：《北岳区生产教育的活跃》，《晋察冀日报》1943年8月4日。

③ 《碾磐村小学生产与教育结合的介绍》，《教育阵地》第3卷第3期，1944年6月1日。

④ 《提高教师社会地位　加强国民教育——纪念“六六”教师节》（社论），《晋察冀日报》1941年6月6日。

其六，边区小学教师具有英勇斗争、无私奉献精神。抗战期间，“边区小学教师是支持抗战建国的最重要的柱石”，因为他们在极其艰苦的环境中，在经常面临着敌人的威胁下，进行着繁重的工作，培育着新中国的未来。首先，边区小学教师的工作环境恶劣。具体表现在天天在战争的夹缝中开展教学，经常遭到敌人的残酷恐吓、威胁与迫害，有不少教师为了保守秘密被敌人杀害，有的教师与敌人拼搏而牺牲了自己的生命。其次，边区小学教师待遇微薄、生活艰苦。小学教师的待遇是所有工作人员中最低的，一般仅为月薪不到10元，据调查，1939年晋东北的小学教师月薪仅有4元左右，这种低廉的工资几乎难以维持基本生活。再次，边区小学教师工作任务繁重。一名教师教三四十名学生，“一天到晚，除上课，当老妈做饭、洗衣服，还要给老百姓解决困难问题和一切繁杂的事情。一个人的精神有限，而工作却如此繁忙，生活的艰苦，工作的繁重，在社会上可算首屈一指了。”[①] 最后，边区教师是宣传抗战、动员民众的骨干。小学教师具备较高的政治觉悟和强烈的爱国热情，他们分散在广大的农村，直接与民众接触，在民众中有较高的威信，他们在民众中宣传抗日救国具有很好的效果。如应县小石口小学的八位青年教师曹百让、曹公士、姚旭、姚贵、田华、韩培烈、于壁、王才，创办“八德义务学校”，[②] 他们一面向学生传授知识，一面宣传抗日救国思想，受到当地民众的高度评价。

存在的问题主要有以下几个方面。

第一，边区各地教育发展不平衡。老巩固区基础较好，学校数量多，办学质量较高；边缘区学校数量不多，尤其是高等小学数量极少，如五专区的应县、山阴、怀仁，二专区的忻县、定襄、榆次、阳曲等县，高小很少。

第二，有些学校在贯彻教育与生产相结合方针时出现忽视教育的倾向。教育与生产相结合是革命根据地教育的一个特色，但是有些学校过分强调让学生参加生产劳动，结果影响了正常的教学进度，影响了学生对文化知识的学习，导致学生的文化基础薄弱。

---

① 《边区小学教师的英勇斗争》，《边区教育》第1卷第7期，1939年9月26日。

② 《应县抗日战争时期的教育状况》，载《晋察冀边区教育资料选编》（续集），北京师范大学出版社1991年版，第600页。

第三，战争形势所迫，有部分农村小学难以实施正规化教育。由于战争原因，再加上农村教育基础本来就薄弱以及教师的短缺，一些农村小学难以实施正规化的初等教育，只能因陋就简，利用农村的现有条件，根据抗战形势的需要，实施非常时期的非常教育。

四、中等教育：容含干部培训与普通教育

晋察冀边区在大力发展初等教育的同时，对中等教育也较为关注。因为边区领导已经认识到，青年是革命的先锋、国家的命脉、抗日救亡的骨干，因此，加强对青年的教育显得尤为重要。而对青年教育的一个重要组成部分就是中等教育。抗战时期边区中等教育与和平年代中等教育的不同之处，主要表现在：一是教育内容政治化、军事化，二是教育对象干部化。由于当时干部的文化素质普遍不高，因而中学自然就承担起了普通教育与干部教育的双重使命。晋察冀边区中等教育比不上小学发达，早期主要以民族革命中学为主，后来以普及中学教育为主。1939 年已有 8 所民族革命中学。后来，“渐渐地感到一种困难，就是小学毕业的学生，毕业后受一个短期的干部教育，就马上担任工作，往往感到不够，所以又决定成立中学校。”[①] 1940 年将 8 所民族革命中学改为边区第一至八中（详见表 2 -9)，其中边区第一中学就在晋东北的代县与崞县之间。这些中学与以往中学不同之处在于：一是均设在“山沟小道里”，而不是在城市；二是学生均是来自农村贫苦家庭子女，而不是城镇“中产之家”以上子女。[②] 到 1940 年，晋东北、察南、雁北等各专区，均已有了中学，边区中学共有 8 所，当年在校生 4000 多，已毕业学生 7166 名。[③]

1. 晋察冀边区中学教育的性质与任务

随着形势发展的需要，晋察冀边区中学先后出现过多种形式，如民族革命中学（1941 年以前)、边区中学（1941 年后)、高小内的中学班、

① 汉章、小波：《挺进中的晋察冀边区文化教育》，载《中华民国档案资料汇编》第五辑第二编·教育（二），江苏古籍出版社 1991 年版，第 581 页。

② 《边区文化教育工作应努力的方向及当前的几个具体问题》，《边区教育》第 2 卷第 12—14 期合刊，1940 年 8 月 1 日。

③ 《晋察冀边区政府民国二十九年工作方案》，《边区教育》第 2 卷第 1 期，1940 年 1 月 15 日。

表 2 -9　抗战时期晋察冀边区中学一览表

建校时间	校名	校址	校长	副校长
1939. 夏—1941. 12	边区第一民族革命中学	晋东北·五台	专员兼	李波田
1939. 夏—1941. 12	边区第三民族革命中学	晋东北·易县	专员兼	刘星华
1939. 夏—1941. 12	边区第四民族革命中学	晋东北·唐县	专员兼	卜蔚英
1939. 夏—1941. 12	边区第五民族革命中学	晋东北·平山	专员兼	何力平
1940. 夏—1941. 12	边区第二民族革命中学	晋东北·灵邱	专员兼	孙　英
1940. 夏—1941. 12	边区第六民族革命中学	晋东北·平西	朱其文兼	
1942. 1—1943. 11	边区第一中学(一、五中合并)	晋东北·五台	刘星华	
1942. 1—1943. 11	边区第二中学(二、三、四中合并)	晋东北·灵邱	卜蔚英	
1943. 11—1944. 7	晋察冀边区中学(一、二中合并)	晋东北·唐县	李贵森	
1945. 5—1949. 8	晋冀中学	灵寿、丰山	周学鳌	

资料来源：王谦主编：《晋察冀边区教育资料选编》（干部教育分册下），河北教育出版社 1990 年版，第 424 页。

抗属中学（1941 年设立）、抗大附中、边中干部班、边中师范班。

在不同时期，关于边区中学的性质有不同的规定。1938 年开始设立民族革命中学，起初的办学宗旨是“救济失学青年，提高文化政治水准，训练地方工作人员，培植民族革命基本干部，充实抗战建国的力量”①。民族革命中学的性质，是“抗日民族统一战线中等教育”②，是“统一战线的学校，一切积极抗日的进步的青年，无论什么阶层，什么党派，都有权利入边区中学学习，学校坚持统一战线的原则，但统一战线是抗日的进步的，决不是迁就落后、倒退的”③。如第一民族革命中学，确立的办学目标是“一切从抗日战争需要出发”，坚持“管理军事化，行动战斗化，思想革命化”的办学宗旨。1940 年 4 月颁布的《晋察冀边区中学暂行办法》，规定边区中学的性质是“抗日民族统一战线的中学教育、干部准备教育”。边区中学的任务是“培养青年，坚持抗战到底，实现三民主义新

① 《边委会印行民族革命中学暂行办法》，载《晋察冀边区教育资料选编》（教育方针政策分册上），河北教育出版社 1990 年版，第 38 页。

② 星华：《关于抗战时期边区中学教育中几个问题的回忆与检讨》，《教育阵地》第 7 卷第 1 期，1946 年 7 月 16 日。

③ 《边区中学发展的新阶段》，《边区教育》第 2 卷第 5、6 期合刊，1940 年 4 月 1 日。

中国"[①]。边区明确规定，"中学教育不是干部教育，中学教育是基础训练教育"[②]，从此中学教育回归到普及教育的行列当中。1940 年 6 月，边区行政委员会主任宋劭文在边区文教会议上明确讲道："中学教育不是干部教育，中学教育是基础训练教育。"[③] 这就说明从 1940 年春季以后，边区的中学教育开始由起初的干部教育转向基础教育。

晋察冀边区确立的中学发展目标是"每专区设一所中学"。1941 年 5 月 29 日边区召开了中学校长会议，专门讨论中学教育的任务，明确提出"中学高度正规化建设"[④] 的目标和任务，认识到没有正规化的中学，大学教育便无法正规化。中学教育要适应边区发展的需要，逐步走向正规化。中学的培养任务，是培养坚持抗战到底且建立新中国的青年，就是要培养抗战建国的干部，青年要安心学习准备将来建国。因此，中学要发扬中华民族的优良传统，提高青年的民族自尊心，坚定其为中华民族彻底解放而奋斗的决心，使青年清楚地认识到民族的危机，认清民族解放的道路；培养青年学生的科学基础知识，锻炼其头脑及初步的实际工作能力；提高青年对社会发展过程、发展动力及发展必然性的初步认识，进而认识中国社会的发展前途；为适应战时环境需要，给青年一种必要的军事基础知识与技能。[⑤]

2. 晋察冀边区中学教育组织与管理

第一，逐步完善中学组织机构。1939 年 3 月颁布的《民族革命中学暂行办法》规定，中学设校长 1 人，由专署专员兼任；设校务主任 1 人，由边委会委任；下设教务课与生活指导课，教务课内设课长、教务员、大队长，生活指导课内设课长、指导员、事务员和文书。如晋察冀边区一中设有政治处、教导处、总务处，分别管理思想、教学、生活工作。学生按中队、分队、小队（即班）编制，学生队、师训队、干训队均属中队，各设队长、指导员，中队干部由教职员担任。学校设中共党支部，还成立

① 《晋察冀边区中学暂行办法》，《边区教育》第 2 卷第 5、6 期合刊，1940 年 4 月 1 日。

② 《边区文化教育工作应努力的方向及当前的几个具体问题》，《边区教育》第 2 卷第 12—14 期合刊，1940 年 8 月 1 日。

③ 宋劭文：《边区文化教育工作应努力的方向及当前的几个具体问题》，《边区教育》第 2 卷第 12、13、14 期合刊，1940 年 8 月 1 日。

④ 《中学校长会议的胜利》，《边区教育》第 3 卷第 9—10 期合刊，1941 年 5 月 31 日。

⑤ 《晋察冀边区中学暂行办法》，《边区教育》第 2 卷第 5、6 期合刊，1940 年 4 月 1 日。

学生会。

第二，不断明确中学管理职责。1940 年 4 月颁布的《晋察冀边区中学暂行办法》，规定中学在边委会领导下设校长、副校长各 1 人，负责计划与领导全校一切事宜。下设教务处、生活指导处、总务处。教务处负责计划、领导与检查教学上的一切事宜；生活指导处负责领导政治生活，保证教育计划之顺利完成；总务处负责处理供给、文书、收发、会计等事务。另设军事指导 1 人，承校长之命，负责全校军事行动指挥。教学组织分大队、分队、小队三种，大队下设 3 个分队，分队下设 3 个小队，小队下设 3 个班。管理机制是集体领导，具体分工，个人负责。同时，建立各种会议制度：校务会议，每月召开一次，由校长、副校长、各处主任参加，主要是检讨、计划、布置全校的工作；教务会议，每月一次，由教务处负责召集，校长出席指导，教员与各队长参加，讨论全校教学计划与组织领导学习等问题；处务会议，每周一次，各处主任召集本处全体人员参加，检讨与计划各处工作；教学检查会议，每月一次，由教务主任分别召集各队领导学习的干部与教员，检查教育计划之完成程度；队务会议，每周一次，队长召集，副队长、指导员、教育干事参加，检讨与计划全队工作。

第三，对学生管理以学生自治为主。实行学生自治，既是民主教育的体现，又是培育学生自主能力的途径。首先，学生自治是一种社会政治教育的有力工具，是实施民主教育的中心环节。其次，学生自治可以使学生在实践中养成集体主义的意识与自觉守纪的观念。再次，在实践中锻炼学生的组织与工作能力，培养学生的自动性、积极性与创造性。因此，边区中学均成立了自治管理的组织——学生会。一是要学生建立自己的组织，管理自己的生活与学习，制定自己的纪律。二是要由学生会来组织开展课余活动。如由学生会来管理教室、寝室的日常事务，出墙报、板报，组织歌咏、戏剧、体育等文艺活动。三是要由学生会负责处理学生中违反纪律的事宜，以培养学生的纪律观念。

第四，逐步规范学制体系。1938 年民族革命中学的学习期限分别为：初级中学班为 6 个月，小学教师班为 2 个月。[①] 1940 年 4 月，边区规定中

① 《边委会发边区民族革命中学招生简章》，载《晋察冀边区教育资料选编》（干部教育分册下），河北教育出版社 1990 年版，第 2 页。

学的学习年限为2年。1941年5月边区提出“中学教育正规化”的目标，因而对中学的性质、任务及学制均作了新的规定。已认识到过去学制年限太短，为了实现中学教育的规范化，边区教育处提出将初级中学的学制延长至3年。当然，也认识到当时条件艰苦，教学流动性大，师资力量弱，但经过努力，到年底实现了初中三年制的目标。

第五，严格学籍管理制度。对学生的放假、留级、休学、转学、成绩考核、毕业等，从1940年以后开始进行规范化管理。为了便于学生休息，为了扩大学校在群众中的影响，从1941年开始统一执行假期制度，即暑假在7月，秋假在秋收时，寒假在1月，寒暑假时间为30—45天。学生学业成绩不及格或缺课时间达全学段的1/3者，应留级；学生如有特殊需要，经学校同意，准予休学，期限为一年；学生因故不能在本校就读者，得出具理由请求学校准予转校后，须在学段终结后，方可转入他校。

3. 学生待遇及招生问题

第一，年龄严格限制在14—20岁，超过20岁者不再被录取。之前由于边区有文化的干部太少，为了抗战的需要，急需通过中学来培养一批具有中等以上文化程度的干部，因而在中学就读的学生有不少是来自工作岗位的人员，年龄不等，最大者竟有三十多岁的。1938年民族革命中学的招生宗旨是“培养抗日青年，造就地方工作干部”。名额初中班120人，小学教师班120人，其中小学教师班招生年龄在17—30岁。如表2-10所示，边区中学新生中20岁以上的占22.6%以上，说明中学生源不太正常。因此，1940年边区强调中学教育正规化，必须限定年龄在14—20岁。

第二，学历必须是正规高小毕业，具有同等学力者必须经过严格考试方可入学。此前入学的学生文化程度参差不齐，1938年8月民族革命中学和高小内附设的中学班，招生条件为“体格健全、意识正确之小学毕业者，不分性别，男女兼收”①。从1940年起为了规范中学教育，明确规定以后招生主要以高小毕业生为主，原则上不招同等学力者，如果成绩特别优秀且已通过入学考试者也可被录取。

---

① 王谦主编：《晋察冀边区教育资料选编》（教育方针政策分册上），河北教育出版社1990年版，第16页。

表 2－10　1940 年整理中学前边区第四中学学生结构表

项目	文化程度			年龄结构		社会成分			家长参加何级工作			
内容	初小程度	高小肄业	高小毕业	18 岁以下	20 岁以上	贫农	中农	富农	县级以上	区级	乡级	村级
数目(人)	112	84	52	192	56	165	70	13	59	48	41	100
比例(%)	45.2	33.9	20.9	77.4	22.6	66.5	28.2	5.3	23.8	19.4	16.5	40.3

资料来源：《北岳区二十个月来教育工作总结》（1940 年 9 月—1942 年 5 月），载《晋察冀边区教育资料选编》（干部教育分册下），河北教育出版社 1990 年版，第 173 页。

由上表可见，在整理中学之前，由于没有明确严格限定年龄和文化程度，因此，在中学生源中低于高小毕业的共有 79.1%，其中 45.2% 是初小毕业；就社会成分而言，贫下中农占绝大多数；就家庭出身而言，来自乡村的学生占多数。

第三，坚持“宁缺毋滥”的招生原则，不可滥竽充数。1938 年民中的招生条件不够严，凡身体健康、思想进步、小学毕业或同等学力者，无论男女均可入学。1940 年提出中学规范化目标后，规定招生人员应坚持原则，严格把关，不得违反招生原则。一方面，要求注意学生的质量，不达学力者不能录取；另一方面，注意控制招生范围，一般不越区招生，除非其他地区中学难以容纳。

第四，招生录取方法是经过考试方可入学。除学生自由到学校报名外，为了解决游击区及离校较远地区学生入学困难问题，各中学派专人到各县开展现场招生录取工作。考试科目有国语、算术、政治常识、自然常识四科。

第五，招生时间及范围。招生时间为每年 7 月，秋季入学。招生范围原则上以学校所在地之专区各县为主，但如学生自愿报考他校，也可自由选择；对于学生过多的地区，如当地中学难以容纳时，经边委会批准，由中学或群众团体代招学生并送到学生较少的中学入学。招生名额，一般每所中学招 200 人，8 所中学共招 1600 人。

4. 晋察冀边区中等学校课程与教材

首先，逐步调整课程内容及其所占比重，使课程结构趋于合理化。1939 年 3 月颁布的《民族革命中学暂行办法》中规定，民中初中班共分四部分：一为基础学科，约占全部课程的 50%，主要有国文、算学、历史、地理、党义、自然；二为政治学科，约占30%，包括抗战建国纲领、统一战线、政治常识、社会科学概论、论持久战；三为军事学科，占10%，内容有基本操练、行军、射击、野外演习、游击战术、地方卫戍、后方勤务、防空防毒常识等；四为文艺学科，占10%，内容包括救亡歌曲、大众艺术、写作技术、宣传工作。比如校址在山西五台县塔崖沟村的第一民族革命中学，政治课主要学习《社会发展史》《抗日民族统一战线》《政治经济学》《中国革命与中国共产党》等，并结合形势进行时事政治教育；军事体育课，注重理论与实践紧密结合，主要是传授军事基本常识和动作，如夜间行军、气候识别、行军纪律、投手榴弹等；文化课，主要以语文与数学为主。[①] 1940年3月，决定中学课程的比重为：文化课占40%，包括国语、数学、历史、地理、自然（理化、生物、生理卫生）；政治课占30%，包括政治常识、三民主义与统一战线、时事报告或名人讲演等；军事课占20%，包括军事常识、游击战争；艺术课占10%，包括歌咏、美术、写作技术。首先，强调加强政治思想教育，加强学生坚持抗战到底的坚定性与自信心；其次，加强军事训练，使一般学生学会带队、行军、驻宿、站岗、放哨、侦察、联络等本领，配合游击队作战。同年5月，边区提出中学教育正规化目标后，重新规定课程标准内容与比重：文化课占79%，其中英文占7%，政治常识占14%，军事体育占7%。结果由于课程太分散，导致不少学校不能按课程计划进行教学。1941年5月正式颁布《晋察冀边区中学课程标准》，规定的课程门类及比例详见表2-11。

表2-11 1941年颁布《中学课程标准》规定的各科比例

课程	国文	外语	算术	代数	几何	中国史	世界史	中国地理	世界地理	生理卫生	植物
比例(%)	17	7	7	7	4	3.5	3.5	3.5	3.5	2	2

课程	动物	矿物	物理	化学	社会科学	中国问题	军事体育	音乐	美术	工艺
比例(%)	2	2	4	4	7	7	7	3	2	2

资料来源：刘奠基：《目前边区中学的建设——刘处长在中学校长会议上的总结》，《边区教育》第3卷第9、10期合刊，1941年5月31日。

① 五台教育志编纂组：《五台教育志》，山西人民出版社1991年版，第70页。

其次，颁布课程标准，确保边区中学教育成为积极进步的教育。为了规范边区中学教育，1941 年 5 月，颁布《晋察冀边区中学课程标准》，[①] 强调为了具体贯彻边区制定的民主的、民族的、科学的、大众的教育方针，边区中学课程标准：一是抗日民主的原则。教材内容应当体现抗日与民主原则。二是统一战线的原则。在抗战时期，统一战线是确保抗战胜利的法宝，因此中学教育内容中要灌输统一战线原则。三是科学的原则。坚持科学的、进步的、唯物辩证的观点，反对愚昧、封建、迷信、复古、倒退的思想。四是现实的原则。坚持学以致用，课程与现实密切联系，反对过去脱离实际的封建旧式课程体系。五是重基础知识的原则。中学需要对学生进行简明精确的基本知识教育，课程必须着眼于基础知识的传授。

再次，由重视抗战宣传与政治教育转向强调自然科学知识的学习。1942 年整理中学之前，政治课所占比重一直为 30%，到中学正规化运动之后的 1942 年，政治课的比重减少为 14%。而将文化课的比重加大，由原来的 40%—50% 增加到 72%。尤其重视对自然科学课程的教学。1940 年边区行政委员会主任宋劭文专门强调，初中要把物理、化学、动物、矿物、植物、生理卫生、天体进化，从星云到人类都要分课教授。高中分理科、文科，理科主要开设数学、物理、化学、生物等，文科也至少学习一门关于自然科学的课程。[②] 关于自然科学教材的编辑问题，应当“合乎大众化”的原则，必须从现实中选取材料，尽量选取边区可以看到的材料。

表 2-12 1939—1942 年晋察冀边区中学课程比例变化表

单位：%

课程类别	1939.3—1940.5	1940.6—1941.5	1941.6—1942.6	备注
政治课	30—50	30	14	包括：政治常识、社科知识、三民主义、持久战、苏联问题、统一战线、中国问题等
军事课	20	20	7	以游击战术与军事常识为主

① 《晋察冀边区中学课程标准》，《边区教育》第 3 卷第 9、10 期合刊，1941 年 5 月 31 日。

② 宋劭文：《边区文化教育工作应努力的方向及当前的几个具体问题》，《边区教育》第 2 卷第 12、13、14 期合刊，1940 年 8 月 1 日。

续表

课程类别	1939. 3—1940. 5	1940. 6—1941. 5	1941. 6—1942. 6	备注
艺术课	5	10	7	包括音乐、图画
文化课	30	40	72	包括：国文、地理、历史、数学、自然、理化、英文、动植物、生理卫生、物理、化学

资料来源：《北岳区二十个月来教育工作总结参考材料》《晋察冀边区中学暂行办法》《晋察冀边区中学课程标准》《教材与教法的内容与检讨》等。

复次，配合中学正规化运动，力求课程建设正规化。1941 年初鲁南在总结教育工作时，指出边区中学渐趋正规，但仍有不少问题：各个学校的课程与教学计划的内容不完全按照规定统一标准执行，导致不同学校的课程与教学不尽相同，如有的缺少自然科学，有的缺少地理或历史，各门课程所占比例也各不相同。应当尽量趋于统一，使课程开设更加合理。[①] 1941 年 5 月，边区教育处长刘奠基提出，“中学的正规化，不仅在于修业年限的延长，主要的是在于课程的正规化”。[②] 由于以前中学教育一直注重为抗战与政治服务，相对忽视了文化知识与自然科学的学习，因此，边区要求从 1941 年以后加强自然科学知识的教育，力求自然科学与社会科学相结合。经过“中学正规化”运动和整理学校运动，到 1942 年底，将原 5 所边区中学合并为 2 所，提高了入学学生的学历层次，裁减了教员，重新修订了课程计划，将课程比重调整为：基本文化课比重增至 72%，政治课减少至 14%，军事课占 7%，艺术课占 7%。[③]

最后，确定关于教材选择的原则。边区教育中存在的一个很大问题就是教材问题，起初由于战争的原因，没有自己编写的教材，因此各地在教学过程中使用教材比较混乱，有的用战前民国政府编的教材，有的用联大编写的教材，有的用古代传统教材，有的无教材只能靠手抄。针对教材问题，边区教育处为各中学选择教材提出遵循的基本原则：一是适合社会需要的原则。教材的内容，必须适合社会的需要，并与社会生活密切相关。

① 鲁南：《1941 年教育工作的任务》，《边区教育》第 3 卷第 1 期，1941 年 1 月 15 日。

② 刘奠基：《目前边区中学的建设——刘处长在中学校长会议上的总结》，《边区教育》第 3 卷第 9、10 期合刊，1941 年 5 月 31 日。

③ 《晋察冀边区行政委员会工作报告》，载《晋察冀边区教育资料选编》（教育方针政策分册下），河北教育出版社 1990 年版，第 85 页。

二是适合时代的要求。中学教材内容要紧跟时代步伐，适合当时抗战救亡的时代要求。三是适合本地的需要。中国幅员辽阔，南北差异较大，东西特色各异，城乡区别明显，因此，选择教材时，应充分考虑到边区农村的生产与生活实际。四是适合学生的生活经验。教材所讲内容，必须适合学生所积累的生产与生活经验，这样才有利于学生理解教材内容，否则学生将对教材不仅没兴趣，而且难以理解。

5. 晋察冀边区中等学校教师与教学

第一，提高教师待遇，优化教师队伍。1940 年晋察冀边区文化教育会议提出优待教员之意见，规定："原则上按现有待遇标准提高教员津贴（以不超过 10 元为原则）；贫寒教员的补助由地方解决；中小学女教员在生产期内，应予以至少 6 个星期之休息，津贴公粮照常发给；中小学教员继续在一校任满 5 年者，由政府发给奖章并得休假 1 年，从事研究或学习；中小学教员进修确有成绩者，应受奖励；中小学教员因公牺牲，其子女教育费及家庭生活费援抗属例定之；教师公粮由现在的食米 1.2 斤，改为每日 1.4 斤。"[①] 1940 年中学教师特别是自然科学教师非常缺乏，尤其是数理化生矿等科的教员严重不足。一方面，及时补充缺乏的教师，另一方面，对一些不合格的教师进行清退。如在整理学校运动中，北岳区发现有的中学教师素质不高，如下列情形：

> 某数学教员不懂统一累进税的计算和累进的数学原理，学生不会算统累税。某植物教员不知树叶为什么秋天变为浅红色，自己说讲植物不能用"形而上学"的观点，学生问他什么是"形而上学"，则目瞪口呆。某地理教员不知松花江出产什么，嬉皮笑脸作个鬼态，用手比了一个大王八以解嘲代答，满堂哗然。某教员当学生对他提出建议和质疑时，他说："你们不用问我，我是对革命负责任的！"[②]

因此，边区在整理学校运动中，及时将这些不合格教师予以清退，精减了教师队伍，优化了教师结构。

---

① 王谦主编：《晋察冀边区教育资料选编》（教育方针政策分册上），河北教育出版社 1990 年版，第 142 页。

② 《北岳区二十个月来教育工作总结参考材料》，载《晋察冀边区教育资料选编》（干部教育分册下），河北教育出版社 1990 年版，第 179 页。

第二，大多采用流动教学的形式。1940 年后，由于敌人频繁扫荡，边区中学经常在流动与游击当中开展教学，学校经常随部队转移，同学们背着行李、米面袋，随时流动，学生流动到哪里，课堂就移动到哪里。教学总是在流动中进行。正如边区第一中学校友所回忆的那样："上课是露天教室，夏天找荫凉处，冬天找避风向阳的地方，每人坐上背包或小马扎（能折叠的小板凳），用废旧书本作笔记本……虽然环境艰苦，同学们还是生气勃勃，呈现出团结、紧张、严肃、活泼的气氛。"① 可谓条件艰苦，流动教学，生活充实。

第三，教学坚持"教学一致""少而精"的原则。边区中学教育的目的是培养为抗战建国服务的有用人才，教学中始终注重克服"所教非所学"的弊端，坚持"教学一致"的原则，即教师所教的东西，应当是学生所需要学习的知识和技能。学生为抗战救亡而学，教师也应为抗战救亡而教。同时，由于战争时期环境艰苦，条件简陋，而又急需人才，因此，这种特殊的教学环境，决定了教学必须坚持"少而精"的原则。"不怕少，而只要是真正的实际的东西。反对贪图广博，不顾学生的需要而向学生脑子中塞。"② 如边区第四、五中学在这方面做得很好，教师挑选最具代表性的知识去讲授，效果很好。

第四，倡导采用多种教学方法。1940 年提出中学教育"正规化"目标后，边区教育处刘奠基要求各中学应当采用多种教学方法，如讲演法，主要靠教师在课堂上讲述，教师在教学中是主体，学生相对被动，这种方法是传统方法；启发教学法，教师在教学中注意引导和启发学生思考，从而调动学生的积极性；自学辅导法，以学生为主体，教师只是加以辅导；设计教学法，是从美国引进的先进教学法，在教师指导下让学生自行设计学习内容，靠学生自己去探究；问题教学法，教师创设教学情境，让学生自己去发现问题、解决问题；直观教学法，运用感觉器官的教学法，即让学生动手、动耳目，增强感官意识；表现教学法，让学生进行自我表现，以加深对教学内容的理解。③ 当然，各种教学法的采用，只能因地制宜，视条件而定，不能照搬照抄。

---

① 刘子芳、檀凤栖、王存芳：《晋察冀边区第一中学纪略》，《山西教育史志研究》1990 年第 1 期。

② 《边区中学发展的新阶段》，《边区教育》第 2 卷第 5、6 期合刊，1940 年 4 月 1 日。

③ 《教材与教法的内容与检讨》，《边区教育》第 2 卷第 9、10、11 期合刊，1940 年 6 月 16 日。

第五，发扬教学民主，采取集中授课与分组讨论相结合的方式。教学民主，体现在教师有发表意见的自由，不同意见可以互相争论，互相学习；学生对教师的讲授，也可提出批评意见，教师要做到诲人不倦，循循善诱。授课时，边区中学倡导集体学习与讨论的方法，以便培养集体精神和互助观念。一般上下午上大课，由教师集中讲授；课余学生整理笔记，开展讨论，自习消化。讨论的问题涉及面很广，有文化知识方面的，有政治形势方面的，也有军事战术方面的，讨论民主自由，畅所欲言，气氛热烈，严肃活泼。还根据学生程度不同，将学生分成几组，开展互帮互学、包教包学活动，让成绩好的学生去帮助成绩差的同学。

第六，教学联系实际，学以致用。边区教育力求教学内容与实际生活相结合，不仅教材要切合农村生产实际，而且教学也要联系现实生活去讲授。如讲物理“杠杆”时，不是通过举天平的例子，而是通过农村常见的水斗子、剪刀、推磨子等现实例证来解释；讲动物、植物、矿物，主要选择农村常见的蔷薇科、菊科、禾本科等作为标本。同时，讲授社会科学课程时，要密切关注当时的政策法令、形势战局以及生产斗争实践，不能只讲政治名词和空洞的政治口号。[①] 同时，注重教学实习与参观，民族革命中学时期规定每学期至少有一周时间用于教学实习。1943 年 9 月，边委会针对有些学校教学脱离实际，教学效果不明显，发出《改进教学工作提高教学效果的指示》，要求教师在教学中要注意联系社会实际，联系学生的思想实际，深入浅出地讲授，真正使学生能够学到有用的知识。

第七，建立健全严格的教学制度，注意教学督导。制订统一课程表、教学进度表；每位教师配备一册《教学手册》，将教学前的准备、教学中的问题及教学后的心得，随时记载在册；教师要设立学生成绩簿，记载学生的成绩。教师课前深入钻研教材内容，课上认真讲授，课后指导学生的作业。教师在教学中，应注意直观教具的使用。为了真正将教学督导工作落到实处，1943 年 9 月边委会要求督学、视导到学校后，必须深入课堂了解教师的教学情况和学生的学习状况，并进行现场指导，为教师提出其教学中的优缺点及改进意见；并在一个地区召开座谈会、报告会、研讨会等，就普遍存在的问题进行通报和研讨，以便帮助教师提高教学水平。

第八，制定规范的学业成绩考核制度。学业考核是检测教学质量的一

---

① 刘奠基：《北岳区文教工作应努力的方向》，《教育阵地》第 1 卷第 2 期，1943 年 2 月 1 日。

个重要手段，但考核的目的是促进学生的全面发展，而不是为难学生。因此，在考核学业时，应避免出难、偏、怪题，而应有利于考核学生的思考力、创造力。考核项目包括学业成绩、思想品质、生活表现等方面，基本方法有日常了解、定期测验。

6. 晋察冀边区中学生生活与课余活动

民族革命中学的课外活动有：社会服务，如宣传、调查、劳役等；体育卫生，如球类比赛、田径赛、拳术、清洁运动等；研究活动，如研讨三民主义、新文字、文艺、时事分析等；技术活动，如壁报、讲演、漫画、戏剧、歌咏等；还有其他活动，如生活检讨、思想斗争、批评与自我批评、座谈会等。1940 年边区在中学教育工作会议上决定，中学课余活动的领导机构为学生会，通过开展课余活动，培养学生的民主精神和民主意识；通过学生的自治，培养学生的自治能力和自主意识。普通中学的课外活动包括：讨论会、座谈会等研究活动，各种体育比赛，歌咏、讲演、墙报等宣传活动，慰劳、救护等抗日活动，开荒、春耕、秋收等生产活动。[①] 1940 年，边区三中开展的课余文化娱乐活动，生动活泼，既起到了丰富学生课余生活、锻炼学生能力的作用，又真正体现了服务群众、服务社会的办学指归。

学生生活片段之一：校址在山西五台县的边区第一中学的学生，生活条件比较差，师生同甘共苦，享受同等生活待遇。每人每天供应 1.4 斤小米、1 斤粗粮、0.03 斤油、0.03 斤盐、1 斤柴，每月 2 斤小米的零用钱。师生早上同时早起、做操、爬山，同吃同住。为了解决物质困难，学生们在课余时间自制木筷、打草鞋、编草垫、做豆腐等。[②] 男生砍柴、种瓜、种菜、推磨、运输、编筐，女生做针线、纺纱，积极投入生产劳动当中。[③] 课余在校开展各种文娱活动，丰富学生的精神生活。组织学生开展拔河、爬山、赛跑、体操等比赛。还利用课余时间，让学生到校外，开展抗日宣传活动。不管学校转移到什么地方，学生都要就地开展宣传活动，在驻地写标语、出板报、教唱歌、开冬学、演戏剧。同时，每到一处，均为驻地房东挑水、扫院、教房东识字，不拿群众一针一线。正如校歌中所唱：

① 《边区中学发展的新阶段》，《边区教育》第 2 卷第 5、6 期，1940 年 4 月 1 日。

② 五台教育志编纂组：《五台教育志》，山西人民出版社 1991 年版，第 72 页。

③ 《晋察冀边区中学教育怎样逐渐走向实际》，《抗敌报》1941 年 5 月 11 日。

五台山高耸云天，滹沱河浪涛汹涌，中华儿女们在这里锻炼。

为了打击强暴的侵略者，为了我们民族的光荣，团结起来，战斗中学习。

培养勇敢活泼的精神，发扬刻苦坚定的作风。

今天我们是抗日的战士，明天我们是新社会的主人。

前进！前进！晋西北国防教育的先锋队，我们坚决前进！冲锋！①

学生生活片段之二：校址在山西灵丘县的边区第二中学，共有学生150人，学校设学生队、干训队和教务生活指导处。学生队下设3个分队，分队下设3个班。学校条件很艰苦，夏天在树林、河畔、河滩上课；冬天在避风向阳的土崖下或在寝室里讨论学习。教材是油印的，往往几个人共用一本教材。上课时，学生们都把自制的小黑板带在身边，认真听讲并作笔记。一般上午3节课，下午2节课。课外活动时，师生在一起有的打球，有的拔河，还有的唱抗日歌曲。还利用课余时间到群众中进行抗日宣传，写标语、出墙报、表演节目。尤其是每逢重大纪念日，都要排演文艺节目，为群众演出。每到过节日大家都乐观地唱着：

天当被地当床，小米玉茭是主粮，
上课在树林，活动在河畔，
欢声笑语歌声亮，学好本领打东洋。②

学生生活片段之三：1943年初，边区中学受战争影响，经常随军转移。一次，当进入晋北地区时，学生们登上雁门关，尽管行程劳累，生活艰苦，但大家苦中有乐。正如一位当时的中学生回忆的那样：

那连绵不断的群山使我们爬得上气不接下气，但当我们登上了雁门关，眺望祖国雄伟壮丽的大好河山，如巨龙般蜿蜒远去的万里长

---

① 五台教育志编纂组：《五台教育志》，山西人民出版社1991年版，第72页。

② 灵丘县党史办编：《回忆边区第二中学》，载《晋察冀边区教育资料选编》（回忆录分册），河北教育出版社1990年版，第209页。

> 城，那喜悦的和自豪的心情油然而生。一天早晨我们爬上了一座大雪山，听说上下有90里，天上大雪纷纷扬扬，地上积雪盈尺，那一树树挺拔松柏枝头开满了银花，我们的棉衣冻成了盔甲，布鞋变成了大冰鞋。由于大雪迷了路，走了一天一夜才脱离这闻名冀晋的管涔山。进入了日寇制造的无人区以后，我们是夜晚行军白天睡觉，年纪小的同学由两个大的同学搀扶，爬坡跳沟如腾云驾雾。①

总之，自提出中学正规化目标后，晋察冀边区中学生生活丰富多彩，真正发挥了为抗战服务、为社会服务的作用。同学们在学校过着听讲、自修、集体研究、实习实践等学习生活。课余时，一方面成立了许多学生社团，如新文字研究组、马列研究组、文艺研究组、时事研究组、自然科学研究组等，这些社团定期开展活动；另一方面，积极参加生产劳动，边区中学仅1941年一年就开荒123.6亩，收获粮食5石5斗6升，收获蔬菜7765斤，养猪95头，养羊232只，打柴10万斤，植树300棵，修筑窑洞32间，既锻炼了学生的劳动能力，又解决了边区学校的经济困难。学生们还利用课余时间，进行广泛的抗战宣传，学生剧团共出演12次，帮助150个村庄进行选举，完成了8个村的统累税工作，还发起节约与捐助运动6次，捐小米1269斤，捐菜金159元，共捐大洋2339元，② 有力地支援了抗战前线。

7. 晋察冀边区中学教育经费情况

1939年规定，民族革命中学经费由各专员公署提供，经费拨付标准为：以两班计算，每班平均以100人标准，学生生活费每人每月为5元，共计每月1000元；书本费每月以0.5元计算，共计每月100元；办公费每班每月50元，共计每月100元；教职员共约12人，每人每月平均生活费14元，共计每月168元；设备费及预备费，共计每月40元；以上七项共计1418元，另加开办费及制服费1000元，总计年经费为2418元。③ 1940年4月，《晋察冀边区中学暂行办法》规定，边区各中学的经费均按

① 齐东飞：《忆抗大二分校附中》，载《晋察冀边区教育资料选编》（回忆录分册），河北教育出版社1990年版，第224页。

② 一血：《北岳区的中学生生活》，《晋察冀日报》1942年5月6日。

③ 《边委会印行民族革命中学暂行办法》，载《晋察冀边区教育资料选编》（教育方针政策分册上），河北教育出版社1990年版，第40页。

队（120 人）计算，每队定为 1000 元，每月开支应造册报表；学生伙食费、服装费，原则上均由学生自备，但贫苦抗属及赤贫学生可由校方酌量予以补助。[①]

1941 年 5 月，针对当时边区财政困难的形势，边委会作出决定：中学生由公费转为自费。正如当时边区教育处长刘奠基所说："多一个自费生，可以多培养 5 个中学生；多 1 个公费生，便少培养 5 个中学生。因此，对于自费的原则，各中学要严格把握，确实执行，当然由公费到自费，是存在着很多的困难。"[②] 对中学生实行自费，是边区中学得以维持与发展的需要。收取学费，用于增加办公费每人平均 6 元，连同教职员费共计 7.8 元，比以前增加 1.6 元，同时增加教员费、讲义费、图书费、医药费等。学生会经费每月 5—10 元，以支持学生会开展工作。

1942 年在战略相持阶段，边区处于极其困难的处境当中，教育经费异常紧张，师生吃饭定量，普遍吃不饱，一般吃不到蔬菜。夏天师生采集野菜充饥，遇上敌人扫荡，经常断炊，特别是到了冬天，衣少被薄，室内无火炉取暖，师生采取精神御寒法，"饿了唱支歌，冷了跑跑步，为了争取自由，饥寒都不顾。"[③] 因此，同年 6 月边区开会决定，限制中学规模，以 100 人为限，而且减少一半公费名额，通过整理教师，使教师人数减少，并取消师生的公费医疗。[④] 1945 年 4 月，规定了学生和教师的待遇，学生食用粮、柴、菜、衣服、被褥、书籍、文具等，以自备为原则（干部班公费），贫苦学员特别是抗属得部分或全部补助；教职员与政府人员享受同等待遇，每人每天不超过 10 斤菜。

为了解决经费不足问题，有部分灾区的中学，因为学生家庭困难，便利用学生年岁大、生产力强的条件，采取半工半读的办法，由学校统一组织生产，如种地、织布、做鞋等，做到了衣食完全自给，维持正常的教学秩序。[⑤] 如边区一中在五台县期间，由于经常遭受敌人的扫荡，所以经费紧张，生活困难，正如有的学生回忆的那样：

---

① 《晋察冀边区中学暂行办法》，《边区教育》第 2 卷第 5、6 期合刊，1940 年 4 月 1 日。

② 刘奠基：《目前边区中学的建设》，《边区教育》第 3 卷第 9、10 期合刊，1941 年 5 月 31 日。

③ 《五台教育志》，山西人民出版社 1991 年版，第 71 页。

④ 王谦主编：《晋察冀边区教育资料选编》（教育方针政策分册上），河北教育出版社 1990 年版，第 399 页。

⑤ 刘松涛：《华北抗日根据地用革命办法办学的几点体验》，《人民教育》1951 年第 2 期。

> 同学们经历了难以想象的困难，学校除伙食供给外，其他一律自备。吃饭定量，普遍吃不饱。粮食靠同学们自运自磨，运粮没口袋，用裤子代替。为了预防敌人抢粮，经常把粮坚壁起来。供应品种，大半是小米、玉米、高粱、黑豆，经常是单一的粮种。主食是玉面糊糊、玉面窝头、小米粥、玉面擦擦焖饭、高粱焖黑豆等。蔬菜很少，最多吃点山药蛋、萝卜咸菜。遇上敌人扫荡，经常断灶。[①]

为了解决经济困难问题，学校在五台县塌崖沟期间，曾组织学生开垦荒地100多亩，种莜麦、土豆，以解决师生生活问题。

五、高等教育：培育抗日救亡干部的摇篮

李公朴先生于1940年撰写的《华北敌后——晋察冀》一书中描述道："在中学之上，现在不但有了一座移植到敌后的华北联合大学和在晋察冀扎下了根的抗大二分校，而且边区自身还缔造了一所崭新的最高学府——抗战建国学院。"[②] 到1945年边区在山西境内共有大学2所，学生1086人，专门学校及学院5所，学生1831人。当时的中心工作是抗战救国，而干部又是抗战工作的骨干与核心，因而边区的高校毕业生大都成为抗战行政干部、民运干部或部队干部。"两年（1938—1940年）多以来，在抗大、联大、抗院等，已有成千上万的干部被锻炼出来，到战场，到政权机关，到群众团体，到边区各个工作部门，各个工作角落，去展开着抗战建国的伟大事业，这足以证明边区学生能够而且必然担负起伟大的事业来。"[③] 可见，抗战时期晋察冀边区高等教育客观上成为培育抗日干部的摇篮。

（一）抗战建国学院

抗战建国学院，"是晋察冀边区政府所缔造的一所边区最高学府"，"是一座全部实施抗战建国教育的学府"[④]。成立于1939年9月，到1941年2月与华北联合大学合并，共毕业12个队，共计毕业生1020人。该学

---

① 刘子芳、檀凤栖、王存芳：《晋察冀边区第一中学纪略》，《山西教育史志研究》1990年第1期。

② 李公朴：《华北敌后——晋察冀》，生活·读书·新知三联书店1979年版，第139页。

③ 宋劭文：《祝边区学联的成立》，《抗敌报》1940年5月18日。

④ 李公朴：《华北敌后——晋察冀》，生活·读书·新知三联书店1979年版，第147页。

院的院长、主任以及教师并非从国外留学归国的教育名家，而是从边区的各个岗位上调来的优秀干部。院长由边委会主任宋劭文担任，副院长由原山西战地总动员会锄奸部长、山西老国民党员郭任之担任，下设教务部、政治部、军事部及总务科。教师来自边区的优秀干部和知识分子，学生大都是工作中的干部。设立合作、税收、区政助理、银行系，学生以四个系编成4个大队；学习期限为6周，最后两周为实习期。

抗战建国学院专业的设置，本着为边区抗战大局服务的宗旨，主要依据边区经济与社会发展的需要。第一，针对合作社是边区重要的经济网络，每个合作社的发展均关系到边区贸易、金融业的发展，但边区合作事业高素质管理人才缺乏，为了培养更多的高水平合作社人才，抗战建国学院首先设立了合作系。第二，税收工作是抗战经济战线上的前哨，税收工作既可起到增加边区经济收入的作用，也可以发挥对敌经济封锁的功能。由于缺乏税收的专业人才，“过去的一般的税收工作人员多是所谓合法贪污者之群，是绝负担不起这一个战斗的工作任务，因此，税收也就成了抗战建国学院的一系”①。第三，区村级干部是政府法令的直接实施者，区村工作是最接近群众的环节。而区级干部中，区助理员是基层实施者，是政令的宣传者、解释者。为了培养高素质区助理员，抗战建国学院专门设立区政助理系。第四，为了加强银行工作，培养更多的高素质银行管理人员，又增设了银行系。1939年9月至1940年1月，主要培养区级干部，科员及税务、合作工作人员。1940年1月至5月，主要培养银行科长、军用代办所干部。1940年5月至9月，主要培养行政工作与经济管理方面人才。该学院为边区抗战建国、经济建设、社会发展培养了大批人才，真正发挥了为抗战服务的作用。

（二）定襄学院

定襄学院成立于1937年11月，校址设在山西省定襄县二高小校内，主要以培训干部为主，取名“定襄学院”，院长由晋东北地委组织部长张连奎兼任，学院秘书由定襄县委书记毛隆德兼任，教务长是彭伯周，训育主任是范富山，校务主任智良俊，总务主任韩保田。1939年停办，共招生4期，培训学员200余人。学员在校学习实行公费制、供给制，平时实行军事化管理。毕业生大部分分配到周边各县区机关工作，也有到县基干

① 李公朴：《华北敌后——晋察冀》，生活·读书·新知三联书店1979年版，第148页。

游击队、八路军主力部队工作的。

（三）边区学生联合会

随着边区教育事业的发展，为各条战线培养出了大量人才，边区青年已成为抗日民主运动的一支强大的有生力量。为了更好地组织与领导边区青年形成强有力的抗日民族统一战线，为了打击日伪在沦陷区的奴化教育，为了在高等学校进一步开展国防教育、抗战教育、民主教育，更好地锻炼在校学生的自治能力与管理能力，从而为抗战工作输送更多的优秀人才，由边区高校于1940年5月15日发起并成立了“晋察冀边区学生抗日救国联合会”，简称“边区学联”。

边区学联是团结与组织边区全体青年学生的核心，是团结广大知识青年到抗日反投降斗争中来的一个有力支柱，成为进一步巩固与扩大边区抗日民族统一战线的青年学生组织。晋察冀边区学联的纲领是：加强边区学生的民主团结，团结广大乡村知识分子，清除学生中、教育事业中的反动分子，在边区学联的统一领导下，用各式各样的方式普遍成立各种学生组织，为巩固与扩大边区青年统一战线而斗争；组织与领导学生青年之学习及对进步思想理论的研究，确定青年学生之科学的革命的人生观，开展民主的思想理论斗争，反对一切投降、分裂、倒退的反动言论和思想，成为建设新民主主义文化教育的一支主力军；力求学生运动与边区青年之密切结合，加强知识青年与工农青年之密切联系，实现学生工作与边区实际斗争的适当配合，广泛地发展社会服务工作和帮助地方工作的运动，使每个学校成为乡村工作的一个支点，成为与广大工农相结合的文化枢纽；加强对外宣传，号召沦陷区青年离开敌占大城市，参加广大乡村的抗日游击战争，能与全国学生取得密切联系，推动全国学运发展，以坚持全国的抗战团结与进步，以推进中国新民主主义的革命。①

作为“边区学生之战斗司令部”的边区学联，具体任务是：第一，团结组织边区广大学生和知识青年，建立、巩固与扩大学生抗日民族统一战线，为反对投降、分裂、倒退势力，坚持抗战团结进步而斗争。第二，动员与组织边区广大青年学生，参加学生宪政运动，求得真正民主宪政的实现，开展全国民主运动，保证学生抗日救亡的自由，反对任何奴化、奴役、麻痹、摧残以及顽固落后的反动教育。第三，团结沦陷区、游击区知

① 《边区学生第一次代表大会的意义和任务》，《抗敌报》1940年5月20日。

识青年，揭破敌人的奴化政策与毒化教育，号召平津各地青年学生保持与发扬光荣革命传统，参加保卫祖国的自卫战争。第四，推动新民主主义的教育，进行和开展边区新民主主义文化运动，强固先进的科学工作者的思想理论战线，来粉碎一切汉奸、汪派、托派、投降派反对学生运动的荒谬言论。第五，积极动员青年学生参加各种社会服务，积极与工农群众打成一片，向广大的工农群众学习，锻炼自己，提高自己。第六，有计划有组织地团结青年学生自动参加各种抗日民主的思想研究，研究马列主义和革命的三民主义，提倡文化娱乐活动，保证全体同学身心健康发展。①

六、教师教育：以短期师资培训为主体

边区将发展教师教育作为一项十分重要的工作，尽管条件艰苦，设备简陋，但是始终克服一切困难，努力创造条件去发展教师教育。有条件办全日制师范学校的地方，就尽量创建师范学校；没条件兴办师范学校的地方，就设法在中学内增设师范班或成立短期师范学校，以解决小学教育和社会教育的师资问题。据 1945 年统计，全边区共有各类师范学校 25 所，在校学生 2600 人。② 可见，到抗战胜利时，边区教师教育取得了较好的办学成绩。

（一）教师教育方针政策与机构设置

为了培养小学教师，促进初等教育的发展，1940 年 4 月边区颁布《边区中学附设短期师范班暂行办法》，提出短期师范班的办学方针和宗旨："提高政治认识，坚定抗战建国必胜的信心；增进对社会科学的认识；提高教育理论水平及教育工作能力；陶冶为人师表之优良品质与习惯。"③ 招生条件是：学生以初中毕业或有同等学力者，坚决为抗战建国事业努力而愿长期担任教育工作者，且年龄在 16—30 岁，学习期限为 2—6 个月。

边区教师教育机构可分为：

第一类是短期师范学校，一般学制在 1 年以下，全边共开设 10 多处。

---

① 《晋察冀边区学联会成立宣言》，《抗敌报》1940 年 5 月 15 日。

② 《中等以上学校共有六十余处》，《教育阵地》第 6 卷第 2 期，1945 年 8 月 16 日。

③ 《边区中学附设短期师范班暂行办法》，《边区教育》第 2 卷第 5、6 期合刊，1940 年 4 月 1 日。

1940年6月，边区仍然中小学教师短缺，尤其是经过正规师范教育的师资短缺，因此培养大批师资是当时的迫切任务。当年提出在每个专区开设一所师范学校，但是也有不少困难，如师范学校的教师、教材、管理等均存在着很多困难，为了应急采用变通的方法，先在中学里办短期训练班，学习期限为半年；等联大培养出师范学校的师资后，再办正规的两年或三年的师范学校。[①]

第二类是师范学校，学制为2—3年。1941年在整理小学运动中，边区深知要提高小学的办学质量，必须培养一支素质较高的教师队伍。造成边区小学教师队伍整体素质差的原因，一方面是边区为了加强干部队伍建设，经常从小学教师中选调合适人选；另一方面是边区师资培训工作跟不上。因此，提出的补救措施：一是在各中学附设师资培训班，二是成立一所师范学校，三是加强在职教师培训，要求教师每天坚持学习两小时。

第三类是中学附设师范班，学制为2—6个月，这类师范班往往以培训初小教师或民校教师为主。短期师范班尽管时间短，但由于参训教师学习认真，刻苦钻研，因而普遍提高较快。如平定县神灵台村王执玉，原是一字不识的青年，后来通过民校识了一些字，再入短期班培训半年后，被分配当“学习教师”（晋察冀边区的实习教师），后来经过锻炼，逐步成为正式教师，还成为全专区的模范教师。

（二）师范学校的组织与管理

第一，师范学校的组织机构。设校长1人，负责领导全校各项工作。在校长领导下，凡有1—2个班级的学校，设教导主任1人，事务员1人；凡有3个以上班级的学校，设教导科，设科长1人，教导员、文书员若干人，负责领导教学、实习、干部学习等工作；总务科，设科长1人，职员及勤杂人员若干人。各班设级任教员或班主任1人，负责指导各班学生学习、生活及课外活动。学生每5—7人编成1个学习小组，以便互帮互学。

第二，师范学校的人员编制。教职员、勤杂人员与学生人数的比例，有2班以下的学校为1∶6，3班的学校为1∶7，4班以上的学校为1∶8，班

---

① 《边区文化教育工作应努力的方向及当前的几个具体问题》，《边区教育》第2卷第12、13、14期合刊，1940年8月1日。

级越多，比例逐渐减少；炊事员与学生的比例为 1∶25。校长、教导科长，以兼课为主，教员有辅导自习的责任，专职教师每周授课时数须在 8 小时以上。说明领导与教师的工作量是比较大的，可见，师范学校的教师很辛苦。

第三，师范学校的会议制度。实行在民主集中制下集体领导的原则，建立各种会议制度。一是校务会议。校长任主席，由各科科长、教导主任、级任教员组成，学生会代表列席。主要讨论与决定每学期学校教育计划、学校重大问题等，每学期初、中、末召开三次，必要时召开临时会议。二是教导会议。校长为召集人，参加者有教导科长（教导主任）、全体教员、学生代表。主要职责是讨论与决定具体教育计划、教学进度，检查教学质量，改进教导工作等，一般每月召开一次。三是科务会议。由科长任召集人，参加会议的是科内所有人员，主要讨论本科工作计划、工作检查、日常工作等，每半月召开一次。①

（三）教师教育的课程与教学

师范学校的课程：1940 年晋察冀边区规定师范学校的课程及其在所有课程中所占比例：政治 20%，教育（教育概论、小学教育、社会教育）20%，语文（国语、修辞、文法）15%，数学 10%，史地 10%，自然（动植、矿物、生理卫生、理化）10%，艺术（音乐、戏剧、美术）10%，军事（军事常识、游击战术）5%。② 1945 年修改后的课程设置情况为：政治常识（政策法令、中国革命问题、社会发展简史、时事、青年修养）、国文、史地、数学、生理卫生、自然与生产（生物、生理、化学等）、新教育（新民主主义文化教育方针、教育发展史、教育行政、小学教育与社会教育）、教导方法、教材研究、体育、音乐、美术、参观实习、生产劳动等。明显课程门类增多，逐步趋于规范化。

短期师范班课程：1940 年在中学附设的师范班课程内容有：政治课程（社会科学常识、统一战线、基本政策等），占全部课程 25%—40%；教育课程（教育概论、教学法），占 35%—50%；军事课程（军事常识、游击战争），占 20%；艺术课程（歌咏、美术、文艺），占 5%；教学实习

① 王谦主编：《晋察冀边区教育资料选编》（干部教育分册下），河北教育出版社 1990 年版，第 68—69 页。

② 《晋察冀边区文化教育会议文化教育议决案》，《边区教育》第 2 卷第 9、10、11 期合刊，1940 年 6 月 16 日。

表 2-13　晋察冀边区师范学校每周教学与实习课时表

学年 学期		政治常识	国文	史地	数学	生理卫生	自然生产	新教育	教导方法	体育	音乐	美术	小计	参观实习	总计
第一学年	学期一	3	6	4	5	3				2	2	1	26	2	28
	学期二	3	6	4	5	3				2	2	1	26	2	28
第二学年	学期一		5	4	3		4	3		1	1	1	25	3	28
	学期二	3	5	4	3		4	3		1	1	1	25	3	28
第三学年	学期一	3	4				4		4	1	1		17	6	23
	学期二	3	4				4		4	1	1		17	6	23
全学程总教学时数		324	540	288	288	108	288	108	144	144	144	72	2448	396	2844
备注		时事学习与教材研究在课外进行;史地可分开一年讲地理,一年讲历史;音体美课内偏重于做法之讲解,课外注意开展练习及综合性活动。													

资料来源：王谦主编：《晋察冀边区教育资料选编》（于部教育分册下），河北教育出版社 1990 年版，第 65—68 页。

（利用课余时间或假期自行开办民校，锻炼师范班学生教学技能）。[①] 1945 年调整为：政治常识（边区政策、中国革命问题、时事、人生观等）、国语、史地、算术、自然常识、新教育问题（新民主主义文化教育政策、教育行政、教导方法）、体育、文娱、参观实习、教材研究、生产劳动。

表 2-14　晋察冀边区短期师范学校每周教学时数表

学期	政治常识	国语	史地常识	算术	自然常识	新教育	体育	文娱	小计	参观实习	合计
一学期	4	5	5	4		3	2	2	25	2	27
二学期	2	5		3	5	4	1	2	22	6	28
学年时数	108	180	90	126	90	126	54	72	846	144	990
说明	时事与教材研究在课外进行;政治常识可酌量增加;各校以《教育阵地》作为业务学习参考资料;各地可因实际需要,根据本表精神酌量变更。										

资料来源：王谦主编：《晋察冀边区教育资料选编》（干部教育分册下），河北教育出版社 1990 年版，第 65—68 页。

① 《边区中学附设短期师范班暂行办法》，《边区教育》第 2 卷第 5、6 期合刊，1940 年 4 月 1 日。

（四）教师教育生源与师生待遇

师范学校、短期师范学校及中学的短期师范班师生的待遇，原则上参照中学的师生待遇标准，实际上师范学校或短期师范学校师生待遇比中学的待遇要高一些。

师范学校学生的待遇与中学甲等公费生待遇相同，短期师范学生的待遇与中学乙等公费生待遇相同，由政府供给柴、菜、粮等，免收学费和讲义、体育、卫生等费用，同时也招收少量自费生。在职教师受训在3个月以上者，以离职论，受训期间停发工资，由学校供给粮、菜、柴等；3个月以下者，不按离职处理，村中照发薪金，学校不供应粮、柴、菜等。①

师范学校和短期师范教师待遇，参照中学教职员待遇标准，实行薪金制。第一，薪金以小米为标准，全年按12个月份发给，烧柴按行政与民运干部供给标准由学校供给；假期离校者不供给烧柴。第二，师范校长、科长以上的职员不兼课者，每人每月小米200—250斤；兼课者250—300斤，教员每人每月小米250—300斤。以上待遇级别的确定，由主管部门按照教职工文化程度、工作能力，拟定并上报专署，由专署批准予以确定。第三，一般教员（包括干事、管理员、印刷员等），每人每月小米160—200斤，勤杂人员（如交通员、伙夫等），每月发小米120—180斤。② 学校经费由地方解决，开支标准由主管政府拟定。

七、干部教育：寄居于普通与高等教育之中

晋察冀革命根据地始终将干部教育作为一项重要工作，因为“后方的干部不能到晋察冀边区去，所以边区干部一向是感到不够”③，因此，依靠自己的力量，通过各种形式来培养边区干部是晋察冀边区教育的一项重要内容。经过几年的努力，克服了重重困难，抗战期间边区共建有3所干部学校，学生1300余人。④ 还在高校和中学内设立干部培训班，通过短期培训的方式，来培训行政、民运和军事干部，以适应抗战工作的需要。

① 王谦主编：《晋察冀边区教育资料选编》（干部教育分册下），河北教育出版社1990年版，第72页。

② 王谦主编：《晋察冀边区教育资料选编》（干部教育分册下），河北教育出版社1990年版，第72页。

③ 汉章、小波：《挺进中的晋察冀边区的文化教育》，《西线》第5期，1939年5月1日。

④ 王用斌、刘茗、赵俊杰编：《晋察冀边区教育资料选编》（续集），北京师范大学出版社1991年版，第578页。

而且，边区干部注重平时的学习，正如李公朴先生所说：“在晋察冀边区干部中间，是经常的过着有组织的教育生活，他们也象子弟兵一样有着各种学习组织和各种学习制度。经常针对当前重要的问题，或是为了理论探讨，制定各种提纲、印刷各种参考材料，进行热烈讨论。”①

1. 晋察冀边区干部教育目标与任务

边区干部教育的目标，是培养能够掌握政权的干部、掌握武装的干部、领导群众斗争的干部、掌握技术的干部。首次在边区教育中提出将培养技术干部作为主要培养目标之一，边区主任宋劭文举例说明了培养技术干部的重要意义：

> 没有掌握技术的干部，提高技术、支配技术就有了困难。事实告诉我们，只有把技术掌握起来，才可以增加生产。就拿我们的银行印刷局来说吧：以前工人们每天只能印出300张票子，每月工资40元；自从我们训练了一批新干部，改变旧作风，掌握了技术以后，每天可以印出900张票子，而且一个月只12元工资，也都莫有怨声，都是兢兢业业地干，你们看，有技术干部和没有技术干部差别多大呀！②

边区为了解决各县区干部缺乏问题，1940年3月在边区中学附设短期干部训练班，以培养基层干部。干部训练班由专署或专区群众团体主办，招收16—25岁的青年，原则上要求中学学历或同等学力者。凡由专署主办的干部训练班，其教师由专署负责配备；凡由专区群众团体主办的干部训练班，其教师由群众团体负责配备；一般课程教员可由中学教师兼任。

同年7月，强调在职干部教育的意义，即抗战建国的革命事业是一个复杂的长期的艰苦的斗争，在这个过程中干部需要有清晰的政治头脑、正确丰富的革命理论、坚定的正确的政治方向与充分的政治修养，因此需要受教育；为了坚持抗战、坚持团结，有力地打击顽固分子，揭破敌寇、汉奸的阴谋，有力地反对倒退、分裂，亦需要加强抗战阵营内干部的政治修

---

① 李公朴：《华北敌后——晋察冀》，生活·读书·新知三联书店1979年版，第145页。

② 宋劭文：《边区文化教育工作应努力的方向及当前的几个具体问题》，《边区教育》第2卷第12、13、14期合刊，1940年8月1日。

养；抗日民主的斗争是带有高度的创造性的，只有在斗争学习过程中，武装干部的头脑，才能把这些创造的成果提到理论的高度；根据目前客观的要求，需要有大量的优秀干部从事各种工作，但干部培训不能只靠学校教育，只有在在职干部中进行教育，才能解决；干部教育不能只注重量的扩张，而且要注重质的提高。[①] 因此，边区倡导在职干部进行在职学习，以提高干部素质。

边区行政委员会主任宋劭文在 1942 年 3 月召开的北岳区第二次高干会议上提出了在职干部教育的目的、原则与制度。在职干部教育的目的是：消除执行政策的障碍，加强行政效率；提高干部的政治能力和文化水平；清除干部的主观主义、事务主义、粗枝大叶和一般化工作作风。在职干部教育的原则是："做什么，学什么"，加强业务学习；学习内容要"少而精"；[②] 健全学习的规章制度。在职干部教育制度：坚持每天两小时政治学习制，文化课以讲授为主，业务以自学为主，建立严格的请假、点名、测验、改文、升降级、检查、总结等管理制度。到 1945 年 4 月，边区确定的干部教育的重点是培养为人民服务的思想，改变干部的工作作风，提高区村干部的政策水平和文化素质。

2. 晋察冀边区干部教育机构与制度

第一，多种多样的干部教育机构。为了加强对干部教育工作的领导，首先，边区要求专署专门设立干部教育秘书，县设干部教育干事，区设立干部教育负责人；其次，建立各级干部教育的领导机构，专区和县成立干部教育委员会，负责领导和组织各级干部教育工作；再次，建立定期汇报、检查与考试制度，由区到县每月汇报一次，大型检查和考试每 3 个月举行一次，各级内部检查与考试每月一次；复次，规定了奖励办法，对每次考核成绩突出者，给予名誉或物质的奖励；最后，建立干部学习的各种组织和制度，如两小时学习制度、成立学习小组、每月开展一次干部教育课、定期召开临时座谈会。[③] 具体在执行过程中，1941 年一些地区成立了干部教育委员会，主要负责领导干部教育工作，干部学校内部设立级主

---

① 《在职干部的教育问题》，《边政往来》创刊号，1940 年 7 月 25 日。

② 宋劭文：《加强调查研究工作与在职干部教育》，《边政导报》第 4 卷第 9、10 期合刊，1942 年 3 月 5 日。

③ 《在职干部教育问题》，《边区往来》创刊号，1940 年 7 月 25 日。

任、指导员和各种干事，[①] 具体组织开展教育工作。1942 年 5 月，根据中共北方局的指示，干部政治教育由机关支部负责领导，采取学习小组的形式，即将集体研究、集体讨论、传达、报告、时事座谈等形式相结合。举办干部训练班的有：群众干部学校、华北联合大学、抗战建国学院、抗大二分校及陆军中学、白求恩卫生学校，还有中学、师范学校、职业学校，最多时仅中等学校就发展到 17 处，在校学生达 4000 余人。这些学校多采用军事化、纪律化的管理模式。后来，还在中学和高小内设立了干部培训班，学习期限半年至一年，专门培训区村基层干部，以提高其文化水平和政治素质。

第二，建立在职干部学习制度。1940 年春，针对在职干部在学习上存在两种倾向：一种是经验主义倾向，有些干部只注意埋头苦干，不注意读书学习，陷入了浅薄的事务主义；另一种是空谈主义倾向，只凭主观想象行事，一味空想，不切合实际。边区决定普遍建立"两小时学习制度"，[②] 即要求所有干部在职坚持学习，做到每天必须学习两小时。将报刊开辟的干部专栏，作为干部学习的参考资料。同时，还通过定期召开会议来达到教育干部的效果。1940 年 7 月，边区又召开第四次县长会议，专门讨论在职干部教育问题，针对当时有些干部对在职学习不够重视的情况，如有的人借口在职学习影响工作，有的人借口工作忙不能学习，有的借口年岁大学不进去，有的轻视集体学习，边区提出要建立生活学习工作制度，制订干部学习计划。明确规定在职学习的内容有时事政治、政策法令、中国问题、政治经济学、哲学、军事知识、技术知识、民族文化等。在职干部教育的原则是"理论与实践密切联系""少而精""由浅到深"[③] 等原则。建立干部教育领导制度，确定干部教育领导人，建立各级干部教育领导机构，建立检查与考试制度，制定干部学习的奖励办法，制定学习公约；建立干部学习的各种组织与制度，如两小时学习制度，成立学习小组，上干部课，举行临时座谈会等。

第三，加强区村基层干部的轮训工作。鉴于边区基层干部的文化水平普遍不高，领悟政策的能力不强，1945 年 4 月边区决定加强对基层干部，

① 焕春：《一年来行署干部学习的几点经验》，《边区往来》第 1 卷第 8 期，1941 年 12 月 10 日。

② 宋劭文：《边区文化教育工作应努力的方向及当前的几个具体问题》，《边区教育》第 2 卷第 12、13、14 期合刊，1940 年 8 月 1 日。

③ 王谦主编：《晋察冀边区教育资料选编》（干部教育分册上），河北教育出版社 1990 年版，第 7 页。

特别是区村干部的教育工作，除了坚持每天两小时政治学习制度外，还做出对区村干部进行轮训的决定。由于区村干部人数多，仅靠已有的干部教育机构难以满足基层干部教育的需要，因此，为确保区村干部长期学习机制，边区决定在农村地区成立干部高小和干部中学，学习期限为半年至一年，主要利用现有高小和中学的师资，对基层干部进行教育，以政策教育、思想教育为主，文化课以普通高小或中学课程为主，采取教学做合一的方法，即采用先生教学生、学生教学生、学生教先生，互相学习的方式。校长由县科长一级干部兼任，区长兼副校长；教员由劳动模范、生产模范、高小教员兼任。

3. 晋察冀边区干部教育师资队伍建设

短期干部培训班，遇到师资紧张的问题，在师资难以一时解决的情况下，1942 年晋察冀边区借鉴陕甘宁边区的经验，让边区行政官员当示范教师。县长身先士卒充任干部培训师资，科长、科员以及群众团体负责人均可以充当教员。因为在一个县里，县长首先发起一个一日学习两小时的学习竞赛，接着科长、科员及其他同志就积极响应，掀起一个学习热潮；在机关里，首长带头坚持自学，部门成员便跟着也形成自学的良好习惯。这样，无形中主要干部就成为干部教育的最佳师资。1945 年 3 月，晋察冀边区为了加强干部教育，以解决师资紧张的问题，明确规定：干部学校校长由县长、科长一级干部来担任，副校长由区长担任；教员由区长、政委、抗联干部、合作社干部、劳动模范、生产模范、中学教师、高小教师等兼任；领导机制方面，坚持一元化政教合一原则。

教师在干部教育中起着十分重要的作用，为了加强边区干部教育的师资队伍，采用了诸多积极的措施：首先，注重提高现有教师的思想政治水平与业务素质。着力从思想上改造教师的为人民服务思想，提高其对方针政策的领悟能力，增强其对时事的洞察力与敏感性；领导通过积极鼓励和评选模范等方法，来代替急躁、批评、打击等消极办法，政府要及时了解干部学校教师思想情况与工作情况，采取一定措施调动教师的工作积极性。其次，注重培训和提拔新教师。一方面，经常性地吸收知识分子到我们的干部教育队伍中来，即使有的知识分子思想上有缺点和不足，但可以通过耐心帮助和教育，使之走向进步，进而发挥其在干部教育中的作用；另一方面，也可提拔一些基层干部、生产模范、劳动英雄来充当干部教育的教师，可让其采取半脱离生产或不脱离生产的办法，发挥其在干部教育中的作用。第三，注重考核与奖励教师。对于按时完成教育任务，热心帮助地方工作，教学方法得当，教学成绩显著的干部学校教师，应当给予模范教师的荣誉；对于在游击区、敌占区开展和坚持工作，斗争不屈不挠，成绩卓著者，离开本县到落后地区坚持教育工作、工作成绩突出者，抗战以来连续在干部教育工作岗位工作 5 年以上者，边区发给奖状、奖金或通报表扬。

4. 晋察冀边区干部教育的不同类型

第一类，干部在职教育。根据中央干部教育精神，1940 年晋察冀边区作出了加强在职干部教育的决定，要求所有干部在工作之余每天坚持政治学习两小时，以提高干部的政治理论水平与思想认识水平。1942 年中共中央再次作了《关于在职干部教育的决定》，之后，边区政府决定，在接敌区工作的干部每月要有 5 天或 1 周时间回根据地接受教育，主要采取集中教育与分组讨论相结合的方法，学习内容主要以时事政治为主。此外，还倡导在敌占区的所有干部在工作之余，可以到偏僻的农村，也可以到窑洞、山头等地秘密进行自我学习。可利用晚上在隐蔽处进行小组讨论。

第二类，干部短期培训班。开办干部短期培训班，主要目的是提高干部的政治素质和业务素质。边区建立以来，先后开办过多种干部训练班：行政人员训练班，成立于 1938 年，主要培训边区行政人员，努力提高政治与业务素质；游击干部训练班，是边区最早成立的干部教育机构，主要培训游击队干部；自卫队训练班，是 1938 年在五台山区举办的，重点培训自卫队总队长、大队长、指导员；医务训练班，是 1938 年在五台县成立的旨在培训护士、调剂师、军医等人才的机构；[①] 农民训练班，专门培养农民工作的干部，毕业后深入农村发动农民帮助抗战，以及组织乡村自卫队等工作。到 1939 年 5 月，已办了两期，每期 150 多人。此外，尚有无线电训练班、银行会计训练班、邮务人员训练班等培养专门技术的训练班，这些训练班并不是常设的，只是临时设立的。[②]

第三类，干部学校。晋察冀边区干部学校大都以高等学校命名，这些带有高等教育性质的学校往往兼顾干部教育与高等教育的双重任务。代表

① 董纯才主编：《中国革命根据地教育史》，教育科学出版社 1991 年版，第 362—363 页。
② 延安时事问题研究会编：《抗战中的中国文化教育》，上海人民出版社 1961 年版，第 204 页。

性的干部学校有：定襄学院，成立于 1937 年，主要以培训抗日干部为主，这是晋察冀边区最早建立的干部学校；抗日军政大学第二分校，1939 年春迁入晋察冀边区，共办四期，培训干部 4200 多人；抗战建国学院，是一所成立于 1939 年的新型干部学校，主要培训税务、银行、合作社人才；群众干部学校，是 1939 年以后各县区普遍设立的干部教育学校，主要培训民运干部；蒙藏学校，是 1938 年设在五台山的培训民族干部和宗教管理干部的学校。这些干部学校努力为边区培养各类人才，以服务于抗战建国大业。

5. 晋察冀边区干部教育的内容与方法

第一，丰富干部教育内容。1940 年规定，干部训练班的课程分一般课程（占 70%）与特殊课程（30%）。一般课程分为：政治学科，占全部课程的 45%；军事学科，占全部课程的 20%；艺术学科，占全部课程的 5%。其中政治学科包括：社会科学常识（社会发展及政治经济结构、民族问题、国家问题等）、统一战线（三民主义、新民主主义、统一战线之形成与发展等）、边区各种基本政策；军事学科包括：军事常识、游击战争等；艺术学科包括：歌咏（救亡歌曲、指挥、音乐常识等）、美术（漫画、艺术字等）、文艺（墙报、宣传品、演剧等）。特殊课程主要是涉及边区政策方面的时事内容。[①] 1942 年之后，针对不同文化程度的干部，施以不同类型、不同比重的教育内容。甲类初中毕业的干部教育，业务课程占 30%，政治课程占 30%，理论课程占 40%，文化课自由补习；乙类高小毕业的干部教育，业务课程占 30%，政治课程占 50%，文化课程占 20%；丙类有初步文化水准的干部教育，业务课、政治课、文化课各占 1/3；丁类是文盲半文盲干部教育，业务课程占 20%，政治课程占 20%，文化课程占 60%。[②]

第二，加强干部自我教育。在边区战事紧张的情况下，干部发挥着十分重要的作用。当时边区流行着一句话："干部决定一切。"[③] 在当时战争形势异常复杂、边区处境非常困难的情况下，对大部分干部进行脱产培训不太现实，因此，边区提出干部自我教育的号召。干部自我教育的原则：

---

① 王鲁南：《边区中学发展的新阶段》，《边区教育》第 2 卷第 5、6 期合刊，1940 年 4 月 1 日。

② 宋劭文：《加强调查研究工作与在职干部教育》，《边政导报》第 4 卷第 9、10 期合刊，1942 年 3 月 5 日。

③ 王谦主编：《晋察冀边区教育资料选编》（教育方针政策分册上），河北教育出版社 1990 年版，第 71 页。

一是在不影响工作的前提下进行自我学习，二是普遍开展互相教育、互相学习的优良作风，三是进行有计划、有组织的集体学习。干部自我教育的内容有：三民主义、社会科学、新哲学、新文艺、工作方法与领导方式等。干部自我教育的组织是干部全体大会和民革室。下设问题研究股、文化娱乐股、体育卫生股、墙报股等。通过成立学习小组、研究会、读书会、剧团、社教服务组等，召开座谈会、讨论会、演唱会等进行自我教育，并且及时组织检查与督促，使自我教育活动真正落实好。

第三，坚持集体学习与个人研究相结合的方法。为了解决干部学习情绪不高、自流现象严重等问题，边区于 1941 年决定强化集体学习，规定每星期集中讲课 3 次，集中讨论 3 次，提高了广大干部的学习积极性，使干部学习由被动变为主动。同时，采取灵活机动的方式，多给大家以伸缩余地，给干部留有个人自学和研究的时间和空间，做到集体学习与个人研究相结合。后来，又创造了分组研究与集体讨论相结合的方式，先在各组举行讨论，深入研究，由报告人作总结，然后进行集体讨论，由各组轮流推定报告人作主题发言，之后组员自由发言，并进行热烈讨论，最后由指导员作总结。

第四，开展干部学习竞赛活动。从 1941 年开始，边区开展干部学习竞赛活动，即在每星期日的学习检讨会上，各个学习小组就座后，推荐出评判委员会若干人，每小组各有三次提问题与解答问题的机会。提问题的先后次序用抽签的方式来决定，之后按顺序由一个小组提出问题，自由指定其他小组回答，结果以回答最圆满的小组为优胜。① 这种方式被普遍运用到各地干部教育活动当中，取得了良好的学习效果，也激发了大家的学习热情与学习兴趣。因为人人都有一种在别人面前不愿意难堪、丢面子的心理，因此促使他们必须平时加强学习，苦练内功，真正提高水平。这样就在无形中促进了干部的自觉学习。

第五，采用干部流动轮回教育的方式。这是 1942 年边区提出的新的干部教育方法，针对复杂的战争形势，有时在敌人的扫荡中边区的地盘沦为敌占区，有时敌占区被我军夺回成为接敌区，为了在接敌区和敌占区开展干部教育工作，边区提出了新的机动灵活的干部教育方式——开展流动轮回教育。由各地委负责轮流将干部集中起来进行教育，保证每个接敌区

---

① 焕春：《一年来行署干部学习的几点经验》，《边区往来》第 1 卷第 8 期，1941 年 12 月 10 日。

和敌占区干部在一个月内平均有5天专门学习的时间；接敌区村级干部应由地委、县委派出专门流动轮回教育团，进行教育；在敌占区内开展工作的干部，应用公开合法的方式进行自我学习，如阅读书籍、报刊，了解国际国内形势，掌握科学技能。[①]

6. 晋察冀边区干部教育的途径与效果

边区干部教育的途径有：干部学校、抗战学院等专门培养军政干部的学校，可容纳2000余人；干部训练班、行政人员训练班、民运干部训练班、邮务训练班、银行会计训练班等，根据实际需要分期训练。

干部学校生活片段：

> 干部学校的生活，是军事化，非常艰苦的。上课也是没有正式的课堂，有的在山坡上、树林里，随时随地便是他们的课堂，每个受训人员的身上，都携有一块小板子，坐下时放在两腿上用来写字。随便走到什么地方都可以上课、写东西。食宿，有的在庙里，或山洞里，甚至借住在老百姓家，并没有过去一般学校的宿舍等。早晨起来，太阳没有出来，附近小河的两旁会拥满了人，在忙着洗脸、漱口……这便是那一些受训青年。无论在冬天夏天，都是一样的整队前往。每个干部学校的学生，都是过着严格的小组生活，组内有学习组长，负责召集小组会、讨论会，一切问题都是由小组会或讨论会来解决。所以，成绩都非常好，生活也非常活泼、严肃、紧张，学习的精神也是很高。[②]

7. 个案：晋察冀军政干部学校

晋察冀军区于1937年10月27日在山西省五台县正式成立后，由于部队的扩充与发展，迫切需要补充干部，“四面八方都说‘要干部’，许多同志盼望着后方能给我们输送一批干部来，因此，我们立即创办一所短期军政学校”。[③] 晋察冀军政干部学校，1938年1月成立，起初校址在阜平，同年3月师生历经艰辛，翻山越岭，徒步来到新校址——山西五台县

① 《关于执行中央在职干部教育决定的指示》，《晋察冀日报》1942年5月24日。

② 汉章、小波：《挺进中的晋察冀边区的文化教育》，《西线》第5期，1939年5月1日。

③ 聂荣臻：《聂荣臻回忆录》，解放军出版社1984年版，第317页。

镇海寺、白头庵。

该校在边区存在了一年多（1938 年 1 月至 1939 年春），共举办了 3 期干部班，每期 4 个多月，为边区共培养 1600 余名优秀的军政干部。第一、三期主要招收在乡知识青年和学生，大部分具有初中、高小毕业文化程度。其中第三期除社会青年外，大部分是从部队选送来的连排干部。每期学员不是统一招生、统一分配，学习时间有长有短。毕业一队，另招一队补充。第一期分 4 个大队，第二期分 5 个大队，第三期分 3 个大队（青年队、军事队、政治队）。

晋察冀军政干部学校的办学特点，主要体现在以下几个方面。

第一，课程以军事和政治为主。课程分军事与政治两类，军事课程包括：从单个教练、射击、投弹、刺杀到连以下基本战术、战斗动作、游击战术和夜间战斗，最后是综合性学习。临毕业前一周进行野外实战演习，项目有进攻、防御、侦察、遭遇战、防空、野战、勤务、夜间行动等，锻炼学员的军事技术和实战本领。政治课程包括：战时政治工作、群众运动、政治经济学、辩证唯物主义、社会发展史、中国近代史、时事报告等。围绕培养军政干部这一中心任务，开设相关课程，以培养适应抗战需要的连级以上干部。

第二，教学坚持理论联系实际的原则。教师除个别专职外，校长、大队长也兼任教师，区队长担任辅导教师。政治课讲授与讨论紧密结合，军事课从实际出发，课堂联系战场，力求学以致用。政治课大多由军区机关首长讲授，如北方局书记彭真讲中国近代史，边区政府党委黄敬讲政治经济学，《抗敌报》主编邓拓讲辩证唯物主义，张达讲社会发展史，洪水（越南人）讲战时政治工作，军区政治部主任舒同、宣传部长潘自力等讲群众运动各项政策，晋察冀军区司令员聂荣臻经常到校作时事报告，校长孙毅定期做教学总结、教学讲评。[①] 学员白天听课，晚上围坐在老乡土炕上对笔记、开讨论会。

第三，注重提高学员思想政治素质。除了上政治理论课外，平时还十分注重提高学员的思想觉悟，锻炼意志，增强组织性和纪律性，培养学员艰苦奋斗、勇于奉献的精神。学员一入学就抓思想教育、纪律教育和光荣

---

① 刘子方：《革命熔炉育英才——记晋察冀军政干部学校》，《晋察冀边区教育资料选编》（回忆录分册），河北教育出版社 1990 年版，第 203 页。

传统教育。采取课堂灌输、专题讲座、大会报告、分组讨论、个别教育等方式，对学员进行政治思想教育。[①] 通过对学员进行夜间紧急集合，来锻炼他们的战时应变能力。为了锻炼学员的吃苦耐劳精神和勤劳勇敢的意志，让学员每天有一小时的爬山和跑步，课余时间让学员开展砍柴、割草、做草垫等生产劳动活动，[②] 以磨炼学员的革命意志。

第四，采用多种教学方法。晋察冀军政干部学校干部与教员经过探索与研究，总结出了多种效率较高的教学方法：一是先讲后做，如游击队基本政策等，都在讲过后实地试验；二是先做后讲，如军事技术动作等，都在实际操作之后再讲要领；三是边做边讲，如游击战术等，往往一边做一边讲；四是做后讲、讲后做，反复做与讲，反复讲与做；五是先讨论后讲授，政治课往往采用这种方法，如中国革命问题、政治常识；六是先测验后讲授，因为事先经过测验，学生对该问题思索的结果可帮助其听讲时增强理解力，讲授的效果会更好。[③]

第五，在军事训练中磨炼学员意志。为了增强学员的军事实战能力，同时也为了增强学员的吃苦耐劳精神，锻炼其拥有坚强的毅力，晋察冀军政干部学校一直注重军事训练，早晨有 45 分钟的早操，周末还有 1 小时的会操，还有专门的军事训练课，学员们在山坡、树林、河滩、寺院、场地等训练场所进行军事实战训练。让学员练习射击、投弹、刺杀、侦察、伏击、袭击等实战本领。“在严寒的冬天，爬在冰冷的地上练习瞄准，一练就是几个小时，手脚冻麻木了，身子下面的冻土的寒气透过棉衣，浸入脏腑，耳朵和脚上生了冻疮；在烈日当空的炎夏，练习刺杀，汗水湿透军装，没有一个叫苦叫累。有的学员在日记中豪迈地写道：‘三九寒天练兵忙，练好本领上战场，五尺钢枪手中握，誓把敌寇消灭光。’”[④] 通过艰苦的训练，学员不仅提高了军事技能，而且磨炼了意志。

---

① 刘子方：《革命熔炉育英才——记晋察冀军政干部学校》，载《晋察冀边区教育资料选编》（回忆录分册），河北教育出版社 1990 年版，第 204 页。

② 克寒：《模范抗日根据地的晋察冀边区·创造游击队干部的军政干部学校》，《新华日报》1938 年 9 月 5 日。

③ 克寒：《模范抗日根据地的晋察冀边区·创造游击队干部的军政干部学校》，《新华日报》1938 年 9 月 5 日。

④ 刘子方：《革命熔炉育英才——记晋察冀军政干部学校》，载《晋察冀边区教育资料选编》（回忆录分册），河北教育出版社 1990 年版，第 205 页。

八、社会教育：以识字教育与政治宣传为主

社会教育是晋察冀边区教育民众和抗战宣传的重要途径，边区始终将识字教育和政治宣传相结合的社会教育作为一项重要工作。中国共产党将社会教育与政治宣传作为教育与发动群众参加革命的重要手段，正如当时薄一波所说："地方百姓缺乏领导、组织、纪律和经验，而一切都可以由外来者加以改变。但是，如果没有地方的配合，外来者就可能得不到人们的依赖，即使能得到谅解也不可能获得真正的支持，因而不能在地方社会扎下根。"① 由于边区政府成立各种机构、运用各种方法、通过多种渠道进行社会教育，因此，到 1940 年 8 月晋察冀边区掀起了群众性的学习高潮。据不完全统计，边区新增民校 1802 所，新增识字班 1703 个，增加男女学员 253167 人，还创设了岗哨识字牌、家庭识字牌、见物识字等方法。到处创设识字的环境，人人都有识字的机会，在青年当中形成了"以识字为荣"的新风尚，特别是妇女参加学习的人数越来越多。据统计，1940 年参加学习的妇女占总数的 45.3%，常年民校的女生占 49.9%。② 到 1944 年兴办民校的范围进一步扩大，不仅在游击区，就连个别敌占区也建立了民校或冬学，如山阴、应县、怀仁县等。而且上课时间也延长，"有些地区的民校自冬学经春学一直到夏季，还继续上课，奠定了民众教育经常化的初步基础。"③ 经过边区号召与努力，社会教育取得良好效果，出现了"一家之中，妻子和丈夫、父亲和儿子、嫂子和小姑一齐上学互相竞赛，争取'学习英雄'、'文化战士'的佳话到处频传"④ 的良好局面。

1. 社会教育政策及领导机构

首先，边区社会教育政策往往随形势变化，不断调整相关政策。边区曾于 1938 年制定了一个扫除文盲的计划，打算在两年内扫除文盲。该计

---

① ［美］费正清主编：《剑桥中华民国史》，章建刚等译，上海人民出版社 1992 年版，第 704 页。

② 丁冠英：《教育史上的不朽篇章·战斗中的锻炼成长》，载《晋察冀边区教育资料选编》（回忆录分册），河北教育出版社 1990 年版，第 22 页。

③ 刘皑风：《进一步认识民众教育的重要性》，《教育阵地》第 2 卷第 4 期，1944 年 7 月 1 日。

④ 《晋察冀边委会工作报告》，载《晋察冀边区教育资料选编》（教育方针政策分册下），河北教育出版社 1990 年版，第 87 页。

划分三个阶段：第一阶段，从 1938 年 10 月到 1939 年 4 月，为期 6 个月，主要吸收 16—30 岁的不识字者入学；第二阶段，从 1939 年 4 月到 1939 年 12 月，为期 8 个月，主要吸收 40 以上的不识字者入学，同时规定认识 1100 个生字，并编辑了识字课本三册，作为扫除文盲的教材；第三期，1940 年之后，克服了重重困难，动员了 35 万人入学，并创办了识字班。[①] 1938 年 1 月边区在《文化教育决议案》中明确规定：普遍设立民众教育机关，建立农工妇女等各种补习学校、识字班、夜校等；创立通俗图书馆、书报社、讲演所等；加强民众宣传，广泛组织宣传团、游击教育团；提高民众娱乐及健康，提倡农村设立俱乐部等。[②] 同年 9 月，颁布《边区社会教育实施办法》《扫除文盲办法》《小先生制教育办法》等系列政策，并成立了相应的社教基层机构。

其次，边区领导社会教育的机构，起初主要由教宣联席会负责，后来由文教会取而代之。1939 年 3 月，边委会通令边区各县增设社教科员 1—2 人。在实施过程中，出现不少村庄未能设立社教专职人员，结果影响到基层社教工作的开展。于是 6 月，边委会再次颁发“改进社教机构组织教宣联席会”的文件，要求县政府配合各群众团体及士绅名流，组织“教宣联席会”，辅助教育主管部门，推行社教工作在村级加强教育委员会及村民族革命室之组织，以执行社会教育。

（1）“教宣联席会”的性质与任务：为社会教育之辅导机关。一面沟通各群众团体与教育主管机关关于社会教育实施之联系，并协助教育主管机关推行政治、文字、生活等民众教育；一面系执行县区级干部教育的机构，以沟通各级各部门工作干部之联系。

（2）“教宣联席会”的组织机构：县级“教宣联席会”以教育科与各群众团体（如文教会、抗敌后援会等）之宣传部、自卫队总队、政治指导员、各地教育名流及当地驻军、民运部共同组成。区级“教宣联席会”，由教育助理员和各群众团体、自卫队大队部政治指导员、热心教育的士绅组成（详见图 2 - 1）。

（3）“教宣联席会”的内部运行机制。县教育科、区教育助理员负

① 郭洪涛：《论敌后抗日根据地的政治经济文化的建设》，《解放》第 124 期，1941 年 2 月 1 日。

② 《晋察冀边区军政民代表大会决议案》，载《晋察冀边区教育资料选编》（教育方针政策分册上），河北教育出版社 1990 年版，第 2 页。

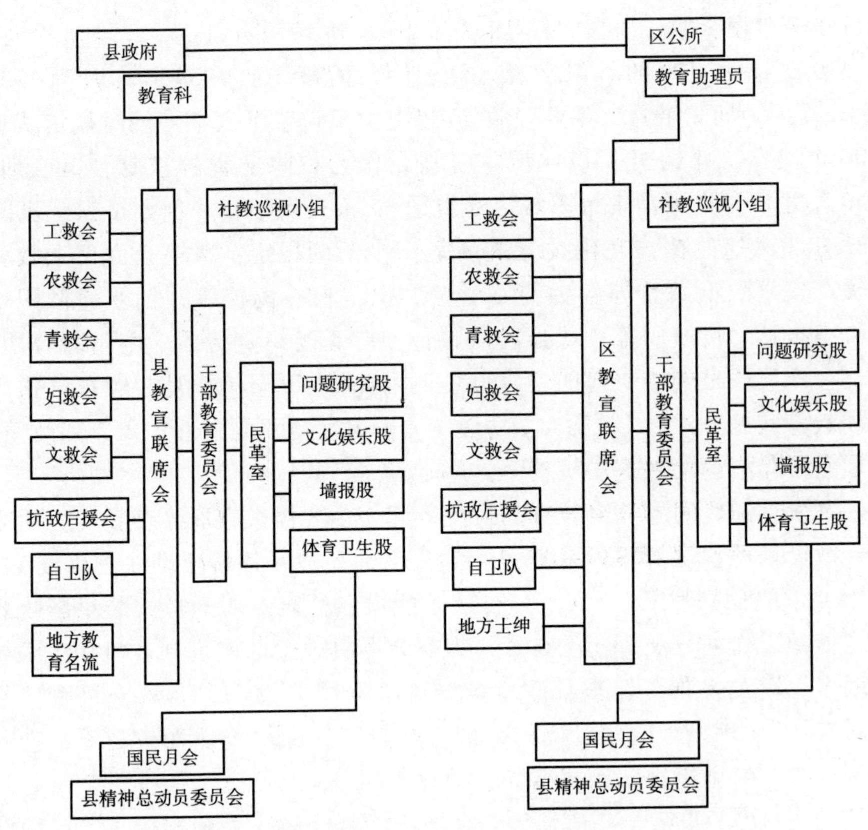

图 2－1　晋察冀边区县区教宣联席会组织系统示意图

资料来源：《晋察冀边区行政委员会函县区“教宣联席会”组建办法》，载《晋察冀边区教育资料选编》（教育方针政策分册下），河北教育出版社 1990 年版，第 49 页。

责召集教宣联席会议，在会上可产生社教巡视组和干部教育委员会，委员会的执行机构是民革室，下设四股：问题研究股、文化娱乐股、墙报出版股、体育卫生股。职责分别是：自由组织各种学习小组或讨论会，进行革命理论研究，以配合抗战精神总动员；建立各种具有教育意义的娱乐组织，进行各种娱乐活动；每周可出墙报一期，以加强干部与民众的文化教育；举办各种体育运动，如早操、集体运动、竞赛会、检查卫生等。

1940 年 6 月，晋察冀边委会决定由文救会代替“教宣联席会”来负责社会教育工作。鉴于当时有的县建立了文教会，有的县还没有，因此，决定未建立文教会的县仍由“教宣联席会”负责社教工作。文救会下设地方文化教育协助委员会、地方文化教育辅导委员会。主要职责是：创办星期日补习学校、文教工作训练班等，主要培训社会教育的师资；帮助建立救亡室和剧团及歌咏队，并派人做政治报告、时事报告；帮助开展扫盲工作，建立和巩固识字班；帮助老乡出壁报，开展大众文化教育活动；帮助乡村开办民众学校，提高民众的文化水平。①

2. 社会教育实施机构

晋察冀边区社会教育的实施机构主要有民革室、救亡室、民众学校、流动学校、识字班、宣传班、学习班、流通图书馆、读报组、剧团等，这些机构均能起到民众教育的作用。②

第一，民革室——“村民的传习学校和娱乐场所”。③ 民革室全名是民族革命室，主要目的是动员一切力量参加抗战。主要活动有：开展娱乐活动，陶冶国民高尚人格；开展识字运动，提高国民文化程度；开展体育运动，增进国民体魄；探讨村民生活，发展农村生产，繁荣农村经济。民革室由5—7名委员组成，委员由村民选举产生。下设问题研究股、文化娱乐股、体育卫生股、墙报股。问题研究股，下设各种学习小组、研究会、读报会，定期召开座谈会、讨论会；文化娱乐股，下设歌咏小组、剧团、社教服务组等，活跃民众文艺生活；体育卫生股，组织篮球队、乒乓球队、卫生队等，帮助民众开展各种体育与卫生活动；墙报股，负责书写与张贴墙报，向群众宣传抗战形势和时事政策。

第二，救亡室——“农村文化教育的中心场所”。④ 1940年边委会规定，村救亡室是领导村庄社会教育实施的最高组织形式，村文救小组与救亡室密切配合，共同推动社教工作。县教育科加强与救亡室的联系，帮助救亡室解决教材与经费问题。救亡室是“农村文化教育活动的中心”，负责开展读报、演讲、墙报、板报等一切适合农村需要的活动，并动员广大民众参加；负责开展以大众化、通俗化、地方化为特点的戏剧表演、歌咏比赛等文化娱乐活动，以改进民众的文化娱乐生活。

---

① 《晋察冀边区文化教育议决案》，《边区教育》第2卷第9、10、11期合刊，1940年6月16日。

② 克寒：《模范抗日根据地的晋察冀边区·崭新的边区教育》，《新华日报》1938年9月3日。

③ 《怎样建立民族革命室》，载《晋察冀边区教育资料选编》（教育方针政策分册上），河北教育出版社1990年版，第20页。

④ 鲁南：《1941年教育工作的任务》，《边区教育》第3卷第1期，1941年1月15日。

第三，民众学校——“以增进人民文化知识为主旨”①。民众学校，简称“民校”，是边区进行社会教育的主要实施机构。边区建立初，就号召建立民众学校，对边区民众进行教育。据不完全统计，1939 年冬北岳区 14 个县，共有民校 2275 所，入学民众男女共计 26555 人。② 为了进一步促进并规范民众教育，1940 年 6 月边委会规定，农村设立初级民校，修业年限为 2 年，第一年为初级班，第二年为高级班，每年授课 450 小时，民校入学年龄为 13—40 岁；民校的课程有算术、国语、常识（政治、自然、社会）、唱歌等，教员由村小学教员义务兼任；民校的任务是普遍地教育民众。

第四，识字班——以扫除文盲为重点。识字班与民众学校的教育对象不同，“文盲都进到识字班，政治文化水准较高的人都到民众学校里去”③。1938 年边区就制定了扫除文盲计划，打算在两年内扫除文盲，重点是针对 40 岁以上不识字的民众，目标是让他们能够认识 1100 个常用字。1939 年 5 月 1—7 日，边区开展了识字运动周活动，以加快边区文盲扫除步伐，主要内容以扩大识字宣传，大量增设新的识字班为主，同时以村区县为单位，逐级开展识字竞赛，并将结果在《边政导报》《抗敌报》《救国报》上公布。④ 据不完全统计，到 1939 年底边区共办识字班 2392 个，入学民众达 35 万人。经过边区开展的识字运动，到 1940 年开办了各种识字班，如妇女识字班、难民识字班、农民识字班、职工识字班、人力车夫识字班等。识字班的内部组织结构很简单，每 10 人组成 1 组，选 1 人担任组长，负责召集和督促大家学习，教员大多是小先生。⑤ 识字班设置比较灵活，与生产劳动结合，让群众在集体生产中进行识字。

第五，学习站——“敌占区民众教育的基本组织”⑥。抗战进入相持阶段，日本侵略者在政治上加紧进攻，施行诱降活动，并企图在敌占区进行毒化教育，针对这种形势，晋察冀边区采取在敌占区设立学习站的方法，来对付敌人的毒化教育，以提高敌占区民众的文化程度和政治觉悟。

---

① 《边区民众学校暂行规程》，《晋察冀日报》1942 年 5 月 8 日。

② 刘皑风：《抗战时期边区教育建设》，《北方文化》1946 年 6 月 1 日。

③ 仓夷：《晋察冀边区的识字运动》，《新华日报》1940 年 7 月 5 日。

④ 《边委会关于识字运动周的号召》，《边区教育》第 1 卷第 2 期，1939 年 4 月 1 日。

⑤ 郭洪涛：《华北敌后抗日根据地的新教育》，《解放》1941 年 2 月 1 日。

⑥ 《学习站》，《抗敌报》1940 年 1 月 5 日。

1939 年 12 月，首先在山西省五台县建立了学习站。先选择群众基础较好且民运工作与政治工作较好的村庄设立，由于在敌占区设立，所以学习站是秘密的教育组织，分儿童组、青年组、成人组。学习站分总站和分站，总站设在区公所，由区长、教育协理员分别担任正副站长；分站设在村里，由教育委员任站长，教员任教育工作员。1940 年 2 月，仅五台县就设有学习总站 6 个，分站 28 个。①

第六，训练班——提高群众作战与生产技术。训练班大都是技术训练班，往往以区或中心村为单位创办，旨在提高群众的作战与生产技术，边区根据战争与生产发展的需要，及时开办各种技术训练班。如 1942—1943 年，当时正值开展地雷战的关键时期，边区选派一批游击经验丰富的武装干部到各村开办地雷训练班，向群众具体讲述地雷的原理、构造、埋雷技巧等。如定襄县是边区地雷战的主战区，该县就经常举办地雷技术训练班，普遍提高农村群众的埋雷技术。同时，为了提高农民生产能力，掌握科学种田的技术，边区还举办了不少生产技术训练班，如五台山地区的农村妇女不会纺织，通过举办纺织训练班，教妇女学会了绣花、织布技术。

第七，传习处——“小先生”主持下的扫盲机构。为了进一步扩大群众受教育的范围，使更多的民众参加到社会教育当中来，边区借鉴陶行知发明的“小先生制”，让小学生当教师，到群众中间去帮助成人文盲识字受教育。为此，1938 年 9 月晋察冀边区颁布《小先生制教育实施办法》，倡导各村设立传习处，让受过培训的小学三年级以上学生担任教师，让这些小先生深入到群众当中，发动不识字的民众接受教育，每位小先生可以招收 3—15 名成人学生，男女兼收，传习处的地点由小先生和群众共同来决定，传习时间是每天下午 1—3 点，即主要利用农民午间休息时间，以不耽误农业生产为原则。传习处设备简单，只有一块黑板和板擦；传习科目有识字、唱歌、国难讲话等；教学要引起学生的学习兴趣，并鼓励学生多讲话。传习处在社会教育中也发挥了较大的作用，既普及了文化知识，又锻炼了小学生的实践能力。

第八，剧团——让民众在娱乐中受教育。“或许中国戏剧最有启发意义的地方就在于，可以将这种戏剧当作一种生活理论的导引，而对这种理

① 张范五：《冬学运动在五台》，《抗敌报》1940 年 1 月 11 日。

论大多数中国人都是坚定不移的信奉者，尽管他们自己未意识到这一点。"[①] 剧团在边区民众教育中起着非常重要的作用，而且在边区各地十分普遍，部队、学校、民众团体以及区镇内均有剧团成立，这些剧团，虽然规模并不大，但工作非常积极，既能为民众娱乐生活增添色彩，又能起到政治宣传的作用。由于剧团的流动性很大，往往剧团成员的信息量很大，了解到的各地情况比较多，剧团中的编导往往及时编写剧本，现编现演，紧跟形势，以民众喜闻乐见的方式来进行民众教育和政治宣传，"作教育民众，动员民众的工作，所以他们的号召力量也相当大。"[②] 晋察冀边区规模和影响较大的剧团有两个：抗战剧团和自卫剧团。这两个剧团与部队和学校的剧团不一样，因为这两个是专业剧团，是由专业演员组成的机构，表演水平高，流动性大，深受民众欢迎。"所以，这两个剧团在边区内，拥有很多民众，在宣传工作上获得了很大的成功。"[③] 另外，山西的每个地区都有很多话剧团，非常活跃。在部队里，平均每一个总队(团) 有一个话剧社，各县差不多都有一个妇儿流动工作团，专门进行对民众宣传、对军队慰劳工作。它们成为抗敌协会的重要团体。[④]

3. 社会教育的主要内容

晋察冀边区社会教育主要围绕扫除文盲、政治宣传和文化娱乐等活动进行，旨在使民众达到识字写字、了解政策、科学娱乐的社会教育效果，经过边区上下努力、齐心协力，取得了良好的教育效果。

第一，识字教育。主要通过民众学校、识字班、冬学、午学、识字小组、识字牌、岗位教育、小先生制等组织形式，对民众进行普遍的识字教育。大村的民众实行分班制教学，如青年班、成年班、老年班、妇女班；小村的民众采用混合制，无论农工妇青均在一起上课。同时，识字的目标是让文盲达到能认识 1100 个字的程度，主要学习三本成人识字教材。为了自学方便，还分成小组，一般 10 人一组；识字教育与生产劳动相结合，在集体生产过程中根据劳动需要，编成各种生产识字组，如做鞋组识字班、纺织组识字班、运输队识字班、滩地识字班、渠道识字班、羊圈识字班、编席识字班等。1938 年冬晋东北平均每人认识 200—300 字，1939 年

① ［美］罗斯：《变化中的中国人》，公茂虹、张皓译，时事出版社 1998 年版，第 66 页。
② 汉章、小波：《挺进中的晋察冀边区的文化教育》，《西线》第 5 期，1939 年 5 月 1 日。
③ 汉章、小波：《挺进中的晋察冀边区的文化教育》，《西线》第 5 期，1939 年 5 月 1 日。
④ 袁勃：《晋察冀边区的文艺运动》，《新华日报》1940 年 10 月 21 日。

冬每人平均会写150—200个字。[①] 晋察冀边区流传着许多民众上识字班的佳话：

> 某村有一位六十岁的老太太，和她一个八岁的孙女，手拉手儿去识字班上课，祖孙两个还提出革命竞赛来，看谁认得快，认得准，两个月过去了，在考试的时候都及格了，认识了二百以上的生字。[②]

第二，时事政治教育。边区社会教育的一个重要任务是服务抗战，动员民众，投身抗战救国的伟大实践。为了达到这一目标，在识字教育的同时，对广大群众还进行时事政治教育，主要内容有抗战形势、统一战线、论持久战、新民主主义文化教育政策等。通过边区的期刊和报纸、墙报、黑板报等宣传渠道，还举办纪念会、演讲会、讨论会等大型集会，对民众进行形势政策宣传与教育，使边区广大群众及时了解国家大事与战局战况，提高民众的政治觉悟，坚定其政治立场，坚定抗战必胜的信念。

第三，文化娱乐教育。长期以来北方广大农村地区农民在农闲时，有不少人通过一些不健康的方式进行娱乐，如赌博、吸毒等，不仅败坏了乡风民俗，而且影响了家庭的和睦。为了引导边区农民在农闲时节开展健康科学的文化娱乐活动，社会教育将开展文化娱乐教育作为主要内容之一。通过在农村成立歌咏队、秧歌班、演剧队、宣传队、社火队、剧团等娱乐团体，在农闲时为群众表演一些健康的进步的文艺活动。一方面，对广大群众进行文化娱乐教育，引导其健康合理地进行悠闲娱乐；另一方面，通过表演以宣传抗战为内容的文艺节目，来进行政治宣传和抗战救国教育，如演唱“妻子送郎上战场，母亲叫儿打东洋”等。经过教育，到1940年“抗战歌曲已传遍了边区所有山沟，几岁的小孩子连说话还说不清楚，可是会唱歌了”[③]。

第四，体育卫生教育。“人力是决定一切的”[④] 因素，尤其在抗战时期特殊的历史背景下，国民的身体素质是首要的，为此，边区将体育卫生教育作为民众教育的一项重要内容。不但在学校教育中加强体育与卫生教

---

① 杨耕田：《关于边区社会教育的一些问题》，《边区教育》第2卷第15、16期，1940年9月1日。

② 李公朴：《华北敌后——晋察冀》，生活·读书·新知三联书店1979年版，第143页。

③ 杨耕田：《关于边区社会教育的一些问题》，《边区教育》第2卷第15、16期，1940年9月1日。

④ 田力：《提高与加强体育》，《边区教育》第3卷第13期，1941年10月15日。

育，而且在社会教育中也十分注重体育卫生教育。一是在群众中开展体育与卫生保健教育，使边区民众具有体育与卫生观念；二是为乡村增设简单的体育与卫生设施，并将有些生产劳动体育运动化，让民众养成锻炼身体与卫生保健的良好习惯；三是在群众中开展一些体育运动项目，如打猎、扭秧歌等；四是通过经常开展大扫除、大清洁、防毒运动、防疫运动，教育群众养成健康卫生的良好习惯。

4. 社会教育实施办法

为了扫除文盲，提高广大群众的文化素质和政治觉悟，有效地支援抗日战争，晋察冀边区将社会教育作为一项重要工作。1939 年边区颁布了《社会教育实施办法》，倡导采用多种办法来开展社会教育活动，因而取得了较好的教育效果，为赢得"模范根据地"称号增光添彩。

第一，"小先生制"，是边区社会教育的一种重要方法。由各个高初级小学，选择三年级以上学生，在教师指导下创办了传习处，坚持"即知即传"的原则，到农村招收 3—15 个不识字的农民。利用农家休息时间，在下午 1—3 点进行识字教育。科目包括识字、唱歌、国难讲话三科。[①]"小先生制"分为两种：一种是集体的，一种是个别的。集体的"小先生"，是在民众学校或民众夜校里面担任教师或副教师的小先生，一直活跃在边区的教育领域；个别的"小先生"，则进行家庭访问，到各个家庭去教导不识字的群众，或将自己不识字的母亲、弟妹以及亲戚组织起来，进行识字教育；还有一些"小先生"，找其他儿童来做自己的学生。一个"小先生"，有三五个到八九个学生，有时也将儿童带到附近的学校里，利用学校资源教育辍学儿童。[②]"小先生"受到边区民众的普遍爱戴。

第二，设识字牌和问答牌，实行"岗位教育"与"住户教育"。晋察冀边区通过在每个村庄的村口设立识字牌，以测验民众识字情况；设立问答牌，以测验民众的政治觉悟。这些牌子每天均要更新内容，由小学教员写字，然后教给站岗的人，让其把住村口，让过路的人必须回答站岗人提出的问题，既问字，又问政治问题。如果答对，就准许进村；如果答不对，就由站岗的人教会后方可进村。这是一种强迫识字的最好形式。同时，还实行"住户教育"，即在每家门口设立识字牌，每天早上由小学生

① 克寒：《模范抗日根据地的晋察冀边区·崭新的边区教育》，《新华日报》1938 年 9 月 3 日。
② 汉章、小波：《挺进中的晋察冀边区的文化教育》，《西线》第 5 期，1939 年 5 月 1 日。

在上面写字，每人进出时，都得抬头去认字。[①] 这是推动每个人去识字的好办法。

第三，村村办墙报与黑板报，进行抗战形势宣传。晋察冀边委会规定，村村办墙报，进行抗战宣传和政治宣传。凡50户以下的村庄要办墙报1处，50户以上的村庄办2处。墙报，主要由民革室或救亡室选编内容并派人抄写；或一日一期，或两日一期，内容有国际要闻、国内要闻、地方新闻、爱国歌谣及图画等，文字通俗动人，图画新颖生动。[②] 通过墙报，给群众提供一种便捷的认字识字、了解形势的途径。黑板报，也是边区进行社会教育的重要途径。抗战期间边区各地大量办黑板报，就以五台县为例，抗战期间全县农村黑板报共有242块，几乎每个农村均有黑板报。黑板报的优点：一是简单经济，在群众集中的地方制块黑板，买一盒粉笔即可开展宣传与教育；二是大家办、大家看，便于联系本村实际，针对性强；三是版面小，短小精悍，通俗易懂，一目了然，且阅读费时少，宣传效果好。因此，有的群众称赞说，从黑板报上看消息，比看报容易懂，又能识字，一举两得。

第四，分步实施，逐级推进，不断扩大扫盲战果。抗战时期因许多青年和成人不识字，致使边区宣传工作、政治工作、动员工作不能收到很好的效果，这是争取抗战胜利的巨大障碍。为了扫除青壮年文盲，使他们达到能够阅读和书写的程度，1938年9月晋察冀边区边委会颁布了《扫除文盲办法》，规定边区扫盲采取分步实施、逐渐推进的办法，第一期（1938年1月—1939年4月），重点扫除15—25岁的男女文盲；第二期（1939年5月—1939年10月），主要扫除26—35岁的男女文盲；第三期（1939年11月—1940年4月），集中精神扫除36—45岁的男女文盲。学习时间暂定为3个月，学完三本教材，共认识1100个字，“能确切认识与书写自如为准”[③]。学习课程包括习作课（民众识字、写字、救亡歌曲）和训练科目（国难讲话、军事常识），县教育科进行考核，并进行奖惩。

第五，将文化娱乐与社会教育结合起来。北方农村在农闲时，老百姓最爱看戏，戏剧表演是民众喜闻乐见的文艺宣传形式。边区利用这种文艺

① 郭洪涛：《论敌后抗日根据地的政治经济文化的建设》，《解放》第124期，1941年2月1日。

② 延安时事问题研究会编：《抗战中的中国文化教育》，上海人民出版社1961年版，第210页。

③ 《边委会令扫除文盲办法》，载《晋察冀边区教育资料选编》（教育方针政策分册上），河北教育出版社1990年版，第27—28页。

娱乐形式进行社会教育，效果十分明显。“戏剧不仅起了宣传作用，而且起了启蒙作用。在一切工作的困难前面，戏剧发挥了解释、说服和鼓动的力量。多少壮丁由于看了一出戏，而自觉的坚决的参加了抗日部队，不少顽固分子受到戏剧的感动而悔过自新。”① 为此，边区所辖县区均成立了各种剧团、剧社，有的是专业的，有的是业余的，如晋剧团、北路梆子剧团、中路梆子剧团、晋北二人台戏班、晋北耍孩儿剧团、晋北秧歌戏班、晋东北道情剧团等，每个县均有几个剧团，这些剧往往根据抗战形势进行现编现演，如“夫妻识字”“送郎参军”“游击队之歌”“秧歌舞”“二月里来春耕忙”等，对广大农村民众进行政治宣传和文化教育，寓教于乐，在农村地区收到了良好的社教效果。

5. 冬学运动：“有力的文化政治教育运动”②

冬学是由边委会领导与组织、各界群众积极参与，对民众进行识字教育和政治宣传的一种形式灵活多样的社会教育运动。“冬学运动在晋察冀的教育工作中有不可磨灭的功绩，冬季是农民比较闲的时候，晋察冀的教育当局就抓住这一个时期，配合着识字运动和扫除文盲运动，一年一度地提出冬学运动。”③ 由于广大人民群众终年参加劳动，没有更多的闲余时间去接受教育，为了不耽误生产劳动，最好的办法就是利用冬天农闲时间进行教育，因此，晋察冀边区大力开展冬学运动。课程有认字课和政治课，教材均由边区编写，根据形势每年都要编写新的内容。冬学期间，专区和县要派人下去检查教育情况，结束时还要进行工作评比，对于冬学开展较好的村庄进行表彰与奖励。由于措施得力，规划周全，因此，边区的冬学开展得轰轰烈烈，效果显著。

宗旨与意义：为了动员民众参加冬学，边区于1938年冬就将宣传冬学运动作为政治动员的中心任务，提出冬学是锻炼群众的有力武器，号召各地普遍设立夜校识字班，提出“会的教人，不会的跟人学”的口号，广泛开展冬学运动。冬学运动坚持的原则：政权机关与群众组织密切联系的原则，利用各种组织进行教育的原则，将教育贯彻到各项工作当中的原则，政府与团体通力合作的原则，一切活动要有数据的原则。1941年边

① 李公朴：《华北敌后——晋察冀》，生活·读书·新知三联书店1979年版，第151页。

② 《猛烈的开展冬学运动》，《晋察冀日报》1941年1月12日。

③ 李公朴：《华北敌后——晋察冀》，生活·读书·新知三联书店1979年版，第144页。

区强调，开展冬学运动，可“利用冬季农闲时间，着眼于广大民众文化水平的提高，而其主要目的之另一方面，还在于借此灌输与启发民众民族抗战意识，推进与加强他们的政治水平”①。1943 年 11 月，边区根据形势发展需要提出冬学运动应使之成为改造根据地群众思想、巩固抗日民主思想阵地的运动，要普及进行反法西斯主义的民主的思想教育，使广大群众明白认识国际国内法西斯主义者的罪行，进行减息政策教育，进行生产教育，以改进生产技术，树立科学思想。

方针与任务：北方局为边区制定的冬学运动方针是广泛地进行锄奸教育，动员与教育全体人民举行公民誓约运动，号召与动员广大人民参军。将之贯穿到整个冬学运动当中，将锄奸与公民誓约和参军形成广泛的群众运动，力求使广大群众成为抗日爱国、拥护政府、爱护根据地、踊跃参军、坚决反对汉奸，誓死不当汉奸的忠实公民。1941 年晋察冀边区又根据本区的特点确立了边区冬学运动方针：“对于坚持敌后游击战争有更具体深入的认识；高度地发扬民族气节，广泛地开展公民节约运动；加强大众的民主团结教育与锄奸教育；动员与教育民兵，广泛开展武装自卫战争，确实实行志愿的义务兵役制，并发扬爱护部队的精神；增强国际反法西斯统一战线，发动广泛的援苏运动。”② 1942 年 10 月边区确定的冬学任务是：坚定胜利信心，咬紧牙关度过艰苦的两年；巩固区与游击区进行反扫荡、反蚕食教育；反特务奸细活动教育；强化民族气节教育。根据形势发展的需要，1944 年 10 月边区将冬学运动的方针调整为“以提高群众文化为中心，着重开展识字运动，而以政治教育、生产教育为辅”③。要求每个行政村“办一个冬学”，包括 1 个识字班、1 个宣讲班、1 个读报组、1 个识字牌或黑板报，力争使每个成人能识 200 个字，达到会念、会讲、会写、会用的程度。同时，提出“民办公助”的民众办学方针，一切从群众意志出发，使领导与群众相结合，发动群众自办冬学，严格纠正过去自上而下强迫命令的方式。

组织与管理：1938 年冬县村级均成立冬学运动委员会，由教育行政人员、群众团体（文、武、工、农、青、妇）宣传部负责人、武委会、

① 《中共中央北方局给抗日根据地关于冬学运动的一封公开信》，《抗战日报》1941 年 10 月 21 日。

② 《广泛开展冬学运动实施大纲》，《晋察冀日报》1941 年 11 月 19 日。

③ 《边委会关于开展冬学运动的指示》，《晋察冀日报》1944 年 10 月 7 日。

小学教员、民众学校校长以及热心教育的士绅组成。该机构负责组织与领导区域内冬学运动，包括宣传动员、调查登记、编印教材等。冬学学生编制，实行男女分开上课，男子夜间上课，妇女白天上课。男子可根据文化程度不同分组，分为青年组、老年组；女子可依地区或有无小孩子分组，各组长民主推选，负责召集领导本组学习，在青年和妇女小组中建立模范小组和辅导小组，促进整体提高。[①] 一方面，制定了相应的管理制度，如会议制度、请假制度、点名制度、转学制度、测验制度、检查制度等；另一方面，制定了学生自治制度、自我批评制度。经费由村公所直接供给，教材由县政府提供。边区冬学运动命令发布后，各县积极响应，如五台县制定了本县的实施计划，决定1939年11月15日至1940年2月15日为第二个冬学运动时间，期间共计划设立100多处冬学，要求16—45岁男女文盲必须入学。在实际操作过程中超额完成了计划任务，共设立冬学155处，参加学习人数达5463人。通过冬学运动，“民众的文化程度渐渐地提高了”。[②] 1944年冬由于战局发生了转变，边区调整了冬学运动政策，变自上而下命令式的入学为发动群众自觉自愿地学习，并与生产组织相结合，设立各种自觉学习小组，如识字组、读报组、珠算组、应用文组、自学研究组、运输组、变工组、纺线组、卷烟组、游击小组等，在冬天分散学习，这样可以节约资源和费用。在冬学运动中，男女青年展开识字竞赛，做到“四会”：会念、会写、会讲、会用，评选识字模范、学习英雄。[③] 边区还编写了《上冬学》的歌曲，教冬学学员传唱：

收完了庄稼把冬来过哟，
咱们村上有冬学，
男女老少快来上，哎哎哟！
上了冬学好处多，哎哎哟！
上了冬学好处说不了，
说识字能有好几百，
看报写信都能干，不求人！

---

① 《中共中央北方局给抗日根据地关于冬学运动的一封公开信》，《抗战日报》1941年10月21日。

② 张范五：《冬学运动在五台》，《抗敌报》1940年1月11日。

③ 《边区抗联号召在冬学中发动青年识字竞赛》，《晋察冀日报》1944年10月7日。

那时心中多快乐，哎哎哟！
那时心中快乐的了不得，
革命道理懂得多，
大家都知打日本，救中国！
打走鬼子好过活，哎哎哟！[①]

教师与学员：冬学教师的资格标准是必须具备“文字通顺，能讲话，稍有教学经验，热心积极”[②]，冬学教师由政府或冬学运动委员会聘任；义务教师，要参加一至两周的训练，主要学习政治课、文化课、简单教学方法和教学技术；同时，县政府抽调小学教师和进步知识分子来担任。冬学教师为义务职，没有任何补助与津贴。若授课时间每周在12小时以上的，由村公所批准免除其抗战勤务；专职冬学教师每日坚持上课，从不旷课，动员学员超过全村文盲70%以上，学生毕业成绩及格占入学学生50%以上，且认真负责，克服困难，成绩突出者，予以奖励并被提升为小学教师。[③] 冬学的对象是15—45岁的青年或成人男子文盲以及35岁以下的妇女文盲，45岁以上妇女听其自愿。[④] 优先动员自卫队员、青年抗日先锋队员、农会会员、工会会员等群众团体成员参加冬学。学员分班管理，每班以50人为标准，设班长和副班长；为了自学与讨论的方便，另分小组，每10人为一小组。边区明确规定所有公民均须入冬学接受教育，县政府教育科负责督促与检查，区村行政委员会负责上门动员民众。师生自制教学用具，用玉米芯、羊毛绳制造算盘，用石灰自制粉笔，用铁丝自制钢笔等，以此来解决经费不足问题。学习时间是冬季农民闲暇时间，不耽误生产劳动。学员学习非常用功，如五台县某村妇女在冬学期间怕婆婆骂，将灯点在被子里读书；有的还将字写在手背上，以便于记忆。[⑤]

课程与教学：冬学开学时，均要举行隆重的开学典礼，动员全村群众参加，在会上介绍教师，进行学员编制分组。冬学地址设在乡村小学校

---

① 《上冬学》，《边区教育》第3卷第15期，1941年11月15日。
② 王谦主编：《晋察冀边区教育资料选编》（教育方针政策分册上），河北教育出版社1990年版，第309页。
③ 《广泛开展冬学运动公布冬学运动实施大纲》，《晋察冀日报》1941年11月19日。
④ 《广泛开展冬学运动公布冬学运动实施大纲》，《晋察冀日报》1941年11月19日。
⑤ 《边区党委关于边区冬学运动的总结》，《抗敌报》1940年5月16日。

内、救亡室、庙宇等公共场所；学员实行分组教授法和小先生制。[①] 1939年冬学运动的主要内容：开展识字教育，加紧扫除文盲，使民众尽快识字；普遍加强民众的政治教育，提高民众对抗战的信心和决心；广泛提高乡村文化娱乐水平，改变农村落后的习俗。冬学课程有：政治常识、识字、算术（珠算）、唱歌四种。其中政治占40%，主要了解法西斯国家侵略的目的、罪恶与反法西斯战争的目的、胜利条件及中国抗战目前形势等；识字占40%，达到壮年识200个字、青年识300个字的目标；算术占20%，以学会加减法为准；唱歌不占时间，在课间进行，要求每人学会六首歌曲。[②] 此外，每周进行一次卫生教育。1944年调整为：在巩固区，文化课占60%，政治与生产课占40%；在游击区或新开辟区，文化课占40%，政治课占60%。[③] 冬学运动的教育方式有：举办识字班、识字学校、民众学校、补习学校、民革室以及流动图书馆、业余剧团、小学生剧团、歌咏队等。进行课堂教学时，总要安排几个人站岗放哨，随时准备转移与疏散学员。每日上课时间以2小时为宜，三个月共计130小时；每次上课分两段，一段用来识字，一段讲政治，或做实验。每次上课点名，请假与点名须登记，每两周统计一次。每月对学生测验一次，同时也要考核教师。测验之后，召集教师进行研讨，总结经验与教训。为了提高冬学教学质量，1941年边区教育行政人员倡导教师采用多种教学方法：

> 讲毕课，教毕生字，要多叫学生复讲和认字。讲错和认错的地方，教师可多采取讨论的方法，让学生自由发言。“画图识字”是加强生字记忆的很好的办法，并要教学生写字。教写字的方法，可叫学生到黑板跟前，跟着教师练习，或举起手指跟随教师一画两画地往下写。冬学教学方法，教师都应确实的来研究。[④]

措施与效果：尽管通过一个冬天的努力边区冬学运动已经开展起来，但还是“存在一些不普遍不深入的缺点”，为了将冬学运动引向纵深，边区于1939年10月颁布了《冬学运动计划大纲》，强调冬学要加强民众的

---

① 《开展冬学运动》，《抗敌报》1938年12月6日。

② 《广泛开展冬学运动实施大纲》，《晋察冀日报》1941年11月19日。

③ 《边委会关于开展冬学运动的指示》，《晋察冀日报》1944年10月7日。

④ 华风：《冬学教学上应注意的问题》，《边区教育》第3卷第14期，1941年11月1日。

政治教育，提高乡村的文化娱乐水平，加快扫除文盲的进程，集中利用11月、12月、1月三个月时间开展冬学运动，目标是“将冬学运动普遍到边区的每一个角落，将冬学运动深入到边区的每一个民众”①。1941年11月，晋察冀边区再次制定《冬学运动实施大纲》，明确规定了当年冬学运动的任务与方针、组织与领导、课程与教学、管理规则、教师待遇等相关问题。为了推动地方开展冬学运动，1941年11月边区下令部队帮助地方开展冬学运动，驻地部队选派干部参加冬学运动委员会，协助地方进行冬学动员与调查统计工作，通过演剧、大众报、街头标语、漫画、小型宣传品、军民联欢会、房东茶话会等形式发动群众；部队干部担任冬学教师，适当进行课堂讲授；向民众讲授军事知识和战争形势等。② 为了确保冬学师资，1941年规定各县冬学教师训练经费由各县干部教育经费内开支，经费数量以每班每月炼油3斤、粉笔1盒为准，由村款开支，柴火由学生自打，课本由学生自买或自抄。1943年规定，公杂费，冬学识字班和宣讲班每班每月发粉笔1盒、麻纸4张、毛笔半支、铅笔1支；灯油，宣讲班每班每月2—3斤，识字班每班每月3—4斤；设置黑板、糊窗户等临时开支，须报区批准。③

经过第一个冬学运动后，到1939年春全边区动员了20万男女文盲接受了训练，扫除文盲取得初步成效。如二分区的盂县共办班120个，受教育群众2300人，五台县共办班100个，受教育群众5463人。④ 1941年针对原雁北各县社教工作开展力度不够，民众文化水平不高的问题，边区提出“突击落后区”的口号，雁北各县社教工作活跃起来了，比上年取得了很大的进步。

由表2－15可见，各县均比上年有了很大进步，尤其是灵邱县，1940年仅有冬学二三处，到1941年就增加到118处，共扫盲2578人，成立救亡室66个、村剧团29个，群众识字率有较大提高。

---

① 《关于冬学运动的号召及冬学运动计划大纲》，载《晋察冀边区教育资料选编》（教育方针政策分册上），河北教育出版社1990年版，第76页。

② 《关于部队帮助开展冬学运动的指示》，《抗敌三日刊》第328期，1941年11月21日。

③ 《边区行政委员会、边区抗联会加强今年冬学工作的指示》，载《晋察冀边区教育资料选编》（教育方针政策分册下），河北教育出版社1990年版，第94页。

④ 《晋察冀边区1938年度冬学运动总结》，载《晋察冀边区教育资料选编》（社会教育分册），河北教育出版社1990年版，第116页。

表 2-15　1941 年雁北部分县冬学发展情况表

县名	灵邱县	浑源县	繁峙县	广灵县	应县	合计
冬学数	118	67	230	21	56	492
上年增加数	115		40			
入学人数	2578	2586	17000	847	2800	25811
平均识字数(个)	120	50	200		100	

资料来源：田雨：《冬学的新果实》，《晋察冀日报》1941 年 4 月 24 日。

当时有首打油诗形象描述了民众受教育后在文化与思想方面的转变过程，《上冬学》：

我姓李名老三，今年已经四十单。
从小儿没曾把书念，跟人学过一二三。
隔着行儿也认不全，拿着书本翻一翻。
谁知道念书有甚用，今年作难在眼前。
……
这个年头多么好，念书上学都不要钱。
冬下里本来没甚事，为甚不把冬学念？
懂了民族国家事，打倒日本心更坚。①

边区在冬学运动中涌现出一些模范事迹，如灵邱县青年民兵英雄姬继海领导的拨工组，一面战斗，一面生产，一面学习，他的游击小队有 37 人，每人能识字 200 个以上，还带领大家进行 9 次战斗演习，创造了地雷与抬枪、步枪、土炮相结合的游击战方法。老年人称赞说："娃娃们要跟上继海学，一定学的错不了。"②

1939 年春，北岳区约设立识字班 2000 多处，学员 181794 人；年底北岳区入学人数已增到 390495 人。③ 据统计，1939 年冬至 1940 年春晋察冀边区共设立冬学学校 5379 处，比上年 2000 多处增加了 2 倍多；冬学学生

① 念运：《上冬学》，《抗敌报》1939 年 12 月 13 日。
② 边委会教育处：《边委会 1944 年冬学运动简要总结》，《晋察冀日报》1945 年 11 月 28 日。
③ 《晋察冀边委会工作报告》，载《晋察冀边区教育资料选编》（教育方针政策分册下），河北教育出版社 1990 年版，第 86 页。

共有 390495 人，比上年的 181794 人增加了 1.15 倍多。① 妇女冬学发展速度较快，1939 年冬有女冬学 3500 多处，入学人数为 140000 人。② 1939 年边区共编印了 10 万册课本，并发送到了每个乡村。大部分县的扫除文盲率达到六七成，如盂县原文盲 7043 人，扫除文盲人数 4502 人，扫除率达 64%。1940 年边区培养出了 5988 名冬学教员，为后来的冬学发展奠定了重要的师资基础。经过两年的冬学运动，不少文盲达到能识字会写信的程度。如盂县沙胡滩的刘秀贞等妇女，于 1940 年春已达到“能写简单的信，能背写 150—200 字，能识 360—370 字”的程度。③ 尤其是妇女的进步更快，就以山西五台、榆次等县为例，1938 年妇女识字率仅有 9.6%，到 1940 年就增加到 48%。④ 1942 年冬，经过几年的冬学运动，北岳区原来是文盲经教育能识字 1000 字以上者有 569 人，占入学人数的 0.5%；识 500—900 字的有 3763 人，占入学人数的 3%；识 100—500 字的有 36308 人，占 33%；识 100 字以下的有 69601 人，占 63%；总体平均能识字 200—300 个。⑤ 总之，经过几年开展由各界人士共同参与的冬学运动，边区农村呈现出一片生机勃勃、团结抗战的景象。

表 2-16　1942 年北岳区冬学运动群众识字情况表

识字数	≤100 字	100—500 字	500—900 字	≥1000 字
识字人数	69601	36308	3763	569
占入学人数百分比（%）	63	33	3	0.5

资料来源：张帆：《北岳区冬运概况》，《晋察冀日报》1942 年 10 月 17 日。

6. 民众学校：进步思想与文化知识的孵化器

民众学校，简称“民校”，是“扫除文盲、增进人民文化知识，坚定民族文化意识”⑥ 的社会教育机构。与冬学的区别在于：冬学是短期的，仅利用冬季农闲时间临时组织教育，而民校是常设的民众教育机构，长年

① 郭洪涛：《如火如荼的冬学运动在晋察冀边区》，《新中华报》1940 年 6 月 11 日。
② 杨耕田：《关于边区社会教育的一些问题》，《边区教育》第 2 卷第 15、16 期，1940 年 9 月 1 日。
③ 《边区党委关于边区冬学运动的总结》，《抗敌报》1940 年 5 月 16 日。
④ 司徒斯丽：《新民主主义上的妇女教育》，《新华日报》1944 年 2 月 13 日。
⑤ 张帆：《北岳区冬运概况》，《晋察冀日报》1942 年 10 月 17 日。
⑥ 《边区民众暂行规程》，《晋察冀日报》1942 年 5 月 8 日。

均开办。民校与冬学也有联系，即在冬学运动期间，民校就成为冬学的一部分。晋察冀边区兴办民众学校的机构有三种：一是救亡室办民校，二是小学设民校，三是群众团体办民校。这些民众学校的形式，在春、夏、秋三季是午校、夜校，冬季则是冬学。妇女另开妇女班。①

教师是教育发展的前提与保障，为了配合社教工作和政治动员，为日益壮大的民校培养教师，1939 年 9 月晋察冀边委会决定创办民众学校教师训练班，以解决民校和冬学师资紧张问题，具体要求为：学员，由县教育科通令各乡村保送接受培训，每村至少有一人参加；资格，凡能担任识字班或民众学校之教学，对工作热心负责者即可受训，尤以现在尚未参加抗日工作者为宜；课程，以政治常识为主，主要包括抗日民族战线、三民主义浅说、论持久战、世界形势、锄奸工作等，其次还有社会教育、自然常识、教学方式、歌咏等；期限，10—14 天为一期；管理，学员一律按班编排，实施军事化管理；经费，学员生活费由各村提供，其他教学费用由各县财政支付。同时，逐步提高民校教师待遇，给予民校教师与当地干部同等待遇。1940 年规定："原则上按现有待遇标准提高教员津贴（以不超过 10 元为原则）；贫寒教员的补助由地方解决；民校教员因公不能进行生产者，得援村级干部优待条例定之；民校教员服务二年以上成绩优良者，可免试入边中及师资训练班学习，其子女升学得享受免费的优待；教师公粮由现在的食米 1.2 斤，改为每日 1.4 斤。"②

边区村级组织机构正式建立后，在晋察冀边区文化教育会议上提出普遍发展民众学校，每村设立初级民众学校。1940 年 5 月晋察冀边区文化教育会议决议案提出，每个村须设立初级民校一所，以不脱离生产为原则，脱离生产的高级民校暂不设立。初级民校由村救亡室领导，编制实行男女分编或合编，各村视具体情况而定。初级民校修业年限为 2 年，第一年为初级班，第二年为高级班，每年上课时数为 450 小时（按冬季 3 个月，每日 2 小时计算，其他各季每日 1 小时）；入学年龄定为 13—40 岁，40 岁以上不强迫入学，可自愿选择；课程包括算术、国语、常识（政治、自然、社会）、唱歌；教员主要由小学教员兼，还有地方干部、进步知识

① 郭洪涛：《论敌后抗日根据地的政治经济文化的建设》，《解放》第 124 期，1941 年 2 月 1 日。

② 王谦主编：《晋察冀边区教育资料选编》（教育方针政策分册上），河北教育出版社 1990 年版，第 142 页。

分子等，教员一般为义务职，可免除其他勤务。

为了深入开展减租减息工作，改进民众生产技术，提高政治觉悟，在不同时期边区均将发展民众学校作为社会教育的重要活动。

其一，加强组织领导，规范民众学校工作。1943 年 11 月边区在冬学运动中加强民众学校的管理与教育工作，具体规定：区以上不专门设立领导机构，由各级政府负领导责任；区级担负对各村的具体领导与管理；村设民众学校委员会，由 3—5 人组成。1942 年 5 月颁布的《民众学校暂行规程》规定，民众学校以行政村为单位设置，民校设校长 1 人，教员若干人；校长在村公所领导下，计划与领导全校教学工作，并担任教学任务；校长与教员均由村公所聘任。

其二，实行内部分工编制，分类进行民众教育。民校内设识字班和宣讲班两种，识字班，主要针对 16—25 岁的男女青年文盲或半文盲设立，按学员识字多少分为甲、乙、丙、丁四级，分别学习识字课本的第四、三、二、一册。人数在 30 人以上者，可按性别或级别分编两个班或三个班，每班设班主任 1 人，由青救亡会主任担任，设班长 1 人，副班长 1 人，负责按时集合学员上课，帮助教师维持课堂秩序，执行点名、请假制度，检查学习情况。班级以下按学员住址远近或按团体小组编若干学习小组。宣讲班，主要针对 16—45 岁男子或 16—25 岁的妇女而设立，宣讲的主要内容有政治思想教育与生产技术知识。初级民校的课程有：识字课占 45%，珠算课占 10%，政治常识占 25%，组织课占 20%。

其三，注重教师培训，实行课本免费使用回收制。民校教师由民校委员会选聘，条件是积极负责，能胜任教育工作，在群众中有威信，一般识字班配备 1 名，宣讲班配备 2 名。教师一律为义务性质，不发报酬。教师不够时，经常让小学生担任“小先生”来从事民校识字教育。民众学校的识字课本，由晋察冀边委会统一编印，及时将思想教育、生产教育、生活教育、减租政策等内容编入教材内容。如“实物”一课，将边区百姓熟知的家畜编入课本，“牛马驴骡，耕地拉车”；“生活”一课，编入“切山药拌豆面，又省米又省盐”。[①] 教材的分发，采取边区统一发放，如遇有的地方交通不便，县区负责翻印。后来，为了进一步规范民校教材发放与使用，减少教材发行手续，边区于 1943 年 7 月专门颁布《小学民校课

① 《民校学员集体编写课本的经验》，《教育阵地》1945 年 1 月 1 日。

本领发使用保管方法》，规定所有民校教材从当年起一律免费发放，不再收费；优先发给巩固区，游击区可酌情发放；学生领到教材，只有使用权，没有所有权，当课本学完后应交回，由村教育委员负责保管，以便另发新生使用；学生应养成保护课本的习惯，不得随便涂抹，在敌人扫荡时应随时注意坚壁保存，如有损坏应当赔偿。①

其四，量化教学工作，讲求教学方法。识字班，每 10 天上课 5 次(单日)，每次上课 2 小时，讲授 1 小时，复习 1 小时，学习识字课本的 20—30 课，学员须会念、会讲、会写。宣讲班，每 10 天上课 5 次（双日)，采用宣讲和讨论结合的方法，每次上 1.5 小时，每月上课 15 次，包括政治思想教育 7 次，生产教育 3 次，时事教育 2 次，组织教育 3 次。②为了提高民校教学质量，使民众学有所获，1942 年 11 月边委会专门向各专员、县佐、县长致函“怎样教民校识字课本”，民校识字课本共四册，每册约有 50 课，每课有生字 5—8 个，四册共 1250 个。一方面，教成人识字要善于采用联想法，如教“东”字，先问“太阳从哪里出来?”等学员讲出来后，就将“东”字写出来，还要教学员用“东”字组词，如“地东家”“房东”“东西”，这样就容易记，之后要求学员反复写；另一方面，引导学员去运用所学过的文字，去写租约、公约、账目、信件、日记等，作为作业让民众去完成。民校学员只有达到能认会写 1200 个常用字，才算毕业。③ 民校教师在教学过程中采用多种教学法：政治常识课教学，采用讲授法、讲述法、谈话法、阅读指导法、问答法、讨论法、练习法等；歌咏课上，采用范唱法、随唱法、齐唱法、列唱法、独唱法等。④

其五，保证教学日常经费，节约教学经费开支。日常教学用品发放标准，按无论识字班还是宣讲班每班每月发粉笔 1 盒、麻纸 4 张、毛笔半支、铅笔 1 支，用于晚上照明的灯油，宣讲班每班每月 2—3 斤，识字班

---

① 《小学民校课本领发使用保管方法》，载《晋察冀边区教育资料选编》（初等教育分册上），河北教育出版社 1990 年版，第 107—108 页。

② 《民众学校各项具体问题解决办法》，载《晋察冀边区教育资料选编》（教育方针政策分册下），河北教育出版社 1990 年版，第 92—93 页。

③ 《怎样教民校识字课本》，载《晋察冀边区教育资料选编》（社会教育分册），河北教育出版社 1990 年版，第 61—63 页。

④ 王来若：《民众学校的教学法》，《边区教育》第 1 卷第 7 期，1939 年 9 月 26 日。

每班每月 3—4 斤。[①] 另外，安置黑板、糊窗户纸等临时开支，须报区批准，所有款项均由村款开支。1944 年边区提出民校实行民办公助的形式，根据群众自己的需要和当地具体情况，有针对性地设立，政府只在方针上加以指导，帮助其解决困难；民校以提高文化水平为重点，传授生产与生活所需要的知识与技能。

1939 年冬，北岳区 14 个县，共有民校 2275 处，入学男女学员共 26555 人。[②] 1941 年北岳区有民校 2894 处，学员达 233592 人。总的人数减少了，但质量提高了。[③] 1940 年冬边区民众学校共有 5397 所，比上年增加了一倍多；女校有 2500 所，比上年增加 3 倍多；入校学员 390495 人，比上年增加 1 倍多。[④] 其中五台县 1940 年共有冬学 155 处，学员 5463 人；1943 年繁峙县共有冬学 162 处，学员 23173 人，占应入学人数的 53%。总之，群众通过上民校，文化水平得到了普遍提高。类似下面的例子不胜枚举：

> 有个 55 岁的光棍汉刘成顺，给地主扛长工 15 年，在太原拉过地迫子车，是个文盲，抗战后参加本村抗日工作，并入民校学习两年。同时，还负责管理本村柴火账，学习格外用功。他先学记账，接着学会了全村的人名，村公所认字的干部都是他的老师。问一点学一点，学了就想法记着，晚上躺在被窝里有时还写白天学的生字哩，后来全村柴火账会写了，珠算的小九九也学会了。他常向别人说："不拿钱能学识字，这是多好的事呀！"[⑤]

正如崞县上庄村所称赞的那样："民校孵小鸡，一窝接一窝。"因为民校不仅是扫除文盲的场所，而且是改造地痞等落后分子的地方。"中国的地痞简单说来就是这样一种形象，他们大都脾气暴躁且情绪激动，他们决不

---

① 《民众学校各项具体问题解决办法》，载《晋察冀边区教育资料选编》（教育方针政策分册下），河北教育出版社 1990 年版，第 92—93 页。

② 刘皑风：《抗战时期边区教育建设》，《北方文化》1946 年 6 月 1 日。

③ 《晋察冀边委会工作报告》，载《晋察冀边区教育资料选编》（教育方针政策分册下），河北教育出版社 1990 年版，第 87 页。

④ 丽生：《敌后的社教育》，《新华日报》1943 年 10 月 6 日。

⑤ 《大营民校为什么办得好》，载《晋察冀边区教育资料选编》（社会教育分册），河北教育出版社 1990 年版，第 265 页。

肯‘吃亏’，在任何情况下都奉行‘一报还一报’的原则。……穿着像无赖一样，敞胸露怀，言谈粗声大气，别人若对他的观点流露出反对或怀疑，他就会大发其火。”① 崞县将每个村里的懒汉、二流子、赌博汉、大烟鬼等落后分子编入民校的“改造班”，经过一个多月的教育，“这些人基本上变成了勤勤恳恳的好群众，有的还被推选为村干部”。②

第二节　晋绥抗日根据地教育

“在开辟晋察冀根据地的同时，贺龙的120师在几乎与陕甘宁同样贫穷落后的晋西北开展工作，这就是后来的晋绥根据地。”③ 晋绥革命根据地，主要包括山西西北部和绥远省（今属内蒙古）东南部的50个县，境内多为山区，覆盖管涔山、洪涛山、云中山、吕梁山、大青山等地区，中心在晋西北。贺龙、关向应领导的120师于1938年3月挺进晋西北，从日军手中先后夺回了五寨、神池、宁武、河曲、保德、偏关、岢岚、兴县等地，建立了晋西北抗日根据地。9月，李井泉等在绥远又开辟了大青山抗日根据地，两块根据地连为一体，形成了晋绥抗日根据地。当时在该地区共产党领导的八路军、山西新军和阎锡山领导的晋绥军并存，1939年12月，阎锡山发动晋西事变，对中共党员进行疯狂镇压。1940年1月15日晋西北行政公署在山西兴县成立，续范亭和牛荫冠分别任公署主任和副主任，刘庸如和梁膺庸分别任教育处长与副处长；2月，八路军和新军将阎锡山军队赶出晋西北。同年8月，绥察行政办事处在武川县成立，次年更名为绥察行政公署，杨植霖任主任。1942年10月，晋绥边区行政公署在兴县蔡家崖成立，续范亭任主任，武新宇任副主任；④ 合并民政处与教育处成立民教处，杜心源任处长，孙良臣任副处长。晋西北文化基础薄

① ［美］明恩溥：《中国乡村生活》，午晴、唐军译，时事出版社1998年版，第215页。

② 郭开科口述、庄光等整理：《战争年代崞县上庄村的文教工作》，载《忻州地区教育志史料》第17期，1993年编印。

③ ［美］费正清主编：《剑桥中华民国史》第2卷，章建刚等译，上海人民出版社1992年版，第697页。

④ 董纯才主编：《中国革命根据地教育史》，教育科学出版社1991年版，第424—425页。

弱、信息闭塞，正如教育处主任杜心源所说："晋西北是文化落后地区，是中国文化荒原之一，文盲占人口总数的百分之九十左右，人民封建意识还很浓厚。"[①] 再加上日本侵略者对本来就不发达学校教育的肆意破坏，使得晋西北的教育雪上加霜。针对这种情况，晋绥边区大力兴办各类教育，经过几年的努力，办学成效显著，改变了原来的落后面貌。

一、方针政策：导引边区教育发展的指针

教育方针政策，是引领各类教育发展的指针，也是促进教育发展的保障。晋绥革命根据地一直注重教育方针政策的制定。晋西北行政公署成立后不久，就于1940年3月6日制定了教育纲领，提出"全民族的大团结，为争取最后胜利的首要保证，因此，统一战线的思想与实践的教育应广泛开展，并培养精诚团结之精神；……培养抗战建国之专门人才，如生产、军事、政治、教育等干部，以应改造人民意识及建立革命的三民主义新中国之需要；训练广大群众及青年儿童进步的思想和科学的精神，以改造自然及增进人类社会之幸福，封建及神道迷信等应以绝大之努力铲除消灭之；深入反汉奸投降派的教育，实为动员群众坚持抗战巩固晋西北抗日根据地的重要任务"[②]。同时，还制定《教育施政方针》，主要规定了国民教育与社会教育的目标、任务、教师、经费等相关问题。专门制定了《关于小学校组织条例、经费预算及设立办法之规定》《社会教育组织法》，对小学校的设立、小学的经费预算及管理等作了相关的规定，并从社会教育领导机构、实施机构、实施方法等方面作了相关规定。这些方针政策，为晋绥边区初创时期发展教育事业奠基了良好的基础。

随着晋绥抗日根据地教育工作的不断推进，为了进一步指导与规范边区教育工作，1941年5月1日，颁布了《晋西北教育宗旨及实施方针》，规定边区的教育宗旨是"以革命的三民主义，抗战建国纲领，行署施政纲领为准则，实行民族的民主的科学的大众的新民主主义教育，以提高晋

---

① 杜心源：《民国二十九年度教育工作总结》，《行政导报》（晋西北行署）第2卷第2、3期合刊，1941年8月。

② 《山西省政府第二游击区行署教育纲领》，载《法令辑要》1940年3月。

西北人民的文化政治水平与生产技能，使教育为抗战建国而服务”[①]。还提出了实施方针。同时，颁布了一系列教育法规，如《小学法》《小学规程》《模范小学暂行条例》《中学法》《教职员任用调动待遇优待及奖惩暂行条例》《社会教育组织暂行条例》等，分别为发展小学、中学、社会教育提供政策与法律保障。同年6月，召开晋西北行署第一次中等教育会议，颁布了《中学规程》，对边区中等学校的设置与管理、经费开支、组织与领导、课程设置、生活指导、成绩考查、休学转学以及毕业等均作了较为详细的规定。

晋绥边区行政公署成立之后，于1943年2月颁布了《晋西北中心小学暂行办法》，制定了关于学区划分、小学设置、教育任务、教员聘任、教育管理等相关政策。同年10月，颁布了《关于晋西北中等学校教育的决定》，明确规定了中等学校教育的任务是“为晋西北抗日根据地培养干部和小学教师，以启发学生民族的民主的科学的集体主义思想，革除其封建的迷信的个人主义思想，加强其群众观念，培养其劳动意识”[②]。还规定了中等教育的任务、课程、教学等相关政策。强调中等学校坚持新民主主义的文化教育政策，坚持为抗战救国服务，为人民服务。

正因为边区在不同时期针对不同的情况制定不同的教育方针政策，因而保证了晋绥边区各类教育沿着正确的方向得以顺利地发展。可见，教育方针政策对导引边区教育事业发展起到导航作用。

二、多元格局：多种形式并存的初等教育

抗战时期为顺应形势发展的需要，晋绥边区在不同时期因地制宜采取各种不同形式兴办初等教育，先后兴办了初等小学、高等小学、完全小学、民办小学、民办公助小学、巡回小学、一揽子小学、流动小学、游击小学等，使得边区初等教育呈现出多元发展的良好局面。在克服重重困难的情况下，到1944年9月晋绥边区19个县共有初等小学1393所，完全小学26所，共有在校小学生61938人，平均每县有小学74所，学生3259

① 《晋西北教育宗旨及实施方针》，载《法令辑要》1941年5月。

② 《晋西北中等学校教育的决定》，载《晋绥革命根据地教育史资料选编》（一），山西省教育史晋绥边区编写组、内蒙古自治区教育史志办公室1987年编印，第114页。

人[①]。以临县、离石、阳曲等四县为例，入学儿童已达 11433 人，占学龄儿童总数的 71.1%，[②] 完全改变了边区所属地区原来文化教育落后的面貌。

（一）机构政策与管理制度

为了规范初等教育的办学行为，引导边区农村发展初等教育，晋绥边区逐步建立较为完善的教育管理制度，同时也根据形势发展的需要，及时调整关于初等教育的政策。规定边区教育管理机构为教育处，后改为民教处，各专署设教育处，县设教育科，区设文化教育协理员，负责领导与组织边区教育工作。边区规定，初级小学设校长 1 人，完全小学除设校长外，还设教务主任、生活指导主任各 1 人。小学校长与教员均由主管教育机关任用。[③]

边区政府成立之前，晋西北根据地就确立了发展初等教育的目标：第一，增加完全小学与模范小学的数量。要求没有完全小学的县须在一年内最少恢复或新建完全小学 1 所，有 50 所以上初级小学的县争取建 2 所完全小学；模范小学较少的县于 1941 年底须完成一个行政区设一所模范小学的任务；在周围 2 里以内的各村庄有 30—40 个学龄儿童应建立 1 所小学。第二，提高小学入学率。广泛动员学龄儿童入学，1941 年的任务是达到全区平均普通小学入学率 65% 以上的目标，而小学所在村的学龄儿童入学率须达 80% 以上；动员初小毕业生 30% 升入高小学习；动员高小毕业生 50% 升入中学。[④] 晋绥革命根据地在不同时期均要提出不同的教育发展目标，以促进边区城乡教育事业的发展。对教育政策进行调适，如 1941 年之前，着力实施普及小学教育，学龄儿童入学率大大提高。1941 年冬开始由普及转向提高，采取精简学校、提高教员素质，精简后的学校数为 1520 所，比上年的 1761 所减少了 13.7%；学生数由精简前的 74959 人减少到 62362 人，减少了 16.8%；学生月消耗费用由 15.2 元减少到 9.1 元；生师比也发生了变化，精简前 62 名教员教 974 名学生，

① 《晋绥边区国民教育概况》，载《晋绥革命根据地教育史资料选编》（一），山西省教育史晋绥边区编写组、内蒙古自治区教育史志办公室 1987 年编印，第 247 页。

② 《晋绥革命根据地教育史简史》，山西省教育史志编审委员会、内蒙古自治区教育史志办公室 1992 年编印，第 7—11 页。

③ 《山西省第二游击区小学规程》，载《地方教育单行法规》1941 年 5 月。

④ 杜心源：《民国二十九年度教育工作总结》，《行政导报》第 2 卷第 2、3 期合刊，1941 年 8 月。

精简后52名教师教1774名学生，生师比提高了13；全年共节省经费160960.84元，节省小米78490.5斤（详见表2－17）。提高了教育效率，减少了物质消耗，达到了精简的预期目的。1942年后半年，在毛泽东在延安文艺座谈会上讲话之后，晋绥边区的小学教育"逐渐转向为群众服务，与战争、生产、社会相结合的方向"，兴办变工互助民办小学，既提高了群众的收入，又调动了儿童入学的积极性，还为边区节约了教育经费。

表2－17　1941年冬精简小学教育前后各项指标对照表

各项指标	小学校数(所)	小学生数(人)	生师比	月生均费(元)	教师补贴米(斤)
1941年5月	1761	74959	15:1	15.2	7.5
1941年12月	1520	62362	28:1	6.1	3.625
减少数	2421	12597		9.1	3.875

资料来源：《晋绥边区国民教育概况》，载《晋绥革命根据地教育史资料选编》（一），山西省教育史晋绥边区编写组、内蒙古自治区教育史志办公室1987年编印，第247页。

边区政府在成立各级教育机构之后，就着手制定与完善各项教育管理制度。除了确定初等教育的性质与任务、入学条件、修业年限、课程设置等，还确立了会议制度、汇报制度和检查制度。

其一，会议制度。晋西北行署教育处根据需要召开全晋西北教育会议，部署全区教育工作；各专区每半年召开县教育科长及当地教育团体参加的会议，讨论教育改进意见；各县每3个月召开一次由高小校长、模范小学校长、区文教助理员参加的教育会议，检查与讨论教育发展问题；各区每月召开一次教育会议，各村小学教员、教育委员等每半月开会一次，各学校每周召开一次会议，教育会议的目的是通报与部署新的教育任务，解决存在的教育问题。①

其二，汇报制度。这是根据地教育管理基本制度之一，即通过基层教育部门及时向上级汇报办学成绩与存在的问题，便于上级了解各地的教育发展情况与问题，从而及时解决基层办学中存在的困难和问题。分口头和书面两种汇报形式，各小学对文教助理员每周汇报一次，文教助理员每半

① 《山西省政府第二游击区行署1940年4月教育会议提案·健全与改造教育工作的制度案》，载《法令辑要》1940年4月。

月向县教育科汇报一次，县教育科每月向专署汇报一次，专署教育科每月向行署教育处汇报一次。汇报内容包括：学校教育情况、学生学习情况及日常表现、师资问题、教学经验以及存在的问题等。

其三，检查制度。这是一种自上而下的管理制度，即上级教育管理部门定期到下级与基层学校检查教育政策落实情况和办学活动中存在的问题，以便进一步改进。检查的程序是：检查前有准备，检查中讲究方法，检查后做好总结。检查的方式有：集体讨论、个别谈话、书面报告。①

正是在边区颁布的管理制度的指导下，各地教育部门与学校也相应建立了较为规范的教育管理制度，如大部分完全小学与模范小学建立了会议、汇报、检查、考核评价、学籍管理等制度，并制定了适合本校的校规、公约、校训、学则等规章制度。

（二）建校标准与设置形式

1941 年晋西北抗日根据地提出各级小学“逐渐走向正规化”的目标，为了达到这一目标，制定初等小学设置标准：“须有必要的设备；实行划分年级并执行定期考试，一学期教完一本国语；严格划分半日班与全日班的教学进程；较大村庄小学成立民革室，进行抗战宣传和岗哨教育；半年内举行一次恳亲会。”② 小学设置的数量要求是凡有 30—40 个学龄儿童的村庄均应设立小学一所，达到“一个行政村一所模范小学”的目标。为了真正实现小学教育正规化的目标，同年 5 月晋西北根据地制定了《小学规程》，明确规定了小学设置的标准：初级小学须有学生 30 人以上，完全小学 80 人以上，特殊情况可变通处理，但也不得少于 20 人。

同时，晋西北根据地还颁布了模范小学标准：学生数须在 40 名以上，须配备黑板、桌凳、操场、图书及儿童玩具等，须配备课程表、点名册、请假簿、旷课检查表、学校大事记、学籍表、学生登记表、家长职业统计表等，年级编制、课程编排、教学进度及工作制度，须按照规定实施，采用教学做合一的教学方法，定期向县教育科报告工作，教职员建立学习制度。③

---

① 《各级教育机关汇报制度实施办法》，载《法令辑要》1940 年 4 月。

② 《1941 年度地方教育工作计划大纲》，载《晋绥革命根据地教育史资料选编》（一），山西省教育史晋绥边区编写组、内蒙古自治区教育史志办公室 1987 年编印，第 68 页。

③ 《山西省第二游击区模范小学暂行条例》，载《地方教育单行法规》1941 年 5 月。

晋绥边区小学教育存在多种办学形式，主要有：公办小学、民办小学、民办公助小学、轮回小学、一揽子村学、私塾改造小学、巡回小学等。边区初创时，以公办学校为主，后来由于抗战形势严峻，经济拮据，因此，调整了办学政策，倡导民办小学和民办公助小学等办学形式，以减轻边区的经济负担，但要保证教育质量。同时，根据当时农村的实际情况，还增加了轮回小学、一揽子小学、巡回小学等，从授课形式来看还有全日制小学、半日制小学、间日制小学、夜习制小学，广泛吸收贫困家庭子女入校，学习农村实用的知识与能力，如珠算、记账、写通知、开路条等，此外在敌占区设有流动小学、游击小学、两面小学、隐蔽小学等，使得边区教育朝着多元化办学方向发展。

（三）招生入学与学生待遇

晋绥抗日根据地初创时，就提出实行初级小学四年为义务教育，但由于晋西北原有文化教育的落后和战争的影响，根据地所属各地小学教育发展极不平衡，尤其是一些村户零碎分散的县区，由于有的家庭离学校较远，因而影响了学龄儿童入学。为此，1940 年决定发起“小学入学突击运动”，以期实现普及义务教育，广泛发动所有学龄儿童入学。具体办法：

> 应以说服的方式进行深入的动员、解释，打破过去一切不正确的观念，使家家自愿送儿童入学；动员解释工作，应取得各救团体的密切联系和帮助，通过各救的组织动员和广泛宣传，以期扩大效果；动员工作中，务须把入学与民众的切身利益联系起来，并充分注意民众的困难，善为解释，必要时尽可能给予保证使其不影响生活，但以使其不放弃入学为目的；应根据具体情况使用各种奖惩办法（不是物质上的），给踊跃入学之家以鼓励赞誉，给不愿入学之家以斥责，在民众中掀起送儿童入学的热潮；开学前后，应对曾经入过学和初入学的儿童给以种种鼓励、解释，提高他们的情绪，以巩固其家长送子女入学的情绪。①

晋西北行署于 1941 年制定的小学入学目标是：普通小学保证 65% 以

① 《各小学开学突击运动办法》，载《法令辑要》1940 年 4 月。

上的入学儿童经常到校，动员学校所在村80%以上的学龄儿童入学；保证已有高级班学生不辍学，动员初小毕业生30%升入高小学习；动员高小毕业生50%升入中学。

为了调动农村儿童入学的积极性，边区对初级小学学生一律实行免费制，不仅免除学费，而且还免费提供课本；对高级小学部分学生实行免费，即对抗属及小学教员家境贫寒子女、家庭在敌占区无法取得家庭接济的子女、在学期考试成绩列为前五名的学生，[①] 实行免费教育。同时限定高小学生公费生名额占学生总数的20%。

由于种种原因，不少学校的学生入学接受一段时间教育之后，便逃学或辍学，正如时任晋西北行政公署教育处长的杜心源于1941年所讲的那样："绝大多数县区的绝大多数学校的学生是流动性太大，经常到校的学生太少。如兴县经常到校的学生差不多有入学儿童的1/3多些。"[②] 针对这种情况，晋西北行署制定办法规定经常到校学习的儿童至少应占入学儿童总数的65%，条件较差的地区也要达到经常入学儿童占学龄儿童总数的52%。同时，采取经济优惠、宣传动员等办法，吸引了一大批贫苦子女入学，如通过教师带领学生在课余参加生产运动，学生通过自己的劳动获得的收入，可以解决文具困难问题，减轻了家庭的负担，还成立了变工互助的民办小学，如保德县的柳树沟村，成立了这样的民办小学。具体的操作方法是：从变工队中抽出一名文化程度较高的队员来担任教员，其他队员负责为其种地，教员负责教变工队员的子女，变工队的收入大家均分，教员有其中一份，而小学生上学全部免费。老百姓对这种办学形式拍手叫好："变工起来好处实在多哩！不但能节省劳力，深耕细作，还能使孩子们读书、睁开眼睛。"[③] 通过采取这些措施，各地的入学学生人数明显增多。如兴县赵家川口小学，1941年到校学生有30多个，占学龄儿童总数的46%；1944年到校学生50人，占学龄儿童总数的78%，比1941年增长了32个百分点。到1944年9月晋绥边区19个县共有在校小学生61938人，平均每县有小学74所，学生3259人。

---

① 《山西省第二游击区免费公费生条例》，载《地方教育单行法规》1941年5月1日。

② 杜心源：《民国二十九年度教育工作总结》，《行政导报》第2卷第2、3期合刊，1941年8月。

③ 《晋绥边区国民教育概况》，载《晋绥革命根据地教育史资料选编》（一），山西省教育史晋绥边区编写组、内蒙古自治区教育史志办公室1987年编印，第251页。

（四）经费筹措与使用管理

经费是办学的物质保障，缺乏办学经费就会直接影响到教育事业的发展。晋绥革命根据地地处晋西北山区，自然条件恶劣，经济基础薄弱，长期以来受物质条件的制约，文化教育落后。针对这种状况，晋西北行署及后来建立的晋绥边区政府，都十分重视初等教育经费的筹集。为了筹集教育经费，1941 年 5 月晋绥革命根据地规定筹措各县小学教育经费的渠道有如下几种。

第一，"村摊派县统筹"。[①] 即地方教育常用经费应主要通过村摊派县统筹来筹集，这部分经费是取之于民用之于民，来源于村民，服务于村民子女教育。

第二，"学产"。各县给予学校的学产包括土地、房屋、林木、牲畜等，这些财产均可以营利，营利所得作为学校的经费。此前边区学校并无学产，这是首次批准由县政府批拨学产，各县原由区村保管的公地划拨给学校作为学产，将各地的庙地寺地作为学田，地方热心教育人士所捐土地或产业作为学产。

第三，"教育基金"。边区各县原无教育基金，此后规定教育基金的来源有：（1）政府划拨给学校的公地、庙地、寺地、社地等作为学田，将每年收入捐助政府作为教育基金。（2）热心地方公益事业而自愿捐助之现金，可充作教育基金。（3）动员开明绅士直接向学校捐献教育基金，以解决学校的设备问题或学生的奖励。各县筹集教育基金时，做到登记在册，逐级备案，出入账目清楚。

第四，学校自行生产的收益。有的学校可以生产一些农村所需的物品与农具，或者组织师生参加农业生产，将收入作为教育经费。如让小学生参加制作草帽、织毛巾、制农具等，或参加春耕、垦荒、秋收、代耕、养鸡、捡弹壳等，所获得的收入可以作为教育经费。

经费管理，既要注重开源，又要关注节流。筹集经费固然重要，但经费的使用与管理也非常关键。只有管理好经费，才能让有限的教育经费发挥尽可能大的作用。为此，晋绥根据地始终注重教育经费的规范管理与使用。1940 年 2 月晋西北行署就公布了《关于小学校经费预算的规定》，高

---

① 《山西省第二游击区各县教育经费筹措暂行条例》，载《晋绥革命根据地教育史资料选编》（一），山西省教育史晋绥边区编写组、内蒙古自治区教育史志办公室 1987 年编印，第 60 页。

级小学和两级小学经费预算情况是：

> 各高级小学每月经费预算：柴炭费 54 元（150 人以上如此数，不足 150 人而在 100 人以上者 39 元），灯油费 12 元（150 人以上如此数，不足 150 人而在 100 人以上者 9 元），文具费 3 元 5 角 5 分（毛笔二月 5 支，月 1.25 元；墨一月 1 元；铅笔半月 6 支，月 0.3 元，其它 1 元，合计如上数），纸张印刷费 10 元，教育用具 3 元，共计 83.5 元。
>
> 两级小学费预算：柴炭费 39 元（100 人以上如此数，100 人以下 30 人以上者 15 元，初级无柴炭费），灯油费 6 元，文具费 3 元，纸张印刷费 5 元，教育用具 2 元，共计 55 元。
>
> 初级小学经费预算：灯油费 5 角，纸张文具费 1 元，共计 1.5 元。①

1940 年 10 月，又将初级小学办公费由年初规定的 1.5 元提高到 2 元，全年按 10 个月计算，如有教员 2 人以上小学，每增加教员 1 人增加办公费 2 元；有教员 1 人的初小全年柴炭费为 30 元，有教员 2 人为 40 元，3 人为 45 元，4 人为 50 元；如出现经费不足问题，由本村教育委员会负责解决。② 同年，规定了完全小学、模范小学与普通小学的教育经费支配标准，具体数额如下：

表 2－18　1941 年晋西北行署规定各类小学经费支配标准

经费项目	办公费（月）	柴炭费（年）	教员津贴（月）	伙食费（日）	服装费（年）	书报费（月）	烤火费（年）	临时费（年）
完全小学	20—30 元	30—50 元	10—16 元	小米 1.5 斤 菜金 0.12 元	40 元	5 元	0.8 元/人	50—100 元
模范小学	4—7 元	同上	10—13 元	同上	同上	2 元	同上	20 元
普通小学	3—5 元	同上	10 元	同上	同上	1 元	同上	10 元

资料来源：《山西省第二游击区各县教育经费之支配暂行办法》，载《地方教育单行法规》1941 年 5 月。

① 《山西省政府第二游击区关于小学校组织条例、经费预算及设立办法之规定》，载《法令辑要》第 1 辑，1940 年 3 月。

② 刘庸如：《在行署第二次行政会议上的报告》，《行政导报》第 1 卷第 6 期，1940 年 10 月。

规定小学各项经费支出标准，其目的就是在保证正常教学秩序的前提下，尽量节约经费开支。1941 年 5 月，又制定了《各县教育基金管理支配暂行条例》，规定教育基金由各县教育基金管理委员会保管，由县教育科支配；教育基金管理委员会由 7 人组成，分别是县长、财政科长、教育科长、宣传部长、青年救国会及地方绅士等，县长任主任委员，教育科长任副主任委员；教育基金管理委员会负责计划教育经费支出数目和稽核全县教育财产及教育基金的收支情况；不论教育经常费或临时费，均须由县教育科呈明理由，编制预算，经基金委员会同意，呈请专署批准转行署备查，方可使用基金。

1945 年晋绥边区制定了更为详细的小学经费开支标准，以下以初等小学为例：

一、公杂费：1. 灯油，教员每 2 人 1 灯，住校生每 4 人 1 灯。教员每灯十月至三月每月 1.2 斤，四月至九月每月 1 斤；学生每灯十月至三月每月 1 斤，四月至九月每月半斤。2. 火柴，每室一盒。3. 笔墨，每教员每 2 月毛笔 1 支，每 3 月铅笔 1 支，每支毛笔随发墨汁五钱。每教室每学期粉笔 5 盒。4. 纸张，每校每生在 30 人以内者，每学期发麻纸 50 张；30 人以外者，每增学生 1 名，增发麻纸 1 张，每房每学期发糊窗纸 20 张。5. 扫帚，每班每月 1 把；条帚，每寝室每教室每学期 2 把；擦桌布，每室每学期土布 1 尺；炕席临时造预算，专署批准开支。

二、烧炭费：每校只占一间房者，平常每校每日发炭 15 斤，每增加 1 名教员加发 1.5 斤。如有住宿生在校起火时，每 1 名住宿生每日发炭 1.5 斤。两房以上者，在烤火期间除一房外，每房每日烤火炭 15 斤。各地烤火时间：五分区及神池、五寨、岢岚、宁武以 5 个月计，河曲、保德、兴县、偏关、岚县、方山、崞县、代县、静乐以 4 个月计，临县、离石、中阳以 3 个月计。

三、书报费：每校订《晋绥日报》、《大众报》各一份，其它参考书籍，每学期按原 5 升至 1 斗小米之价格计。

四、中心小学加临时宣传费，每学期每校以 20 张有光纸之价格计。

五、奖励费：每学期一次，受奖学生不超过学生总数的 20%，学生个人得奖，不超过2支毛笔之价格。[①]

规定了小学教育经费使用的具体标准，这样做的目的是：一方面，可保障学校必要的教学物资设备与经费，不至于因物资与经费短缺而影响正常教学；另一方面，又可避免不必要的经费开支，节约教育经费。

（五）课程设置与师资管理

课程与教师是学校教育内在的关键的两大要素，其中课程是学校教育的基本构成与核心内容。[②] 课程设置是否全面、合理，直接关系到学校教育的成败。尽管抗战时期晋绥革命根据地条件艰苦，而且晋西北的文化基础薄弱，但是边区十分重视小学教育的课程设置与师资配备。

首先，关于课程设置与教材编印。晋西北行政公署初建时，小学课程设置不太规范，一般的县初步统一了一、二年级的国语，大部分学校开设的主要课程为：国语、常识、政治、唱歌、军事。在实际教学过程中，不少地方将国语课上成政治宣传课，将常识课上成军事理论课，“只注重政治、军事，而忽视了文化课”[③]。而且各地教材与课程难度也不统一，有的太深，如岢岚县高小的政治常识课，选用的教材是《社会科学概论》；有的则又太浅，如保德东关高小一年级的国语课用的是晋西北行署编写的初小四年级《国语》第4册。有鉴于此，1941年5月晋西北行政公署颁布的《小学规程》规定：小学课程以国语、常识、算术为中心，设公民、国语、算术、自然、社会、卫生、历史、地理、体育、美术、音乐、劳作等课程，初级小学一至四年级授课时数分别为1170、1260、1380、1440学时，不开设历史与地理；高级小学一、二年级的授课时数均为1620学时，不开设社会。（详见表2－19）

同时，强调具体设置与课时可视地方实际情况灵活处理，若有的学校教师不足，可将自然、社会与卫生合并为常识课。初小低年级以30分钟1节课为宜，初小高年级和高小各年级均以45分钟或60分钟为一节课。[④]

① 《小学经费开支（实物）标准》，载《晋绥革命根据地教育史资料选编》（一），山西省教育史晋绥边区编写组、内蒙古自治区教育史志办公室1987年编印，第172页。

② 钟启泉、张华：《课程与教学论》，辽宁大学出版社2007年版，第3页。

③ 杜心源：《民国二十九年度教育工作总结》，《行政导报》第2卷第2、3期合刊，1941年8月。

④ 晋西北行政公署教育处：《山西省第二游击区小学规程》，载《地方教育单行法规》1941年5月。

表 2－19　1941 年晋西北行政公署教育处颁布的小学课程及每周教学时数表

课程		公民	国语	算术	自然	社会	卫生	历史	地理	体育	美术	音乐	劳作	合计
初小	一年级	60	390	60	90	90	60			150	90	90	90	1170
	二年级	60	390	150	90	90	60			150	90	90	90	1260
初小	三年级	60	390	180	120	120	60			150	90	90	120	1380
	四年级	60	390	240	120	120	60			150	90	90	120	1440
高小	五年级	120	390	210	150		60	90	90	180	90	90	150	1620
	六年级	120	390	210	150		60	90	90	180	90	90	150	1620

资料来源：晋西北行政公署教育处：《山西省第二游击区小学规程》，载《地方教育单行法规》1941 年 5 月。

课程规划与设置固然重要，但是具体落实在教学过程中的实物表现形式则是教材。因此，教材的编写与印刷在当时是非常重要的一项工作。起初，主要以陕甘宁边区小学课本为蓝本，适当加以修改，使之适合边区具体情况，1940 年晋西北行政公署教育处成立了自己的教材编委会，主要由教育处、文联、民众团体组成，从各地抽调教材编写人员，确定教材编写大纲，编写统一的小学教材。据不完全统计，晋西北每学期学生约需要教材 280000 册，而当时印刷厂的最大印刷数量为 10000 册，[①] 因此，先委托洪涛印刷厂、吕梁印刷厂两大印刷厂负责印刷样板教材，然后再由每个专区的小型印刷厂和各县的印刷室负责翻印小学教材，[②] 旨在保证每个小学生都有教材使用。1940—1942 年教育处共投入 20 万农币用来编印教材，共编印出样板教材初小 9 种 48100 册、高小 12 种 6160 册。[③] 到 1944 年 5 月，晋绥革命根据地共有小学教材及参考书 146836 册，并将之分发各县进行翻印。[④] 有效解决了晋绥革命根据地小学教育的教材问题，促进了小学教学质量的提高。

① 杜心源：《民国二十九年度教育工作总结》，《行政导报》第 2 卷第 2、3 期合刊，1941 年 8 月。

② 《1941 年度地方教育工作计划大纲·小学教育》，载《晋绥革命根据地教育史资料选编》（一），山西省教育史晋绥边区编写组、内蒙古自治区教育史志办公室 1987 年编印，第 70—71 页。

③ 《晋西北二年半的文化教育建设报告》，载《晋绥革命根据地教育史资料选编》（一），山西省教育史晋绥边区编写组、内蒙古自治区教育史志办公室 1987 年编印，第 246 页。

④ 《晋绥边区国民教育概况》（1944 年），载《晋绥革命根据地教育史资料选编》（一），山西省教育史晋绥边区编写组、内蒙古自治区教育史志办公室 1987 年编印，第 248 页。

其次，关于教师任用及管理。教师在小学教育中扮演着指导者、教育者与服务者的角色，教师的素质高低，直接影响着小学教育质量与办学水平。晋绥根据地一直重视小学教员的选拔与任用工作。

小学教师的任用。1941 年，晋西北行政公署颁布《小学教员的任用条件》，规定："经检查试验合格者，经各县集训合格者，师范学校及各中学师范班及一年以上师资训练班毕业者，均可担任小学教师。"晋绥边区政府成立之后，边区政府颁布了《晋绥边区小学教师服务暂行条例》，规定小学教师任用条件是："师范学校、中学师范班或高小附设师范班毕业者，有相当于高小文化程度经县级以上政府审查鉴定合格者，群众或村公所选择提出经本县政府同意者。"小学教师审查检定的标准是："愿为新民主主义教育服务或从事新文化教育工作有经验者，年龄在 18 岁以上、为人正派无不良嗜好者，初小教师至少须有相当高小毕业的文化程度，高小教师至少须具有相当于初中毕业的文化程度。"[①] 保德县于 1941 年冬至 1942 年春，遵照当时晋西北行署的指示和上述条例之规定，对全县 94 名小学教员进行了全面检定、整顿，然后择优录用，其中在职教师录用 56 人，新参加者录用 15 人。晋西北基本上每年进行一次小学教师检定、任用与定级。

小学教师的数量及构成。由于晋西北地区多为山区，历史上文化相对落后，尽管晋绥革命根据地教育处采取了多种吸引教师的优惠政策，如凡敌占区来根据地任教的教员，其配偶与直系亲属生活困难无法维持者，可按干部家属或抗属予以优待；其子女入学可享受免费或公费待遇。凡教师在教育岗位服务 3 年以上，成绩优良者，可保送到抗战学院或各种专门学校深造。正因为采取了吸引教师的优惠政策，边区各县的教师队伍才得以保障。

从表 2－20 可见，从师生比来看，等于及高于平均比例 1∶30 的县有 10 个，占 47.6%；低于 1∶30 的县有 11 个，占总数的 52.4%。从校均教师数来看，绝大多数县的小学一所学校只有 1 名左右教师，这说明，一方面，大部分学校的在校生数量不多，这主要是由于晋西北地区多为山区农村，这些山区农村分散，每个农村人口本来就不多，因而在校学生也少，班

① 《晋绥边区小学教师服务暂行条例》，载《晋绥革命根据地教育史资料选编》（一），山西省教育史晋绥边区编写组、内蒙古自治区教育史志办公室 1987 年编印，第 127 页。

表2-20 1940年晋西北革命根据地21个县小学教师数、学生数情况表

县名	教师数	学生数	学校数	师生比	校均教师数
朔县	180	4387	166	1:24	1.08
河曲	80	3862	64	1:48	1.25
保德	73	2688	65	1:37	1.12
离石	204	9837	187	1:48	1.09
临南	151	984	136	1:7	1.11
临县	91	2619	82	1:29	1.11
方山	36	790	36	1:22	1
偏关	46	1328	45	1:29	1
交城	117	1522	83	1:13	1.41
兴县	82	2220	65	1:27	1.26
岢岚	62	1354	51	1:22	1.22
汾阳	284	11033	219	1:39	1.3
忻县	156	3392	146	1:22	1.07
岚县	25	751	23	1:30	1.09
文水	289	10611	149	1:37	1.94
阳曲	30	899	30	1:30	1
静乐	79	2464	85	1:31	0.93
宁武	49	1644	47	1:34	1.04
神池	47	1417	47	1:30	1
五寨	34	557	34	1:16	1
静宁	30	600	30	1:20	1
合计	2145	64959	1790	1:30	1.20

资料来源：杜心源：《民国二十九度教育工作总结》，《行政导报》第2卷第2、3期合刊，1941年8月。主要根据多处文字叙述进行整理编制而成。

容量小；另一方面，由于当时教师绝对数量小，教师缺口仍然较大。按目前我国师生比1:18至1:22的标准来衡量，只有7个县达此标准。

从表2-21可以看出，就性别而言，男性共有1684人，占总数的96.9%；就年龄而言，20岁以下占17.6%，20—40岁占61.2%，40岁以上占4.9%，大部分是青年壮年；就阶级成分来看，地富农出身占13.12%，贫农和中农占67%；就文化程度而言，大学毕业仅占1.2%，中师毕业占19.6%，高小毕业占75.9%，初小毕业占2.9%，还有0.46%的初通文字未经过正规教育的教师，大部分是高小和中师毕业。

表 2-21　1940 年晋西北革命根据地 16 县小学教师构成表

县名		朔县	河曲	保德	离石	临南	临县	方山	偏关	交城	兴县	岢岚	汾阳	忻县	阳曲	静乐	宁武	合计
性别	男	180	75	73	199	151	88	34	46	117	81	60	254	153	29	95	49	1684
	女		5		5		3	2			1	2	30	3	1	2		54
年龄	20 岁以下	25	11	22	30	39	19	6	4	21	9	7		44	1	11	7	306
	20—30 岁	78	48	45	130	108	63	24	24	61	43	50		72	15	69	38	851
	30—40 岁	40	14	6	6	2	7	6	9	29	30	5		30	10	14	4	212
	40 岁以上	37	7		5	2	2		9	6				10	4	3		85
文化程度	大学				1		2						12	5	1			21
	中师	41	8	6	30	10	2	1	11	28	21	11	56	71	1	38	5	340
	高小	136	69	67	153	140	87	35	32	89	61	51	169	77	28	51	43	1319
	初小	3	3		12	1			1				26	3			1	50
	初通文字				8													8
社会成份其他	地主	7		2	5		5	3				2		10				34
	富农	25	5	2	13	30	9	5	1	10	20	8		50	6	10		194
	中农	72	48	27	150	42	70	20	20	89	46	43		66	21	47	42	801
	贫农	62	11	36	28	64	7	8	25	18	16	12		27	3	40	7	364
	雇民	14			3	6												23
	商民		8	3	5									2				18
	其他		8	3		9												20
合计		180	80	73	204	151	91	36	46	117	82	62	284	156	30	97	49	1738

资料来源：杜心源：《民国二十九年度教育工作总结》，《行政导报》第 2 卷第 2、3 期合刊，1941 年 8 月。

师资队伍结构较好的往往是经济条件较好的县，如汾阳、忻县、朔县等，由于自然条件相对较好，因此，教师中大学和中师毕业的人数就多。

小学教师的准入与退出。晋绥边区确定的检定标准是高小以上毕业生或有同等学力者均可应检定试验，检定试验分口试、笔试、体检，笔试科目有政治、常识、教育学、教学法、算术等，师范及师资训练班毕业的教师可免予检定。经检定合格者、经各县教员集训及格者、师范学校毕业或肄业三年以上师资训练班毕业者，均可被教育行政机关任用。各级小学在职教师有下列情形者，予以撤职处理：“汉奸行为及阴谋破坏晋西北抗日根据地者，行为不检有不良嗜好经纠正无效者，消极怠工经纠正无效者，能力薄弱无法继续工作者。”①

小学教师的待遇。教师的经济待遇并不高，但这并不影响教师的工作积极性。抗战时期边区教师的薪水一般采取米薪制，即通过向教师发放小米来代替工资。如 1941 年晋西北行署规定，甲等教员月薪米 70 斤，乙等 60 斤，丙等 50 斤；第二年增加至甲等 110 斤，乙等 100 斤，丙等 90 斤。1942 年《晋绥边区小学教师服务暂行条例》中规定，初小教员月米薪不得少于 90—110 斤，高小教员月米薪为 110—130 斤，全年按 12 个月计算；民办小学教员米薪由群众自行商定，如群众无力支付，可请求政府帮助；女教员产前产后各给 1 个月假期，其米薪照发。

小学教师的评定与奖惩。晋绥边区每学期均要对教员进行评定与奖励，县政府在学期末对教员进行评定，“六六”教师节进行全面评定，按教员平时工作表现与教学成绩，分别奖惩，给以精神与物质奖励；模范教师须为所在村学生及人民所称赞及全县教职员所公认者，标准是：执行新教育方针有成绩、有创造者，为群众所拥护，根据群众需要帮助群众学习，教导有方且能团结学生，使所在村学龄儿童入学率达到 80% 以上。同时，对于不积极学习、工作无成绩者，不安心工作、经常旷课或擅离职守者，行为不检、生活散漫引起学生及家长不满者，不执行新民主主义教育方针和言行不利于抗战救国事业者，视情节轻重，给予批评、警告、记过、免职等处分。②

> 临南县教员薛春圃，由于热爱儿童，工作积极，吸收了全村 80% 多的儿童入学，特别注意对贫寒子弟的帮助，拿出了自己剩余的钱和粮食给他们解决困难，他领导学生生产，又和学生参加村里的变工互助组，具体的帮助民众，在变工组中给民众读报、教识字，宣传

① 《山西省第二游击区教职员任用、调动、待遇、优先及奖惩暂行条例》，载《地方教育单行法规》1941 年 5 月。

② 《晋绥边区小学教师服务暂行条例》，载《晋绥革命根据地教育史资料选编》（一），山西省教育史晋绥边区编写组、内蒙古自治区教育史志办公室 1987 年编印，第 128 页。

政府政策法令。组织学生下乡宣传、演剧、写标语，参加村政权的中心工作，帮助村干部总结工作、填定表册、训练民兵等。他已被全县选为模范教员，象薛春圃这种新型的教员在边区各地正在不断的涌现着。①

小学教师进修培训制度。为了提高小学教师素质，各专署和县政府必须利用假期举办小学教师座谈会、讲习班，总结教学经验，改进教学工作；小学教师平时学习，由县教育科负责组织领导，并随时供给学习材料，检查学习成绩，定期接受上级领导检查；小学教师服务三年以上，工作积极，成绩优良者，可享受保送至中学师范班公费学习机会。

（六）教学活动与学业考核

教学活动是联结教师、课程与学生的纽带与桥梁，也是贯彻教育方针、展现教育目的的基本途径。针对晋西北地区教学中存在的问题，如“生硬讲述”“填鸭注入式教学”② 等，晋西北行政公署教育处于 1941 年倡导实行启发式教学法、实验教学法、小先生制、辅导教学法等民主的教学方法。小学教师还结合生产劳动，在实践中进行生产技术教学，使生产课程成为活动课程，在生产中学习自然常识，以启发锻炼学生的劳动观念。同时，教师注重教学生农村实用知识与技能，如教学生写路条、通知、契约、信件，记账等实用知识，算术中增加了珠算技能。

晋绥边区小学采用的主要方法有以下几种：第一，运用直观教学法。如宁武县马跑泉小学教师丁国梁教算术时，让儿童数鞋子、算小鸡、数骆驼。对最小的学生每人带一些大豆，通过数大豆来进行加减法学习。第二，教学做合一。为了让小学生学到实际有用的真本领，一些小学聘请了农村有经验的农民教学生学有用的知识与本领。譬如：

临县完小农作课，聘请了一位有经验的老农当教员，进行实验教学；临南刘文锦小学的纺织课，由妇女纺织合作社指导员担任，农作课由劳动英雄刘文锦担任，每天除学文化课外，以一半时间实习纺织

① 《晋绥边区国民教育概况》（1944 年），载《晋绥革命根据地教育史资料选编》（一），山西省教育史晋绥边区编写组、内蒙古自治区教育史志办公室 1987 年编印，第 250 页。

② 杜心源：《民国二十九年度教育工作总结》，《行政导报》第 2 卷第 2、3 期合刊，1941 年 8 月。

和农作。兴县、保德、河曲、临县等小学配合防奸教育，建立了儿童岗哨，配合拥军教育，进行了打柴优抚，把教、学、做三者结合起来了。①

第三，联系生活实际进行教学。如河曲县城塔民办小学张裕厚老师，为使教学与实际相结合，根据儿童和群众的实际需要，联系实际自编通俗的教学内容。如一次儿童喝冷水，他就马上编出："大人娃娃注意卫生，不吃生饭不喝冷水，家里院里打扫干净，清洁卫生经常保证。"学生学习之后，再不喝冷水了。还编出节气与农业生产关系歌："立春雨水修理家具，惊蛰春分送粪出牛，清明谷雨耕地下种，立夏小满安瓜种豆，芒种夏至夏收割麦。"② 教给农村学生农业相关知识。第四，游击教学法。在敌占区小学教师受战争的影响，采用了灵活机动的游击教学法或流动教学法，以适应战争的特殊形势。如宁武县的小学教员王举，在适应游击环境中创造了流动的教学形式，带着学生在树林、山头等不受战争干扰的地方进行流动教学。教学内容也围绕抗战救国，如保德县小学国语课第一册第一课就是"血，血，中国人民流的血；火，火，东洋鬼子放的火。……手榴弹，威力大，打出去，头朝下。四十八块空中炸，看你鬼子怕不怕?!"③ 培养学生的抗日救国意识和爱国主义情感。

为了提高小学教学质量，1941 年 6 月晋西北行政公署教育处要求中学帮助该区小学改进教学方法，"使之在教学方法与教学内容上充实健全"④。一方面，中学教师帮助小学教员学习，提高素质，改进教学方法。让小学教员参观各中学附属小学或实验小学并介绍教学经验与实验方法，并将模范小学与实验小学的教学经验刊载在《晋西教育》上，供各地小学教师参考与借鉴；另一方面，加强区域内小学教师之间的教学经验交流与观摩，以便促进教学质量的共同提高。

除了平时注重教学方法的改进，边区还十分重视对学生的学业考核。

---

① 《晋绥边区国民教育概况》(1944 年)，载《晋绥革命根据地教育史资料选编》(一)，山西省教育史晋绥边区编写组、内蒙古自治区教育史志办公室 1987 年编印，第 249 页。

② 《晋绥边区小学教育材料汇集》，载《晋绥革命根据地教育史资料选编》(一)，山西省教育史晋绥边区编写组、内蒙古自治区教育史志办公室 1987 年编印，第 266 页。

③ 《兴县革命史》，山西人民出版社 1985 年版，第 193 页。

④ 《中等以上学校在职教职员优待暂行条例》，载《中学教育单行法规》1941 年 6 月。

在1941年颁布的《小学法》中规定，小学学生进行成绩考核的方法有：平时考查、临时试验、定期试验。平时考查，是日常教学的重要组成部分，也是学业考核的基本方法；临时试验，是当教学进行一段时间、完成一个单元后，进行临时试验，主要考查学生的接受情况及教学效果；定期试验，又可分为学期试验与毕业试验，学期试验于学期终由教员组织，毕业试验是临近毕业时对学生进行总结性考核。三种考核方式在总成绩中所占比例：平时考查成绩占40%，临时试验成绩占30%，学期试验成绩占30%。[①] 小学生的升级、留级及毕业，主要依据总成绩。

（七）生活指导与课余活动

生活指导，是共产党领导下抗日根据地初等教育的学生日常管理与课余活动的一种重要形式，指教师在教学之余对小学生进行日常管理、思想教育及开展活动所进行的指导，对小学生成长具有重要意义。1941年晋绥根据地在《小学规程》中规定，小学生活指导以民主集中精神与自觉纪律为原则，不对学生施用体罚、谩骂、欺诈及恐吓等手段管理学生。教师指导儿童成立学生会、儿童团、民革室等组织，开展各种集体活动，以培养儿童的集体意识与组织能力。[②]

晋绥边区政府成立以后，小学教育工作进一步规范，小学生活指导与管理方法得到了改进，改变了以往家长制的管理方式，采用了解释、说服、启发、诱导、示范、对比、表扬、鼓励等民主的方法来指导学生。积累的生活指导经验有：一是大家共同负责，走群众路线。典型的是保德县袁里小学，成立学生会，民主选举干部，带领学生参加生产、学习、卫生等活动，学生自己管理自己，让学生充分发表意见，形成师生一条心。二是注重说服教育，提高学生的思想认识。如离石县刘家山小学，学生中存在着互相告状的不良现象，教师王占山召开专门会议让学生讨论学生告状问题，并教育学生这是一种不利于团结的现象，取得了良好的教育效果。三是将生活指导渗透于教学当中。河曲县城塔小学教师张裕厚，根据儿童的特点、需要和各种表现，将其编成顺口溜，作为思想品德教育的自编教材在课堂上教育学生，小学生既懂了道理，又识了字。如针对有的学生总是爱骂人，不尊重长辈，张老师就编出了“好娃娃不吵嘴，吵嘴不是好

① 《山西省第二游击区小学法》，载《地方教育单行法规》1941年5月。

② 《山西省第二游击区小学法》，载《地方教育单行法规》1941年5月。

娃娃，娃娃骂人最不好，叫人听见来耻笑，骂人不是好娃娃，谁有意见讲道理"[①] 的顺口溜来教育学生。

围绕抗战中心工作，小学生在课余开展丰富多彩的课外活动。主要有：

第一，文化娱乐活动。主要有民革室组织开展的文化娱乐活动，有的县还成立儿童剧团，如离石、河曲、静乐；有的县小学还设立游戏场和游戏器械，如离石。边区各县最流行的课外活动是歌咏和抗战游戏以及竞赛活动。"小学生开展的唱歌、游戏、演剧、体操等活动，受到群众的热烈欢迎，不仅调剂了群众生活，而且配合了政府中心工作，起到了宣传作用。"[②]

第二，政治宣传活动。为了配合抗战的中心工作，通过开展纪念活动，进行战争动员宣传，将宣传队派往各村开展宣传日、宣传周、宣传月等活动，如文水县、静乐县做得就比较好。

第三，参与抗日活动。小学生在课余时间轮流站岗、放哨、盘查行人，非常认真负责，有力支援了抗战工作。阳曲、岢岚等县小学生抓住了汉奸，临县、岢岚等县的小学生抓住了盗贼，临县小学生还抓住了 5 个逃兵。[③] 同时，还建立了学校通讯网，并且创造了通讯暗号，经常为部队送情报。在该方面成绩突出的有兴县、文水、朔县、离石等县。[④]

第四，庆祝儿童节。1942 年开展纪念"四四"儿童节活动，旨在"教育儿童切实认识法西斯匪徒是全人类儿童的死敌，日本强盗是全中国人民儿童的死敌。同时，要教育儿童们了解那行将消灭的法西斯匪徒们和日本强盗……要在这最后的二年中更加努力为扩大儿童反法西斯统一战线和最后战胜日本强盗而斗争"[⑤]。各地学校开展纪念活动，学生们还上街宣传战争形势，动员儿童入学，促进了边区抗战救国与教育事业的发展。

（八）个案研究：李林高小和神偏完小

1. 李林高小

该校是晋绥边区特委为了纪念民族英雄李林，于 1941 年 2 月在平鲁

---

① 《晋绥边区小学教育材料汇集》，载《晋绥革命根据地教育史资料选编》（一），山西省教育史晋绥边区编写组、内蒙古自治区教育史志办公室 1987 年编印，第 267 页。

② 《晋西北二年半的文化教育建设报告》，载《晋绥革命根据地教育史资料选编》（一），山西省教育史晋绥边区编写组、内蒙古自治区教育史志办公室 1987 年编印，第 243 页。

③ 《晋西北二年半的文化教育建设报告》，载《晋绥革命根据地教育史资料选编》（一），山西省教育史晋绥边区编写组、内蒙古自治区教育史志办公室 1987 年编印，第 243 页。

④ 杜心源：《民国二十九年度教育工作总结》，《行政导报》第 2 卷第 2、3 期合刊，1941 年 8 月。

⑤ 《今年的"四·四"儿童节》，《抗战日报》1942 年 4 月 4 日。

县李林曾战斗过的地方建立的以李林姓名命名的一所高级小学，这是抗日战争时期共产党领导的革命根据地在山西雁北游击区建立的唯一一所高级小学。校长由郝文乾担任，全校共有两个班，学校没有固定的校址，没有教室、桌椅、黑板等教学设施，在流动中教学，主要随雁北专署军政机关活动于平鲁、右南、玉朔、偏关等县。起初，主要活动在平鲁县四区的吴家沟、白辛庄、土卷沟、大泉沟、桌子上等村庄。后来，因日军不断扫荡，学校转移到朔县西山一带农村地区，在每个村只能停留三五天，就得转移。为了不暴露目标，常常夜间转移，化整为零，分散行动，每到一个村庄与老百姓住在一起。白天集合上课，学校师生与群众的关系非常密切。群众视学生如子女，每到日军扫荡时，群众积极保护学生，送学生们上山头、下沟里，保证学生的上课时间。

李林高小开设的课程有：国语、算术、常识、音乐、体育等。没有现成的教材，只能靠教师及专署干部根据形势现编现教。如国语第一课就是《团结抗日》，音乐课上教学生唱《好人要当兵，好铁要打钉》，总之，主要教授与抗日相关的内容。没有固定的教员，除了校长外，只有一名国语教员。校长郝文乾负责教音乐，主要教学生歌唱革命歌曲。经常请雁北专署干部来讲课，如专署民政科长王缮经常为学生们教算术课。招生主要通过“牺盟会”“动员会”等团体来宣传与动员，从而达到招生的目的。来校学习的学生大都抱着打日本救中国的志愿，大家乐于吃苦，甘于奉献，学习自觉，刻苦磨炼。因此，进步都很快，成绩都不错。有的学生初入学时是文盲，学习一年后便达到会写信的程度。学校还成立文艺宣传队，经常深入农村为群众表演文艺节目，受到群众的好评。1942 年，由于雁北的抗战形势紧张，李林高小迁到偏关县的龙须沟，晋绥边区为了保存实力，将学校解散，学生转移到后方的兴县。

2. 神偏完小

该校是由神池县与偏关县合办的一所高级小学，创办于 1940 年冬，校址在偏关县南堡子村，名为完全小学，实则并没有初小，只有高小。共设有 3 个高小班，共有 150 人。校长由偏关县长孙新仁兼任，专职教师有 3 人，学校没有管理人员，一切活动均由学生自治会组织开展。

学校开设的课程有国语、算术、政治、自然、历史、地理、体育 7 门，教材采用陕甘宁边区编印的高小课本。学校十分重视对学生的思想教育，除了在政治课上讲授政治理论、新民主主义论、论持久战等，还在历史课上讲一些革命领袖和民族英雄故事，国语课上也结合抗战进行教学，旨在激发学生投身抗战的热情。学校每周召开一次民主生活会，同学们对自己的学习情况进行总结，开展批评与自我批评。在课余开展各种竞赛活动，并在学校的大黑板上经常写上受表扬学生的名单，以激发学生的进取心。

此外，学生的课余活动也比较丰富，一方面，积极参加生产劳动，学校有70多亩地，春种夏管秋收，均由学生来完成；另一方面，学生组织宣传队，排练节目，通过文艺表演进行政策宣传，同时，还开展冬学活动，教群众识字。在参加社会活动中，既支援了抗战工作，又锻炼了学生的工作能力。

1944年8月在日军的扫荡中学校被日军破坏，学校迁到离村十里外的泉儿上村，学生住在群众家里，1945年转移到神池八角堡，改名为神池第三完小。[①] 五年来该校共培养抗日干部200余人，分布在晋绥边区的各条战线上，为抗战做出了突出贡献。

（九）实施效果及特点

晋绥革命根据地经过上下共同努力，取得了良好的办学成绩。如1940年共有完全小学28所，初级小学1761所，共有高小生890人，初小生74069人。同年，边区确立的“一行政村一所初小”的目标已经达到，边区14县共有行政村903个，共有小学校2193所，平均学校数占行政村数183.1%，各县村庄数与学校数详见表2－22。

表2－22　1940年晋西北各县每村拥有小学数

县　名	兴县	静乐	宁武	忻县	离石	文水	临南	河曲	保德	偏关	朔县	五寨	岚县	临县
村庄数	65	66	32	122	51	155	57	67	40	40	78	38	24	68
学校数	65	85	47	146	186	149	136	64	65	45	162	36	23	82
校占村百分比(%)	100	129	147	120	265	96	238	96	163	113	213	95	96	121

资料来源：杜心源：《民国二十九年度教育工作总结》，《行政导报》第2卷第2、3期合刊，1941年8月。

说明晋西北革命根据地在边区政府成立之前，已经实现了我党制定的“一村一校”的目标，并超额完成了教育任务。同时，从下表中也可看

① 山西省教育志编审委员会编：《晋绥革命根据地教育简史》，1992年编印，第4—37页。

出，晋西北各县1941年小学教育发展情况与晋西事变、抗战前进行比较，更能反映出边区教育发展的效果。就以文水、河曲二县为例，学生数分别比抗战前增加了46.7%和119.4%。到1944年，以临南、离石、阳曲等四县为例，共有学龄儿童16069人，入学儿童有11433人，入学率为71.1%，其中离石入学率高达88.8%。保德县袁里村的入学率高达95%。①

表2-23 抗战与晋西事变前后晋西北四县学校数与学生数变化表

时间	抗日战争前(1937年)				晋西事变前(1939年)				1941年			
县名	文水	临县	河曲	静乐	文水	临县	河曲	静乐	文水	临县	河曲	静乐
初小数	171	142	70	156	124	85	40	39	147	81	61	83
高小数	6		6	6			5	4	2	1	3	3
学生数	14000	2175	1760	4765	11000	1892	710	2250	20534	2619	3862	2474

资料来源：杜心源：《民国二十九年度教育工作总结》，《行政导报》第2卷第2、3期合刊，1941年8月。

第一，教育与抗战形势相结合。晋绥边区的小学教育紧紧围绕抗战救国这一中心工作，无论是课程内容，还是教学活动与课余活动，均紧扣这一主题。如1940年小学国语课本中有这样的内容：

> 西北民众，赶走叛军；今年一月，开辟新政；续牛②主任，建立行署；救国救民，大众拥护；六大政纲，颁布施行；团结抗战，解除民困。③

课余时间学生站岗放哨、慰劳军属、防奸除奸、宣传抗战、传递情报、护送伤员。交城、五寨、宁武、离石等县的完小，在反扫荡过程中实行分散教学方法，学校间建立通讯网和联络岗哨，随时注意敌人的行动，使学校得以顺利开展教学。离石小学成立儿童宣传队，宣传生产、时事、拥军、

① 穆欣：《晋绥区文化教育鸟瞰》，载《晋绥革命根据地教育史资料选编》（一），山西省教育史晋绥边区编写组、内蒙古自治区教育史志办公室1987年编印，第272页。

② 指晋西北行政公署续范亭主任、牛荫冠副主任。

③ 兴县革命史编写组：《兴县革命史》，山西人民出版社1985年版，第192—193页。

巩固金融等，还组织儿童纠察队，每天轮流放哨。如交西戴家庄小学，成立变工爆炸组，利用午睡和晚上识字、唱歌、读报，儿童既识了字，又学会了爆炸和埋雷。还有朔县游击区教员章哲中，战时配合民兵侦察埋雷，平时组织大儿童站岗、放哨，并经常与民兵取得联系。

第二，教育与生产劳动相结合。边区各地小学教育一直围绕生产劳动，一方面，教学内容围绕当地生产，如国语课教种植方法、农作物名和农具名的生字；算术课教计算地亩和生产数目。正如五寨县民众所讲："教育得学生勤劳了，回到家里叫做什么就做什么。"① 师生在教学之余，积极参加生产劳动。兴县规定各小学师生共同种地 2—3 亩，其收入用作学校经费。有的学校还开荒植树，实行变工，临县完小 140 个学生中，有 120 人参加生产，平均每人收获粮食 3 斗多，3 个月内砍柴 52000 斤；还帮民众收割小麦 353 亩。岢岚全县小学共种水地与旱地 284 亩，五寨高小全校开荒 80 亩，学校师生吃菜完全自给。在生产中对学生进行劳动教育，培养其热爱劳动的观念，养成参加劳动的习惯。

第三，教育与社会活动相结合。边区小学非常注重让学生参加社会活动，提高其服务社会的意识。为了培养学生的社会服务能力，临县完小成立师生合作社，与民众合办，学校帮助变工组记账、写通知。离石小学成立儿童优抚队，帮助抗属种田、送饭、抬水，每逢节目都要慰问抗日军烈属。静乐高小成立春耕秧歌队，从驻地开始，沿村进行文艺表演，宣传抗日救国，还沿路书写并张贴标语。保德、兴县、临南等县不少小学还帮助民众制订生产计划，参加改造"二流子"运动，建立识字班、读报组、识字牌、黑板报等，宣传讲究卫生、破除迷信等知识。

第四，教育与农村经济相结合。晋绥边区地处晋西北农村地区，边区小学大部分建立在农村，为了培养熟悉农村经济、服务农村经济的人才，边区小学普遍重视教给小学生适应农村经济发展的知识与技能。如临县化林村老百姓建议教师"要教庄户人家常用的字，教打算盘、记账、写路条，还要教打掐棉花，穷人家的娃娃半天识字半天动弹［劳动］"②。在民众的建议下，教员张光明将儿童分成半日制、全日制两个班，半日制班有

① 《晋绥边区国民教育概况》，载《晋绥革命根据地教育史资料选编》（一），山西省教育史晋绥边区编写组、内蒙古自治区教育史志办公室 1987 年编印，第 249 页。

② 《晋绥边区小学教育材料汇集》，载《晋绥革命根据地教育史资料选编》（一），山西省教育史晋绥边区编写组、内蒙古自治区教育史志办公室 1987 年编印，第 261 页。

20多个贫寒儿童，编为生产、学习合一的变工组，一面变工生产，一面学习。学校组织校外儿童集体纺线，在纺线中进行识字教育。兴县赵家川口村小学也在群众的要求下，设立了半日班、夜习班，吸收贫寒儿童上学，组织变工组打掐棉花、摘棉花，给家庭节约了大批人力，结果入学学生从30人增加到80人。在教学中又增加了珠算、应用文、记账、写通知、开路条等农村实用知识。正是这种教育与农村经济相结合的做法，赢得了广大群众对边区小学的拥护。

三、双重使命：容含培训干部的中等教育

晋绥革命根据地早期的中等教育承载着培养未来干部与在职干部的任务，当边区于1941年提出正规化目标后，中等教育的主要任务调整为培养普通人才，而不仅仅是培养干部。为了适应战争的需要，边区中学教育始终坚持与抗战实际相结合、与生产劳动相结合的原则，主张政治教育与文化教育并重。既为边区各项事业培养了急需的干部，有力地支援了抗战救国大业，又为新中国建立后发展中等教育积累了可资借鉴的历史经验。

（一）方针政策与组织机构

方针政策是指导教育发展的导航灯塔，组织机构是确保教育质量的组织保障。晋西北行政公署于1940年9月提出了在一年内各专区建立一所中学的目标，同时在中学内设师范班。经过近一年的中学办学实践，边区觉得有必要建立正规的中学，而不能将中学办成干部学校。于是，1941年4月12日，晋西北行署召开中等教育会议，这次会议是在根据地政权得到巩固而有精力顾及中等教育的情况下召开的，会议重点讨论此后中等教育的方针与任务，要求“将正规中等学校和一般训练班严格划分，各部在教育的意义上所担负的任务不能相同，所教的对象亦需有分别，各家的学生来源亦须适当的调剂与开辟。因之，如何健全与发展根据地的中等教育使逐渐走向正规化”①。在这次会议讨论之后，晋西北抗日根据地于1941年5月颁布了《中学法》，规定“中学教育的任务是根据晋西北之教育宗旨及其实施方针，继续小学之基础，以发展青年身心，为培养抗战建

① 《晋西北中等教育会议的意义与希望》，《抗战日报》1941年4月16日。

国之人才及研究高深学术作必要之准备”①。中学分初级中学与高级中学，但边区为了节约办学成本，一般初级中学与高级中学混合设立。中学的主办者可以是行署也可以是私人或团体，行署设立的几所中学，称之为“晋西北第×中学校”，私人创办的中学称“私立××中学校”。中学归行署领导与管理，行署教育处负责编辑与审订教材。

晋绥边区政府成立一年后，颁布了《中等学校教育决定》，提出中等教育的任务是为晋西北抗日根据地培养干部和小学教师，以启发学生民族的民主的科学的集体主义的思想，革除其封建的迷信的个人主义思想，培养其群众观念和劳动意识，提高工作能力。坚持政治教育与文化教育并重的方针。

公立中学设校长1人，总管全校事务，校长由行署任命；私立中学由董事会负责管理，校长由董事会聘请，中学教师与职员由校长聘任。学校下设教务科、生活指导科、总务科。各科设主任1人，由校长任命，各科主任均在学校兼课。教务科负责聘请教员和计划领导检查学习等事宜；生产指导科负责计划领导全校政治思想教育，保证学习计划的完成并指导学生日常生活；总务科负责管理全校后勤保障、会计、文书等事务。学校还设军事主任1人，由校长任命，报行署备案，承校长之命指导全校军事教育并开设军事课。②

（二）经费筹集与使用监管

第一，经费来源。晋西北抗日根据地于1941年5月颁布了《各县教育经费筹措暂行条例》，规定各县中学日常教育经费来源有四：一是通过行署拨款和县统筹来解决；二是通过学产和教育基金来支付；三是学校自行生产之收益；四是政府拨付的补助款。如原无学产的县，将原有之公地、公林、社地、庙地、寺地、矿山等作为学产，或鼓励热心教育的地方绅士进行捐款。

第二，经费开支。1941年6月颁布的《山西省第二游击区中学规程》规定，凡政府设立的中等以上学校经费由行署指定款项开支，私人或团体设立的学校，由私人或团体来筹集；不过，由政府批准设立的私立中学，可由政府提供一定的补贴；中学教育经费支出包括：粮食、菜金、服装、

① 《山西省第二游击区中学法》，载《法令辑要》1941年5月。

② 《山西省第二游击区中学规程》，载《中等教育单行法规》1941年6月2日。

马匹支出费、马干津贴以及其他支出（如体育费、临时费）。中学及附设师范班学生一律实行公费，食物、服装、课本均由公家来支付。

第三，经费监管。公立中学的经费开支，实行定期预决算制度，按月造预算表2份，呈请行署核发与核销；中学经费如有结余，可存放在各校，此项结余款项未经呈请行署批准，不得随便动用；中等学校经费开支，根据行署规定的比例来支配，计算办法按班数与人数多寡确定经费数额，财务管理坚持实支实销原则。①

（三）招生入学与学生待遇

招生工作是关系到学校培养质量的关键因素之一，为了使边区中等教育尽快走上规范化道路，晋西北行政公署于1941年颁布的《中学法》和《中学规程》，对中学生招生及入学条件作了明确规定：初级中学招收完全小学毕业生，高级中学招收初级中学毕业生。特殊情况下，可以招收具有同等学力者，但须经过入学考试。初中招收13—20岁的完全小学毕业生，高级中学招收16—23岁的初中毕业生或程度相当之男女青年，修业年限各为3年。中学生的待遇以逐渐趋向自费为原则，但贫苦之抗战家属、干部家属、教师家属与优秀的贫寒学生以及敌占区学生而无家庭接济者，应给予物质上的资助与优待。晋绥边区政府成立的第二年，颁布了《中等学校教育的决定》，规定在招生时，完小毕业生、农村青年干部、敌占区知识青年、其他根据地知识青年均可入学。

由于晋西北文化一向相对落后，再加日本侵略者的破坏，更是雪上加霜，致使边区中学招生出现困难。为了提高中学生源质量，扩大学生来源，促进中等教育的健康发展，1941年6月召开的晋西北行署第一次中等教育会议作出决议案指出，中学生来源主要依靠各县高级小学，为了防止地方政府隐瞒与其他训练班的吸收高小毕业生，教育处和青联应对正规中学提出保证办法代为动员高小毕业生首先入中学；责成各专区县负责动员一定比例或一定数量的高小毕业生升入中学；调查晋西北各县高小班级数、学生数及每年各县高小毕业生数，以防止地方政府的打埋伏及动员不力；在临南、临县、离石、兴县、徐沟、文水、汾阳等县的高小临近毕业时，派专人到各校动员学生入中学；动员各县的在乡青年知识分子及高小毕业生入中学学习；召开恳亲会，将学期学业成绩尽可能通知家长，以

① 《山西省第二游击区中学规程》，载《中等教育单行法规》1941年6月2日。

取得学生家庭的了解和信任，进而扩大影响，以便于招生。通过边区采取各种吸引和优惠政策，中学生源不断扩大，到1942年9月晋绥边区一中、二中和师范共有在校生900人，其中女生占总数的21%，[①] 改变了以往生源不足不良的状况。

为了方便新生入学，晋西北行署规定中学可按人数多寡及学校实际情况购置一定数量的毛驴，作为运输新生的工具。晋绥边区于1941年规定，中学及中学附设师范班学生由边区提供食物、服装、课本，每人每天1.5斤粮、0.03斤油、0.05斤盐，每年发单衣1套，每2年发棉衣1套；公费生和半公费生（赤贫或贫寒之阵亡烈士、现役军人与区级干部子女，赤贫或贫寒之特别优秀学生，家在本区以外，无法接济或无力供给者）享受免费膳食，自费生膳食自理；师范班女生每月发给卫生费5角；家住敌占区不能与家庭联系者，由公家每月发给1.5元的教育费。还为学生聘请了医生，购置了必要的常用药品。同时，规定各中学公费生名额不得超过学生总数的20%。[②] 晋绥一中学生的生活待遇与部队一样，实际上当时由于战争原因，学生的生活比较艰苦，正如当时的学生回忆的那样：

> 三年中，黑豆几乎是我们的主食。平时把黑豆磨成糁糁，加上少许小米，煮成一锅汤，开饭时由厨值日生按人数多少平均分给各组，由组值日分饭，一人一勺，直至分光。小同学、女同学一般能吃饱，年龄大、饭量大的男同学经常处于半饥半饱的状态。除了过年有时能吃点糕，平时基本上吃不到青油，更谈不上吃肉了。[③]

由上可见，尽管晋绥边区政府对中学生的待遇作了相应规定，但由于战争形势严峻，经济困难不断出现，学生的生活还是比较艰苦。

（四）学校制度与教学管理

建立规范的学校管理制度，开展正规的教学活动，是学校教育的重要

① 《晋西北二年半的文化教育建设报告》，载《晋绥革命根据地教育史资料选编》（一），山西省教育史晋绥边区编写组、内蒙古自治区教育史志办公室1987年编印，第243页。

② 《晋绥边区免费、公费生条例》，载《晋绥革命根据地教育史资料选编》（一），山西省教育史晋绥边区编写组、内蒙古自治区教育史志办公室1987年编印，第134页。

③ 冯冰向、李元鸿：《晋绥一中生活片段》，载《晋绥一中校史》，中共吕梁地委党史研究室1988年编印，第87页。

环节和质量保证。晋绥边区从初创中等学校开始就注意到了这一点。边区政府教育处于1941年规定，初级中学与高级中学，修业年限各为3年，初级中学与高级中学混合设立。中学分春季和秋季始业，6个月为一学期，学期末举行学期考试。暑假休假1个月，寒假休假1个月。在日常管理中，应将组织机构、学级编制、教职员、学生名册、工作计划等记录在册。

中学教学组织以班为单位，每班分若干组，各班设班主任1人，承校长之命在教务、生活指导科及军事主任指导下，管理全班学习生活，设伙食管理员1人，承总务主任之命管理全班伙食。组设小组长，由学生选举，受班级任领导，保证生活学习计划完成。中学建立校务会议、科务会议、教育会议与临时会议制度，校务会议，每两周举行一次，由校长召集科主任、军事主任及学生会代表，检查、检讨与决定学校行政与教学施政方针。每学期开学与放假前均要召开全校教职员会议，学生会派代表参加。科务会议每周举行一次，教育会议每两周举行一次，由教务主任召集各课主任、军事主任、各班任课教员、学生会代表讨论有关教导事宜。为了提高教学效率，充实教学内容，中学教职员应组织各种定期研究讨论会。

坚持教学与生产劳动相结合的原则，真正培养中学生的实践能力。如成立于1944年5月5日的晋绥边区新民主主义教育实验学校，坚持从根据地和群众实际需要出发，与战争、生产、社会相结合，为工农群众服务，坚持学用一致、工学一致的教学原则，在教学活动中让学生亲自动手，参加生产劳动，提高技术水平，使学校成为工厂、农场、合作社与社会的“综合体”，以养成学生认识与改造社会之基本能力。教学内容主要涉及农艺、工艺、合作经济、文化教育四种，其中文化课占20%，政治课占40%，生产劳动课占40%。教学方法采取启发的、实验的、研究的和向群众学习的方式。为了真正让学生做到学用一致、理论与实践结合，晋西北行署将兴县二区高实村、黑峪口两行政村划为学校的实验区，确定行署的工厂与农场作为学校的实验场所，将兴县二区完小作为实验小学。学生上午上课，下午参加劳动，学习主要以自学为主，必要时教师进行辅导。通过几年学习，凡能学会两种以上业务知识与技能，在政治上已养成为群众服务精神的中学生，经教务会议评定，认为合格者，学校发给毕业文凭。①

① 李支云：《晋绥边区教育实验学校》，载《晋绥解放区文化教育鸟瞰》，晋绥边区1946年编印，“第十三部分”。

中学学业成绩考核分为：平时考查、临时考查和定期试验三种，其中平时考查主要用于品行成绩评定和课堂小测验，临时考查用于阶段性学业成绩评价，定期试验又包括学期试验与毕业试验两种，学期试验由学校会同各科教员举行，毕业试验由学校呈请行署派员会同学校及各科教员进行。学期成绩计算比例为：学业成绩平时占40%，临时占30%，学期试验占30%；学业与品行成绩的比例为：学业成绩占70%，品行成绩占30%。学生成绩以百分计，60分为及格。学生如有两门主科不及格者，不得补考。①

经过边区几年的努力，特别是1941年宣传中学教育正规化的目标后，从1942年开始，中等教育已走上了正规化，办学质量比以前有较大提高。主要表现在：第一，各校成立了管理机构，建立健全了各项管理制度，教育管理水平得以提高。第二，统一了课程，增加了文化科学知识的分量，纠正了过去过分重视政治的倾向。第三，实行了“教导合一”制度，集中力量提高教学质量。第四，完善了学生日常管理和学籍管理制度，对学生放假、开学、入学、休学、退学、考试、毕业等均作了规定。第五，建立了一支相对稳定的中学教师队伍。到1943年已有127名中学教职员，为边区中学教育的发展奠定了师资基础。第六，在校生数也得到了巩固，失学现象减少了，同时提高了学校的应变能力，即使在敌人扫荡期间学校同样不误课。②

（五）课程教材与教师聘任

课程是学校教育的内核与灵魂，要想使中学教育走向规范化，除了规范招生入学、教学行为与管理制度外，非常重要的一条就是，建立与完善课程体系。从1941年起晋绥边区就着手规范课程设置、完善课程体系，《中学规程》规定，中学以文化课和自然课为主，政治课与军事课为辅；主科占75%，副科占25%；每天原则上课5学时，自修3学时；每学年上课时间最少应有40周；中学教学进程应注意学生的身心发展，注重启发式，发扬民主精神。③ 具体开设课程详见表2－24。

---

① 《山西省第二游击区中学规程》，载《中等教育单行法规》1941年6月2日。

② 《晋西北二年半的文化教育建设报告》，载《晋绥革命根据地教育史资料选编》（一），山西省教育史晋绥边区编写组、内蒙古自治区教育史志办公室1987年编印，第241页。

③ 《山西省第二游击区中学规程》，载《中等教育单行法规》1941年6月2日。

表 2－24　晋绥边区 1941 年初中各学期每周教学科目及时间表

单位：学时

科目		国文	外语	算术	代数	几何	植物	动物	矿物	化学	物理	生理	历史	地理	新文字	社会	军事	美术	音乐	周学时
初一	上	6	4	5			2					2	2	2	2		3	1	1	30
	下	6	4	5			2					2	2	2		2	3	1	1	30
初二	上	6	4		5			2		2			2	2		2	3	1	1	30
	下	6	4		5			2		2			2	2		2	3	1	1	30
初三	上	5	4			5			2	2	2		2	2		3	3	1	1	32
	下	5	4			5			2		4		2	2		3	3	1	1	32

资料来源：《山西省第二游击区中学规程》，《中等教育单行法规》1941 年 6 月 2 日。

由于公民知识主要在日常实际生活中培养，重在加强青年学生的修养与参加社会运动，因此，在课程表上就不再体现。体育活动包含在课余活动当中，规定每天至少有 1 小时体育锻炼时间。劳作课也包含在课余活动当中。

晋绥边区政府成立后，为了进一步规范中学课程体系，对其进行了调整，规定中学主科为：公民、国语、历史、数学（含算术、珠算、代数、几何）等四门；副科为：地理、卫生、博物、理化、英文或新文字、军事常识、工艺、音乐。公民，在于使学生具备新民主主义社会公民的一般政治常识，使之对当前政治形势有透彻的认识，认识世界是劳动人民创造的，认识中国之命运决定于广大的劳动人民；国语，在于培养学生的正确思想，养成其阅读、写作、宣讲能力，以备充当干部与小学教员之用；历史，在于使学生懂得人类社会发展的规律，懂得中国与世界的革命传统和革命前途，了解全部历史为劳动人民创造的历史，反对一切对于历史的曲解；数学，在于使学生获得对数理的基础知识，学会日常生活中的计算方法，熟悉各种实用算法，如算公粮、租息、财政收支预算等；其他副科，力求从实际出发，使学生获取更多的有用知识。①

为了逐步统一晋绥边区中学教材，实现中学课程设置与教材使用规范化、统一化，1941 年边区教育处成立了中学教材编委会，成员有各中学

① 《晋西北中等学校教育决定》，载《晋绥革命根据地教育史资料选编》（一），山西省教育史晋绥边区编写组、内蒙古自治区教育史志办公室 1987 年编印，第 114—115 页。

有专长的教员、机关团体关心教育且懂专业的人士、社会上有教育经验并关心教育工作的人员、教育处有编撰能力的工作人员。教材编委会下设国文股、社会科学股、自然科学股、外国语文股、师范教材股、数学常识股、历史地理股。编委会定期召开编辑会议，商讨教材编写事宜。中学教材编写的原则："适合于新民主主义的内容，适合于根据地需要，适合于学生的接受程度，适合于各科教学目的。"[①] 之后，陆续编写出了国文、历史、自然、数学等适合边区实际的中学教材，其他教材采用陕甘宁边区编写的教材。

"教师问题是正确解决晋西北根据地中等以上学校教育开展并走上正规化的先决条件之一"，正是基于这样的认识，为了尽快实现中学教育正规化，晋绥根据地于1941年决定扩大教师来源，采取的措施有：

第一，礼聘根据地区域内外的名流学者和有专门知识的中等教员。无论是来自本根据地，还是其他根据地，乃至敌占区，只要其有专门知识、有教学经验、愿为边区中学教育事业做贡献，均可聘为中学教师。晋西北行署还发动所有文化教育干部、中学校长、文联成员，共同负责招待和动员各地知识分子来晋西北从事中学教育工作。

第二，努力从敌占区吸引和延聘中学教师。这样做可谓一箭双雕，一方面，可以壮大边区中学教师队伍，提高中学教学质量；另一方面，又能起到瓦解敌占区教育的目的，是从教育领域对敌人实施的有效打击。

第三，开展根据地文化教育人员归队工作。即将曾担任过教师或从事文化工作，后因工作需要调离文化教育岗位，去其他部门从事行政、民运、军事工作的人员，经本人同意行署批准，可让其重返中学教育岗位，以充实教师队伍。

同时，还颁布了《中等以上学校在职教职员优待暂行条例》，规定了对中学教师优待政策：在职教员可免除其一切公役；家境贫寒教员子女可按实际情形享受免费或公费待遇；在职教职员，特别是来自敌占区的教职员，其配偶及直系亲属生活困难无法维持者，分别按抗日家属和干部家属优待条例执行；在中等以上学校服务3年以上且成绩优良者，可以保送深造或到别处参观；教师因公伤亡者，其直系亲属可按行政干部抚恤条例执行；在职教师因终身服务或积劳成疾者，可酌予医药费，教师教学成绩突

---

① 《晋西北行署第一次中等教育会议议决案》，载《中学教育单行法规》1941年6月。

出或对教育工作有创造性贡献者，予以褒奖；在职女教师待遇与女干部相同；中学教师可以担任政府机关各种顾问，有权竞选国民大会教育代表，有权自由成立各种抗日学术团体。①

通过以上招聘和优惠政策的实施，晋绥边区中学教师队伍结构发生了改变，确实吸引了一批高学历、有专业特长、有教学经验的知识分子充实到教师队伍当中。如晋绥一中教师队伍中，从学历来看，有北京大学毕业的王静野和纪昌、北京师范大学毕业的刘静山、四川大学毕业的陈可默和张培元、贵州大学毕业的谢树中、山西大学毕业的王芝田、延安抗大毕业的朱定周、鲁迅艺术学院毕业的饶曼麈、并州大学毕业的杨候三等。② 教师队伍的学历结构明显得到改善，师资力量得到加强。

（六）生活指导与课余活动

生活指导相当于现在的学校思想政治工作，生活指导教师的工作职责与政治辅导员相同。生活指导是课堂教学之外对学生的日常生活进行指导与思想教育，直接影响着学生良好行为的养成。为此，边区政府教育处非常重视对中学生的生活指导，于 1941 年就明确提出，中学生活指导应以民主集中与自觉纪律为原则，不可施用体罚、谩骂、欺诈及恐吓等手段来管理学生；学校平时制备生活记录簿，记载学生生活情形，对一切活动学校应认真组织与指导，不能采取无原则的打击；学校帮助学生组织各种研究会、讨论会、问答会，来加强课外学习；学生课外活动开展球类与田径比赛、清洁卫生运动、剧团歌咏表演、讲演比赛及一切文化娱乐活动；学生开展的课外活动均围绕政治形势和政府中心工作。

通过晋绥边区一中学生的课余活动，可略见其他中学课余活动之一斑。晋绥中学及其他中学在课余开展的活动主要有：

第一，开展抗战宣传活动。1944 年晋绥一中先后两次派文教队到方山县一带开展宣传活动，主要表演皮影戏，当时没有皮革做影，同学们就自己动手，用糨糊将纸打成硬纸板，刻成各种角色及景物，以纸影代替皮影。没有幕布，就用床单代替；没有电灯、汽灯，就用麻油灯代替。克服了种种困难，通过表演宣传了晋绥军浴血奋战抗击日军的感人事迹。教育了群众，鼓舞了士气。当时附近就有日军，随时都面临着被杀头的危险。

① 《中等以上学校在职教职员优待暂行条例》，载《中等教育单行法规》1941 年 6 月 2 日。

② 刘振华、王培德：《晋绥一中校史》，中共吕梁地委党史研究室 1988 年编印，第 44 页。

此外，学生们还经常刷写标语，出板报，进行抗日宣传，有力地支援了前线抗战。

第二，配合游击队抗日。1942 年冬季在反扫荡战斗中，晋绥一中的学生们在课余时间发现临县梁家会一带有 4 个日本兵赶着 4 匹大洋马，经过同学们的前后观察与分析，认定后面没有日军大部队，这小股日军是迷了路，于是迅速报告游击队战士，顺利地将这 4 个日本兵消灭，并缴获了他们的武器和 4 匹洋马，受到了边区领导的表扬。[①]

第三，开展文体娱乐活动。晋绥边区的中学生在课余为了调剂紧张的学习生活，经常利用下午或晚饭后唱一些抗战歌曲，如黄河对口曲中所唱："张老三，我问你，你的家乡在哪里？""我的家，在山西，过河还有三百里。""王老五，我问你，你的家乡在哪里？""我的家，在东北，家乡八年无消息。""仇和恨，在心里，奔腾如同黄河水。"[②] 还经常进行篮球比赛，将群众的打麦场作为临时球场，篮球架是学生自己制作的，体育教师专门训练了一支篮球队，曾与 120 师战斗队比赛过，也与其他边区中学开展友谊赛。

第四，协助边区开展工作。为了培养边区中学生的工作能力，边区政府有意识地让中学生参加一些工作，以便锻炼其能力。如 1943 年秋，晋绥一中接上级指示，要抽一部分学生在课余参加征收公粮工作。学生到农村和干部一道深入群众当中，宣传并征收粮食，同时进行减租减息政策的宣传。如遇敌人扫荡抢粮，就协助群众实行坚壁清野，转移粮食，扰乱敌人。既支援了抗战，又锻炼了能力。

四、干部摇篮：以抗日救亡为主导的高等教育

晋绥边区的高等教育，不是现代意义上的完美大学，而是在战争年代特殊历史背景下成立的带有高等教育特征且以培养干部为主要任务的特殊教育。不仅为边区培养了大批高级干部，有力地支援了抗战救国大业，而且为革命根据地试办高等教育进行了有益的尝试，为新中国成立初期高等

① 冯文耀：《在和郭锡兰同志相处的日子里》，载《晋绥一中校史》，中共吕梁地委党史研究室 1988 年编印，第 64 页。

② 杨章：《战火中的学府》，载《晋绥一中校史》，中共吕梁地委党史研究室 1988 年编印，第 94 页。

教育的发展积累了一定的经验。

（一）晋西北抗战学院

抗战学院创建于1940年5月，是晋西北行政公署成立后为了培养高级干部而设立的一所“在行署直接领导下的统一战线的高级学校”。[①] 由行署主任续范亭兼任院长，行署副主任牛荫冠兼副主任，杜若牧任教育处处长，杨林任教育处副处长。学院下设行政、教育、民运等队，队有队长、指导员、教务干事、组织干事等。

学生的来源是在乡青年知识分子、县区级行政干部、青年小学教员、优秀冬学教员、少数县干部和一些文艺团体中青年，每届招收120人左右。开设的课程有：中国革命运动史、社会发展史、社会科学概论、新民主主义论、时事政治、日语等。教材由教师自编，学院印刷。晋绥抗日根据地领导贺龙、关向应、林枫、续范亭、甘泗淇、张稼夫、牛荫冠等，经常到抗战学院作报告或讲学。如贺龙到学院讲过当年起义的故事，徐向前作过形势报告，南汉辰作过统一战线工作报告，甘泗淇作了国内战场形势报告。[②] 教学方法多采用上大课的方式，然后分组讨论，定期测验。

学院也开展丰富多彩的课余活动，音乐老师每天在早操后、午饭与晚饭前教学生唱新歌曲，有的师生还在课间吹奏口琴；每逢节日各班均要书写并张贴墙报；经常开展歌咏比赛、篮球比赛等；一二〇师战斗剧社也来学院表演《雷雨》《打得好》等话剧；晋西北青联表演“黄河大合唱”等大小型合唱歌曲。抗战学院还成立了学生社团——晋西北大众剧社，为丰富学院及晋西北地区的文化生活做出了贡献。

办学地点不固定，先后在兴县的五龙堂、东关、高家村、杨家坡、姚家会等地办学，是一所流动的抗大式学院。1942年学院停办，两年共培养了225名毕业生，这些人才在晋绥边区各条战线上发挥了重要作用。

（二）抗日军政大学七分校

抗日军政大学七分校，成立于1941年7月26日。该校是抗大总部在原一二〇师教导队的基础上组建而成的一所培养抗日军事和政治高级人才的高等院校，校址设在山西兴县李家湾。校长由周士第担任，副校长由喻

---

① 《晋西北行署第一次中等教育会议决议案》，载《中学教育单行法规》1941年6月。

② 李支云：《从抗战学院到实验学校的回忆》，载《山西教育史资料》，山西省教育史志编委会1989年编印，第102—103页。

楚杰担任，徐文杰任政治委员，杨尚高任政治部主任。学员编成8个队：营长队、教导员队、边排长队、地方干部队、参谋训练队、测绘训练队、骑兵训练队、工兵训练队。学员来自晋绥边区军政机关和工农干部。

1942年春，由于日寇发起疯狂的进攻，因此抗大七分校奉命渡过黄河，进入陕甘宁边区办学，不久又返回晋西北。并于同年4月14日在抗大七分校增设附属陆军中学，学制3年，以文化教育为主，兼学军事、政治。培养人才的标准是：学成一个能肩负重任的干部，学成一个有知识的人，锻炼成一个能掌握专门技术的人。①

1943年2月，抗大七分校由兴县迁往陕北绥德，后来又迁往甘肃华池、合水一带，组建新的抗大七分校，最后被并入抗日军事政治大学总部。

五、以应急需：以短期培训为主的教师教育

教师是各级各类学校发展的基本条件，而教师的培养和提高主要靠教师教育。晋绥革命根据地一直注重教师的职前培养和在职训练，旨在为发展各级教育提供师资保障。只是由于当时边区条件所限，不能大规模发展正规师范教育，因而只能采取多种渠道并存，特别是以短期培训为主的教师教育体系。

（一）职前教师教育

晋西北根据地为了培养中小学师资，主要通过三条途径：一是师范学校，二是在中学设立师范班，三是在高校设立教育系。晋西北抗日根据地初创时，便于1940年9月提出“师范教育是目前教育工作中心之一”②，规划要设立晋西师范学校1所，并打算在抗战学院设立教育系，在晋西民族中学、永田中学设立师范班，以培训大批师资。于1941年4月召开的中等教育会议上，提出了“创建与发展足够数量的师范学校，为了进一步提高小学质量……希望在已有的中等以上学校附设师范部外，还需要在没有成立中学的专区增设短期师范学校，在抗战学院加强师范教育部，以解决目前晋西北教育干部及教员缺乏的困难问题”③ 的目标。为了培养中

① 《晋绥革命根据地教育简史》，山西省教育志编审委员会1992年编印，第5—11页。

② 刘庸如：《在行署第二次行政会议上的报告》，《行政导报》第1卷第6期，1940年10月。

③ 《晋西北中等教育会议的意义与希望》，《抗战日报》1941年4月16日。

小学教师，提高教师教育质量，1942年边区将原抗战学院、晋西北中学、晋西民运干部学校、行政干部学校合并组建了晋西北师范学校，作为边区培养教师的正规学校。晋西北师范学校学制为3年，课程与教学均比较正规，是培养中小学教师的主阵地。1944年5月，又将该校改为晋绥边区新民主主义教育实验学校。

为了培养地方教育师资，晋西北根据地于1941年就颁布《中学附设师范班暂行规程》，规定附设于中学的简易师范班，修业年限为2年，速成师范班为1年；培养师范生优良的生活习惯，锻炼坚强的体魄，掌握坚实的知识与技能；设置的课程有：国语、数学、自然科学概论、社会科学概论、历史、地理、公民常识、新教育原理、儿童心理、小学教育概论、社会教育概论、生理卫生、教学法、新文字、根据地建设军事常识、音乐、美术、体育、参观实习等；师范生在校学习期间的待遇为：师范学校学生一律免收学费、膳费，提供课本、校服，女生每月发卫生费5角，学生在校修业期满考试合格准予毕业，同时规定师范学校毕业学生有为晋西教育服务3年之义务，具体工作单位由教育处分配。①

1943年晋绥边区政府颁布的《中等学校教育的决定》中规定，中等学校可以附设师范班、师资训练班、集训小学教员班，师范班修业年限为3年。师范班的课程设置情况：主科有公民、国语、历史、数学（包括算术、珠算、代数、几何）、教育学（包括教育概论、小学行政、教学法）等五门，副科有地理、卫生、博物、理化、新文字、军事常识、工艺、音乐。教学坚持学以致用的原则，遵循由浅入深、由易到难的原则。边区军政领导经常到校作报告，学生与教师参加讨论。教师在教学过程中，采用灵活多样的教育方法，② 如启发式教学法、研究法、自学辅导法、讨论法等，旨在为将来的教师作示范。

边区通过师范学校、中学师范班，培养了大批中小学教师。缓解了边区中小学教师不足的问题，促进了边区中小学教育质量的提高，特别是保证了小学教师队伍的充实。

（二）在职教师培训

由于晋绥根据地文化基础薄弱，知识分子数量较少，特别是小学教师

---

① 《中学附设师范班暂行规程》，载《中等教育单行法规》1941年6月2日。

② 《晋西北中等学校教育的决定》，载《晋绥革命根据地教育史资料选编》（一），山西省教育史晋绥边区编写组、内蒙古自治区教育史志办公室1987年编印，第114—115页。

素质普遍偏低，据1940年调查，16县小学教师学历在小学（包括小学）水平以下者占总数的79.22%，学历在中学以上（包括中学）者约占20.78%。[①] 有鉴于此，加强在职小学教师培训成为一项十分重要的工作。于是从1940年春季开始每半年举办一期小学教员在职集训，每期为半月左右，集训内容有时以政治学习为主，有时以提高教学技能为主，有时以学习新的教育理论为主。为了配合对小学教员的培训，教育处组织编写了小学教员集训教材，包括《新教育的建设与实施》《普通教学法》《儿童管理与训导》《敌区教育》《冬学讲座》《政治课提纲》六种，共印制5000余册。每次集训后均进行考试。据统计，仅1940年秋假集训，867名小学教员参训，考核有201人不及格。对于不合格的教师，行署教育处予以清退。同时，吸收新教师，如朔县在1940年秋集训后，就吸收了23名新教师。临县吸收了25名，文水28名，岢岚27名，偏关12名，全区共计增加新教师115名。

为了提高边区小学教师的文化程度和教学水平，1942年寒假晋绥边区一中在临县的开阳村举办了小学教师培训班，具体由教导处负责培训事宜，此次培训侧重于政治理论与形势政策，共开设三门课：政治、历史、时事。主要由边区一中教师主讲，教材主要是中学的历史与政治课本，还有毛泽东的《论持久战》《新民主主义论》等著作。培训结束后，进行了考试。培训为期1个月，学员们普遍认为，“受训一个月，胜读三年书”[②]。

1944年以后晋绥边区将小学教师培训固定在了暑假，取名为小学教员暑期讲习会，为期30天，以县为单位举行，培训内容主要有时事教育、政策法令教育、思想教育、业务教育四个方面。培训方式主要采用座谈、讨论、自我检查、领导讲话、模范讲座等。培训期间，在职教员伙食与学习用品由政府提供。使边区小学教员的政治与业务素质得到了一定提高，使之更好地适应边区小学教育工作。

通过对在职教师的培训，晋绥边区小学教师的政治思想素质与业务素质普遍得到了提高，从而有力地保证了边区小学教育事业的发展。

（三）教师在职学习

在职培训固然见效快，但既需要经费，又占用时间，也给一些教师带

---

① 杜心源：《民国二十九年度教育工作总结》，《行政导报》第2卷第2、3合刊，1941年8月。

② 《晋绥一中校史》，中共吕梁地委党史研究室1988年编印，第18页。

来诸多不便。因此，在集训教师的同时，晋西北根据地还大力提倡各级教师的在职学习。晋西北根据地初建时，已经倡导各中学建立教师在职学习制度，要求教师每天必须学习两小时，主要学习时事政治与抗战形势，以提高教师的政治思想素质。在1941年教育处长杜心源所作的教育工作总结中，提出教师在职学习做得较好的县有文水、朔县等。文水县成立了固定的教师在职学习组织，全县共分17个组，将全县中小学教师分成学习组，并由县统一供给教师参考书，让教师在课余自学。朔县组织教师在职学习小组，并定期召开讨论会，统一规定学习内容，经假期考核，阅完的有1/4，有笔记的约占1/2，一般的约有1/3。

在晋西北抗日根据地初建时，由于教员缺乏，边区广泛吸收农村知识分子，通过两次培训和几次甄别，到1941年9月晋西北已有师资2163人。然而，这些教员文化素质参差不齐，其中具有中学以上文化程度的只占20.78%，中学以下文化程度的就占79.22%。而且大部分教员缺乏教学经验，针对这种情况，晋西北行署教育处对在职教师组织学习，一方面，学习时事政治、职业道德等内容，培养教员的踏实朴素、吃苦耐劳的良好品质；另一方面，学习与研讨教学方法，取长补短，学习有经验教师的启发式教学法、民主自治的训育方式。[①]

经过对在职教师培训与政治学习，使教师的思想觉悟和教学水平普遍得到提高，边区涌现出许多模范教师。如临南教师马玉图在敌后日军统治区经常组织群众开展对敌文教斗争，创造了游击教学法，灵活地应对战争形势，创造性地开展教学工作，成为边区的模范教师；保德教师徐良明，在群众开展变工生产的基础上，将学校教育与社会教育密切联系，创造了与群众变工生产相结合的一揽子村学，收到了较好的教育效果；宁武教师赵竹君在群众的帮助下，在旧有私塾基础上进行教学改革，将少数人独占的私塾，逐渐改造为广大民众所共享的新型小学；兴县教师周青选在适应农村分散环境与补充师资不足的情况下，创造了巡回教学与巡回指导的典型代表。[②] 这些模范教师的优秀品质和创造性工作业绩，均得益于边区长期坚持的教师教育。

---

① 《晋西北教育概况》，《抗战日报》1941年9月27日。

② 《晋绥边区小学教育材料汇集》，载《晋绥革命根据地教育史资料选编》（一），山西省教育史晋绥边区编写组、内蒙古自治区教育史志办公室1987年编印，第268—269页。

（四）晋西北师范学校

晋西北师范学校成立于1941年9月，由原来的晋西抗战学院改组而成，校址在山西兴县。该校是在晋绥边区提出“教育正规化”目标后，改建而成的一所边区新型的以培养师资为主的师范学校，也是边区教师教育与培训的重要基地。1942年精简时，晋西北中学、晋西民运干部学校和行政干部学校并入该校。① 同年12月，晋西北行署任命韩凌云为校长，杜若牧为副校长，下设教务科、总务科、生活指导科。全校共招4个师范班和4个干部班，学制为一年。

学校教育以传授文化知识为主，开设的课程：主科有公民、国语、历史、数学（包括算术、珠算、代数、几何）、教育学（包括教育概论、小学行政、教学法）等五门，副科有地理、卫生、博物、理化、新文字、军事常识、工艺、音乐。各科均选派水平较高的教师任教，招收学生年龄大都在16—20岁，大都是高小毕业或同等学力者。学生的伙食、服装、课本均由学校提供，文具自备，基本上实行的是公费教育。根据文化程度的不同，将文化程度较高的安排在一、二班，文化程度较低的安排在三、四班。除日常教学外，师范班均设有周会制，在每周六下午由校长和教务科长召集全体学生参加，主要总结一周以来的工作与学习情况，然后主要讲国际国内形势。

教学中，注重联系抗战工作实际，以期达到知识教育与思想教育相结合。如国文课，一方面注重让学生阅读大量的体现民主、科学理念和展现民族气节的文章，另一方面锻炼学生的写作能力。算术课，也密切联系实际，教材将根据地经济建设、征收公粮、抗战中中日力量的对比等编成应用题，让学生在学习计算中接受政治思想教育。博物课，更是紧密联系晋西北的自然条件、生产生活实际，主要讲述晋西北的主要作物谷子、土豆、黑豆、荞麦等的种植与培育，讲晋西北常见的家畜牛、驴、马、猪、羊、鸡等的饲养与繁殖知识。② 公民课，主要讲述革命工作者应有的礼仪、态度与修养，同时，也讲根据地的各种政策，由于内容多与抗战形势联系紧密，所以学生们很感兴趣。

1944年5月，在边区教育改革中，将晋西北师范学校改为晋绥边区

① 中国抗日战争史学会编：《抗战时期的文化教育》，北京出版社1995年版，第339页。

② 董纯才主编：《中国革命根据地教育史》第2卷，教育科学出版社1991年版，第446页。

新民主主义教育实验学校。该校为晋绥边区培养了大批中小学师资和教育行政干部，为发展边区教育事业做出了突出贡献。

六、借船渡海：寄居于普通教育中的干部教育

为了培养边区各条战线的干部，从 1940 年 2 月晋西北行政公署成立后，先后创建了军事干部学校、晋西北抗战学院、晋西青年抗日干部学校、晋西行政干部学校、晋西财政干部学校、晋西民运干部学校、抗日军政大学七分校、鲁迅艺术学院晋西北分院、塞北分区实验学校、晋西抗联训练班等专门培养干部的学校，同时，还在晋西北第一中学、晋西北第二中学、晋西北师范学校等校增设干部班。这些学校和培训班的设立，主要是为了适应抗战形势对干部的需求。

（一）方针政策与组织管理

1940 年 8 月，晋西北根据地制定关于改造在职干部的政策，要求对于可能集中的县应利用假期举行定期训练，在敌占区和游击区应分别利用会议形式进行训练，加强干部教育与培训工作。1941 年 10 月晋西北行政公署副主任武新宇针对前一段时间干部教育与培训中存在的问题，作了新的部署，要求行署与专署及县级均应重视干部教育与培训工作，课程设置应切合实际，教学时坚持理论与实际相结合的原则，助理员以上干部归行署训练，村长一级干部由专署训练，村公所书记、委员、主任代表均由县政府训练。同时，还规定在职干部学习政策，要求各级干部在生产、工作之余，坚持每天学习两小时；为了推进干部培训工作，成立专门研究会，随时研究上级新颁布的法令与政策；定期举行检查和测验，把学习成绩作为考查干部的标准之一。①

晋西北行署于 1941 年 12 月为各县发出的指示信中提到，干部学校在反扫荡斗争中，将学校的教学用具完全埋藏，让师生分散下乡，组织群众武装和锄奸工作，各机关团体密切联络和秘密侦察。② 1942 年晋绥行政公署发出干部教育的指示，一是要求各级干部要树立“做到老，学到老”

① 武新宇：《在第三次行政会上的报告提纲》，《行政导报》第 2 卷第 4、5 期合刊，1941 年 10 月 1 日。

② 《关于战时各级学校工作的指示信》，《边区导报》第 2 卷第 6 期，1941 年 12 月 5 日。

的思想。即人的一生在工作奋斗中，同时也在学习进步中，也就是学习为了工作，从工作中学习。二是做到“熟能生巧”。在工作中不断积累和总结经验教训，提高理论水平，提高工作效率。干部教育的组织有学习委员会，具体负责组织县区干部培训和学习；各单位平时接受由各级政府组织的检查，每月检查一次，检查干部学习所作的读书笔记和学习报告。每所干部学校内部均设立行政、教务、总务部门，具体负责干部学校的各项工作。

（二）课程设置与教学活动

干部教育的课程设置与教学方法直接关系到干部教育的质量，晋绥边区在干部教育活动中一直强调内容的选择与方法的灵活运用。根据干部教育存在的问题，及时调整教育内容与方法。如1941年10月，针对过去干部教育的问题，行政公署副主任武新宇倡导调整干部教育的内容，使之更切合边区实际和抗战的需要，建议加强工作课程的开设，做到理论学习与实际运用相结合。

晋西北行政公署成立后，干部教育的内容正式确定为军事、政治、常识三科。其中军事知识，包括行军、宿营、侦察、警戒、围攻、袭击、遭遇以及上下马、内务、礼节、卫生、供给等前线与后方的相关知识与技能；政治知识，包括施政纲领、法令、条例及其他根据地相关政策研究，自习课时学习“论民族民主革命”“新民主主义论”“中国革命运动史”；常识课，包括中国地理、外国地理、自然现象解释等。

晋绥边区政府成立后，于1942年规定干部培训的内容主要有业务教育、政治教育、文化教育、理论教育四部分。第一，业务教育。坚持“做什么学什么”的原则，干部要学会并精通自己的业务。只有精通业务的内行干部，才能做到领导有方。为此，边区倡导各级干部，尤其是主要领导干部必须结合业务进行调查研究，结合工作研究政策法令，善于研究具体工作问题，钻研与业务相关的历史知识，学习涉及本职工作的科学知识。第二，政治教育。包括时事教育与一般政策教育。关于时事教育的办法，主要以督促所属干部养成认真看报的习惯，定期举办时事报告会为主。关于一般政策教育，让干部经常学习党的方针政策、路线纲领等。政治教育对业务干部可适当放宽要求，对党务人员、宣传工作人员、政府工作人员及军队政工人员，尤其要加强。第三，文化教育。为了提高干部的文化素质，应当学习国文、历史、地理、算术、自然、社会、政治等课程，学习方式采取举办文化补习班、文化补习学校、文化轮训班等办法，各种干部学校或培训班均配备专职教师，辅之以兼职教师。在条件不允许的地方，实行小组学习制。文化培训班分初级班和中级班，初级班为不识字或初识文字者而设，以达到高小毕业程度为毕业标准；中级班为已有相当高小毕业程度者而设，以达到中学毕业程度为毕业标准。第四，理论教育。学习范围包括政治、思想、经济、历史等学科，坚持理论与实际相结合的原则，政治学科以马列主义理论著作为教材，思想学科以马克思主义思想方法为教材，经济学科以政治经济学为理论读本，历史学科以中外革命史为教材。①

同时，干部教育制度规定，清晨学习一小时；讨论会半月举办一次；一周上一次课，自习课上做笔记。教学方法是报告与讨论、自学相结合。

（三）学员成分与待遇出路

晋西北革命根据地的干部教育坚持统一战线的原则，学员成分较为复杂，涉及社会各阶层人士。就出身而言，既有贫农、中农，也有富农、地主；就年龄来讲，大部分是 30 岁以下的青年学员，也有 20 岁以下和 40 岁以上的学员。总之，边区干部学校的学员成分较为复杂。边区始终坚持只要有利于抗日救亡就放手培训、大胆使用的原则，淡化阶级出身，更注重工作能力与工作业绩。

以 1940 年为例，接受干部教育的学员中共有地主出身的学员 1 人，占总数的 0.09%；富农 26 人，占 23.2%；中农 61 人，占总数的 54.5%；贫农 22 人，占总数的 19.6%；其他占 0.18%（详见表 2－25）。

表 2－25　1940 年晋西北行政公署干部教育成分表

县名	五寨	静乐	阳曲	文水	忻县	汾阳	岢岚	兴县	交城	偏关	朔县	河曲	保德	离石	临南	方山	临县	总计
地主					1													1
富农	1	2	1	1	5		2	3		1	3	1	2	2		1	1	26
中农	2	4	3	2	3	3	4	3	5	4	1	5	5	5	5	2	5	61
贫农	2	2	1	7			1	2		1				1	3	1	1.	22
其他						1											1	2

资料来源：《民国二十九年度教育工作总结》，《行政导报》第 2 卷第 2、3 期合刊，1941 年 8 月。

① 《关于在职干部教育的决定》，《抗战日报》1942 年 2 月 5 日。

从年龄来看，20 岁以下的有 13 人，占总数的 10.66%；20—30 岁的有 80 人，占总数的 65.57%；31—40 岁的有 18 人，占总数的 14.75%；40 岁以上者有 1 人，占总数的 0.09%。

表 2－26　1940 年晋西北行政公署县级以上干部文化程度表

文化程度	大学毕业	师范毕业	高中毕业	初中毕业	高小毕业	士绅出身
人数	8	23	10	25	81	1
占总数比例(%)	5.4	15.5	6.85	16.9	54.7	0.68

资料来源：《民国二十九年度教育工作总结》，《行政导报》第 2 卷第 2、3 期合刊，1941 年 8 月。

由上表可见，晋西北行署县以上干部中学及以上文化程度的有 66 人，占总数的 44.65%，整体文化程度与其他根据地相比不算很低，但离要求还有一定距离。

（四）关于在职干部培训

晋西北行署教育处于 1940—1942 年共编印干部集训教材 36280 册，[①]作为干部集训使用。

晋绥边区根据中央关于在职干部培训的指示，于 1942 年要求边区各级干部加强在职培训与教育，强调“在目前条件下干部教育工作在全部教育工作中的比重应该是第一位，而在职干部教育工作在全部干部教育工作中的比重又应该是第一位的”[②]。因为 90% 以上的干部是在工作岗位上，受根据地人力、物力所限，没条件创办更多的干部学校，因此，在职干部教育就显得尤为重要。由于以往干部培训多注重政治教育，忽视文化教育和理论教育，因而，从 1942 年之后在职干部培训加强了文化教育和理论教育。

在职干部培训的内容主要有业务教育、政治教育、文化教育、理论教育四部分。业务教育必须结合业务进行调查研究，必须结合工作研究政策法令，必须善于研究具体工作问题，必须钻研与业务相关的历史知识，必须学习涉及本职工作的科学知识。政治教育，包括时事教育与一般政策教

① 《晋西北二年半的文化教育建设报告》，载《晋绥革命根据地教育史资料选编》（一），山西省教育史晋绥边区编写组、内蒙古自治区教育史志办公室 1987 年编印，第 246 页。

② 《关于在职干部教育的决定》，载《抗战日报》1942 年 2 月 5 日。

育。文化教育，学习国文、历史、地理、算术、自然、社会、政治等课程。理论教育，坚持理论与实际相结合的原则，政治学科以马列主义理论与方法为主要内容。

除了参加专门培训外，在职干部还要坚持边工作边学习的制度，做到每日学习两小时，也可根据实际情况作适当伸缩，将教育与学习看作是工作的一部分，考核干部时将学习情况作为鉴定的一项重要标准。

（五）干部教育特征

晋绥革命根据地在开展干部教育过程中，积累了丰富的经验，同时也存在着一些缺陷与不足。综观边区干部教育，可概括出如下几方面的特点。

第一，坚持统一战线原则，广泛吸收社会各界爱国人士。晋绥边区始终将干部教育作为服从与服务于抗战建国大业的中心工作，为了早日实现抗战胜利的目标，边区遵照中共中央的指示精神，在干部教育中贯彻建立广泛人民统一战线的方针，广泛动员与吸收社会各界进步人士报考干部学校，加入后备干部的行列，为成为抗战领导骨干奠定基础。

第二，坚持政治教育与文化教育相结合的原则，力求全面提高干部的综合素质。在以抗战救亡为中心任务的特殊历史时期，面对十分复杂的形势，干部教育理应将政治教育作为首要内容，以提高干部后备力量的政治素质。然而，一个仅有政治觉悟而没有文化素养的干部，绝对不是一个好干部。因此，晋绥边区干部教育注重政治教育与文化教育相结合，“政治教育一定要和文化教育很好配合，才能纠正过去政治高调与超然文化的偏向。”①

第三，运用灵活多样的教学方法。为了提高干部教育的质量，晋绥边区在干部教育过程中十分注重多种教学方法的采用，旨在提高学员的学习兴趣和教育质量。一方面，经常请边区党政军高级干部到校作报告，集中讲授政治形势、战略战术、工作方针等；另一方面，倡导学员自学、讨论、实践，将学习理论与参与实践相结合。

第四，建立了较为完善的干部教育制度。晋绥边区逐步建立了各种制度，无论教学制度还是管理制度都陆续建立，如招生考试制度、学籍管理制度、检查考评制度、课外活动制度、自习辅导制度、会议制度、汇报制度等。

---

① 《一年来中等教育工作总结》，载《中等教育单行法规》1941 年 6 月 2 日。

七、以教促政：识字与宣传并重的社会教育

由于晋西北一向文化相对落后，社会风气不良，因此，晋绥革命根据地将社会教育作为一项重要的工作来抓，确立了“社会教育的中心任务是扫除文盲，其内容应以识字教育为主，并在识字教育中进行政治文化教育，逐渐消灭文化落后现象”[①] 的方针。不仅建立了完善的社会教育领导机构，制定了相应的社会教育规章制度，而且开展灵活多样的社会教育活动，尤其是通过改造“二流子”[②] 和冬学运动，使晋西北民风得以改善。

（一）社会教育机构

要保证社会教育活动有序进行，必须成立相应的领导机构和实施机关。为此，晋绥革命根据地于1940年3月就成立了“晋西北社会教育委员会”，由行署教育处、牺盟会晋西北办事处、文联、青联、妇联、农联、晋西北总工会、自卫团总团部等部门和团体代表组成。[③] 各专区、县均设立社教委员会，具体负责领导本辖区社会教育工作。除社会领导机关外，还有社会实施机关，如民教馆、半日班、夜校、补习学校、秧歌队、剧团等，开展一般的政治教育、文化教育、卫生教育、民众娱乐活动等。

第一，民革室，是基层社会教育领导机关。民革室分别设在县和村两级，县民革室是“在教育科经常领导下而为该县社教工作的主脑机关”[④]，具体负责领导各区村社教工作，组织巡回剧团，开展宣传活动。县民革室的活动经费为每月30元，由行署划拨。村民革室，是村庄开展社会教育活动的主要机构，由小学教师、自卫团指导员、教育委员及农青妇各救委委员组成，由小学教师担任管理员。民革室由村民大会选举产生，村民革室月活动经费为3元，由村款支付。边区规定，凡有学校的村庄，均须设立民革室，下设宣传教育组、文化娱乐组、书报供应组、体育卫生组。宣传教育组，负责设计识字教育运动，组织读报会、时事讨论会，举办演讲

① 《一九四一年度地方教育工作计划大纲》，载《晋绥革命根据地教育史资料选编》（一），山西省教育史晋绥边区编写组、内蒙古自治区教育史志办公室1987年编印，第69页。

② “二流子”，是晋西北和晋北方言，专指那些不务正业、好吃懒做、不思进取的地痞、流氓、懒汉等。

③ 《山西省政府第二游击区行署社会教育组织法》，载《法令辑要》第1集，1940年3月。

④ 《山西省政府第二游击区行署社会教育组织法》，载《法令辑要》第1集，1940年3月。

活动，发动群众开展抗日活动，进行防空防毒、战时服务等战时教育，出版通俗报纸；文化娱乐组，负责动员与指导民众参加正当娱乐活动，开展象棋、军棋、乒乓球、扑克等比赛活动，举行剧会和晚会，开展卫生宣传活动等；书报供应组，设立阅览室，开展书报流通活动等；[①] 体育卫生组，负责组织开展掷手榴弹、摔跤、爬山、溜冰等比赛，开展大众卫生教育等。[②] 据1940年9月统计，晋西北革命根据地已有民革室443个。

第二，识字班，是帮助民众识字的有效途径。晋绥革命根据地开展社会教育的主要任务是扫除文盲，消灭文化落后现象，因此，识字班在此期间发挥了重要作用。识字班大都设在初小，每隔3天教学一次，每次上课时间为半小时。冬学结束后，1/3的冬学教员转任识字班教员，1/3的冬学学生转为识字班学员。截至1940年9月，晋西北革命根据地已成立识字班2122个，学员达57715人。1941年5月，晋西北革命根据地规定：

> 凡青壮年男女文盲较多之村庄、城镇，均可有计划的组织识字班。为进行教育方便计，识字班得依教育对象的年龄、性别、职业等不同分别组织青年识字班、妇女识字班、工人识字班等。识字班人数在7人以上者可分为若干小组，每组以5—7人为宜，分组原则依住地、程度等条件灵活办理，每班和每组由识字班学员民主选举班长各一人，负责督促召集上课和帮助学习。识字班教员由政府或村民聘请义务担任之，当地驻军政干部与小学教员得兼任识字教员。识字班上课时间依学员生活时间每日一次或隔日一次为原则，每次至多不超过1小时。上课内容以识字为主，并得依实际情形酌添讲法令、讲时事、唱歌等。[③]

第三，大众补习学校，是扫除文盲的重要渠道。为了规范大众补习学校教育，1941年晋西北革命根据地颁布的《社会教育组织暂行条例》规定：凡人口较集中、半文盲较多的城镇、村庄，应设立大众补习学校；补

① 《山西省政府第二游击区行署一九四〇年四月教育会议提案·开展社会教育案》，载《法令辑要》1940年4月。

② 《山西省第二游击区村民革室组织暂行条例》，载《地方教育单行法规》1941年5月。

③ 《山西省第二游击区社会教育组织暂行条例》，载《晋绥革命根据地教育史资料选编》（一），山西省教育史晋绥边区编写组、内蒙古自治区教育史志办公室1987年编印，第64页。

习学校可根据教育对象的年龄、性别、职业不同，分别设立青年、妇女、农民、商人、工人等补习学校；大众补习学校教员待遇按小学教员标准；依学员年龄、性别、文化程度不同，分别编成不同班级，每班设班长，负责维持学习纪律；开设的课程有国语、算术、常识，每日上课1—2小时，以达到初小毕业为目的；逐渐建立考试、毕业等学习制度。[①] 据1940年统计，晋西北临南县等十个县就有大众补习学校363所。[②]

第四，民教馆，是农村开展社教工作的据点。民教馆是每个村庄设立的固定社会教育场所，内部配置有图书、报刊、挂图、乐器、棋牌等，供民众学习与娱乐使用。晋绥边区要求各县建立民众教育馆，一方面为民众提高文化水平创造条件，另一方面也可以为民众业余娱乐提供场所。到1941年8月，兴县、河曲、保德、静乐、临县、临南、离石、文水等八县率先设立民教馆，后来其他各县也相继设立。兴县民教馆建立了大众黑板报，主要反映农民生产、卫生、纺织等情况，宣传政府法令，并备有图书报纸供民众阅读。

第五，读报组，是节约成本、提高效率的好形式。为帮助初小以上程度的民众进行学习，边区倡导广泛设立读报组，大量招收相当初小毕业或初小以上文化程度人士参加；读报组分甲、乙两种，能读懂《抗战日报》者为甲种，能读懂《晋西大众报》者为乙种；小学教员、冬学教员、区村非文盲干部，是读报组的基本组员；各地教育协会帮助读报组开展工作。1940年仅文水县一地就建立读报组96个。开始在部队、工厂、学校设立，后来逐步在民众变工队、纺织组中设立，进而培养出了一批工农通讯员。民众通过读报，不仅能够识字，而且了解了形势，掌握了技术，促进了生产的发展。

第六，群众剧团，是寓教于乐的民众教育主力军。剧团包括脱离生产与不脱离生产两类，专业剧团是脱离生产的剧团，民众剧团、儿童剧团是不脱离生产的剧团。晋绥边区一直十分重视剧团的建设，先后成立七月剧社、成丰剧社、二三八专区剧社等，每逢重大政治运动或新政策出台，这些剧团均要进行大力的宣传活动。如1940年的百团大战、1941年的村选

① 《山西省第二游击区社会教育组织暂行条例》，载《晋绥革命根据地教育史资料选编》（一），山西省教育史晋绥边区编写组、内蒙古自治区教育史志办公室1987年编印，第64页。

② 杜心源：《民国二十九年度教育工作总结》，《行政导报》第2卷第2、3期合刊，1941年8月。

运动、1942 年的反蚕食斗争、1943 年的拥军爱民运动、1944 年的对敌斗争、减租减息、大生产运动等，均被编成剧本，在边区各地广泛演出。[①]

（二）社会教育活动

针对晋西北民众普遍文化落后以及存在的各种社会问题，晋绥革命根据地开展了丰富多彩的社会教育活动，概括提炼主要有：

第一，开展新文字运动，提高大众文化水准。新文字是革命根据地流行的一种新型的简便文字，便于初学者识字，是大众化的新文字。可以说，“新文字是扫除文盲、普及教育与提高大众文化、政治水平的唯一有力武器，尤其在文化落后的晋西北推行新文字运动更有其重大意义”[②]。为此，专门成立了由晋西青联、抗战日报社、各中学代表组成的“晋西新文字运动促进会”，主要负责编写新文字课本，培训新文字教员。然后，让农村小学教员、冬学教员在农村开展识字教育。

第二，开展冬学运动，使广大农村步入文明轨道。晋绥边区冬学运动的主要任务包括：一是广泛进行锄奸教育，二是动员与教育广大群众进行公民誓约运动，三是号召与动员广大人民参军。为此，晋绥边区冬学主要开展的活动有：扫除文盲教育，提高政治觉悟教育，普及科学知识教育，宣传卫生常识教育。

第三，开展破除迷信活动，培养民众的科学意识。迷信是科学的大敌，要想让民众学习科学，就必须破除迷信思想。晋西北革命根据地在各县大力开展破除迷信活动，如朔县以主村为单位，召开让小学生深入民众家庭进行破除迷信思想的宣传活动，[③] 同时，向老百姓宣讲科学道理，收到了良好效果。

第四，采取小先生制，发动群众开展社会教育。如临县化林学校教员张光明同志仅上过三年学，他在社会教育活动中就坚持走群众路线，组织大家学、大家教的方法，在教学中遇到问题，就和群众一块儿讨论，向村中的知识分子请教，发展小先生，提倡边学边教，鼓励学生互相学习，表扬肯向别人学和肯教别人的学生。

---

① 《晋绥边区国民教育概况》，载《晋绥革命根据地教育史资料选编》（一），山西省教育史晋绥边区编写组、内蒙古自治区教育史志办公室 1987 年编印，第 252 页。

② 《晋西北行署第一次中等教育会议议决案》，载《中学教育单行法规》1941 年 6 月。

③ 杜心源：《民国二十九年度教育工作总结》，载《行政导报》第 2 卷第 2、3 期合刊，1941 年 8 月。

第五，成立各种剧社，让群众在娱乐中受教育。晋绥边区先后成立了“七月剧社”“五五剧社”等民众娱乐团体，通过开展文艺宣传和文化娱乐活动，开展政治宣传活动，如1944年“七月剧社”通过表演河南坠子、山东快书等，“五五剧社”通过表演木偶戏，来大力宣传边区军民抗击日本侵略者的英雄事迹，积极宣传抗日救亡活动。如二专区剧团在1943年春季下乡公演30多天，演出130余场，观众最多达5000余人。[①]同时，农村有春节前后开展娱乐周活动，成立戏剧娱乐小组，主要表演秧歌、小调、道情等地方戏剧节目。[②]

第六，开展各种形式的宣传活动，营造良好的文化氛围。晋绥边区各地还利用黑板报、广播筒、墙报、标语、漫画等宣传工具，开展抗日救国和政策法令宣传活动，每逢中心工作布置或重大纪念节日，均开展各种形式的宣传活动。尤其是大众黑板报，每村均有，且每两天更换一次内容，群众很喜欢阅读。

（三）社会教育经费

为了确保边区社会教育活动得以长期开展，晋绥边区制定了相应的经费保障制度。1940年规定，每个行政村的社会教育经费标准是每月3元，实报实销，如村庄户数较多，可按每增加50户人家，增加1.5元；凡有民众教育馆的村庄，除工作人员按照县科员待遇外，每月办公费、图书费共50元；民革室每月经费为10元。这些社会教育经费均由县统筹安排。[③]

1941年晋西北行政公署在《各县教育经费之支配暂行办法》中对社会教育经费支出标准作了新的规定：

> 一是经常费：民众教育馆，办公费每月3—5元，书报费每月7—10元，津贴每人每月2元，伙食费每日小米1斤6两，柴炭费每年30元，服装费每人每年补助40元，冬季烤火费与政府人员同；各村民革室，每月经费3元；模范识字班与模范大众补习学校，办公费每月1—2元，夜校增灯油费3—5元；冬学办公费为3—5元，夜班增

① 《晋绥边区国民教育概况》，载《晋绥革命根据地教育史资料选编》（一），山西省教育史晋绥边区编写组、内蒙古自治区教育史志办公室1987年编印，第252页。

② 杜心源：《冬学初步检讨》，《行政导报》第1卷第1期，1941年4月。

③ 刘庸如：《在行署第二次行政会议上的报告》，《行政导报》第1卷第6期，1940年10月。

> 灯油费 5 元；剧团经费另定。二是临时费：每个不脱离生产的乡村剧团补助费为 10 元，模范识字班和大众补习学校全年奖励费为 1—2 元，冬学奖励金为 2—3 元。各县教育费开支，由县教育科统一编造预算表，呈请上级审核备案，并由教育科逐月报销。[①]

此外，还要求各县设立现金出纳簿、收入分类簿、支出分类簿、基金收存簿等。做到收入有记录，支出有账目，专人分管，层层申批，以确保经费有效使用。

1944 年晋绥边区还专门规定了民众教育经费开支标准：第一，公杂费。灯油，教职员在 2 人以上者每 2 人一灯，只有一名教员者亦一灯，每灯每月用油 1 斤；火柴，每室 1 盒；笔墨，每位教员每两月发毛笔 1 支，每三月发铅笔 1 支，每支毛笔随发墨汁 5 钱，每教室每学期发粉笔 5 盒；纸张，每校学生在 30 名以内者，每学期发麻纸 50 张，30 人以外者，每增加 1 名学生增发麻纸 1 张，每房每学期发糊窗纸 20 张；炕席、条帚（笤帚）、擦桌布等，每班每月 1 把扫帚，每寝室每教室每学期 2 把条帚（笤帚），每室每学期发擦桌土布 1 尺，炕席临时配置，由专署批准开支。第二，烧炭费。每校只占一房者，平常每校每日发炭 15 斤，每增加一教员加发 1.5 斤。第三，书报费。学生课本完全自备，每校订《晋绥日报》《大众报》各 1 份，其他参考书籍每学期按 3—5 斗小米之价格计（由县调剂）。[②]

（四）冬学运动

冬学运动，是中国共产党领导下革命根据地普遍开展的一种社会教育活动形式，这是一种在不耽误农民生产劳动的前提下、利用农闲时间进行识字教育与政治宣传的民众教育活动。“冬学是社会教育的最好形式，是扫除文盲、提高群众政治文化水平最有力的武器。”[③] 起初只是冬春两季组织群众学习，后来又利用农忙时见缝插针，在冬学的基础上组织了各种类型学习班、识字班、读报组，逐步发展为常年民校。冬学和民校是社会教育工作的重要阵地，也是社会教育活动的基本形式。

---

① 《山西省第二游击区各县教育经费之支配暂行办法》，载《地方教育单行法规》1941 年 5 月。

② 《小学及民教经费开支标准》，载《晋绥革命根据地教育史资料选编》（一），山西省教育史晋绥边区编写组、内蒙古自治区教育史志办公室 1987 年编印，第 171—172 页。

③ 《今年冬学的任务》（社论），《抗战日报》1942 年 12 月 26 日。

1. 方针与任务

“冬学是利用冬天农闲时间把乡村的广大民众集合在冬学里边，有计划、有组织地进行识字及政治教育，来团结与教育广大民众，以补助学校教育的不足，是社会教育中最集中的最有组织的武器。”[①] 晋绥革命根据地注重冬学在社会教育中的重要作用，正如晋西北行署教育处处长刘庸如于1940年所讲：“冬学是提高群众文化政治水平的有力武器，是农村民众教育的最好制度，是组织与动员群众的基础工作，各级政府应加强对冬学的领导。”[②] 晋西北行署文教处处长杜心源也讲：“冬学是提高民众文化和政治水平的最好方式，在当前敌寇不断扫荡中，开展冬学工作是组织群众、教育群众、提高觉悟与敌寇斗争的有力武器，它担负着特殊任务，具有特殊重大意义。”在晋西北行政会议上决定将冬学作为当时三大任务之一。

晋西北行署提出冬学的目标和任务：第一，村村有冬学，人人入冬学。1940年明确规定凡15—45岁的民众均应入冬学，在政治上进行深入动员，村干部及其家属参加冬学，应起模范带头作用。1941年具体提出，40户以上自然村尽力设立冬学；20户以上自然村成立冬学识字班；一区建立一个模范冬学。[③] 第二，识字目标。1940年规定使不识字的人在冬学期间能识字180个，识字的人再增加200个字。1941年进一步提出识字以1000字为目标。1942年强调冬学的任务是识字、学珠算。[④] 第三，政治上普训民众，以增强民众的民族意识和民主观念，将边区人民的思想统一到抗战建国的总目标上来。第四，普及科学知识，破除迷信思想。第五，普及卫生常识，培养边区人民的卫生保健意识，消除不讲卫生的积习，以减少疾病、降低死亡率，整体提高民众的健康水平。

2. 组织与管理

晋绥边区的冬学运动组织机构健全，管理规章明确。组织设置情况为：行署冬学运动由行署教育处统一领导，负责传达上级文件精神，集体讨论教育问题，制定边区冬学实施方案与相关政策。各专署成立社教委员会，由专署教育科直接领导。县级冬学领导机构为教育科，区级以上组织冬学运动委员会，由政府、抗联、青联、自卫队队部、文化机关、学校、

① 《关于冬学的指示信》，《行政导报》第1卷第6期，1940年10月。

② 刘庸如：《在行署第二次行政会议上的报告》，《行政导报》第1卷第6期，1940年10月。

③ 杜心源：《冬学初步检讨》，《行政导报》第2卷第1期，1941年4月。

④ 《今年冬学的任务》（社论），《抗战日报》1942年12月26日。

当地驻军及热心教育事业的地方士绅代表组成。下设宣传组、教务组、统计调查组、编辑组。每行政村成立一个冬学委员会，由村长、小学教员、工救会、农救会、青救会、妇救会、自卫队及热心教育的士绅代表组成。村长为主任委员兼冬学校长，教务委员由各委员推荐人选担任。

冬学运动委员会的管理制度为会议制度、报告制度和检查制度。第一，会议制度。村冬学运动委员会每10天召开一次会议，主要总结十天以来的冬学开展情况，讨论后十天的教育计划；区冬学运动委员会每半月召开一次工作会议，在听取各村冬学委员会汇报的基础上研究下半月的冬学教育工作；县以上冬学运动委员会每月召开一次工作会议，针对上月各地冬学运动中存在的问题，提出有针对性的整改措施。第二，报告与检查制度。各级冬学运动委员会的报告与检查时间与会议时间相同，即村级10天1次，区级半月1次，县级1月1次。报告制度是下级对上级的汇报，检查制度是上级对下级的检查。第三，总结制度。开学后，对宣传动员及冬学初设情况作一个总结，冬学结束后，将全部工作进行一次全面的总结，将这两次总结逐级上报上级冬学委员会。

晋绥边区冬学实施与管理情况大致为：11月上半月为宣传期，下半月为集训教员及动员民众入学期，冬学的正式学习期限为12—2月底，共3个月，除去春节放假20天，保证正式上课时间为70天，每天授课2小时。规定凡人口在40户以上的村庄，必须设立冬学；各小学设立冬学儿童班，动员7—14岁儿童入学，15—45岁的成年人在一般冬学班学习；班组编制，按群众原有组织，男女分开，男子晚间上课，女子白天上课，还根据实际情况编间日班、三日班或儿童冬学班等。各县在具体管理中均采取了不同的可行办法，如文水县冬学的教学管理坚持“四要”“四不要”[①] 的原则。所谓“四要”，指一要准时到校，二要虚心听讲，三要努力学习，四要互相帮助；所谓“四不要”，一不要无故误课，二不要抽烟吐痰，三不要喧哗讥笑，四不要偷懒打闹。

3. 学员与教员

冬学运动的核心与关键就在于学员与教员，为了广泛动员民众入学，1940年晋西北行署教育处处长刘庸如在教育工作会议上明确提出，凡15—45岁的男女群众均应入冬学接受教育。在冬学招生过程中，晋绥边区采取

① 杜心源：《民国二十九年度教育工作总结》，《行政导报》第2卷第2、3期合刊，1941年8月。

了多种动员方式：一是干部动员。即在冬学开学前，由县区村冬学委员会干部在群众中广泛宣传冬学的意义和作用，并动员民众入学。二是组织动员。工、农、青、妇各救国会、自卫队，从组织上动员其会员入冬学，并在群众中起到模范带头作用，并展开动员入学竞赛。三是挨门逐户地宣传。村干部配合小学生分别承包一定数量的农户，负责深入耐心地宣传说服民众报名入冬学。四是召开群众大会。在会上对踊跃报名入学的予以表扬，对未报名入学的要点名并再次动员，并让小学生动员其父母、兄长、姐嫂报名入学。五是巩固学员的在学率。[①] 冬学开学后，经常请边区领导讲学习的好处与方法，在学习之余开展文化娱乐活动，调动学员的学习积极性。

表 2－27　1940 年晋西北各县冬学数及学员数统计表

县名	行政村数	冬学数			学员数		学员性别与年龄结构					
		兼办	独办	共计	应入	实入	壮男	壮妇	青男	青妇	童男	童妇
临南	62	88	201	289	18000	1025						
静乐	86	81	75	156	16578	8752	7156	3850	3578	1928		
忻县	121	65	143			13457	7169			6288		
兴县	65	65	130	195		30000						
朔县	78	101	23	124		7134	2332	1437	1885	1480		
临县	68	25	148	173		7141	2219		1667		1772	1489
离石	79			250		10217						
偏关	45	33	45	78		3386						
交城	106	32	68	100		11207	4041		5637			
河曲	67	58	165	223		6575	2459		1606	2510		
方山	19	37	33	70	8927	3568	940	969	590	667	215	187
保德	40			172	23550	13090	3587	3712	1403	2134	1523	1231
汾阳	188			77	122907	3138	2714			3870		
岢岚	67	68	146	214		3590						
文水	163			662		38907	9795	18815	6026			
阳曲	72	11	65	76	7390	6240	1528	631	1005	688	1680	708
岚县	25	24	72	96		3358	1821			1537		
宁武	25	41	13	54	2381	1917	597	519	332	469		
神池	54	29	15	44	9185	2080						
合计	1430	693	1342	3116	194589	178182					18360	

资料来源：杜心源：《民国二十九年度教育工作总结》，《行政导报》第 2 卷第 2、3 期合刊，1941 年 8 月。原始资料中个别数据不完整。

① 《关于冬学的指示信》，《行政导报》第 1 卷第 6 期，1940 年 10 月。

由上表可见，据不完全统计，晋西北 19 个县共有行政村 1430 个，共创设冬学 3116 所，平均每村拥有冬学 2.18 所；15—45 岁年龄段应入学人数为 194589 人，实际入冬学人数为 178182 人，入学率达 91.57%，平均每所冬学拥有学员 57 人。

表 2-28　1940 年保德县冬学学员入学数、应入学数、经常到校人数比较表

学员	男童	女童	青年男子	青年妇女	壮年男子	壮年妇女	总计
实入学数	1523	1231	1903	2134	3587	3712	14090
应入学数	3077	2667	3282	3482	6718	6325	25551
实入占应入(%)	49	46	58	61	54	59	55
常上学数	1212	915	1409	1542	2376	2272	9726
常上占实入学(%)	79	74	74	69	66	61	69

资料来源：郭振良主编：《保德教育志》，山西人民出版社 1991 年版，第 109 页。

晋西北向来文化基础薄弱，教员问题是冬学的一个基本而重要的问题。为了解决冬学运动中教师缺乏问题，晋西北行署采用了各种办法以解决教员不足问题。一是让小学教员兼冬学课；二是聘请各级行政与民运干部上政治课；三是动员当地知识分子和“半知识分子”（初通文字之人），经过培训，充任冬学教员；四是聘请当地驻军的政工人员或自卫队教官担任冬学教员；五是适当分配或调剂部分教员到师资严重缺乏的农村冬学；六是加强冬学教员的培训工作，训练期为 10 天。[①] 经过选拔和培训，到 1941 年春晋西北根据地已有冬学教员 3752 人，其中兼职教员 960 人，专职教员 2792 人。只是冬学教员的文化程度普遍不高，如神池等 10 个县共有冬学教员 1050 人，大专文化程度仅有 3 人，占总数的 0.28%；初中文化程度 56 人，占总数的 5.33%；高小文化程度 329 人，占 31.36%；初通文字者多达 661 人，占总数的 63.03%。[②] 因此，边区将冬学教师培训作为一项重要工作来抓。起初冬学教员训练期限为 7—10 天，后来延长至 15—20 天，训练课程坚持“少而精”的原则，训练结束后还要让受训教员到附近农村冬学分组实习。从 1941 年开始，为了长期加强冬学教员培训工作，边区决定选派模范冬学教员到晋西民中、永田中学、抗战学院继续深造。

---

① 《关于冬学的指示信》，《行政导报》第 1 卷第 6 期，1940 年 10 月。

② 杜心源：《民国二十九年度教育工作总结》，《行政导报》第 2 卷第 2、3 期合刊，1941 年 8 月。

表 2－29　1940 年冬学教员数目统计表

县名	神池	宁武	岚县	阳曲	文水	汾阳	岢岚	保德	五寨	方山	河曲
兼任	29	41		11	69	12	68	55	32	37	58
专任	15	13	72	65	744	140	146	117	42	33	167
共计	44	54	72	76	813	152	214	172	74	70	225

县名	交城	偏关	离石	临县	朔县	兴县	忻县	静乐	临南	合计
兼任	32	33		25	114	65		81	88	960
专任	68	48	197	152	42	130	224	77	300	2792
共计	100	81	197	177	156	195	224	158	388	3752

资料来源：杜心源：《民国二十九年度教育工作总结》，《行政导报》第 2 卷第 2、3 期合刊，1941 年 8 月。

4. 课程与教材

晋西北革命根据地冬学的内容，大致可分为政治教育与文化教育两部分，中心冬学以政治教育为主，占 70%；文化教育为辅，占 30%。一般冬学则以文化教育为主，占 60%；政治教育为辅，占 40%。

冬学具体内容主要包括：政治教育、识字教育、科学教育、卫生教育、实用教育、文化娱乐教育等。第一，政治教育。又分为思想教育、工作教育和时事教育三部分，具体包括翻身教育、民主教育、时事教育、政策教育、法令教育、作风教育、生产教育、防奸教育、减租教育、三个中心八项要政等。第二，识字教育。包括识字、读报、新文字等。第三，科学教育。主要学习科学知识、破除迷信等。第四，卫生教育。包括流行病预防与治疗法、生育知识，消灭农村不讲卫生的恶习，开展清洁卫生运动，以减少疾病、降低死亡率。第五，实用教育。包括珠算、记账、开路条、写契约、写信、写农作物和日常用品名等。第六，文化娱乐教育。结合群众生活，配合边区中心工作，由群众自编自演，让群众在娱乐中接受抗战教育和生产教育，使群众达到至少会唱 3 支歌曲，学会秧歌、小调、道情等戏剧。

教学内容的实物体现就是教材，大部分冬学教材由晋绥边区编印，1940 年晋西北根据地自行油印的教材有 14 种、5050 册，主要包括：《国语》1—4 册、《冬学政治课提纲》《冬学课本》《反投降妥协大纲》《粉碎三光政策》《新教育工作者建设实施》《敌区教育》《冬学讲授大纲》

《政治课提纲》等。[①] 还如文化课教材《抗日三字经》《百家姓》《四言》《五言杂字》等。有时各县也自编教材，如离石编的《农民识字课本》、岢岚编的《妇女会员须知》、保德编的《观音经》、河曲编的《杂文单》，还有《减租减息》《三大中心八项要政》以及《抗战日报》《大众报》等读物。

5. 教学方法

根据晋西北农村冬学师资不足的实际，晋绥边区冬学采用多种节约师资的教学组织形式与教学方法，以弥补冬学教员短缺的状况，因陋就简、因地制宜，尽力提高冬学的教育质量，从而实现为抗战服务的政治目的。采用的主要教学方法有：

第一，启发式教学法。针对冬学学员大部分是成人的特点，成年人虽然文化程度不高，但生产、生活经验丰富，社会阅历较为丰富，因而冬学教员往往通过群众已有的经验和知识，采用问答的方式，逐渐启发诱导学员在理解的基础上去记忆课本上的内容。有时教员将课本内容尽量与现实生产与生活相联系，并通过创设问题情境，提出问题让学员讨论与思考等方法来调动学员的学习积极性。

第二，教学做合一法。教学做合一，是伟大的人民教育家陶行知先生创造的一种新的教学方法，后来被革命根据地借鉴过来，作为冬学的重要教学方法之一。即冬学教员并未在课堂教学中采用单一的讲授等方法，而是将教师讲授同学生的自学、实地操作相结合，尤其是在学习卫生与科学知识的过程中，教师有意识地让学生将所学的知识运用到生产与生活之中，做到在做中学、在做中教、在学中教、在学中做、在教中学。手脑并用，学思结合，理论与实践统一。

第三，小先生指导法。为了解决教员不足的矛盾，边区决定采取让小学生参与冬学活动。即先由小学教员将冬学课本内容教授给小学生，让这些小学生回家后负责指导家庭成员或邻居完成冬学学业。小学生通过提问与检查的方法来督促与指导家庭成员和邻居学习冬学教材内容，当成人在学习过程中遇到困难时，小先生可以帮助解答问题并加以辅导。

第四，导生教学法。导生制本来是由英国牧师贝尔（Andrew Bell）

---

① 杜心源：《民国二十九年度教育工作总结》，《行政导报》第2卷第2、3期合刊，1941年8月。

和教师兰喀斯特（J. Lancaster）提出的一种教学组织形式，即教师以教年龄较大的学生为主，而后由他们中的优秀者——导生去教学习差的学生。这种方法于20世纪三四十年代传入我国，晋绥边区也将这一方法引用到冬学运动当中，即小学教员先将当天冬学课本内容教给优秀的小学生，然后由小学生分别去教冬学各组学生，教员到各组巡视指导，这种方法多在识字课上使用。①

第五，报告讨论法。边区在进行政治教育与时事教育过程中，往往采用先邀请边区党政军领导作报告，深入讲述与阐明当前抗战形势或政治任务，然后让学员联系自身的实际进行分组讨论。在讨论中，注重发扬优点、批评缺点，将问题放在群众中解决，“使冬学变成一所生机勃勃、充满活力的群众自求解放与兴利除弊的学校”②。

6. 冬学经费

冬学有效开展教育活动，必须有相对稳定的经费来源。为了解决冬学经费问题，晋西北革命根据地几乎每年均要在颁发的相关文件中规定冬学的经费保障机制。1940年规定，冬学的办公经费包括：“（1）办公室每月3元（纸、墨笔、砚、粉笔等费）；（2）炭费依行署烤火费规定，灯油每月2斤，如学生过多时（40人以上），每增加30人，灯油增加一倍（若白天上课，取消灯油费）；（3）课本，由县翻印样本分发各校使用，此项印刷费及上述办公费、烤火、灯油费，均由县统筹，款从村摊派开支。”③

晋西北行署于1941年进一步具体规定了冬学的经费开支标准：

> 教员经费：冬学教员一般为义务职，如到外村教学时，每人每日发粮1.6斤（以小米计），菜金1.2角；在本村教学时，家境特殊困难，经县批准后，按到外村教学津贴之半数津贴发放，教员伙食津贴一律按实际上课天数计算。
>
> 冬学经费：办公费，每校每月麻纸15张、毛笔1支、墨1块、粉笔15支；灯油费，每校每月麻油2斤（以40人计），增加30人加

① 《关于冬学的指示信》，《行政导报》第1卷第6期，1940年10月。

② 《关于1945年冬学工作的指示信》，载《晋绥革命根据地教育史资料选编》（一），山西省教育史晋绥边区编写组、内蒙古自治区教育史志办公室1987年编印，第119页。

③ 《关于冬学的指示信》，《行政导报》第1卷第6期，1940年10月。

1 倍，原则上尽量白天上课，尽量不开支灯油费；炭费，每校每月 210 斤（每天 7 斤）。①

以上经费均由县统筹安排，依当地物价进行预算与决算，并呈报专署审批，在村款摊派中开支，教员训练费用由县教育科从教育费中开支。

1944 年晋西北行署对冬学经费开支标准又作了新的规定，冬学经费以自筹公助为原则，主要依靠行政村自筹经费，冬学教员一律为义务职，只是可免去冬学教员的抗战勤务。之所以要调整冬学经费政策，主要是由于经过连续数年的冬学运动，晋西北广大农村的扫盲任务已经完成，识字率大大提高，并有力地支援了抗战工作。兴办冬学已不是当时的主要任务，因此，及时调整了冬学经费政策。

7. 效果与作用

据不完全统计，兴县、保德等晋西北 19 县 1940 年共设冬学 3116 所，平均每个行政村拥有冬学 2.18 所；入学人数为 178182 人，平均每校有学员 57 人。其中神池等八县实入学人数为 40010 人，应入学学员为 194859 人，入学率为 20.5%；静乐等六县入学人数为 47193 人，占实入学人数 69432 人的 68%。② 河曲县 1943 年共有冬学 112 所，入学人数为 9425 人；到 1944 年发展到 210 所，入学学员数达 20016 人，分别比上年增加 87.5% 和 112.3%。③ 以保德县为例，可略见晋西北冬学学员入学与经常到校情况，详见下表：

表 2-30　1940 年保德县冬学学员入学与经常到校情况表

学员类别	男童	女童	青男	青妇	壮男	壮妇	合计
实入学数	1523	1231	1901	2134	3587	3712	14088
应入学数	3077	2667	3282	3482	6718	6325	25551
入学率(%)	49	46	58	61	54	59	51
常到校数	1212	915	1409	1542	2376	2272	9726
常到校率(%)	79	94	74	69	66	61	74

资料来源：杜心源：《民国二十九年度教育工作总结》，《行政导报》第 2 卷第 2、3 期合刊，1941 年 8 月。

① 《民国三十年度冬学工作计划》，《行政导报》第 2 卷第 6 期，1941 年 12 月 5 日。

② 杜心源：《民国二十九年度教育工作总结》，《行政导报》第 2 卷第 2、3 期合刊，1941 年 8 月。

③ 《边区社会教育一年来的新发展》，《抗战日报》1945 年 7 月 9 日。

同时，在冬学运动中也涌现出一些模范事迹，如保德县下流碛村曹秀梅经过冬学一个月的学习，就能认识184个字，比其丈夫识字数还多，还鼓励丈夫和家人入学努力学习；河曲城关西阁村冬学教员周风阁，动员全家老小一齐入冬学，他的妻子识字虽比不上女儿和儿媳，但很有耐心，课后回家，边干活边学习，还督促女儿和儿媳学习。①

冬学的效用主要表现在以下几方面。

第一，冬学是提高群众政治文化水平的有力武器。冬学，可以帮助民众战胜一切愚昧、迷信，克服文盲、不讲卫生等带来的障碍，从而带领广大农村民众走上科学、进步、健康、光明的道路。冬学通过开展识字教育、政治教育、卫生教育等，使边区民众的文化水平、政治觉悟与生活习惯得以改变与提升，使民众过上了文明、进步的新生活。

第二，冬学是动员、组织与改造群众的基础。只有提高群众的政治文化水平，群众才能积极参加抗战、支援抗战。因为政治教育是冬学的重要内容，民众正是在冬学运动中不断提高政治觉悟和认识水平，从而增强了民众的凝聚力和抗战救国的信心和决心，有力地支援了抗战。

第三，冬学是晋西北地区“统一战线的熔炉”②。通过开展冬学运动，使社会各阶层民众欢聚一堂，共同学习与生活，逐渐加深了相互了解，关系日益密切，在受教育过程中逐步取得了一致的认识——拥护中国共产党领导的新政权，坚持团结，抗战到底。通过聘任冬学教员，团结了一大批知识分子和小知识分子，培养出不少革命干部。

第四，冬学是民主观念的播种机。冬学对广大农村民众进行了民主教育，不仅进行了民主政治理论宣讲，而且让民众实习了民主选举，开展民主运动，配合新政权进行村选工作。同时，让妇女走出家门，进入社会，接受教育，逐渐达到敢说、敢笑、敢唱、敢斗争的程度，她们像男子一样参与社会活动，真正实现了男女平等，使妇女的思想得到了空前的解放。

（五）改造“二流子”

晋绥边区在社会教育活动中还有一项重要的活动——改造“二流子”，该项活动始于1944年，很快在边区各地普遍得以开展，成为一次广泛的群众运动。据统计，1944年在改造“二流子”之前，边区约有“二

---

① 杜心源：《冬学初步检讨》，《行政导报》第2卷第1期，1941年4月。

② 杜心源：《民国二十九年度教育工作总结》，《行政导报》第2卷第2、3期合刊，1941年8月。

流子”10013 人，其中有 6803 人经改造变为自食其力的劳动者，被改造人数占总数的 68%。1945 年各地继续进行改造活动，据不完全统计，1945 年春季兴县、神府、岚县、岢岚、保德、河曲、神池、忻县、宁武等县共有“二流子”4614 人，其中又有 3389 人被改造，被改造人数占总数的 86%。①

通过 1944 年至 1945 年的改造运动，晋绥边区有 1 万多“二流子”一改过去好吃懒做、为非作歹的恶习，开始从事生产劳动，有的建立了家庭，有的甚至成了劳动能手。由于这些人的转变，给晋绥边区生产增添了一批劳动力，“减少了社会上的寄生虫，赌博、抽洋烟、串门子、招野汉、欺财诈物、宣传迷信等社会中的不良现象，大大的减少，社会风尚为之转变，社会秩序是更加安宁了”。②

在晋绥边区开展改造“二流子”运动中，不仅取得了较好的成绩，而且摸索出几点经验。

第一，改造“二流子”，要长期坚持、持之以恒。“二流子”是在不良社会环境中长期形成不良生活习气之人，因此，要想让这些人改邪归正，必须坚持长期做工作，不能忽冷忽热、忽松忽紧。有些“二流子”已形成了长期的不良习惯，游手好闲、好吃懒做，仅靠一两次的改造是难以见效的，因为这些人往往在失去监督的情况下出现恶习复发。

> 像温象拴改造二流子温初儿，将近三年的时间，如今温象拴被提拔为县干部，温初儿已经可以代替他领导全村的变工队。由于不能长期坚持，经常注意，当前一年的改造运动以后，在去年各地普遍的没有重视这一工作，以致许多二流子又旧态复发，以二分区为例，宁武县东关在去年有一个时期小偷闹得很凶。神池县一二区边界三庄头马家堰史家山，去年［1944 年］正月有三十多个二流子整天赌博，大吃大喝，整赌了半个正月，并说“今年咱们可解放了，政府民主了，也没人敢抓赌。”最后经过两次抓赌才冲散了。在岢岚也有的人讲去

① 晋绥边区生产会议材料之九：《关于改造二流子》，晋绥边区生产委员会 1946 年 2 月编印，第 1 页。

② 晋绥边区生产会议材料之九：《关于改造二流子》，晋绥边区生产委员会 1946 年 2 月编印，第 2 页。

年是二流子“抬头”的一年。[①]

晋绥边区往往在春季对改造“二流子”工作抓得比较紧，而且也收到了良好的效果，因此，领导干部认为，这些人种了庄稼，以后可能会全力劳作，于是便放松了对他们的要求。结果，到秋收以后，一有空闲，部分“二流子”又开始大吃二喝，肆意挥霍，把一年的收获吃光了。可见，对于那些积习太深的“二流子”，更非一两年的短期所能改造过来，因为他们抗诱惑能力比较差。因此，只有像温象拴改造温初儿那样，多年来下功夫才能长期见效。

第二，改造“二流子”，要从感动说服、改造思想入手。“二流子”是旧社会的产物，也是文化落后的结果。之所以“二流子”会一身恶习，主要是思想上有问题。因此，改造工作必须从思想教育着手，想方设法从思想上说服与感化，使之真正回心转意。

> 兴县二区柳叶村劳英×××改造二流子×××时，开初借给他粮食，帮助他。他见有了吃的依旧不好好劳动，×××就将他编到自己的变工组里。在地里，其他变工队员就你一言我一语追问他：“谁叫你当二流子？”围绕这个问题讨论了七八天，最后告诉他“不是你愿当，是旧社会要你当。”经过这样的教育以后，×××思想觉悟逐渐地转变过来。神府二区××村二流子××未改造前，婆姨要和他离婚，乡干部和全村群众苦口婆心进行了四天的劝说，最后才决心痛改前非。[②]

晋绥边区各地对教育与改造“二流子”摸索出多种行之有效的办法：有通过二流子集体反省、互相影响的，有利用已改造的“二流子”对其他“二流子”进行劝说的，有用具体行动感化的，或编成秧歌鼓励劝诫的。总之，如果将“二流子”简单地认为是下贱鬼，任凭自己喜怒，随意处置，是很少生效的。如兴县杨家坡合作社改造“二流子”刘老四，因其

---

① 晋绥边区生产会议材料之九：《关于改造二流子》，晋绥边区生产委员会 1946 年 2 月编印，第 4 页。

② 晋绥边区生产会议材料之九：《关于改造二流子》，晋绥边区生产委员会 1946 年 2 月编印，第 6 页。

积习太深，好转了几天，就又变坏了。干部非常生气，便用鞭子抽打，发动儿童讥讽，没有丝毫效果，最后还是通过诚恳说服、真心打动的办法，才将其改造过来。

第三，改造“二流子”，要调查研究，根据情节轻重，依次进行改造。先从年轻较易改造的入手，将改造好的作为榜样从而影响其他“二流子”。改造“二流子”时，要将其身世、出身及生存环境等调查清楚，找到其病因，然后对症下药。有的“二流子”爱面子，特别是改造“女二流子”，不要采取强硬的办法，使之无容身之地，要留有余地，应该多用积极引导与鼓励的方法。此外，在改造之前，要进行调查研究，分清“二流子”、“半二流子”和好人的界限，不能随便给人戴“二流子”的帽子。如在兴县四区一个小商人不懂农耕，只因当年生意不好，在家闲住，并未干过为非作歹之事，结果当地干部仅因其不劳动就定为“二流子”，强迫其参加变工组，吓得他成天东躲西藏。这种不加调查随意下结论的做法，在群众中产生了不良影响。[①] 判断是否“二流子”，从其生活来源看，如果他的生活不是靠招摇撞骗、伤风败俗的手段，而是靠法令所允许的正当收入，仅仅是不参加农业生产劳动，就不能将其看作“二流子”。如果其收入一半是正当的，有一半靠不正当收入，即为“半二流子”。视情节轻重，施以不同的方法。

第四，改造“二流子”，要群众监督与专人负责相结合。一方面，要依靠干部进行说服教育，另一方面，依靠群众舆论监督，二者有机结合，就会收到良好效果。为了改造“二流子”，使其改邪归正，群众往往愿意参与改造活动。如 1944 年在岢岚、河曲、保德三县，为改造 2532 名“二流子”，群众为其代耕土地 1140 垧[②]，帮人工 1419 个、畜工 457 个、互济粮 35 石、互济款 33287 元。如果没有群众的出力相助，这些数量较大的“二流子”将无法生产也无法改造。特别是改造“破鞋、赌徒、洋烟鬼、神婆等，非有群众的监督不可。当群众都起来之后，则二流子在群众运动的面前，就会无隙可乘，只有改过向善之一途可走”[③]。然而，仅有群众的督促帮助是不够的，还要专门派干部负责领导

① 晋绥边区生产会议材料之九：《关于改造二流子》，晋绥边区生产委员会 1946 年 2 月编印，第 5 页。

② 晋西北的 1 垧等于 5 亩。

③ 晋绥边区生产会议材料之九：《关于改造二流子》，晋绥边区生产委员会 1946 年 2 月编印，第 8 页。

与管教，经常规劝检查。

（六）社会教育效果与特征

晋绥边区在社会教育方面经过几年的精心组织，取得了较好成绩。据不完全统计，经过1941年、1942年两次大规模的冬学运动，晋西北19个县共有冬学3116所，学员178182人[①]，这些冬学均以政治教育、扫除文盲、破除迷信、讲究卫生为主要内容，收到了良好的教育效果。

表2-31　1940年冬晋西北社会教育机构设立情况

县名	神池	宁武	岚县	阳曲	文水	汾阳	交城	偏关	离石	临县	兴县	岢岚	保德	五寨	方山	河曲	忻县
民革室	9	10	52	60	160		1			10	35	4	35	71	37		
识字班		35	22	21	73	103	200	56	211	33	206	44	53	75	37	21	
夜校	44	30	17			183	58	20			195	89	53	71			9
读报组					96												
图书馆					1	1		1									
歌咏队										12							

资料来源：杜心源：《民国二十九年度教育工作总结》，《行政导报》第2卷第2、3期合刊，1941年8月。

1940年晋西北共有民革室448个；夜校769所，共有学员965人；识字班2121个，有学员51443人；图书馆4处，读报组96个，歌咏队12个，参加各种社会机构学习的学员总数达178182人。[②] 而且每个参加社会教育组织的民众均由文盲转变为能够识字百余字的识字人，并学会了唱抗日歌曲3—5首，特别是接受社会教育的农村妇女占受教育人数的34%。[③]

综观晋绥边区社会教育活动，可总结出以下几方面的特点。

第一，晋绥边区社会教育与生产劳动相结合。1942年以来，晋绥边区社会教育着力与民众生产劳动相结合，从教育内容到教育方法努力达到与生产劳动相结合，如让民众学习打算盘、记账、写路条、学写农作物名和农具名等，调动了农民的学习积极性。临县妇女王汝仅用18天就学会了38个有关农作物名的生字，并学会了打算盘，同时她还带动全家参加

① 林枫：《坚持敌后抗战的晋西北根据地》，《抗战日报》1943年1月21日。

② 杜心源：《民国二十九年度教育工作总结》，《行政导报》第2卷第2、3期合刊，1941年8月。

③ 正力：《晋西北教育概况》，《抗战日报》1941年9月27日。

冬学和识字班，不仅提高了民众的识字率，而且调动了大家参加生产劳动的积极性。

第二，晋绥边区社会教育组织与活动异彩纷呈。就社会教育组织而言，有民革室、民教馆、半日班、夜校、补习学校、秧歌队、剧团等，这些组织从不同角度开展社会教育活动，围绕培养和提高民众政治觉悟、文化素质、科学意识、卫生观念等目标，对各类民众进行了形式多样的教育活动。如政治教育活动、识字教育活动、卫生教育活动、破除迷信活动、改造“二流子”活动、戏剧表演活动、板报宣传活动等，收到了良好的教育效果。

第三，晋绥边区广泛发动群众参加社会教育。为了动员民众参加社会教育活动，一是干部动员，即边区选派干部开会动员，宣讲参加社会教育活动的重要意义。二是组织动员。工、农、青、妇各救国会、自卫队，从组织上动员其会员入冬学，在群众中起到模范带头作用，并展开动员入学竞赛。三是教师动员。让小学教师和小学生参与动员入学工作，挨门逐户地宣传。村干部配合小学生分别承包一定数量的农户，负责深入耐心地宣传说服民众报名入冬学。四是召开群众大会。在会上对踊跃报名入学的予以表扬，对未报名入学的要点名并再次动员，并让小学生动员其父母、兄长、姐嫂报名入学。

第四，晋绥边区将学校教育与社会教育紧密结合。在实施社会教育过程中，始终注重发挥学校的作用。在动员民众入学过程中，让学校充当政策宣传员的角色，小学教师与小学生深入农户家中耐心说服成人参加冬学或识字班；在开展冬学、夜校、识字班等活动中，学校教师义务担任这些社会教育机构的教师，并动员小学生充当“小先生”，放学回家后教育家庭成员；有些农村条件艰苦，无法单独设立冬学，就利用本村小学在晚上或周日开展社会教育活动。总之，充分发挥了学校在社会教育中的“发动机”作用和辐射功能。

第三节　革命根据地教育发展的特点

正如李公朴先生所说：“教育是一种无往而不达，无深而不入，有着永远的继续性的工作。只要认真地做一件事情、一桩工作，在工作过程中是随时随地地需要教育工作。"[①] 晋察冀、晋绥、晋冀鲁豫革命根据地始终将教育作为反对奴化教育、进行政治宣传、开展抗战动员、提高人民文化素质的主要手段，在战争时期克服重重困难，大力兴办初等教育、干部教育、社会教育等，将文化基础薄弱的农村教育工作搞得卓有成效。不仅有力地支持了抗战救国，为赢得抗日战争的最终胜利在文化教育领域创造了条件，而且促进了广大农村人口文化素质的整体提高，为新中国文化教育事业发展奠定了坚实的基础。综观根据地教育，可概括出以下几个特点。

一、战斗性：各类教育围绕抗战救国中心工作

"教育工作绝不是一个孤立的工作，只有把教育渗透到各部门的工作中去，只有把教育工作和实际生活密切地联系起来，才能完成教育的目的。……学校就是战场，战场就是课堂。是抗战的教育，是建国的营房。教育永远不会超社会而存在。今天的教育无论如何是和抗战建国分不开的。"[②] 无论初等教育、中等教育，还是干部教育、社会教育，均紧紧围绕抗战救国这一中心任务进行。初等教育内容将抗日教育作为教育的主题，如初小课本《国语》第二册共有 36 课，其中 13 课是有关抗战的内容："不让鬼子来破坏""加紧除奸""参加儿童团""拿枪干一场""八路军与新四军"等[③]。中等教育开设政治和军事课，政治课主要讲抗战建国纲领、统一战线、论持久战，军事课内容有基本操练、行军、射击、野外演习、游击战术、地方卫戍、后方勤务、防空防毒常识等。[④] 干部教育以培养抗日干部为主要目标，因此，从教育管理、课程设置、教学实践等方面都围绕抗战，主要提高政治素质，锻炼学员的军事技术和实战本领。社会教育也是为抗战救国服务，开展冬学运动，开办民众学校、识字班、宣讲班等，主要是为了提高民众的文化水平和政治觉悟，动员他们投身到抗战的伟大实践之中。

---

① 李公朴：《华北敌后——晋察冀》，生活·读书·新知三联书店 1979 年版，第 136 页。

② 李公朴：《华北敌后——晋察冀》，生活·读书·新知三联书店 1979 年版，第 140 页。

③ 抗战时期初级小学适用课本《国语》第 2 册，晋察冀边区行政委员会 1940 年编印。

④ 五台教育志编纂组：《五台教育志》，山西人民出版社 1991 年版，第 70 页。

二、政治性：政治动员是推动教育发展的保障

抗战时期革命根据地各类教育始终与政治宣传紧密结合，无论初等学校还是民众学校，招收学生均采用政治动员的方式，初等小学在招生过程中以广泛的政治动员，深入解释说服为主，必要时配合政府法令强制入学。在动员儿童入学时，各级政府协同群众团体共同进行，利用组织力量，进行深入动员。甚至以动员新战士的精神来动员儿童入学，发起动员工作竞赛，形成动员儿童入学热潮。在开展冬学运动和民众教育活动中，仍然采用政治动员的办法，“冬学运动的动员方式是行政与政治动员同时并进，但主要是依靠了政治动员，启发了群众的积极性、自动性和创造性，造成热烈的群众运动。”① 不仅入学需要政治动员，而且各类教育活动中也包含着政治宣传与政治动员的内容。中等教育、干部教育和社会教育中政治宣传的比重大致占全部教育内容的20%—50%，即使小学教育中政治宣传的内容也占到10%—20%，并且还开展政治动员实践活动，让中小学生深入农村和基层群众当中开展政治动员工作，动员民众积极参与抗战、参与边区建设、参与教育活动等。总之，革命根据地教育与政治宣传和政治动员密切结合，且政治动员成为推动教育发展的有效途径。

三、实践性：坚持教育与生产劳动相结合原则

由于抗日根据地条件艰苦，办学条件简陋，因此，各类教育要想顺利进行，一方面，需要师生克服各种各样的困难，通过自制教具、自建校舍等劳动来创造条件开展教学活动；另一方面，坚持教育与生产劳动相结合原则，在生产劳动中进行教育，将生产劳动作为教学内容，课余让学生参加生产劳动，勤工俭学，解决课本费和学习用品费等。如1940年盂县小学生参加春耕250亩，垦荒71亩；崞县小学生参加护秋运动，共组织68个护秋宣传队、120个代收队，帮助秋收1200亩；另有13个县的小学实际参加劳动的师生共162130人，代耕91886亩；北岳区小学生拾麦200多石以救济难民，慰劳军队及抗属8652.62元边币，铜铁11856斤，还有

① 郭洪涛：《华北敌后抗日根据地的新教育》，《解放》1941年2月1日。

很多鸡子、毛巾、弹壳等。[①] 小学教育将生产劳动作为教学重要内容、锻炼能力的途径和勤工俭学的手段。特别是民众教育中，实行将教育送到群众集体劳动的场所去的政策，民校教师利用集合和休息时间，为群众读报刊、讲时事、介绍生产情况和模范事例，民众在滩地上练习写字和做计算。灵邱县雁翅村姬记海成立的拨工组，就是一个集劳动、教育和战斗于一体的组织，他们一起劳动、一起学习，坚持在干完农活的前提下识字两个字、一周学一首抗日歌曲的目标，经过1943年一年的努力，该组成员均达到了能写便条、能读报、会记账的程度。[②] 1940年前后晋察冀边区出现了无数的儿童拾柴队、拾粪队，专门为抗日家属拾柴拾粪，盂县儿童在课余拾柴30000多斤，拾粪2000余筐，还经常为抗属提水、磨面、清扫。灵邱县小学生配合青救会割回敌人电线100余斤。[③] 此外，社会教育采取在生产中开展教育的方式，达到让做工的识字的目的。如繁峙县为了让拨工组识字，专门给他们发报纸、课本和宣传品，劳动休息时进行学习；针对有的村识字的人太少，就让小学教员每天为其写两个生字，让他们在地里干活时互相教，“批头就是我们的毛笔，土地就是我们的麻纸。”[④] 不久组员都会认路条、写路条，通过在生产中教育，革命根据地的民众教育工作呈现出一派新气象。

四、普及性：全力实现各类教育的大众化

正如晋察冀边区政府秘书长娄凝先于1940年总结的那样：“大战斗的炮火震醒了穷乡僻壤每个角落的国民，民族革命战争的胜负，关系到每个国民的财产生命以及以后累世的命运。国家事再不容不关心了。每个国民都在迫切地要求懂得国事，参与国事，认识现实……因此，感到受教育的需要，差不多形成了一个极普遍的现象，这就必然地导出教育工作普遍性、集体性。边区普遍地实行了真正的免费教育，学校教育与社会教育的

① 《边委会工作报告》，《晋察冀边区教育资料选编》（教育方针政策分册下），河北教育出版社1990年版，第82—83页。

② 刘皑风：《国民教育怎样和生产结合起来》，《教育阵地》1946年2月5日。

③ 夏阳：《晋察冀边区的孩子们》，《新中华报》1940年4月2日。

④ 路基：《繁峙在大生产中教育工作也活跃了》，《晋察冀日报》1944年9月9日。

界限已不再筑上一条篱笆。所谓教育的大众化，在这里是不容加什么犹豫的。”[①] 1941 年 1 月，晋察冀边委会作出了《关于普及国民教育的指示》，规定学龄儿童 7—10 周岁均须入学接受初级小学教育，力争年内有 60% 以上的地区普及国民教育；动员儿童入学不仅求数量发展，而且保证儿童不缺课、不辍学；动员初小毕业的学生，尽可能入高小学习；以广泛政治动员和深入宣传为主，必要时政府可以实施强迫入学；根据“一村一初小，一区一高小”[②] 的原则，普设学校，为儿童入学提供便利条件。1941 年夏晋察冀边区共有学龄儿童总数 101135 人，小学校 1530 所，在校生 68666 人，学龄儿童入学率达 67.9%；四专区，学龄儿童总数为 107881 人，入学儿童数为 93918 人，学龄儿童入学率为 87.1%，小学教员总数达 1275 人。[③] 到 1942 年基本实现了 50 户以上村庄都有一所小学的目标。社会教育普及率也在不断提高，1939 年冬至 1940 年春晋察冀边区共设立冬学学校 5379 所，比上年 2000 多处增加了 2 倍多；冬学学生共有 390495 人，比上年的 181794 人增加了 1.15 倍多。[④] 妇女冬学发展速度较快，1939 年冬有女冬学 3500 多所，入学人数为 140000 人。[⑤] 大部分县的扫除文盲率达到 60% 以上，如盂县原有文盲 7043 人，扫除文盲人数 4502 人，扫除率达 64%。1944 年边区提出每个村设立 1 所冬学、1 个读报组、1 个识字牌或黑板报，力争使每个成人能识 200 个字，达到会念、会讲、会写、会用的程度。这些举措都是为了确保抗日根据地文化教育的普及化和大众化。

五、群众性：教学内容由群众自己来决定

抗日根据地教育的群众性主要体现在：一方面，学校教育从未脱离群众，大中小学生“生长在群众中，生活在群众中，学习在群众中”[⑥]，学

① 娄凝先：《二年来边区教育工作的回顾与瞻望》，《边区教育》第 2 卷第 1 期，1940 年 1 月 15 日。

② 《关于普及国民教育的指示》，载《晋察冀边区教育资料选编》（续集），北京师范大学出版社 1991 年版，第 1—2 页。

③ 张向一：《边区小学教育的概况》，《晋察冀日报》1943 年 1 月 23 日。

④ 郭洪涛：《如火如荼的冬学运动在晋察冀边区》，《新中华报》1940 年 6 月 11 日。

⑤ 杨耕田：《关于边区社会教育的一些问题》，《边区教育》第 2 卷第 15、16 期，1940 年 9 月 1 日。

⑥ 宋劭文：《祝边区学联的成立》，《抗敌报》1940 年 5 月 18 日。

生们经常与群众一道参加春耕运动、背粮运动等生产劳动，始终与群众打成一片；另一方面，群众广泛参与教育活动，尤其是根据地开办的社会教育，广大群众积极参加。入民校、上冬学、去识字，是群众农闲时最乐意参加的活动。在冬学运动中，群众广泛参与，出现了许多可喜可颂的动人场景：

> 冬学运动中，每逢开课的时候，大批的青年和中年妇女，就连老婆婆都赶来上课。一家之中，婆婆和媳妇、母亲和女儿、嫂嫂和小姑都涌进了学校。互相竞赛，争取做“学习英雄”、“学习战士”的佳话到处传着。一位70多岁的老太婆和孙女举行竞赛。另外，还有一位张婆姨，因为一家只有她和媳妇两人，她们不能一同去上课，结果她们便想出了新办法，轮流去上课。今晚轮着媳妇去上课，张婆姨就洗锅看家，张媳妇下课回家后便把冬学中老师所教的转教婆婆。等到冬学结束时，婆媳两人的成绩很好，都得了奖。……在热烈的冬学运动结束以后，许多优秀的失学妇女，正式升入小学或其他学校。在边区，教育是大众的，人人都有读书的机会，几年来虽然在困难的条件下，但是“识字的教人，不识字的向人学”的计划，却已逐渐实现了。①

这是群众积极参加社会教育的生动写照，而且民众“教育的内容由群众自己来决定，适合广大群众的需要”。如教群众认票子、写路条、写对联、开收据、记账、写信、写契约等，都是农村适用的内容；“群众教育走了群众路线，广大群众可随意按着自己的生活方式去选择适当的学习方法”②，如群众在井台边、碾盘上、墙壁上进行学习。

六、经济性：克服困难创造条件办教育

由于敌人在扫荡中烧杀掳掠，人民生活艰难，民不聊生，革命根据地

---

① 司徒斯丽：《新民主主义下的妇女教育》，《新华日报》1944年2月13日。

② 《群众教育的“民办公助”》，载《晋察冀边区教育资料选编》（续集），北京师范大学出版社1991年版，第237页。

的经济拮据是可以想象的，这样办教育所需经费非常紧张，因此，“如何以最小的精力、最小的经费、最短的时间，求得最大的教育效果，成为边区教育工作者首要的课题。一个文化教育工作者过着和一般战士、贫民一样的生活，而在汲汲不休地奔波着。一个小学教员至多每月不过 10 元的薪金，有时还在炮火的威胁下，坚决地执行着他的任务。到处的山坡、树林、河滩都可以做我们的教室，一块木板便代替了桌凳”①。在这种特殊情况下，教师与学生必须克服困难，努力创造办学条件，以确保教育能够正常、顺利地开展下去。粉笔、墨汁、墨水、纸张等，边区都可以制造；学校通过组织师生参加生产劳动，来解决学生的经济问题。学生将生产所得的经费作为学习用具费。正如农村家长所说：“学生不是拾粪就是割草，学校里还集体种了一块菜园，今年上学用的笔呀、纸呀、本儿呀……什么也不用家掏钱了，他们自己都解决了，眼下的学堂真不错啊！”②

七、创造性：在教育实践中探索与创新

革命根据地的建立是中国历史上具有首创性的一大举措，在根据地发展教育同样是一项带有浓郁创造色彩的伟大事业，因为历史上没有这方面的经验和样板可供参考。正如晋察冀边区政府秘书长娄凝先于 1940 年所讲：

> 抗战是件非常的大举，建国更是一件伟大的事业。在这抗战建国的伟大时代，我们的教育工作也和其他部门一样，所承受到的遗产实在寥寥。因此，边区教育工作，便浓厚地充满了创造性。新的制度、新的教材、新的教学法，逐渐地产生与形成。谁个要只拘囿于固有的经验范围，谁个就必然地遭受到失败，只配做一副坟墓里的骨骼。③

无论是边区教育政策的制定与教育管理的实施，还是课程的设置与教学方法的选择，均是在边区教育行政干部、教育管理人员、教师及学生的创造

① 娄凝先：《二年来边区教育工作的回顾与瞻望》，《边区教育》第 2 卷第 1 期，1940 年 1 月 15 日。
② 梅生、全仁等：《北岳区生产教育的活跃》，《晋察冀日报》1943 年 8 月 4 日。
③ 娄凝先：《二年来边区教育工作的回顾与瞻望》，《边区教育》第 2 卷第 1 期，1940 年 1 月 15 日。

性工作中进行的。当边区教育在发展过程中遇到困难或失误时，就进行具有针对性的调整，使之更加适应抗战形势的需要。正因为革命根据地教育战线上的干部与师生不断进行创造性的工作，因而，既取得了良好的办学成绩，有力地支援了抗战救国，又为新中国发展各类教育事业积累了丰富的经验。

第三章　阎锡山退守中的晋西教育

太原沦陷后，阎锡山及山西军政机关撤离太原，退守临汾，后来长期占据晋西的吉县、乡宁、蒲县、大宁、永和、隰县、汾西、孝义、石楼等县，并延伸至襄陵、汾城、洪洞、赵城、河津、稷山等沿山一带。阎锡山是一位热衷于兴办教育的地方军阀，他曾于20世纪二三十年代率先在山西施行义务教育，到1924年，全省已入学的学龄儿童总数高达1056115人，受义务教育儿童数占学龄儿童总数1461842人的百分比高达72.2%，男童受义务教育人数占男学龄儿童总数的比例更是高达90%多[①]，在20世纪前半叶一直居全国首位，并直接带动了全国各省义务教育的实施。人民教育家陶行知到山西三次参观后，评价说："中国除山西省外，均无义务教育可言"[②]，"山西是中国义务教育策源地"[③]。30年代，山西高等教育也走在全国的前列，拥有省立高校6所，在全国省立高校数排名中居第一位。[④] 师范教育方面，据1922—1923年中华教育改进社调查，山西省13所师范学校的在校生总数为3442人，居全国第二位，其中女生人数居全国第一位。[⑤] 特别是阎锡山亲自设计的一些特殊师资培养形式，如国民师范学校、模范示教等，引起了国内外教育界的关注和好评，美国著名教育家杜威于1919年亲临山西调查后评价说："山西之国民师范学校、师范讲习所、模范示教等，皆为中国部章所无，实为能实行主试验

① 民国教育部编：《第一次中国教育年鉴》丙编，开明书店1934年版，第503页。

② 华中师范大学教育科学研究所编：《陶行知全集》第1卷，湖南教育出版社1984年版，第227页。

③ 《陶行知全集》第2卷，四川教育出版社1991年版，第245页。

④ 民国教育部编：《第一次中国教育年鉴》丁编，开明书店1934年版，第40—41页。

⑤ 高践四：《三十五年来中国之民众教育》，载《最近三十五年之中国教育》卷上，上海商务印书馆1931年版，第193页。

之教训。”① 陶行知也评价道：“将来实行义务教育，自必从推广师范学校入手。山西国民师范学校的办法很可参考。”② 因而，阎锡山当时赢得了“模范省长”的美誉。抗战时期在退守晋西期间，尽管条件极其艰苦，但他仍然坚持办学，兴办基础教育、高等教育、干部教育、军事教育、社会教育等，不仅各类学校自成体系，而且形成一定的规模，从而成为当时山西境内的一股不容忽视的教育力量。

第一节　阎锡山的战时教育理念："种子”教育

20世纪二三十年代，阎锡山曾以大力兴办教育而闻名于全国，并赢得了“模范省长”的美誉。“因为阎把教育看作是教育群众忠诚于他的政权的一种强有力的手段”③，他将兴办教育作为培养统治人才的工具，扩大统治基础的手段和名扬天下、留名百世的招牌。④ 不管出于何种动机，阎锡山一生都十分热衷于兴办教育的客观历史事实不可否认，即使在抗战期间条件十分艰苦的情况下，他仍然坚持兴办各类教育，而且有的学校办学很有特色，办学成绩较为突出。

一、“种子”教育理念

抗战时期阎锡山经常用“种子”来比喻兴办教育，他认为“一粒谷子，能成一穗谷子；一穗谷子，能成一亩谷子；一亩谷子，能成遍地谷子”⑤。他将这一思想运用到教育当中，看到了教育对思想文化的宣传与

① ［美］杜威：《教育上的试验态度》，《教育杂志》第10卷，1918年第12期，第19页。

② 《陶行知全集》第1卷，四川教育出版社1991年版，第395页。

③ ［美］唐纳德·G. 季林：《阎锡山研究——一个美国人笔下的阎锡山》，牛长岁等译，黑龙江教育出版社1990年版，第62页。

④ 中国昌：《守本与开新——阎锡山与山西教育》，山东教育出版社2008年版，第5—6页。

⑤ 第二战区司令部侍从秘书室编：《会长重要训话选辑》，民族革命同志会工作委员会1941年编印，第38页。

普及功能。因此，抗战时期他在晋西避难期间仍不忘全力兴办各类教育。一方面，希望通过办教育来培养抗战所需要的人才；另一方面，可以传播他自己的思想，他提出“中的哲学”“物产证券与按劳分配”等思想，并要求在中学以上学校开设这些课程。他还倡导“教学打成一片”“教学做用合一”的教育理念。

阎锡山对“种谷”思想进行过较为详细的论述：

> 收获有两种：一种是质的收获，一种是量的收获。质的收获是以贱变贵，量的收获是由少变多。以少变多，纯粹是个种子。宇宙间的一切皆是种子的功效，如抽了种子，则一切无功效，并且无一切。所谓种子的功能，是无穷大的。我们拿起一颗谷子，如抽了种子，其功效虽能变质，但只限于一粒，其功效亦甚微；若成为种子，其量是无穷大，其变质之功能亦无穷大。所谓以少变多的种子，亦如以贱变贵的功效。土生植物，植物贵于土，是土的收获。①

他将办教育、培养人才看作是在土地里下种子，种在土地里的种子越多，适时地精耕细作，便会获得更多的收成，取得更大的效益。只有大力兴办教育，培育更多的人才，这些有文化的知识载体，便会继续将文化知识传递给更多的人。这样就像播种种子一样，一方面可使文化知识得以不断传承，另一方面又可层出不穷地培养社会所需要的各种人才。

同时，他特别强调这里的“种子”教育，要坚持“种瓜得瓜，种豆得豆”的原则，因为“种子是瓜，地中瓜的原质，就成就为瓜；种子是豆，地中豆的原质，就成就为豆。人的脑中，一个工作室里，具有一种化精神的原质，当在什么室里工作，就把什么室的原质化成了自己的精神，支配了自己的行为”②。也就是说，阎锡山主张他所办的晋西教育，应当培养有利于他统治的政治、实业和军事人才，而不是造就反对其统治的青年。他进一步阐述道：“志就是事业的种子，有瓜的种子，就能收得瓜；有豆的种子，就能收得豆。人精神的收获，全是说，志于儒即是儒，志于

---

① 阎锡山：《收获理性》，载《阎伯川先生救国言论选集》第 3 辑，现代化编译社 1945 年版，第 205 页。

② 阎锡山：《已虞建组课堂讲话》，载《会长训话辑要 · 必知》，山西普训干部及民众指导委员会 1944 年编印，第 3 页。

佛即是佛，志于革命即是革命，志于盗贼即是盗贼，志就是人精神收获的种子，故人的事功全由下种的可欲而起。”[①] 明显可见，阎锡山的“种子”教育思想中容含有向青年学生灌输什么样的思想，就能培养出什么样的人才的思想。从中可见，他所期望的抗战时期的晋西教育，应当主要向青年学生灌输他的思想学说，首先培养服从与服务于他的统治的民众，其次造就坚持抗战救国大业的人才。他认为，“青年是政治的持续力量”，即使是在战时艰苦的环境下，他仍然倡导对青年加强教育，只要有机会与青年接触，他总要告诫青年学生要做到“精神上要不丢人，身体上要不得病，工作上要不贻误”[②]，旨在劝勉青年学生成为他所期望的有用人才。他还用“种子”理论来教育晋西官民要有博爱之心，将爱子女之心推广到爱众人。他说：“人把亲爱子女之欲变成亲爱众人，这就是理性种子的收获。如一颗谷子的种子，变成一穗谷子，也就是变成多数的一颗谷子，并不是由一颗平常的谷子变成奇异的谷子。理性种子，就是把亲爱子女的那个种子变成了亲爱众人。”[③] 运用他的“种子”教育理念来思考对人的品格教育问题，以此来通俗地向民众解释将爱心推己及人，只要人人有爱心，民族就有凝聚力，国家就会强大，社会就会进步。

鉴于以上认识，阎锡山一生都非常重视兴办教育，不仅在相对和平的二三十年代重视发展教育，而且在战火纷飞的困难年代他仍然不忘办学，竭力兴办各类教育。通过发展教育，来培养更多的抗战建国人才，特别是可以培养出为其统治服务的政治人才。因此，他经常告诫各级干部要重视发展教育，他写的诗中讲道：

> 有民不知教，有产不知开；
> 做甚不务甚，外患自然来。[④]

他不仅自己热衷兴办教育，而且要求其部下均要重视发展教育，广泛设

① 阎锡山：《已虞建组课堂讲话》，载《会长训话辑要·必知》，山西普训干部及民众指导委员会1944年编印，第3页。

② 沙沱：《西战场上的阎伯川将军》，《重庆商务日报》1940年5月26日。

③ 第二战区司令部侍从秘书室编：《会长重要训话选辑》，民族革命同志会工作委员会1941年编印，第39页。

④ 阎锡山：《外患》，载《阎伯川先生与山西政治的客观记述》，现代化编译社1946年版，第52页。

学，使学龄儿童和民众均能受到良好的教育，这样才算是合格的干部，否则就是不负责任的、不合格的地方干部。以此来号召退守晋西的山西省政府及各县干部要上下互动，共同掀起兴办教育的高潮。

二、“内外夹攻”的教育法

为了达到“种子”教育的目的，阎锡山进而提出了“内外夹攻”的教育法，以此来培养有公道之心、公而忘私的抗战建国人才。阎锡山于1940年借用儒家教育思想来阐释这一教育方法，他说：

> 什么是教育呢？就是要教人将公心向外通，使公心用事。就是要省察自己的公心究竟向外通了没有？教育的目的是就要教学生把此公心向外通了才是，我所谓“通”，就是真正教二心（公心与私心）相通。通了的法子就是内外夹攻的教育法。一由外向内，一由内向外。使内里的公心达到外边，若不能达到外边，就如芽子不能出土一样；使外面的私心向内走，若不能至内，就如同滋养芽子的养料不能入于幼芽的一样。孔子的教育法，原是这样。①

阎锡山曾留日五年，目睹了日本人恪尽职守、爱岗敬业的优秀品质，深受触动。他认为，近代中国之所以落后于日本，日本之所以敢于发动侵华战争，是由于中国人自古以来缺乏责任心和公道心，而是各自为政，各谋私利。因此，在大敌当前的特殊历史时期，尤其要培养年轻一代公而忘私的良好品质，不能自私自利、损公肥私，而应以民族事业为重，以抗战救国为己任。而这种公心的培养需要采用“内外夹攻”的教育方法，正如他所讲：“我主张教育要使内者向外，外者向内。什么叫做‘内者向外’？譬如仪容是外，心须能容外物，孔子说的‘九容’，都是从内发出来的。什么叫做‘外者向内’？譬如心思是内，必须思其明，孔子所说的‘九思’，都是自外物引起内心来的。”② 他进一步对“内外夹攻”的教育法作了解释：“最好的方法就是内者向外，外者向内。……内外相通，内外合

① 阎锡山：《阎伯川先生救国言论选集》第3辑，现代化编译社1945年版，第240—241页。

② 阎锡山：《阎伯川先生救国言论选集》第3辑，现代化编译社1945年版，第237—238页。

一，道心在内藏着，人心从外包着。道心就是公心，人心就是私心，能把道心透出人心，就是公心突破私心的包围，使公心反包围了私心，‘九思’‘九容’和合，智仁勇三德就可兼备。”[①] 他认为，公心在内，私心在外，教育的目的就是要让深藏在内的公心外现，让体现于外的私心内敛。人人都可以学好学善，“就如树都可以栽活一样”。教育者就是要负责将学生引导到善的方向上来，“教种禾苗者，固不可怠惰不理，亦不可揠苗助长。想教育得法，就是要内者向外，外者向内。学校教育，应当热心教助学生，使之内者向外，外者向内；学生亦应当努力的内者向外，外者向内，以求其通。”[②] 通过内外夹攻的教育法，最终使学生形成他所期望的良好品质：“要有钢铁的志气，不屈不挠；要有胶皮的性质，不屈不折；要有大无畏的精神，勇往直前；要有小心谨慎的行为，事策万全。”[③]

在实施内外夹攻教学法的过程中，不单凭学生一方面努力，还需要教师富有爱心和耐心的引导和帮助。阎锡山对此作了寓意丰富的论述：

> 当教员的教导学生，如鸡孵卵一样，必须先有一定的热度，还得有相当的方法，才成孵成哩。若没有热度与方法，一定是孵不成的。余所希望于诸君之，要是有顶高的热度，就不怕没有方法。如能时刻存一唯恐误人子弟戕贼国家人才之心，自然就能想出教导的方法。日本模范村某村长，谓栽树人以手栽，我以心栽，所以我栽的树就能成活。我亦进诸君一言，勿徒以课本教学生，要以热心教学生。[④]

可见，阎锡山不仅十分重视兴办教育，即使在抗战时期条件十分艰难的情况下仍然坚持办学，而且非常关注教育方法的探索。也许是由于其在年轻时就留学日本，见识广博，或许是由于20世纪二三十年代他多次主动与国内外著名教育家接触与交流，阎锡山能够提出独具个人特色的教育理

① 阎锡山：《阎伯川先生救国言论选集》第3辑，现代化编译社1945年版，第239页。

② 阎锡山：《阎伯川先生救国言论选集》第3辑，现代化编译社1945年版，第241页。

③ 刘克：《会长的格言》，载《抗战中的阎伯川将军》，学习社、复兴日报社1944年版，第61页。

④ 阎锡山：《教导学生要有一定的热度与相当的办法》，载《阎伯川先生言论辑要》第5册，太原绥靖公署办公处1937年编印，第7页。

念，并以此来指导当时的晋西教育维系与发展，进而有效地支援了晋西乃至晋西北地区的抗日救国运动。

第二节　晋西干部教育："洪炉训练"

阎锡山为了教育退守晋西的军政官员，在克难坡开展了所谓的"洪炉训练"，用其自编的政治理论来教育其不同层次的干部，以增强凝聚力和战斗力。一方面，为了提高抗击日本侵略者的意识，从而保证抗战的顺利进行；另一方面，为了避免其官员被"赤化"，成为共产主义的信奉者，因为在和共产党的合作中，他感受到"共产党在山西民众中享有很高的声誉"①。在处境艰难当中的阎锡山，将干部教育作为树立自己威信的重要突破口，正如他所说："克难坡上首先注意的是干部内力的培养。"②《申报》在报道中说：在晋西"干部训练也成为一种很重要的教育工作，这些训练多是短期的。在各级政府所举办的干部训练最多，性质也分行政、教育、村长、闾长、村自卫队等好多种类，这是干部训练的主要目的。即在于培养选拔新的干部，改造落后的脆弱的干部，统一干部的政治认识和新的工作作风"③。

一、"洪炉训练"的背景与内涵

1938年冬，日本侵略军在速战速决战略目标无望实现的情况下，改变战略，转攻为守，因而抗日战争进入了战略相持阶段，这样给了国民党喘息的机会，又开始实施"攘外必先安内"的反动政策。于是1939年底至1940年春，蒋介石发动了第一次反共高潮，胡宗南侵占陕甘宁边区的部分地区。再加上阎锡山在与共产党合作过程中，通过成立"牺盟会"和"战动会"，他对共产党的工作原则与党内纪律有所了解，他也深深感

---

① ［美］唐纳德·G. 季林：《阎锡山研究——一个美国人笔下的阎锡山》，牛长岁等译，黑龙江教育出版社1990年版，第282页。

② 阎锡山：《克难城》，《扫荡报》（重庆）1945年5月9日。

③ 晋西通讯社：《在艰难困苦中晋西教育积极推进》，《申报》1939年1月7日。

觉到共产党已在山西民众中赢得了良好的声誉。相比之下，他领导下的第二战区司令部难以在民众中产生如此大的影响。因此，一方面，阎锡山发动“晋西事变”，疯狂屠杀共产党人；另一方面，他效仿共产党和八路军大力开展干部教育的做法，在其军政官员中广泛开展教育，他将其称为“洪炉训练”。

为了巩固其在晋西的地位，1940 年将二战区总部由陕西的秋林迁回晋西吉县的南村坡。因“南村”与“难存”谐音，阎锡山就将其改名为“克难坡”，以此来表达自己克服困难的决心。晋西乃至山西的地形地势正如美国学者罗斯所描述的那样：“沟壑纵横的黄土高原，到处是坍塌的土坡，泥沙堵塞的河道，淤泥充塞的桥梁，土壤贫瘠的谷地，冲决堤坝的湍流，在高高突出于平原之上的河床中缓缓行进的河流，以及如同豌豆汤一样浑浊的溪水。所有这些都证明，盲目砍伐树木，必将导致洪水对自然环境无情的破坏。”[①] 克难坡就是这种典型的山区地形，地势起伏，山路崎岖，位置偏僻，条件艰苦。当时战地记者描述第二战区司令长官阎锡山居住的卧室：“窑洞尤为简单：没有窗，一个土炕，铺着毯子，毯子上再铺着一张皮褥子，折叠着两条棉被，一张尺把高的小矮桌子，桌子上放着一个墨盒、一枝毛笔、一折信笺，两条长板凳摆在炕前，两个小箱子搁在洞的深处。此外，便什么都没有了。谁能想像到这就是阎司令长官和他居住的‘公馆’——办公室、会客室兼卧室呢?”[②] 由于条件艰苦，因此阎锡山倡导全体军政人员开展克服困难运动，他经常告诫其部下：“只有忍苦耐劳，克服困难，才能支持华北的战场。”[③] 他向广大晋西民众提出了许多克服困难的口号和办法，除了将南村坡改为克难坡外，他还在驻地到处张贴克服困难的标语，让所有工作人员胸前佩戴着“克难”的牌子，以时刻警告所有工作人员要克服困难。

在这种异常艰苦的环境中，对其军政官员进行教育，意义非凡。因此，阎锡山认为，在这种情况下，不仅“要与敌人搏斗，还要与环境搏斗，与物质搏斗，以至和自己的内心搏斗”[④]。他将培养干部的吃苦精神和磨炼官员的意志作为一项重要政治任务，在他看来，克难坡艰苦的环境

① ［美］E. A. 罗斯：《变化中的中国人》，公茂虹、张皓译，时事出版社 1998 年版，第 19—20 页。
② 林焕平：《阎司令长官访问记》，《香港星岛日报》1940 年 5 月 30 日。
③ 谢永炎：《领导克服困难的阎伯川先生》，《扫荡报》（重庆）1942 年 6 月 28 日。
④ 阎锡山：《克难城》，《扫荡报》（重庆）1945 年 5 月 9 日。

是锻炼人的最佳环境，因此，将这次干部教育运动称为“洪炉训练”。他专门对其作了明确的阐释：

> “洪炉”就是“大炉”。我所说的“洪炉”是“革命的洪炉”，就是说，我们要在这个“洪炉”中以炽盛的烈火锻炼出警觉、迅速、负责、自动、深入、彻底的革命干部。把握住现实，创造独立自由、富强文明的新中国。……在这个“洪炉”里头，是用最高度的热，来锻炼我们的同志，使每一个同志去掉自身的必须得割除的杂渣，把好的成分锻炼成一块坚硬的钢铁，来应付革命事业的需要。①

他将“洪炉训练”视作教育晋西军政干部的重要运动，以期通过这样的培训与教育，使他的部下能够成为完全领会其统治意图、意志顽强、热心工作的好干部。正如他所描述的那样：“训练以具有革命企图、负责的热心、是非的智慧、纠正的勇气，所谓洪炉焦炭四条件的人充任训练干部，拿出他们的企图、热心、智慧、勇气，表现出发动、竞赛、纠正、打击的事功，使受训的全成为作人有人格、气节、能力、方法、态度，作事能警觉、迅速、负责、自动、深入、彻底的万能干部。”② 阎锡山还为其规划设计的“洪炉训练”写了一首《洪炉歌》：

> 高山大河化日熏风，俯仰天地何始何终；
> 谋国不豫人物皆空，克难洪炉人才是宗；
> 万能干部陶冶其中，人格气节革命先锋；
> 精神整体合作分工，组织领导决议是从；
> 自动彻底职务惟忠，抗战胜利复兴成功。③

1941 年 7 月—1945 年 7 月，阎锡山在晋西共举办了 60 多期“洪炉训练”，集中轮训晋西干部多达 2 万余人。当时记者报道：“洪炉真是巨匠的陶冶，一入洪炉，便等于来一次脱胎换骨的铸炼。……把一切懒惰、不

① 阎锡山：《阎伯川先生救国言论选集》第 3 辑，现代化编译社 1945 年版，第 73—76 页。
② 阎锡山：《克难城》，《扫荡报》（重庆）1945 年 5 月 9 日。
③ 阎锡山：《校长复校开学词》，1941 年编印，第 1 页。

热心、不负责、划小圈的恶习滓渣淘汰的干干净净，把一切私见、偏见、成见也排除出去，经过点铁醮钢的工夫，便化成净白的整体，成为万能的干部了。二战区的干部中可以说很少有没经过洪炉训练的。”[①] 阎锡山搞的“洪炉训练”是一次大规模的干部理论教育活动，经过这次运动，加强了他对晋西干部的控制与管理，为进一步巩固其在抗战期间晋西的统治奠定了基础。

二、干部教育对象：二战区军政各级官员

“洪炉训练”的目的是“造出警觉、迅速、负责、自动、深入、彻底的万能干部，完成集中领导，齐一进步，个别功能的整体精神。拿上整体精神，运用万能的干部，做到政民打成一片、官兵打成一片、军民打成一片、军政打成一片”[②]。为此，阎锡山力求对各个层次各个领域的干部进行普遍的教育，以保证上下一心，令行禁止，进而确保其在晋西的统治地位。综观阎锡山在晋西的干部教育，其施教的对象主要可分为以下几类。

第一，机关干部教育。阎锡山一向重视省政府及二战区长官部机关干部的教育，这些人身处首脑机关，直接关系到行政管理的成败，影响到晋西的政局稳定。对这些高层行政干部教育的主要目的是使之服从阎锡山的统治意志，一心一意地为阎锡山服务。教育这些机关干部要有“警觉、迅速、负责、自动、深入、彻底”的素质，学会管民、组民、训民、用民的技巧，真正使民众成为服从管教的顺民。为了管理好民众，机关干部必须学会“与民合谋”，做到动员民众做事前要“用商量的口气，研究怎样做”[③]，而不能老是以命令的方式来指挥下层民众。同时，还要“取得民心”“不得罪人民”，为此“不打骂人民，不滥用民力，不损坏禾木，不接受馈赠”。此外，作为机关工作人员，最基本的要求是忠于职守。

第二，部队干部教育。部队干部除具备机关干部应有的基本素质外，最重要的一条就是做到“利干”，即“以顺利的过程达到成功的目的”，正如阎锡山在国民兵团干部训练班上所讲：“如何才能利干？一要取得人

① 沙沱：《洪炉训练》，《复兴日报》1945 年 10 月 2 日。

② 阎锡山：《阎伯川先生救国言论选集》第 3 辑，现代化编译社 1945 年版，第 78 页。

③ 第二战区司令部侍从秘书室编：《会长重要训话选辑》，民族革命同志会工作委员会 1941 年编印，第 62 页。

心，二要知错、认错、改错，三要反求诸己。”[①] 他还在给晋绥军实施干部政策训练团干训队学员的手谕中要求部队干部，应当是负责的、上进的、爱兵的、公道的、整个的、有团力的“接受革命的使命，完成革命任务的干部”[②]。作为部队干部还要学习军事知识和本领，学会管兵、组兵、练兵、带兵、教兵、用兵。譬如“管兵”，要做到“合情合理，一定要人情统驭，合理管理”；“练兵”，要“练士兵的战斗知识、战斗技能、战斗方法、战斗精神”。[③] 如1938年10月初，阎锡山在吉县县城举办军事干部集训会，在会上他宣布制定“民族革命战法”，提出军政民广泛参与的全面抗战思想，该战法分政治、战略、战术、战斗、责任、指挥、军队等7大类35条。[④]

第三，县区干部教育。阎锡山在20世纪二三十年代就以地方政权改革成功而在全国树立了典范，除了实行村本政治外，他还创造性地在县级之下设立了区——“沟通县和村之间联系的桥梁：每个县分为3—6个区，其主要职能是维持治安和税收。”正如美国费正清所评价的那样：“在这方面，山西阎锡山的方案是开创性的。”[⑤] 由于区级行政单位在民国时期的山西最先施行，并且区在山西行政管理中发挥了较大的作用，因此，阎锡山非常重视县区干部的教育，即使在抗战时期他仍然关注县区干部的教育工作。1941—1945年多次举办县区干部培训会，教育县区干部要有责任心、“整体精神”，要“尽职忠职”，“办事要科学”，不得欺负人民等。譬如他在1941年的一次县区干部会上讲的主题是“管住下级，勿使得罪人民”，他要求县区干部不能犯渎职罪、失职罪，“渎职罪，即公务员假借职务上之权力、机会或方法，为人所不当为，而构成的犯罪。如滥用职权、窃取公有财物……失职罪，就是公务员当做的不做，或做甚不务甚，而把国家赋予他的事弄坏，致国家蒙受损失。”[⑥] 通过给县区干部讲法律，

---

① 阎锡山：《阎伯川先生救国言论选集》第3辑，现代化编译社1945年版，第63页。

② 第二战区司令部侍从秘书室编：《会长重要训话选辑》，民族革命同志会工作委员会1941年编印，第139—140页。

③ 阎锡山：《阎伯川先生救国言论选集》第3辑，现代化编译社1945年版，第193—195页。

④ 台湾阎伯川先生纪念会编：《民国阎伯川先生锡山年谱长编初稿》（五），台湾商务印书馆1988年版，第2110页。

⑤ ［美］费正清主编：《剑桥中华民国史》第2卷，章建刚等译，上海人民出版社1992年版，第372页。

⑥ 第二战区司令部侍从秘书室编：《会长重要训话选辑》，民族革命同志会工作委员会1941年编印，第148页。

来警告他们不能玩忽职守，而应忠于职守。

第四，乡村干部教育。阎锡山在20年代就以实行“村本政治”而闻名全国，他将村作为基本的行政单位，大力推进村制改革，“山西纲领是一个富于活力的省政府为将其行政权力扩张到乡村一级所采取的果断行动”，因而“使山西享誉全国”。[①] 在抗战时期退守晋西期间，阎锡山仍然实行村本政治，注重对乡村干部的培训和教育。他将村干部的教育纳入1941年的“洪炉训练”体系之中，为了加强对村干部的教育，他专门编写了《村本政治》小册子，发给村干部学习。其中有一章题为“村干部”，内容包括“什么是村干部”“干部与部属的区别”“干部万能与万能干部”“怎样做一个村干部”“村干部应有的做事能力”等。因为“村干部与人民最接近，人民也看得最清楚，感受得最切实”，所以，“作为一名村干部，必须站在人民的里边管理人民，站在人民的前边领导人民，站在道理的上边处理村事，处处能起模范作用，得到人民的信仰、佩服与爱戴”[②]。1941年他在“吉县整训村干部会”上讲道，“为政要得窍，办事要科学”[③]，遇事要与民商量，与民通气，做到通情达理，同时，办事要讲求方法，力求省时高效。

三、干部教育内容：维系统治的说教

抗战期间，阎锡山为了巩固晋西这块地盘，不仅抓军事和经济建设，而且时刻都没放松对干部的教育。为了和革命根据地干部教育相区别，他自己编制了一系列干部教育材料，内容涉及多个方面。择其要者，列举如下：

第一，“洪炉训练六训条”。阎锡山自己制定的“洪炉训练”六条基本内容包括：“警觉、迅速、负责、自动、深入、彻底”。所谓“警觉”，他的解释是“警是怀疑，觉是觉知，怀疑是就其经历而言，觉知是就其言行而言，其经历上在当时的环境中由内向外按其自己之趋向，由外向内

---

① ［美］费正清主编：《剑桥中华民国史》第2卷，章建刚等译，上海人民出版社1992年版，第375页。

② 阎锡山：《阎伯川先生救国言论选集》第3辑，现代化编译社1945年版，第112页。

③ 第二战区司令部侍从秘书室编：《会长重要训话选辑》，民族革命同志会工作委员会1941年编印，第173—174页。

按其环境的争取”。所谓“迅速”，就是“我们办事速率要大，工作要快。要想速率大要学习，要想工作快是勤劳”。[①]“负责”，是阎锡山一直强调的重要品质，他认为日本明治维新后之所以能够强大，就是因为国民均有负责的精神。因此，他在抗战期间尤其强调负责精神，他将“负责”具体总结为“做甚[②]务甚，做甚学甚，做甚会甚，做甚成甚，做不好甚羞甚，做坏甚殉甚”，他认为，父子不负责，家庭毁；官民不负责，政治毁；军队不负责，国家毁。所谓“自动”，即“须自己发动”，其内在的动力是“耻不若人”。“深入”，做事要凭着自己的热情和责任心“深深的钻进去”。“彻底”，就是“办一件事贯彻到根底上”。[③]这是阎锡山对军政干部的基本要求，主要是鉴于以往他的部下办事拖拉、效率不高的状况而提出来的。

第二，“革命者的五条件”。阎锡山针对抗战形势需要，提出所谓的“革命者五条件”：一是“健全革命者人格”，要有良好的生活习惯，不能沾染吸毒赌博等恶习；二是“坚定革命气节”，做到“官诱不动，钱买不动，手枪炸弹威吓不动”；三是“增强革命能力”，力求“匡救上级的不逮，得到同级的同情，争取同级的协助，解除下级的困难，督促下级努力，领导下级进步”；四是“增进革命智慧”，做到“利干”，就是做事精明干练，不拖泥带水；五是“养成革命气度”，做到“和蔼谦虚，坚强刚毅”。[④]

第三，“立国十要”。阎锡山认为，在抗战非常时期，全省上下均要有爱国之心，为此他提出了“立国十要”：“国魂——不作俘虏”，即要有爱国的热忱和见义勇为的精神；“国本——人各守信”，信用是政治之生命，也是立国之根本；“国基——公道森严”，公道是人类幸福的保障，也是立国之基础；“国运——耻不若人”，知耻是激发人进步的动力，也是改变国运的关键；“国力——负责自动”，人人负责，做甚务甚，国力

① 第二战区司令部侍从秘书室编：《会长重要训话选辑》，民族革命同志会工作委员会1941年编印，第10页。

② “甚”，在山西五台方言中是“什么”的意思，因为阎锡山是山西五台县人。

③ 第二战区司令部侍从秘书室编：《会长重要训话选辑》，民族革命同志会工作委员会1941年编印，第12页。

④ 第二战区司令部侍从秘书室编：《会长重要训话选辑》，民族革命同志会工作委员会1941年编印，第12—13页。

自然充实；“国风——互助互管”，弘扬互助、仁义的风气；“国宝——深谋远虑”，未雨绸缪、深谋远虑是国宝；“国命——适时政治”，有适时的政治，才能有适应环境的需要，才能保证国命之不休；“国光——人各有志”，人人立志，志于改进，实为国光；“国粹——成己成人”[①]，成人成己是中国传统文化的精华。

第四，“四不六要”。阎锡山在晋西时期，特别是在洪炉训练中，经常劝导其干部要做到“四不”：“一不打骂人民，二不滥用民力，三不损坏禾木，四不接受馈赠”；同时，要求军政干部做到“六要”：“一要扶持好人，制裁坏人；二要尊敬长老，爱护儿童；三要接近民众，团结民众；四要排息纷争，解答疑难；五要现款买物，公平给价；六要借物归还，损坏赔偿。”[②]“四不六要”主要强调各级干部要关心爱护民众，不能欺压百姓。阎锡山常向其部下讲：“你们吃的穿的都是老百姓供给的，绝对不敢欺侮老百姓。小石子能绊倒人，绝不敢得罪老百姓。”[③]

第五，“村本政治”。阎锡山认为“村是政治效用的表现处，政治文化的胚胎地，政治收获的储藏室，政治机能的培植所”[④]。村本政治在抗战前就已实行了20多年，取得了较好的效果，阎锡山感觉抗战时期不同于以往，因此，应当实行有别于平常的战时村本政治。这些新内容有必要对全体干部进行培训，使之了解其具体内容，以配合抗战的需要。“村本政治”的具体内容包括：村本政治之目的、村编制、村组织、村干部、村机能、村政务会议、施政原则、村任务、村工作、村公约等。村本政治的目的是“以发展人民的自动精神，健全行政的统御能力，合官治与自治之效用，达到美满人生幸福之目的”[⑤]。村组织包括：村公所、村民会议、粮食评价委员会、监察委员会、村自卫队、村小学、村农会、村妇会、儿童会等；村干部应当是一个万能干部，应有“做甚务甚的责任心，

---

① 第二战区司令部侍从秘书室编：《会长重要训话选辑》，民族革命同志会工作委员会1941年编印，第8页。

② 第二战区司令部侍从秘书室编：《会长重要训话选辑》，民族革命同志会工作委员会1941年编印，第81—82页。

③ 第二战区司令部侍从秘书室编：《会长重要训话选辑》，民族革命同志会工作委员会1941年编印，第84—85页。

④ 阎锡山：《阎伯川先生救国言论选集》第3辑，现代化编译社1945年版，第96页。

⑤ 阎锡山：《阎伯川先生救国言论选集》第3辑，现代化编译社1945年版，第98—99页。

做甚会甚的学习心，做甚成甚的企图心”[1]。

第六，“整体精神”。阎锡山在“洪炉训练”中要求晋西全体军政官员要有“整体精神”，其精髓是“精密分工，有机合作，集中领导，齐一进步”，也就是说，“为实现整体的企图，在集中领导下，精密分工，有机配合，表现出齐一进步的团力来”。[2] 由于抗日战争时期，一方面晋西自然条件恶劣，官兵生活艰苦，另一方面日军不断进行扫荡，可谓面临双重压力，因此，尤其需要全体军政官员分工负责，团结协作，步调整齐，观念一致，以期共同进步。

四、干部教育活动：以集中培训与训话为主

阎锡山制定的“洪炉训练计划”的目的，是“造出警觉、迅速、负责、自动、深入、彻底的万能干部”[3]。为了达到这一目标，他在迁往克难坡的第二年，便开展“洪炉训练”活动，力求对各级军政干部进行全方位的教育，以期培养出既忠于他又有能力的高素质干部。“洪炉训练”的主要活动有：举办干部暑期进步讨论会、军政各级干部轮训、洪炉朝会，创办《革命洪炉》刊物，汇编《洪炉训练集》等。

（一）干部暑期进步讨论会

1941 年 7 月，阎锡山在克难坡举办了第一期为期 16 天的“干部暑期进步讨论会”，此次讨论会是阎锡山为了教育、管理与控制晋西干部的一大举措。正如他在此次研讨会预习班教员会上所讲：“此次举办干部暑期进步讨论会的目的，就是要彻底完成我们所办的任何一件事。因为我感到我们已过地不彻底，以致所有的一切发动不能收彻底的效果。经过此次训练后，一定要我们发动一件事就能彻底的完成一件事，贯彻了我们的主张。”[4] 他教育干部的主要意图是尽量向其灌输他的思想学说，不能让日本人和共产党的思想观念渗透在其部下大脑当中。努力培训其干部成为死心塌地忠于他的统治的奴才，而不让其干部有半点接受进步思想的余地。

培训会的具体活动有：第一，领导训话。主要由二战区司令长官阎锡

① 阎锡山：《阎伯川先生救国言论选集》第 3 辑，现代化编译社 1945 年版，第 110 页。
② 阎锡山：《阎伯川先生救国言论选集》第 3 辑，现代化编译社 1945 年版，第 71 页。
③ 阎锡山：《阎伯川先生救国言论选集》第 3 辑，现代化编译社 1945 年版，第 78 页。
④ 阎锡山：《阎伯川先生救国言论选集》第 3 辑，现代化编译社 1945 年版，第 66 页。

山、省政府主席赵戴文等高层干部为参训干部宣讲“洪炉训练”的目的与指归、政治要求、业务素养、办事风格等，如阎锡山讲“洪炉训练六训条”“革命者的五条件”“立国十要”“整体精神”等，赵戴文讲文天祥的《正气歌》，要求干部要养成“浩然之气”。第二，教官授课。主要由精心挑选的培训师资来讲授，师资当中有干部也有教师。教官授课是培训的主体，共计有37个课时，主讲的“通习课”内容有“组织领导”“村本政治”“连本军队”“政治斗争”“领导技术”等；“专习课”有政治（包括组民、训民、管民、保民、用民）、军事（包括组兵、练兵、管带兵、教兵、连本政工）。第三，辩论会与讲演会。专门召开参训干部辩论会，主题有“一元化与一人化有无区别?”“内外工作是否该合套?”等，辩论会后，还让每个学员写感受与体会。讲演会的举办方法是，每分队公推一人代表本队在全体学员会上公开演讲，演讲可以自定题目，每人演讲时间为5分钟，最后选派专人进行专题演讲一小时。第四，讨论会。分“通用讨论会”和“分别讨论会”，前者是大型讨论，所有干部均参加，不分干部类别；后者又分为工作效用讨论、工作业务讨论（行政业务和军事业务）、中心重要工作讨论三种。讨论主题有“官民打成一片”“政治教育化”“建立村本政治”等。[①] 参训干部每晚还要写自省日记，总结自己的学习收获。参加此次讨论会的军政干部有几百人，这些干部均是经过挑选出来的骨干，旨在通过培训他们进而带动晋西的2万名各级干部。

（二）军事干部集训班

在抗战期间，阎锡山十分重视对军事干部的培训，因为他深知这关系到部队能否令行禁止，关系到他在军队干部中的威信。在退守中他先后创办了军事干部培训学校，成立了民族革命青年军官教导团，举办了多期中下级军官秋林集训。秋林军官集训的主要目的是“改变已过的旧作法”。在阎锡山看来，“我们的军队今日不改用新作法，就不能存在”[②]。要想让晋绥军存在，就必须教育各级军官按照新的练兵、治兵方法去管理部队。为此，他先后开办了5期军事干部集训团，主要教育部队各级官员要努力做到“四新”：新补充法、新管理法、新训练法、新作战法。正如他在培训会上所讲：“用新补充法，兵才能来；用新管理法，兵才能存在；用新

① 阎锡山：《阎伯川先生救国言论选集》第3辑，现代化编译社1945年版，第82—88页。

② 《阎司令长官抗战复兴言论集》第1辑，复兴日报社1945年版，第1页。

训练法、新作战法，兵才能保护人民，打死敌人。"[①] 他还倡导军官集训团成立“四新共进会”，在军官集训当中起到示范带动作用。“新补充法”，就是在战时非常时期不能采用和平年代的招募、征兵的方法，只能通过动员的办法来补充新兵，尤其是动员有“黏性”的爱国青年入伍；“新管理法”，改变过去打骂士兵的粗暴做法，改之为说服教育和纪律约束；“新训练法”，是指采取随时随地进行训练的方法；“新作战法”，主要借鉴与学习八路军的战术，采用游击战、运动战、麻雀战等机动战术。[②] 经过此次军官集训，收到了较好的效果，到1940年阎锡山在这些军官的努力下，成功地征集到一批新兵，使部队得以扩充，新增了一支数万人的部队。

（三）克难坡的“洪炉朝会”

“朝会”制度最早始于1940年5月24日，当1941年6月阎锡山开始实施“洪炉训练”计划后，就在克难坡筑起了“洪炉台”，于是将“朝会”改称“洪炉朝会”。即每天早上6点，集合受训干部到“洪炉台”前，进行点名后，大家齐声合唱阎锡山亲自创作的《洪炉歌》：“高山大河化日熏风，俯仰天地何始何终；谋国不豫人物皆空，克难洪炉人才是宗……”正如当时记者所描述的那样：

> 随着一声“立正”的口令，有千百双眼睛的注视，千百只拳头擎起，高呼：“会长万岁”的洪壮喊声里，洪炉台上出现了两位白发苍苍、精神奕奕的救国元戎。洪炉台下的千百听众都在凝神倾听着他从播音机中发出来的一字一句。这里是发号施令台，这里宣布的一字一句都可以很迅速的广播到各战场上。[③]

记者在文中所提到的“两位白发苍苍、精神奕奕的救国元戎”，就是第二战区司令长官阎锡山和山西省政府主席赵戴文。每天早上在“洪炉台”上训话的主要是阎锡山，还有赵戴文。训话的内容涉及各个方面，如“什么是洪炉”“立国十要”“洪炉六训条”“与民合谋”“什么叫得罪人民”“取得

---

① 《阎司令长官抗战复兴言论集》第1辑，复兴日报社1945年版，第5页。

② 李茂盛等编著：《阎锡山全传》下册，当代中国出版社1997年版，第843—844页。

③ 沙沱：《洪炉朝会》，载刘克编《抗战中的阎伯川将军》，学习社、复兴日报社1944年编印，第39页。

民心”“干部欺负人民是断送政治生命的行为”“不要恨人要设法胜人”“谁进步谁存在”“什么叫整体精神”“利干三条件”“革命干部绝不以衣食的粗笨为羞耻”“公务员必须要尽职忠职”“打破自私自利的习染”“兵农合一是我们革命的途径”“上级对下级要亲切的教育和紧密的管理”[①] 等。如在一次朝会上阎锡山训话的主题是“打破自私自利的习染”，讲道：“如何打破自私自利的习染？就是要向进步的同志看齐。关键是要有耻不若人的内力，同时须有革命的热情。”譬如在另一次朝会上阎锡山重点讲了“干部要实干”，他强调：“何谓实干？凡做一事，不苟且，不敷衍，不空谈，脚踏实地，实事求是，将自己应做的事一针一线彻始彻终的圆满完成。”[②] 总之，每天早上利用集会时间向各级干部宣讲一个专题式的教育内容，旨在达到对各级各类干部进行教育的目的。

此外，还举办了 3 期军政民干部集训班，他在培训班上作了数次训话，内容涉及三个方面：“摧毁敌伪工作缩小敌区，即稳扎稳打逐渐扩大我占领区；靠自力更生的力量，作到底条件的存在；以全民全面的抗战，达到抗战最高峰。”[③]

第三节　退守中维系的晋西基础教育

太原沦陷后，阎锡山及山西省政府先迁移临汾，次年日军南下，又迁吉县。由于战争形势所迫，省政府及教育厅“时而在山西，时而在陕西，仅仅一年多时间就在黄河两岸往返数次”[④]。1939 年山西省教育厅设在陕西宜川附近，1940 年教育厅又迁回山西吉县克难坡，将各专署所办的民中改为联中。当时，教育厅所辖区域共有 8 所中学：私立进山中学、克难

① 第二战区司令部侍从秘书室编：《会长重要训话选辑》，民族革命同志会工作委员会 1941 年编印，“目录”第 1—8 页。

② 第二战区司令部侍从秘书室编：《会长重要训话选辑》，民族革命同志会工作委员会 1941 年编印，“目录”第 198—199 页。

③ 台湾阎伯川先生纪念会编：《民国阎伯川先生锡山年谱长编初稿》（五），台湾商务印书馆 1988 年版，第 2127 页。

④ 李冠洋、刘逢炎等：《阎锡山是怎样统治山西的（座谈纪要）》，载山西省政协文史资料编委会编《山西文史资料》第 14 辑，山西人民出版社 1980 年版，第 214 页。

坡中学和6个联合中学；在吉县克难坡和陕西宜川、桑柏办起了省立小学和克难小学，同时在敌后建立了700多所农村小学。

一、全力维系的晋西初等教育

抗战前山西大力兴办义务教育，多项指标均居全国首位，已初步建立了较为完整的义务教育保障体系。日本入侵山西后，原有的基础教育体系遭到了惨重破坏，阎锡山在日军的军事压力下被迫撤退到晋西山区，在自然环境极其艰苦的情况下，他仍然热衷于兴办基础教育，在晋西山区这块贫瘠的土地上又建立了适合山区发展的初等教育体系，为晋西文化教育的起步与发展奠定了良好基础。

（一）抗战前山西小学教育的良好基础

自从1918年阎锡山在山西施行义务教育，适龄儿童入学率高达70%多，其中男童入学率竟达90%以上，取得了令人惊叹的突出成绩。1920年，按照施行义务教育程序已将100户以上村庄的义务教育办理完毕，当年受义务教育的儿童数已达951486人，受义务教育人数占学龄儿童总数的百分比达到64.7%，陶行知评价道："山西之下的第二个省份只有百分之二十余。可见，真正实行义务教育的算来只有山西一省。"[①] 到1924年，全省已入学的学龄儿童总数高达1056115人，受义务教育儿童数占学龄儿童总数1461842人的百分比高达72.2%，男童受义务教育人数占男学龄儿童总数的比例更是高达90%多[②]，在20世纪前半叶一直居全国首位，并直接带动了全国各省义务教育的实施。人民教育家陶行知到山西三次参观后，评价说："中国除山西省外，均无义务教育可言"[③]，"山西是中国义务教育策源地"[④]。据1928年南京政府统计，山西男学龄儿童入学率达90%，女学龄儿童达50%。[⑤] 据山西省统计处统计，1928年全省就学百分比为69.8%，全省就学率最高的为阳曲县高达99.37%；全省105个县中，70%以上的县就有58个，其中90%以上的有8个县，80%—89%的

① 华中师范大学教育科学研究所编：《陶行知全集》第1卷，湖南教育出版社1984年版，第583页。

② 《第一次中国教育年鉴》（1934年）丙编，台湾宗青图书出版公司1991年影印版，第503页。

③ 华中师范大学教育科学研究所编：《陶行知全集》第1卷，湖南教育出版社1984年版，第227页。

④ 《陶行知全集》第2卷，四川教育出版社1991年版，第245页。

⑤ 袁希涛：《义务教育》，商务印书馆1931年版，第35页。

有24个县，70%—79%的有26个县。[①] 1932年，阎锡山再度出山后，重新整顿教育与实业，于是义务教育出现良好的发展势头，教育部督学在视察报告中写道："该省各级教育，以小学教育最整饬，基础亦最稳固。如今全省小学林立，其数初级有26000余校。"[②] 直到抗战前的1937年山西的小学校数已达26651所，学级数为39134级，在学儿童数为952422人，教职员为58234人，岁出经费数为4742582元[③]，学龄儿童入学率从1918年至1937年一直位居全国之首。

1930年，全国总人口为464905269人，已入学儿童数为10948979人，平均每千人入学儿童数为23，学龄儿童总数为49116060人，受义务教育儿童数占学龄儿童总数百分比为22.07%；而山西省的总人口为12778155人，已入学儿童数为853019人，每千人已入学儿童数为70，居全国第一，是江苏（22‰）的3.2倍，是湖北（7‰）的10倍，是最少的西康省的500倍；学龄儿童数为1222816人，受义务教育儿童数占学龄儿童数百分比为69.8%，是江苏省（14.8%）的4.7倍，是湖北省（6.55%）的10.6倍，是西康省的465倍。[④]

山西全省上下齐心协力，共同努力，力求真正实现义务教育的普及，在数年之内取得了令人瞩目的成绩，不仅激发了全省官民对教育的空前热情，而且引起了国内外教育界人士的高度关注，其中不乏教育政要、著名教育家、全国知名学者、新闻界人士，甚至还有国家总统和国外专家，他们均从不同角度对山西义务教育表示称赞和好评。教育部还以山西厉行义务教育程序为蓝本制定了全国义务教育实施计划，并要求全国向山西看齐。[⑤]

然而，自从1937年11月日伪占领山西大部分地区之后，山西的初等教育体系遭到严重破坏，全省小学校数、入学儿童数、教职员数、年经费数大幅度下降（详见表3-1），1939年与1937年抗战前相比，小学校数

① 《山西教育公报》第328期，山西省教育厅1931年编印，第24页。

② 《教育部督学视察山西省教育报告》，山西省教育厅1933年编印，第10页。

③ 中国第二历史档案馆编：《中华民国史档案资料汇编》第五辑第一编·教育（一），江苏古籍出版社1991年版，第586—587页。

④ 中国第二历史档案馆编：《中华民国史档案资料汇编》第五辑第一编·教育（一），江苏古籍出版社1991年版，第560—565页。

⑤ 申国昌：《守本与开新——阎锡山与山西教育》，山东教育出版社2008年版，第191页。

下降了14.2%，入学儿童数减少了17.8%，小学教职员数下降了56.7%，年经费减少了17.8%，有不少地方的初等教育一度陷于瘫痪。

表 3－1　1937—1939 年山西省初等教育发展情况表

时间	小学校数	入学儿童数	教职员数	年经费数
1937 年	26651	952422	58234	4742582
1938 年	22469	681770	27384	3440465
1939 年	22871	781402	25215	3898438
1939 年比 1937 年减少幅度(%)	14.2	17.8	56.7	17.8

资料来源：民国教育部编：《第二次中国教育年鉴》第三编·初等教育，上海商务印书馆 1948 年版，第 57 页。

（二）抗战时期晋西小学教育概述

阎锡山是地方军阀中最热衷于兴办教育的，20 年代就曾因全力兴办义务教育，被北洋政府誉为“模范省长”。他兴办国民教育的动因是多方面的，归结起来，主要有：一是将教育作为扩大统治基础的手段，以期统治长治久安。他力求通过发展教育，普遍提高民众的文化素质和政策领悟能力，来赢得广大民众对其统治的支持。二是将教育视作培养统治骨干的工具，正如他所讲：“如果教育办好，人才辈出，把私心化去，显出公道心来，维辅国政，教训国民，将来我国自可富强。”① 三是将教育作为名扬天下、留名百世的招牌。他常说：“人死留名，豹死留皮。人必须立功、立德、立言，做到三不朽，方不虚此生。”② 他倡导大力兴办国民教育，就想让当时接受教育的儿童直到将来永远记得为其提供良好教育条件的长官名字，以达到纵向留名百世的目的。即使在抗战时期，处于不断退守中的阎锡山仍然坚持这种办学理念与热情，坚持“战乱不忘办学”的宗旨，无论是在晋南临汾、陕西秋林，还是吉县南村等地，他首先要做的一件事就是兴办国民教育。

无论形势多么严峻，阎锡山都要将发展国民教育作为第一要务，如 1939 年阎锡山在检讨与规划抗战工作时，将“实行民族革命教育”作

① 《阎伯川先生言论辑要》第 2 册，太原绥靖公署主任办公处 1937 年编印，第 103 页。

② 李廖源：《阎锡山的军阀生活》，载全国政协文史资料研究委员会编《文史资料选辑》第 95 辑，文史资料出版社 1984 年版，第 119 页。

为重要的任务。还制定了具体的执行计划：编订民族革命小学教材、检定并训练各级小学教员、筹集小学教育基金、训练并指导小学生为其家属讲解故事与新闻、实行小学生传达命令制度、提倡小学教员读书运动、通令小学教员和学生开展救亡宣传活动、小学教员负责出街头壁报等。[①] 1940 年 4 月，国民政府教育部颁布《国民教育实施纲领》，规定：国民教育分义务教育和失学民众补习教育两部分；凡 6—12 岁儿童除可能接受 6 年制小学教育者外，应受 4 年或 2 年、1 年的义务教育；凡 15—45 岁之失学民众，应分期受初级或高级民众补习教育；国民教育之普及以 5 年为期，1940 年 8 月—1945 年 7 月分三期进行；国民学校以每保设立一所为原则，每乡设立一所中心学校。[②] 之后，根据教育部的要求，在晋西南地区大力发展初等教育，他所管辖的十几个县做到了每个农村有初等小学，每个乡镇有中心小学，而且所有小学均能保证正常教学。如阎管区临汾县，除了每个村设有初级小学外，还设立了 4 所高级小学，校址分别在焦石岭、西郭、南仙洞、唐侯庙等地，每所高级小学校均设有 2—4 个教学班，师生少则 80 人，多则 120 人。课程同表 3-2，只是在算术中增加了珠算，在体育课中增加了军事常识，在政治课中增加了“物劳主张”“兵农合一”等。[③] 当时教师的工资难以通过货币形式来发放，只能发粮食。如阎辖区临汾县西山各村办小学，教师每月发粮食 4 斗 1 升 6 合，每年发棉花 5 斤，每村每年再补贴小麦和玉米 800—1000 斤；到抗战中期，粮食供应日益困难，教员月收入靠与村里协商解决，粮食数量大大减少，仅够个人糊口。[④] 此外，省教育厅还创办了 5 所省立小学：省立第一小学在吉县，省立第二小学在宜川桑柏村，省立第三小学在隰县，省立第四小学在乡宁县，省立克难小学在吉县的南村坡。这些省立小学连同吉县、乡宁、蒲县、大宁、永和、隰县、石楼等地的城关小学都是当时的重点小学，规模较大，师资力量较强，教学设备较好，办学比较规范。遵照教育部文件，晋西地区小学大部分实行六年制或四年两段制，大部分儿童能够接受四年左右的国民教育。开设的课程有国语、算术、常识（公民、历史、地理、自然）、

① 李江编著：《阎伯川先生政治思想之体系》，民族革命出版社 1939 年版，第 181—182 页。
② 《教育部公布之国民教育实施纲领》。《国民教育》第 1 卷第 2 期，1940 年 4 月 21 日。
③ 许司钧主编：《临汾市教育志》，山西省临汾市档案馆 1989 年编印，第 21—35 页。
④ 许司钧主编：《临汾市教育志》，山西省临汾市档案馆 1989 年编印，第 180 页。

体育、音乐、图画、劳作、团体训练等，同时增加有关抗战形势教育和战争常识教育。

表 3－2　抗战时期晋西小学课程及周课时安排表

单位：分钟

年级	国语	算术	常识				体育	音乐	图画	劳作	团体训练
			公民	历史	地理	自然					
一、二年级	420	150	150				120	60	60	90	120
三、四年级	450	180	180				150	90	60	90	120
五、六年级	480	210	30	90	60	120	180	90	60	90	120

资料来源：教育部编：《第二次中国教育年鉴》（初等教育），上海商务印书馆 1948 年版；孙邦正编著：《六十年来的中国教育》（抗战时期国民教育），台湾正中书局 1974 年版；延安时事问题研究会编：《抗战中的中国文化教育》，上海人民出版社 1961 年版。

据当时就读于一所高小的学生樊荣武，对当时在读期间的教学及课余活动的回忆，可见当时小学教育一斑：

> 1937 年秋，日寇蚕食鲸吞，已兵临山西，故乡崞县，岌岌可危，余全家逃至城外土黄沟村西山避难，多数乡亲，恋土难移。县城被日寇侵占，烧杀抢夺，惨死丧命，血流漂杵，哀鸿遍地，不寒而栗。后来，不少乡村成立了小学，招收附近县市失学流亡青少年，父亲为了我的学业不至中断，不顾雨淋日炙，奔波劳碌，步行 40 余华里，送我到一所抗日小学二年级就读（相等于小学六年级），当时笔者年仅 12 岁。在校的点点滴滴，依然印象深刻，各课老师多为由单位调派兼任，也有的是自愿义务。体育老师听说曾任军职连长，晨操跑步，学生多感不支。因校园广场宽大，时有各单位借用。各部队的文工宣传队举办晚会、话剧及歌唱，多以激动抗战的士气。对于演唱的歌曲，深感动人，最赚人眼泪。唱者声泪俱下，观众都泪流满面。在我幼小的心灵里，刻骨铭心，永难遗忘。岁月飞逝，如昙花一现，短短的四个月，学校将要放暑假。①

① 樊荣武：《就读抗日小学之回忆》，载《山西文献》第 65 期，台北山西同乡会、山西文献社 2005 年编印，第 59 页。

小学生放假后，大都参加生产劳动，“汾河下游河谷，是浩瀚无垠的黄色麦海，收割开始了。饮食店关门了，打谷场被修理打扫干净了，镰刀磨锋利了，学校也放农忙假了。”① 期间参加秋收劳动，也是农村学校教育的一个重要组成部分，既可减轻家长负担，又能锻炼身体和培养劳动技能。

《申报》于 1939 年还专门报道了晋西的小学教育概况，高度评价“晋西十县虽沦陷已逾一载，但对于教育事业仍积极进行，不遗余力，在炮火下建立七百小学，为适应需要小学改四年制”的成功办学经验。在地理上晋西地势偏僻，交通闭塞不便，过去教育很不发达。经过阎锡山的大力倡导办学以及晋西人民的上下努力，到 1939 年初“平均每县的每区都有一所两级小学，每个乡村里有三四所初级小学。全区在炮火下建立起来的小学，目前共有 700 处，现在不断地增加着。比起一些教育发达的地方，这个数目还少得多，因为晋西一共十个县，但要知道这里便是文化教育极其落后的地区，今天又处在特殊困难的条件下”。这十个县是临汾、洪洞、赵城、霍县、灵石、汾西、隰县、蒲县、永和、大宁。晋西小学课程“除了必须开设三民主义外，最主要的是国语读本、算术课本、常识课本三种，另外还有防空、防毒知识、军事训练、唱歌等课程，并且唱救亡歌曲，占有不少的时间。教材多是适应当地情况，一律重新编印的。有的石印，有的油印，因为印刷的困难，目前各地教育还没有完全统一起来”②。小学修业年限暂定为四年：初小 2 年、高小 2 年。

（三）个案：省立第一小学

随着晋北、晋中、晋南的相继沦陷，阎锡山逐步向晋西南方向撤退，1939 年带领其军政机关退守晋西，后来将首脑机关设在吉县的南村坡（当时更名为克难坡）。期间，于 1939 年春在山西吉县城开办了山西省立第一小学，起初校址设在祖师庙原初小旧址，后来又扩大规模占用了校园后面的龙王庙，校园面积扩大一倍多，以适应在校生规模扩张的需求。首任校长是由阎锡山亲自任命的赵佩兰，因为一方面赵佩兰有多年的教育管理经验，另一方面她是五台县人，是阎锡山的老乡。由此也可看出阎锡山一贯的用人原则，优先使用他的老乡，他总认为五台人可靠。后来，赵佩兰调任克难小学校长。该校于 1945 年抗战胜利后迁到太原，保留原校名。

---

① ［美］罗斯：《变化中的中国人》，公茂虹、张皓译，时事出版社 1998 年版，第 253 页。

② 晋西通讯社：《在艰难困苦中晋西教育积极推进》，《申报》1939 年 1 月 7 日。

省立第一小学在抗战条件艰苦的情况下，只能走逐步发展、逐级提高的路子，起初该校仅有4个初小班，后来增设2个高小班；到1945年发展到有7个初小班、6个高小班，教职工共有30余人，在校生共有650多人。教师的聘任和学生的招录均由省教育厅负责，因而师资队伍整体素质较高，大部分毕业于太原国民师范，省立第一、二师范学校，而且有丰富的教学经验。生源质量也是晋西最好的，学生不仅文化基础较好，而且天资聪颖。学生主要来自吉县老百姓子弟，也有部分第二战区和山西省政府机关干部子弟。

初小班开设的课程有国语（含毛笔字和作文）、算术（含珠算）、常识（含公民与自然）、体育、音乐、图画、劳作等；高小班在常识中增设历史、地理。由于教师素质相对较高，而且认真负责，管理有方，学校教务部门制定了详细的教学计划和课程表，每位教师都能做到认真备课和讲课，课后坚持批改作业，再加上学生学习勤奋刻苦，因此，该校办学质量堪称晋西地区最佳。同时，学校坚持知识传授与实践锻炼相结合的原则，要求高年级同学利用课余和周日参加抗日宣传活动、站岗放哨、收割庄稼等社会服务活动。

此外，省立第一小学开展丰富多彩的课外活动。一方面，成立了少年儿童团、童子军等组织，阎锡山还曾以山西少年儿童团总团长的名义先后两次接见了省立第一小学的学生代表；另一方面，学校经常组织学生开展抗日宣传、文艺表演、体育比赛、歌咏比赛等活动，以活跃学生的课余文化生活。

（四）晋西小学教育的特点

综观晋西小学教育，表现出以下几个特点。

第一，多种形式并存的办学格局。由于战争形势导致一部分阎统区并不稳定，大部分时间在阎锡山的统治之下，有时遇到日伪军侵扰便落入日伪之手，再加上战时经济困难，山西省政府及各县政府无力确保所有村办学校的经费与教材。因此，在一些平川地区，小学教育出现复杂化格局，各种办学形式并存。如河津县在40年代全县共有初级小学144所，高小11所，其中阎统区兴办的有8所。这8所高小中有军办1所（神前村尤门学校）、县政府办3所（汾南民革高小、北王民革高小、远停义务完小）、教会办1所（郭庄垣教会学校）、民办2所（北里完小、上阳乔鹤仙养晦学舍），每所学校有教员3—8名，开设班级3—8个，在校生56—

155 名不等，该县共计有高小在校生 1232 人。[①] 以此可略见抗战期间各县小学教育办学模式之一斑。

第二，教育内容与抗战建国密切相关。晋西地区尽管地势偏僻，但日伪军也经常陆空并进，不断侵扰。这里也是大小战争不断，也就是说，阎锡山所退居的晋西地区也不是一片净土，同样处在战争的旋涡之中，因此，阎锡山统治下的晋西教育和革命根据地教育一样必须将教育内容与抗战建国密切结合。正如《申报》记者所写："把全部教材都与今日的抗战建国工作取得密切联系，制造抗战建国的内容。就是算术，也都是教小学生洋马、飞机、大炮数目，加强儿童的民族意识。"[②] 阎锡山统治的晋西及晋西南地区还编印了体现抗战建国内容的教材，如《抗战读本》《救亡故事》《爱国故事》等，作为学校教育的辅助教材。[③] 这一点晋西小学教育与革命根据地小学教育的特点有点类似。

第三，营造自由宽松的教育氛围。晋西小学教育处于战争非常时期，学生与教师的生活与学习条件艰苦，社会秩序动荡，有时学校教育难以正常进行，因此，学校领导必须给予师生以相对宽松的学习与课余活动空间。"学校当局不给学生以任何的无理束缚，不禁止学生的救亡及各种活动，建立民主自制的作风。取消了过去对于学生打骂的惩罚制度，免除那种不合理的管教，消除过去学生对教师的隔膜、仇恨和畏惧心理，教师和学生的生活打成一片。"[④] 学校引导学生参与抗日救亡活动，在管理过程中给予学生更多的民主与自由，

第四，建立和谐民主的师生关系。阎锡山在 20 年代就广泛接触国内外著名教育家杜威、孟禄、陶行知、胡适、黄炎培等，他在耳濡目染中形成了民主教育的观念，因此，他经常要求晋西小学教师要做"孵鸡人""种树人""引火人""雕塑师"。他说："世上管教的人，如同孵鸡、栽树、引火的一样。孵鸡的人，若把鸡卵放在冷地方，永孵不出来；种树的人，如把树核子种在天气寒时，或是种在石沙之上，永种不出来；引火的人，如把木材放在没有火的地方，永不能发出火来。这不是树核、鸡卵、

---

① 河津县教育局编：《河津教育志》，运城市印刷厂 1984 年印，第 52 页。

② 晋西通讯社：《在艰难困苦中晋西教育积极推进》，《申报》1939 年 1 月 7 日。

③ 河津县教育局编：《河津教育志》，运城市印刷厂 1984 年印，第 122 页。

④ 晋西通讯社：《在艰难困苦中晋西教育积极推进》，《申报》1939 年 1 月 7 日。

木材的过，全是孵鸡人、种树人、引火人的过。”[①] 阎锡山要求所有中小学教师按他所设计的教师形象去实现角色转换。

第五，教学与生活条件简陋艰苦。“适合着抗战建国期间特殊的困难的环境，建立吃苦耐劳的作风，教师们没有很好的教室和桌椅，有时都在野外的地下进行功课的讲授。”[②] 一方面，由于晋西本来地处山区，自然条件恶劣，平常办学条件就不好；另一方面，残酷的战争更使晋西小学办学条件雪上加霜，真是“房漏偏遭连阴雨，船破遇上顶头风”。在这种艰苦的学习环境中，只能要求学生培养吃苦耐劳的精神，因为师生经常在野外或山洞上课，遇到日伪扫荡，有时一天只能吃一顿饭，在这种艰苦的学习环境中本来就是一种朴素教育。小学生经常因战争原因流动教学，娄烦县小学教师让学生每人带个小口袋，里面装点沙子，练字或认字时，就将沙子从口袋里倒出来，摊在地上或木板上，用手指或木棍在上面练习写字。教员随时携带小黑板，以便在流动中教学使用。[③]

第六，开展丰富多彩的课余活动。尽管晋西小学教育办学条件差，学生的物质生活条件艰苦，但是他们努力通过开展丰富多彩的课余活动来弥补物质上的不足。学生们在完成课业学习任务后，教师倡导开展各种课外活动，学生干部组织同学参加各种兴趣小组，如体育组、绘画组、唱歌队、演讲组、宣传组等，平时定期开展讲演会、歌唱会、体育比赛等活动，丰富了学生的课余生活，也培养了学生的活动能力。

第七，坚持学习知识与参与实践相结合。晋西小学还提倡学生积极参加社会实践活动，“把学习和实践联系起来，一般小学生在学习后，大多积极组织宣传队，站岗放哨、盘查行人等活动”[④]。让学生参加抗日宣传、站岗放哨、生产劳动等活动，鼓励学生积极投身全民族抗战活动当中。还倡导小学生利用节假日去教家人或亲戚、邻里认字、写字。这样，可以确保学生将学习知识与培养实践能力相结合，以避免培养“书呆子”。如娄烦县两级小学，遇到敌人扫荡时，教师就组织学生与群众一道空室清野，撤退隐蔽，冬天护送公粮入库；成立学生宣传队，负责

---

① 《阎伯川先生言论辑要》第 3 册，太原绥靖公署主任办公处 1937 年编印，第 110 页。

② 晋西通讯社：《在艰难困苦中晋西教育积极推进》，《申报》1939 年 1 月 7 日。

③ 娄烦县教育志办公室编：《娄烦县教育志》，娄烦县教育局 1990 年编印，第 27 页。

④ 晋西通讯社：《在艰难困苦中晋西教育积极推进》，《申报》1939 年 1 月 7 日。

张贴标语等。[①]

第八，学校教育中加强童子军训练。童子军是一种使儿童少年接受军事化教育训练的形式，于民国初年传入我国，1914 年先在上海成立中华童子军协会，各省成立分会。1929 年正式更名为中国童子军，1934 年又成立童子军总会，蒋介石亲任会长。[②] 阎锡山统治的晋西小学也不例外，一直坚持在小学实行童子军训练，以培养小学生的军事本领。因此，当时的《申报》记者说："在学校里，一般的都把童子军，改作较为严格的军事训练，也是儿童教育的重要的特点之一。"[③]

二、迁徙中重建的晋西中等教育

抗战时期阎锡山在晋西和晋西南地区先后于 1939 年在乡宁和隰县一带创建省立第一联合中学，1940 年在乡宁创办省立第二联合中学，1942 年在蒲县创办省立第三联合中学，1942 年将民大一分校改建成省立第四联合中学，1943 年将民大二分校在蒲县改建成省立第五联合中学，将民大改建为省立第六联合中学，同时，于 1941 年私立进山中学在隰县复校，并建有吉县克难分校，后来克难中学独立办学，1942 年在孝义创办省立华灵中学，共计有 9 所中学。[④]

（一）进山中学：战时私立中学的典范

进山中学是阎锡山于 1922 年 9 月 23 日在太原创办的私立中学，亲自担任校长，直到 1927 年他才辞职并指定专任校长。阎锡山创办进山中学主要是为了诱导山西青年，埋头学业，不问政治，广涉知识，成就人才，以便为治理山西多做贡献。他为学校取名为"进山"，出自《论语·子罕》"譬如为山，未成一篑，止，吾止也；譬如平地，虽覆一篑，进，吾往也"[⑤] 之义，"进"字来自"进，吾往也"，"山"字取自"譬如为山"，合在一起即指"前进登高"。校训为"譬如为山，进吾往也"，旨在培养

---

① 娄烦县教育志办公室编：《娄烦县教育志》，娄烦县教育局 1990 年编印，第 29 页。

② 孙培青主编：《中国教育史》，华东师范大学出版社 2001 年版，第 429—430 页。

③ 晋西通讯社：《在艰难困苦中晋西教育积极推进》，《申报》1939 年 1 月 7 日。

④ 民国教育部编：《第二次中国教育年鉴》第四编·中学教育，上海商务印书馆 1948 年版，第 93 页。

⑤ 《论语·子罕》，载朱熹撰《四书章句集注》，上海古籍出版社 2001 年版，第 132 页。

和造就“爱人公道，服务人群”之人才。[①] 礼堂内有《易经》句“日进无疆”横批。1929 年，在太原北上兰村征地 180 亩，新建校舍 632 间（现为中北大学校址），1931 年初中部先迁入新校区，次年高中部也迁入。抗战前，初高中共有 10 多个班，在校生达 500 多人，1937 年 11 月日军侵占太原后，该校停办。

1941 年 10 月 19 日，在阎锡山的主持下，进山中学又在晋西隰县原省立九中校址复校开课，1944 年又在吉县的克难坡设立进山中学克校，抗战胜利后，迁回太原。阎锡山在复校开学词中对“进山”作了新的解释：“进步进步，进步不已，可登万丈高山！”[②] 并且要求学校教职员彻底改正以往盲目仿效外国教育的错误，做到自力更生，迎头赶上。

抗战时期进山中学的办学特征主要表现在以下几方面：

第一，进山中学的办学目的，在于培养有责任心的新国民。正如进山中学校长阎锡山在复校开学讲话中所说：“中等教育是复兴教育最主要的一部分，所以我们［进山］复校的目的，在培养现代化的国民，使能具备正确的国家民族的观念与意识，基本知识与技能，造成说甚是甚，做甚务甚，不容人不能，使人能‘兴警觉、迅速、负责、自动、深入、彻底’的革命青年。”[③] 也就说，力求造就具备正确的民族观念与意识、基本知识与技能、有责任心的现代青年。从进山的校歌中亦可反映出阎锡山的办学宗旨，校歌中写道：

> 缅继吾晋风，被陶唐表里山河，雄列国自古称强。而今文化陵夷，民情积弱，救此病有何方？天下兴亡匹夫责，愿同胞急图自强，智仁勇校训毋忘，勤俭忠实毋自荒，努力奋斗，进吾往，进吾往！[④]

明显可见，阎锡山创办进山中学的首要目的是希望青年学生胸怀振兴民族、“急图自强”的志向，以春秋时期晋国之雄风为动力，本着勤奋俭朴、刻苦钻研、奋斗不止的进取精神，踏实求学，成就贤才，从而为实现民族复兴尽自己全部力量。

---

① 《民国阎伯川先生锡山年谱长编初稿》（一），台湾商务印书馆 1988 年版，第 358 页。

② 阎锡山：《校长复校开学词》，1941 年编印，第 3 页。

③ 阎锡山：《校长复校开学词》，1941 年编印，第 3 页。

④ 《进山中学校史》，进山中学校史编审组 1987 年编印，第 96 页。

第二，进山中学管理机构健全、规章制度完善。1941 年进山中学复校后，在阎锡山的亲自指导下，除他亲任校长外，委任赵宗复为校务主任，在校主持工作。下设五个处：教务处，由梁祥厚任主任，主要负责全校的教学、招生等工作；训育处，由阴毓兰任主任，主要负责对学生的日常管理与训导工作；军训处，由王家模任主任，负责对学生进行军事技能与纪律教育；总务处，由康周勋任主任，主要负责全校师生的后勤保障工作；体育处，由邢步九任主任，负责对学生进行体育训练。还于 1942—1944 年先后在隰县北关后寺、大麦郊、汾西县、吉县克难坡等建立了四个分校，总部设有高中班、中师班，分校设有初中班。到抗战胜利后，进山中学高中部从 22 班至 26 班共培养 5 个班学生，初中部从 22 班办至 56 班共招生 34 个班，另加 2 个补习班，共招生 2000 余人。进山中学制定了各项规章制度，主要有：《教室规则》，对于进入教室、室内座位、对教员致敬、室内清洁、轮流值日、教室自修出席检查等均作了规定；《宿舍规则》，对于榻位的次序、被褥的位置、室内的清洁、应存放的衣服、寝室值日等均作了规定；《食堂规则》，对于食饭的次序、室内的肃静、用品的保护等均作了规定；《操场规则》，对于教师指导员的尊重、器具的取送与爱护等均作了规定；《会客规则》，对于时间与地点作了规定；《请假规则》，对于病假、事假、续假及校外寄宿等均作了规定；《阅读规则》，对于时间及爱护书报等均作了规定。[①] 因此，"该校是抗日战争时期山西规模最大的一所中学，也是当时最正规的一所中学"[②]。还有学科代表制、学习保证人制、问答小组会制等促进学生学习的制度。

第三，开设课程门类齐全，课时安排充足。正如阎锡山在复校讲话中说："为完成中等教育的效用起见，凡是普通中学所有的主要科目都给你们讲授，使你们获得当一个现代化国家的国民应具备的知识，创造准备做事就业基本能力，并为你们将来打下继续深造求专门学术的根基。"[③] 为此，开设的课程及周学时情况为：国文 6 小时，数学 3 小时（包括算术、代数、几何和三角），历史 2 小时，地理 2 小时，物理 3 小时，化学 3 小时，公民 1 小时，动物 2 小时，植物 2 小时，生理卫生 1 小时，另加选修

---

① 阎锡山：《校长复校开学词》，进山中学 1941 年 10 月编印，第 5 页。

② 刘存善：《抗战期间的进山中学》，载《山西文史资料》第 38 辑，山西省政协文史资料编委会 1985 年版，第 113 页。

③ 阎锡山：《校长复校开学词》，进山中学 1941 年 10 月 19 日编印，第 9 页。

课 3 小时（第一年甲组选修国文 2 小时，历史 1 小时；乙组选修英语 3 小时），其他如音乐、劳作和体育都安排在每天下午 4：30—6：00 的课外活动时间；此外，每周加 2 小时的军事训练。这些课程的开设，可使学生学到各种文化基础知识，为成为有用人才奠定坚实基础。

第四，实行军训和军事化管理。为了适应抗日战争形势需要，阎锡山要求学校实行军训和军事化管理，学生的日常活动由军训队长来组织与管理。一方面，注重军事训练，每周排有四节军训课，主要学习挖战壕、做掩护、打野操、练枪法等，还进行班排连实战训练；另一方面，日常活动实行军事化管理，平时学生们均穿军装，早出操，晚点名，无论冬夏均坚持集体跑步，并列队听训话。学校要求学生像士兵一样将被子叠得有棱有角，学习与生活用具都要放在一条线上，力求整齐划一。正如校长阎锡山所讲：

> 在课外活动和生活上用的是集体监察、集体制裁和检举的方法，保障各种规则的彻底实行。你们要切实检讨，互相批评，好的大家仿效，坏的鉴戒并实行建议与检举及密报办法……为使你们生活组织化、纪律化，学校在每星期一周会的一点钟上宣布本周应当举办或注意的事。在每星期日你们组织的小组会的纪录应交给学校，作为训话的宣布一周来的差误和可资取法与鉴戒的参考。每天下午有两点钟的体育、军训与劳作和唱歌，一面教给你们些技能，一面锻炼你们的身体。“疾病是生活上的错误。”你们的身体正在发育的时候，必须要锻炼吃苦耐劳的精神，抵抗疾病的体力，军训、体育、劳作都是你们锻炼身体的必要科目，万不可看作副科。身体需要训练和你们需要增加知识与能力是一样的重要。①

可见，阎锡山将加强军训与军事管理，不仅理解为一种管理手段，而且将其视为确保学生身体康健的重要途径。

第五，生活条件异常艰苦。地处吕梁山区的晋西隰县，本来就地势崎岖，土地贫瘠，自然条件恶劣，经济发展水平较低，人民生活水平不高。再加上战争的影响，这里的生存条件更加恶劣。进山中学师生大部分睡地铺，一个屋住 7 人，若大家都仰卧就有人睡不进去了；冬天北风凛冽，同

---

① 阎锡山：《校长复校开学词》，进山中学 1941 年 10 月 19 日编印，第 8 页。

学们大都被冻得手脚生了冻疮，晚上由于取暖条件不好，同学们不脱衣服挤在一起以保暖，有的同学被冻得整夜难眠。伙食主要以小米、高粱面为主，而且小米往往是多年的陈仓旧米，有的甚至发霉；副食很少，冬天只有水煮土豆和胡萝卜片，几个人一碗，每人只能吃到几条土豆条。多数农家子弟连碗豆腐汤都喝不起，有个同学喝了一碗豆腐汤竟长时间赞不绝口。由于生活不好，同学们一度得了夜盲症。[①] 如此艰苦的条件，同学们却学习十分刻苦，学习成绩在晋西中学中是最佳之一。

第六，课余活动丰富多彩。在阎锡山的倡导下，进山中学成立了课余“活动中心”——民革室[②]。同学们在这里按照规定时间举办学科研究会、时事讨论会、讲演会、讨论会、成绩展览会、报考评会等活动。每逢纪念日和节假日同学们集会开展文艺表演活动，如游艺活动、歌咏表演、体育比赛等，平时还经常开展清洁运动、修路运动、护送粮食活动等。特别是在校园外师生还租种了一块菜地，由农专毕业的教师指导耕作技术，在课余组织学生们参加生产劳动，在园地里种菜、施肥、浇水，还将校园内的空地开辟出来，种瓜种菜，作为师生改善伙食之用。[③] 在课外活动中，进山中学的学生均能做到服从领导、遵守规定，“竞赛不斗争，活泼不喧扰”，更没有打架、吵嘴的事情发生，而是相亲相爱、互助合作、情同手足。这些品质正是在阎锡山的倡导下培养起来的，他经常教育进山中学的学生要“内则好学深思，外则和民助军”[④]。

（二）华灵中学：战火中诞生的育人基地

华灵中学，是为了纪念1941年6月在山西乡宁县华林庙誓死抗日阵亡的24位烈士[⑤]而创建的一所省立中学，是一所在抗战期间成立的以文

---

① 刘存善：《抗战期间的进山中学》，载《山西文史资料》第38辑，山西省政协文史资料编委会1985年版，第119页。

② 阎锡山：《校长复校开学词》，进山中学1941年10月19日编印，第9页。

③ 进山中学校史编写组编：《进山中学校史》（1922—1987年），进山中学1987年编印，第44页。

④ 阎锡山：《校长三十一年秋季开学词》，进山中学1942年9月编印，第14页。

⑤ 1941年6月8日，日军企图进攻第二战区长官部和山西省政府所在地晋西吉县克难坡，于是调集大批日伪军想占领由晋南通往晋西吉县的运粮通道咽喉——华林庙。华林庙山高路险，居高临下，易守难攻，具有重要的战略地位。当天有200多日伪军在密集的炮火掩护下，强行攻占华林庙。十九军前敌指挥部立即命令彭永祥连长必须夺回华林庙阵地。彭永祥连长从士兵中挑选出24名战士，全身挂着手榴弹，将引线联结在一起，在该团炮兵的掩护下，全部冲进庙里与敌人殊死搏斗，并拉着引线，与200多日伪军同归于尽，夺回了华林庙阵地。

化教育与抗战救国教育为主要任务的正规中等学校。阎锡山为了鼓舞士气，激发军民抗日救国热情，取“华林”二字谐音，于 1941 年 7 月 7 日在孝义县旧城创建“华灵中学”。“华灵”的“灵”是取国之灵魂的意思，该校全名为“山西省立华灵中学”。一方面，以示纪念为抗击日军死难的 24 名烈士；另一方面，旨在培养忠贞不渝、舍身成仁、有文化、有气节的抗日后备力量。该校于同年 9 月 18 日正式开学，专门选择“七七”建校，“九一八”开学，意在激发广大民众的抗日救国热情，到 1945 年日军投降后，该校于 11 月由孝义迁移到平遥县城风水楼街。华灵中学的具体办学情况如下：

第一，办学性质：文化教育与抗战教育并重。华灵中学是在抗战中成长起来的为纪念在华林庙牺牲烈士而设立的正规中学，作为普通中学当然首先以进行文化教育为主，同时由于该校创建于抗战时期，并且以烈士英勇奋战的战场命名，明显带有战时特色，因而该校围绕培养革命青年的目标开展教育活动。正如《华灵中学校歌》中所写：

> 忠贞负责，成己成仁，身体力行。两千年专制大夜，人以不负责为荣，流毒至今，国体几倾，唯吾多士，誓挽颓风。说甚是甚，做甚务甚。人格气节为尚，致用企图综合，和全国青年齐一进步，重光我中华民族之国魂。①

由上可知，该校将忠贞负责、舍生取义的革命气节作为培养的目标，通过培养抗日救国的爱国志士来求得民族的独立与解放。

第二，机构编制：机构齐全、编制健全。学校在校长领导下，设有办公室、教务处、训育处、事务处、医务室、马车队等机构，分别负责行政、教学、德育、医疗、后勤等事务。后来为了适应抗日战争的需要，阎锡山决定增设军训处，负责指导军训事务；为了加强对学生的政治思想控制，增设了政训处，对学生的思想和言行进行监督与约束。华灵中学实行三三制，即初中 3 年、高中 3 年。初中每届招收 3 个班，共 9 个班；高中每届招收 1 个班，共 3 个班；另设 1 个补习班。全校共有 13 个班，每班

---

① 刘秉良、史瑞林：《华灵中学》，《山西文史资料》第 65 辑，山西省政协文史资料编委会 1989 年编印，第 148 页。

有学生 50 人，全校共有学生 650 人。此外，还有一个特别班，专门招收大龄学生，专门为抗战输送急需人才。

第三，教学内容：以文化知识教育为主。华灵中学将文化教育、军事教育与政治教育三者相结合，开设的课程主要有：第一类为文化课，具体包括：语文、数学、英语、物理、化学、历史、地理、生理卫生、体育、音乐、美术、动植物；第二类为军事课，内容包括：军事基础知识、军事礼节、步兵操典、射击教练、野外战斗等；第三类为政治课，一方面讲授一般性的政策、抗战形势等，另一方面讲授阎锡山的政治主张，如初中开设“物产证证券与按劳分配”，高中讲“中的哲学”“兵农合一”等。①

第四，师生来源：教师出自名校，学生来自贫民。由于华灵中学在全国范围内广泛招聘名师，因而一部分来自敌占区，他们不愿忍受日军的欺凌，也不愿为日本人效劳，一心为抗战建国奉献力量，于是来到第二战区的晋西华灵中学；一部分来自大后方，他们不愿在政府机关工作，宁愿到清苦的学校从事教育工作，以期展现自己的抗日爱国思想。全校共有教职员 90 多人，教职员中，尤其是教师中 90% 以上是大专毕业，而且学有专长，有较丰富的教学经验，其中大部分教师毕业于北京大学、清华大学、复旦大学、金陵大学、辅仁大学、同济大学、北京师范大学等名牌大学，还有一部分毕业于山西大学、山西法政专门学校等。学生大部分是来自山西及全国贫苦农民家庭子女，其中有来自山东、湖北、安徽、湖南等外省的学生，有不少来自敌占区孝义、大同、五台、崞县、定襄、绛县、河津、交城、文水等地的学生。所有学生一律实行全公费制，穿军衣、吃军粮，与第二战区士兵的待遇相同，一切学习与生活用具均由学校提供。

山西省立华灵中学在抗战时期是一所相对正规的全日制中学，各种管理制度完善，教师认真教学，学生踏实求学，“全校师生有艰苦奋斗、追求真理、热爱祖国的精神”②。在办学实践中体现出如下特色。

特色之一：形成“三位一体”的管理制度，养成良好的校风校纪。华灵中学负责学校日常管理的部门主要有训育处、军训处和同志会校分会三个部门，分工负责，各负其责。训育处，负责品德教育，处理有违背道

① 刘秉良、史瑞林：《华灵中学》，载《山西文史资料》第 65 辑，山西省政协文史资料编委会 1989 年编印，第 148—149 页。

② 刘秉良、史瑞林：《华灵中学》，载《山西文史资料》第 65 辑，山西省政协文史资料编委会 1989 年编印，第 151 页。

德不良言行的学生，引导其向健康方向发展；军训处，重点抓学生的军事训练、行动纪律、校规校风等；同志会校分会进行政治思想教育，约束与监督师生思想。同时，还制定了完善的学生管理制度，加强对学生日常管理，严格作息时间制度，坚持早出操、晚点名，军训处干部负责检查督促。对学生出现违纪现象，无论情节轻重，均要进行严肃处理。如一次孝义城隍庙唱戏，有四名同学越墙去偷着看夜戏，次日被学校发现后，将这四名同学开除学籍。凡在日常生活中被记过一次者、警告两次者酌情训斥，三次者开除学籍（“三小过项一大过，三大过被开除”）。可见，华灵中学的日常管理非常严格，且不徇私情，一视同仁。

特色之二：一切以文化知识教育为中心，狠抓文化课教学。为了避免学生被“赤化”，阎锡山要求华灵中学狠抓文化课教学，尤其是语文、数学、英语、史地等基础课。将学生的兴趣引导到文化知识的学习上来，为了提高教学质量，不惜重金聘用有真才实学、学有专长的教师。由于师资队伍整体素质高，而且教学有方，态度端正，教学认真负责，因而学生学得起劲，学得扎实。学生既不感到轻松也不感到有压力，教学效果良好。历史教师崔守维，讲课从不带课本，边板书边讲述，史实娴熟，讲解有法。每节课重点突出，条理分明，语言精练，表情逼真，生动有趣。英语教师安中都，在教学中深入浅出，气氛活跃，时而穿插小故事，时而对话交流，调动了学生们的学习兴趣与热情，收到了良好的效果。美国驻华大使司徒雷登曾率三人调研小组来华灵中学参观，期间与英语教师安中都交谈，安老师对答如流，表现出非凡的外语表达能力，司徒雷登考察后不仅对安老师出色的英语表达予以称赞，而且对华灵中学的办学精神和教学管理制度等给予高度评价：“在这样艰苦的条件下，学校能办到如此的境地，在美国是想都不敢想的奇迹。”①

特色之三：学业考核制度严格，文化课教学成绩突出。华灵中学制定了严格的学业考核制度，旨在保证教学质量。该校一向重视文化课的学习与考查，对学生的学习成绩要求很高，要求主科（语文、数学、英语）在 80 分以上，其他科不得低于 70 分，或各科均分必须在 70 分以上。学业考核比较频繁，规定有随堂考、月考、期中考、期末考、毕业考。每年

① 刘秉良、史瑞林：《华灵中学》，载《山西文史资料》第 65 辑，山西省政协文史资料编委会 1989 年编印，第 152 页。

综合各种考试成绩，评定优劣等级，并根据成绩决定升、留、降级或补、退、转学。规定连续两次留级和补习二年者劝退，如仍愿就读者可酌情转到他校。因此，学生们学习普遍认真，不甘落后，该校学生的学业成绩优良，工作能力也强，受到了社会各界的好评和欢迎。特别值得一提的是，在 1944 年夏山西省教育厅举办的中学会考中，从进山中学、华灵中学、一联中、二联中、三联中等校抽调的 600 名学生参考，考试结果是华灵中学有 43 名同学进入前 100 名，居五所中学之首，这足以说明华灵中学教学成绩突出。

特色之四：师生物质生活艰苦，课外活动丰富多彩。本来晋西地区地处吕梁山区，自然条件比较差，再加上时处抗战时期，那里的军民生活更加艰苦。地处吕梁山区孝义县的华灵中学也不例外，一方面，学校设施设备比较差，学校设在文庙内，校舍数量少，住房紧张，“好多人挤在一间屋内，晚上出去解手，回来几乎找不到自己的铺位，有的同学住在文庙的大厨内，三四十人挤在一起，空气混浊，汗腥、霉味混在一起，酸臭难闻，伏天呛得连气也出不上来”①；另一方面，伙食质量不高，尽管学生的生活待遇与士兵一样，每月下拨 60 斤粮，但质量不高，主要以小米、高粱为主，白面很少，每星期只能吃到一顿白面。华灵中学师生的物质生活尽管艰苦，但课余活动异常丰富，大家精神生活过得比较充实。学校有计划、有步骤地开展各项课外文化活动，演话剧、演歌舞、大合唱、出墙报、篮球赛、诗歌朗诵会等活动经常开展，如华灵中学课余剧团，共有 40 余人，每逢节假日，均要举办大型纪念活动。平时还到街头开展诗歌朗诵会、小型演唱会、相声、快板、民间歌舞、小调等演出活动。话剧剧目有《华灵庙》《五世同堂》《屠夫》《送军粮》《小寡妇上坟》等；歌舞有《丁玲舞》《红旗舞》《战斗舞》《生产舞》等；歌曲有《华灵庙》《流亡三部曲》《黄河大合唱》《青年进行曲》《毕业歌》《华灵庙战歌》等。既活跃了校园文化气氛，又丰富了师生的文化生活，还增进了学生之间的友谊。

此外，华灵中学师生还经常参加各种社会活动，如帮助地方政府完成征收粮食的任务，具体活动有：进行政治宣传，让人民树立纳粮是公民的

---

① 刘秉良、史瑞林：《华灵中学》，载《山西文史资料》第 65 辑，山西省政协文史资料编委会 1989 年编印，第 157 页。

义务的观念；监督村干部的征粮活动，以免营私舞弊、借机勒索、欺压百姓等事件的发生。还参加农业生产，如 1943 年夏季孝义一带出现蝗灾，有时蝗虫遮天蔽日，禾苗被吃得精光，华灵中学便组织学生到农田开展灭蝗活动，有的同学一天就捉到蝗虫 40 多斤，经过 7 天奋战，蝗灾得到有效控制。

（三）晋西二联中：艰苦环境中坚持办学

晋西二联中的全称是“山西省战时第二联合中学”，创建于 1939 年，校址设在乡宁县西厫村，距县城 12 华里。西厫村共有 40 多户居民，在当时是乡宁县第一大村庄。这里山路崎岖，交通不便，运输全靠驴骡驮。师生在日军的扫荡下，经常转移校址，只好借用比较大的农家院落作为校舍。而且校舍大都是窑洞，“窑洞是黄土高原的产物，优点很多，首先是节约建筑材料，作为穷苦人家，只要有劳力，不花一个钱就可以创建住处。”① 当时晋西有人写了一副形象赞美窑洞的对联：“非房非屋非楼阁，又热又凉又暖和”，横批是“冬暖夏凉”。数九寒天住在窑洞里不觉得过冷，盛夏三伏住在窑洞里不觉得热。因此，第二战区的首脑机关，在山西吉县克难坡形成的窑洞城，可说是一大奇观，还有防空袭的优点。

1. 学校概况与教学条件

该校成立于抗战期间，全校设 1 个初中班、1 个高中班和 1 个补习班。历任校长有宁世铭、刘衍庆、陈贵和、张纯熙等。抗战胜利后，校址迁至运城，更名为运城中学。其中补习班最大，有 70 多人，学习条件极其艰苦简陋，正如当时就读的学生李明元回忆说：

> 每人自备一个小板凳，膝盖就是课桌。教室用的黑板是在山沟里揭取的一大块石板。这是山沟里一种特殊的石头，可以分层揭取，经过打磨光，做黑板再好不过了。补习班没有课本，语文课文和数学例题发的是油印的讲义，其它则全靠老师讲学生记笔记了。高年级同学学习条件比我们要好，他们有部分课本，油印讲义也比较系统。高三班有我一个老乡，有时我到他那里去，他们班只有十来个人，上课就在宿舍，老师讲课时，同学们围坐在桌子边，有的借房东小桌就坐在

① 李明元：《抗战期间晋西的二联中》，载《山西文献》第 43 期，台北山西同乡会、山西文献社 1994 年编印，第 65 页。

炕上。当时我觉得他们的学习条件最好了。那时课本很难买到，更不用说参考书了。我们班有个同学有一本老版的《数学升学指导》，书主人把它当作稀世珍本，其它同学则不胜羡慕，每上课在老师未来之前，书主人周围总围着一圈同学旁观他的书。高三班有一位同学有一本普通字典，为了使这本字典充分发挥作用，他对字典上的词条，逐条背逐条默写，他已经把字典背了大半本了。[①]

开设的课程有国文、英文、数学、物理、化学、历史、地理、博物、生理卫生、音乐、体育、美术、公民等[②]，还有阎锡山的“物劳学说”“中的哲学”。

2. 生活条件异常艰苦

晋西二联中所在的西厫村竟没有一眼井，人畜用水全靠旱井积下的雨水，经常由于干旱无雨，导致旱井中没水，因此，师生只好赶着驴骡到山沟里驮水，来回至少有六七里。为了最大限度地给旱井内储水，每逢下雨，晋西二联中的后勤人员带领学生往旱井引水。师生主要以小米为主食，蔬菜很少，尤其到冬天只能吃到土豆、胡萝卜，大白菜也很少能吃到。

由于吃水困难，因此，学校伙房制度规定，在师生每顿把小米饭吃完时，伙夫抬出一锅开水供师生喝。“如果是刚下过雷阵雨，抬出的开水就是土黄色，上面还漂着柴棒和羊粪蛋，但同学们是顾不得这些的，开水锅一端出，人们一哄而上，百十双手，有拿缸子的，有拿碗的，都往锅里伸，刹那间一锅水就见底了，如果手脚慢些，或者不大好意思往前挤，就难免最后舀不上开水了。”[③] 大部分同学一周只能到河沟里洗一次脸，晋西的水贵如油。

3. 丰富的课余文化活动

学生在课余成立了文艺表演队、学生剧团，同学们还自发成立了各种学友宣传队、学友歌剧团等。一方面，排练文艺节目，活跃师生课余生

---

① 李明元：《抗战期间晋西的二联中》，载《山西文献》第 43 期，台北山西同乡会、山西文献社 1994 年编印，第 67 页。

② 孙邦正编著：《六十年来的中国教育》，台湾“国立”编译馆、正中书局 1974 年版，第 359—361 页。

③ 李明元：《抗战期间晋西的二联中》，载《山西文献》第 43 期，台北山西同乡会、山西文献社 1994 年编印，第 68 页。

活；另一方面，开展抗日宣传活动，演出的剧目大都与抗日救亡有关，如《流亡三部曲》《放下你的鞭子》《黄河大合唱》《青年进行曲》《毕业歌》《三江好》等。每逢节日，学校均要开展大型纪念活动，表演各类文艺节目。特别是1941年学校举行校庆，除了校内社团表演节目外，还邀请了一个专业晋剧团到学校演戏三天，一方面师生同乐，以示庆祝；另一方面，为酬谢平素对民众的打扰，让驻地百姓一饱眼福。阎锡山在洪炉训练期间，还让晋西二联中也参与该项活动，用了一周时间，全校在一起上大课、听报告。主要是教育学生要艰苦奋斗，吃苦耐劳，克服困难，积极抗战。上大课前各班要唱歌，除过全体合唱，各班还要互相拉唱，平常庄重严肃的老师也活泼起来了，组织啦啦队，编啦啦词，指挥唱歌。同学们对洪炉训练的内容并不感兴趣，而对课前课后的唱歌比赛却记忆犹新。有时还邀请地方官员来作报告，一次邀请了行署专员席尚谦来校为同学们作了时事报告，他滔滔不绝地讲了两个来小时，从国际讲到国内，条理分明，说理透彻，受到同学们的好评。

第四节　迁徙中维持的高等教育

抗战时期阎锡山仍然保持着热心办教育的习惯，尽管退守晋西期间条件十分艰苦，但他坚持战乱不忘教育的宗旨。一方面，创办培养抗战军政干部的民族革命大学，为抗日救国服务；另一方面，在晋西恢复山西大学、川至医专，并竭力维持高校的正常教学秩序。特别是1939年阎锡山亲任山西大学校长，并将山西大学改为国立，为抗战时期保存山西高教实力奠定了基础。

一、民族革命大学：培养抗战干部的基地

山西民族革命大学，是抗战初期建立的一所具有抗日民族统一战线性质的培养抗日干部的高等学校。该校由阎锡山创办，并亲任校长，管理干部和教职员中有不少是共产党的干部。学员是来自全国各地的进步青年，在全国产生较大影响。“初期的民大，在坚持抗日斗争、发动组织群众、

团结爱国救亡力量、培养抗日干部等方面起了一定的作用。”①

（一）背景与动因：培育抗战干部的需要

1937 年 11 月 8 日太原失守后，当时晋北晋中的大部分地区已置于日寇的铁蹄践踏之下，阎锡山退守临汾，山西军政首脑机关和山西牺牲救国同盟会②总部均迁至临汾。中共中央北方局、八路军驻晋办事处和中共山西省委等也移驻于附近。还从四面八方汇聚来许多爱国青年，临汾一时成为北方一个重要的抗日中心。此时，八路军与决死队已挺进敌后，开创抗日根据地，而国民党军队在全国纷纷溃退，地方行政干部也纷纷远走大后方。

阎锡山创办民族革命大学的动机，主要有：

第一，创建民族革命大学，是为了培养抗日救亡的军政干部。全国人民一致拥护共产党提出的抗日民族统一战线，拥护国共合作抗战到底。在这种情况下，为了培养抗日救亡的军政干部，阎锡山接受了共产党人和进步人士的倡议，创立了山西民族革命大学，旨在培养抗战骨干力量，因为在晋绥军与日军的交战中，一触即溃，地方干部闻风而逃，导致山西省政府竟派不出县长。这一点让第二战区司令长官阎锡山很头痛，为了培养山西地方干部，他迫切需要创办一所干部学校。正如他在 1938 年 1 月 20 日民族革命大学第一期学员开学典礼时所讲：“大家远道来到火线后方求学，足征有坚决革命志趣，能实行自我教育，增加革命力量，并能站在对的前面领导大家，站在错的后面纠正大家。因为站在对的后面是不革命，而不能纠正错误，革命发挥不出力量，革命即不能成功。因错误是事业上最大的障碍，能领导革命并能纠正错误，即能发挥革命力量，革命并能成功。”③

第二，创建民族革命大学，是为了吸引更多的高素质青年来山西，同时还可起到阻止进步青年到延安去的目的。当时来自全国的进步青年知识分子大批涌向延安，到抗日军政大学学习。阎锡山看到这种情况，认为是

① 徐崇寿：《阎锡山与民族革命大学》，载《山西文史资料》第 59 辑，山西省政协文史资料研究委员会 1988 年编印，第 112 页。

② 山西牺牲救国同盟会，简称牺盟会，成立于 1936 年 9 月 18 日。是中国共产党抗日民族统一战线政策在山西具体运用的产物，是中国共产党领导下发展壮大起来的一个民族革命大联盟式的抗日民族统一性质的群体团体。由阎锡山担任会长，梁化之、薄一波、杜任之、戎伍胜等为执行委员，主要任务是深入基层，发动群众，扎扎实实地开展抗日救亡活动。

③《民族大学开学阎锡山训话要点》，《申报》1938 年 1 月 24 日。

对自己很大的威胁，于是就成立民族革命大学，以吸收爱国青年来山西，阻止他们到延安。[①] 这些来自全国各地的进步知识青年，有知识、有头脑、有见识、有热情，是一支进步的抗日力量，他想吸引这些青年来山西从事抗日工作。

第三，创建民族革命大学，是为了稳定山西政局，维护其统治。在日寇军事进攻的威逼之下，作为第二战区司令长官的阎锡山，“只有招架之功，没有还手之力”。日军长驱直入，晋绥军接连失败。阎锡山在无力自保的情况下，只能接受国共合作，借助共产党的力量来抗日救国。因此，当牺盟会提出建立民族革命大学的建议时，他欣然答应，因为他深知“山西的大多数民众是站在共产党的一边”[②]，以期借助牺盟会的力量，来支撑山西的统治局面。

（二）沿革与管理：在动荡与迁移中办学

山西民族革命大学始终在动荡与迁移中度过，本校先后在临汾、宜川、吉县南村、大宁川庄、蒲县克城、大宁茨林、陕西秋林等地办学，一分校起初在临汾，二分校和三分校在运城，四分校在曲沃，后来在迁移中陆续与本校合并。该校的创立宗旨是：唤起民众，组织民族革命武装，革新行政，改造军队，保障民族革命战争之最后胜利。[③] 山西民族革命大学修业期限为半年至一年。

第一，临汾阶段。山西民族革命大学于1937年12月成立于临汾，当时由于上海、南京及华北各大城市已相继沦陷，特别是“八一三”事变后，国民政府受到剧烈的震动，当时各方面的人物纷纷沿江而上，云集武汉，武汉一时成为抗战的中心。[④] 阎锡山利用赴汉口参加会议之机，进行了招生宣传，当时在武汉报名的人数已达20000余人，实际到山西的有5000余人。[⑤] 加上南京、北京、天津、西安和河南等地前来的青年学生，

---

① 秦丰川：《民大见闻录》，载《山西文史资料》第59辑，山西省政协文史资料研究委员会1988年编印，第6页。

② ［美］唐纳德·G. 季林：《阎锡山研究——一个美国人笔下的阎锡山》，牛长岁等译，黑龙江教育出版社1990年版，第225页。

③ 杜任之：《民族革命大学纲领》，《民大校刊》第1期，山西民族革命大学1938年编印。

④ 徐崇寿：《阎锡山与民族革命大学》，载《山西文史资料》第59辑，山西省政协文史资料研究委员会1988年编印，第113页。

⑤ 杜任之：《李公朴与民大》，载《山西文史资料》第59辑，山西省政协文史资料研究委员会1988年编印，第13页。

共计约2万人。当时本部设在临汾铁佛寺和临汾六中内，因为学员容纳不下，便又在临汾师范设立了民大一分校；还是难以容纳各地来的进步青年，于是在运城设立民大二分校、三分校，在曲沃设立民大四分校。

第二，宜川阶段。1938年2月底，随着日军大举进攻临汾，民大进入大动荡，也是大分化阶段。民大师生先是向吕梁山腹地撤退。跋涉数日后，在乡宁遇到来自运城三分校的师生，改为支校，汇入大队。3月间日军向乡宁、吉县进犯时，师生又向黄河西岸转移。民大大队师生临近黄河小船窝渡口时，又遇阎锡山的总部，人多船少，难以及时渡河，就在黄河边滞留了一天一夜。后来阎锡山命令让女学员和病人留下候渡，其余师生再沿河北上。师生到达壶口时，见两岸相距不远，都想于此渡河。师生们继续北上到平渡关后，只见对岸红旗猎猎，军容整肃，是八路军的一个连在此驻守。他们很热情地派来两只渡船，用了4个多小时，在暮色苍茫前，终于将1500多名师生全部安全地渡过黄河。由于当时连吃饭都成了问题，所以让师生选择去向，杜任之宣布："受不了艰苦的，可以去西安；愿意走的，可以到延安；愿意留下的，我带你们到宜川。"[①] 当晚大家分散到附近村子去自找食宿之处，第二天集合时已不到1000人，一部分奔赴延安，一部分到了西安。到宜川后，阎锡山将一分校也和本校合并，全校只设政治、军事两系，由杜任之、杜心源分别兼任系主任。只有二分校千余师生，仍留在大宁、永和一带。

当时阎锡山在《渡黄河》中记载了此次艰难迁校活动：

渡黄河一（3.19）

八路围攻政中心，各个击破计未成；
三千学生男和女，暂渡北上再东行。

渡黄河二（3.20）

人马万余阻黄河，渡舟一只小船窝；
伤兵学生可西渡，其余一律不准过。

渡黄河三（3.20）

三千学生只一舟，渡河未毕雨声稠；

---

① 杜任之：《民放革命大学建校概述》，载《山西文史资料》第59辑，山西省政协文史资料研究委员会1988年编印，第4页。

冒雨高歌野立夜，翌晨一舟顺水流。

令学生北上（3.21）

职员学生剩三千，饥寒待渡业两天；

船流敌迫难为计，随军北上可安全。[①]

阎锡山的这组诗，真实地反映了当时民族革命大学几经周折举校北迁的状况。说明该校在抗战时期在日寇的围追堵截下艰难办学的历史实况。民族革命大学在宜川办学两个多月，为了防止学生投奔延安，经阎锡山批准，薄右丞在校本部挑选了三四百名“优秀学生”，成立了“随营分校”，放在阎锡山的直接控制之下，培养他们成为阎锡山的工具。[②] 这一阶段，民大课程的内容已有所改变，革命的气氛也差了，已经开始改变统一战线的性质。

第三，南村阶段。1938 年秋，民族革命大学由陕西宜川回到吉县南村。阎锡山开始对民族革命大学进行调整，主要措施：一是将在临汾设校时招收的本校学生，作为第一期毕业生分配工作，从西安招来第二期学生；二是将原来一分校和三分校学生重新编队，二分校单独设立，住在离南村 20 多里的刘村；三是增加了阎锡山的学说。调整后，规模比在宜川又有所缩小。

第四，川庄阶段。1938 年 12 月间，由于日军进攻，民族革命大学便又由南村向北转移。先由吉县经大宁折转到蒲县的克城镇一带。临春节前，又折回大宁县川庄、茨林一带，在这里上课三四个月。于麦收前又经吉县过黄河，到宜川县的官亭镇、龙泉村一带。这里居民很少，学生也不再住民房，而是住到新打的窑洞和新建的简易营房中。这是民大的质变阶段，也就是民大开始变为普通训练班的阶段。民大在川庄期间，实际主持校务的杜心源和杜任之先后调离。阎锡山进一步加强了对民大的控制，不过政治处、教务处掌握在共产党和进步分子手中；总务处大多数是抗日分子，在两种力量的斗争中以中间状态出现；军训处则由阎的旧军官控制，遵从阎的意旨。大队长是由军训处委派和领导的，而大

---

① 阎锡山：《渡黄河》和《令学生北上》，引自徐崇寿《阎锡山与民族革命大学》，载《山西文史资料》第 59 辑，山西省政协文史资料研究委员会 1988 年编印，第 117—118 页。

② 秦丰川：《民大见闻录》，载《山西文史资料》第 59 辑，山西省政协文史资料研究委员会 1988 年编印，第 8 页。

队指导员和政治工作员是由政治处委派和领导的，两种力量都要争取学员到自己一边来。

第五，秋林阶段。1939 年冬，民大又迁往陕西秋林官亭、龙泉一带，阎锡山加紧准备发动“晋西事变”，因此对民大进行严格控制，对抗日的进步干部和青年进行抓捕，学校完全被阎锡山所控制，成为镇压进步革命青年的据点。

民族革命大学由阎锡山任校长，李公朴、杨爱源任副校长，梁化之任校长办公厅主任，设有四个处：教务处、政治处、军训处、总务处。教务处由杜任之任主任，主要负责编印讲义、聘请教师、安排课程等事宜；[①] 政治处由杜心源任主任，主要负责师生的政治教育与思想工作；军训处由郎盛德任主任，主要负责领导军事干部、对学生的军事管理和军事教育；总务处由裴济明任主任，主管学校财务、运输、医疗与食宿等事务。[②]

（三）师资与学生：各地进步人士云集山西

1937 年底，南京、上海、北京、天津、太原等城市在日本侵略者的进攻下相继沦陷，国民党政府内迁武汉，各地进步革命人士云集武汉，一时间武汉成为全国抗战中心。阎锡山在武汉开会期间，他正式向社会各界提出创办山西民族革命大学，并获得教育部批准。早在 1937 年 8 月中旬，阎锡山就派其堂妹夫梁綖武到武汉，请求各方面从政治和人力上给二战区以支援，获得了文化教育界进步人士的响应和支持。如沈钧儒、李公朴、邓初民、江隆基、侯外庐、潘汉年、张申府、陈纪滢、光未然、陈北鸥等，都为民大的成立做了有力的宣传和动员工作。1938 年 1 月 20 日《申报》刊登题为《山西民族革命大学招收流亡学生》的消息：

> 山西民族革命大学驻汉办事处主任梁綖武，昨招待报界，谓该校于太原失陷后组织成立，除尽量收容山西中等以上学校之学生外，并于长沙、武汉招收，每期招收学生七百，大都为平津江浙等区流亡来汉学生。现已分批前往临汾受课，课程约分军事、政治、事务等部门，在一面学习、一面工作原则下，使每个学生均能发展其本能，均

① 杜任之：《民族革命大学建校概述》，载《山西文史资料》第 59 辑，山西省政协文史资料研究委员会 1988 年编印，第 1 页。

② 秦丰川：《民大见闻录》，载《山西文史资料》第 59 辑，山西省政协文史资料研究委员会 1988 年编印，第 9—10 页。

能深刻认识此次民族抗战之中心，而实际上配合军队与民众之力量，推动此伟大之民族抗战，将来拟视抗战前途之发展与事实之需要，或再继续招生。①

招生录取的方式是通过口试答题的方法，往往招生人员向学生提出五六个问题。如“抗战到底的含义是什么?”“爱国七君子是谁?”等，几分钟考试完毕后，便可以编队学习。②

先后在武汉招收三批，共计2000余人，加上从北平、天津、西安、南京、河南等地前来的青年学生，总计5000余人。就地域而言，山西民族革命大学的学生来自全国18个省，还有一批归国华侨学生也加入该校学生行列；就文化程度来说，有的是大学毕业或肄业，有的是高中毕业，也有部分是初中毕业；就年龄来讲，最小的年仅15岁，最大的为34岁；就职业而论，有学生、教员，也有工人、农民、军人；就政治面貌而言，有共产党员和共青团员，有国民党员和三青团员，也有无党派人士。尽管学生的成分非常复杂，各不相同，但他们有一个共同愿望：投身抗日战争，参加民族革命，挽救民族命运。其中民大四分校毕业的学生张腾霄，后来参加革命，建国后曾任中国人民大学党委书记兼第一副校长。

教师多系全国声望素著的进步学者、教授和专家，如李公朴、杜任之、江隆基、侯外庐、施复亮、陈唯实、何思敬、温健公、秦丰川、刘潇然、胡磊、周巍峙、杜心源、徐懋庸、孙荪荃、萧三、萧军、萧红等，也有当时的山西名流李冠洋、邱仰浚、薄右丞、周新民等，还有来自朝鲜的教师朴建雄、尹澄宇、崔英等，可谓名流荟萃，盛极一时。李公朴为民大聘请教师、动员学生贡献很大，何思敬、施复亮、陈唯实等都是经他介绍而来的。为感谢他的支持，杜任之等特意去函邀他来民大授课。他果然应邀而来，被阎锡山聘为民大的副校长、顾问和教授。杜任之还同他一起参照中共中央发布的《抗日救国十大纲领》，草拟了一份《民族革命大学纲领》，把中共的全民总动员、坚持抗日民族团结、实行抗战教育等基本思想都写了进去，强调抗战和军事训练，民运宣传，学生自治和自觉纪律等

① 《山西民族革命大学招收流亡学生》，《申报》1938年1月20日。

② 路纪宇：《参加民大学习亲历记》，载《山西文史资料》第59辑，山西省政协文史资料研究委员会1988年编印，第51页。

条款。同时还参照八路军随营学校的教学计划，拟定了《民大教学计划》。李公朴也经常来民大讲课，深受学生欢迎。[①] 此外，还经常邀请一些政界、军界名人来校作报告，如朱德、肖劲光、王世英等共产党领导在来校视察时，也为学生作报告。薄一波、丁玲等政界和文化界名人，也在民大讲过课，赢得学员们的热烈欢迎。阎锡山也在晚上几次到校讲话，解答学员们提出的问题。

在临汾时，对教师的管理采取职称分级制，根据教师的学历、学识、经历、著述、讲授水平等多个方面，将教师分为教授、副教授和讲师 3 个等级，并颁发资格证书和聘书。后来在迁往宜川过程中，由于学校总务处宣布教授们徒步走，行李有车拉，结果到吉县才发现行李全部丢失，这使得教授们很生气，有的自己过黄河去了延安。在吉县城里短期停留时，教授们提议由学校行政、教授代表和学生代表三结合共同治校，阎锡山没答应，于是又走了几位。到宜川后仅留下陈唯实、秦车川、朴进勋、尹澄宇、崔英等人。阎锡山不得不到处招聘教授，又邀请来几位教师。后来改称教官，降低了他们的地位及政治影响。在宜川时的政治教官有蒲子政、刘潇然、原政庭、李文澜、叶笠、秦淮、陈凤章、朴建勋、尹澄宇、崔英等。[②]

（四）课程与教学：以宣传革命理论为主

民族革命大学在临汾时期，共设三个系：政治系、军事系、民运系。教学内容主要以抗日进步理论为主，课程由政治课、军事课和阎锡山的“学说”三部分组成，政治课挂帅，军事课配合，也被称为“七分政治，三分军事”[③]。主要课程有：政治经济学、唯物辩证法、社会发展史、国际问题、政治常识、苏联研究、中国近代革命史、抗日民族统一战线、抗日游击战争、日本帝国主义侵华史、抗日军队政治工作、中国外交史、群众工作以及阎锡山所撰写的“中的哲学”“按劳分配”“物产证券”“土地村公有”“四民教育”“民革战法”等。

---

① 杜任之：《李公朴与民大》，载《山西文史资料》第 59 辑，山西省政协文史资料研究委员会 1988 年编印，第 12 页。

② 武创辰：《我在民大的两年》，载《山西文史资料》第 59 辑，山西省政协文史资料研究委员会 1988 年编印，第 23 页。

③ 简丰：《从民大到抗大》，载《山西文史资料》第 59 辑，山西省政协文史资料研究委员会 1988 年编印，第 40 页。

政治课的内容很丰富。阎锡山注重发挥教授的作用和影响，允许教授们自由讲授。在临汾时，施复亮和何思敬讲政治经济学，陈唯实讲唯物辩证法，侯外庐讲抗日民族统一战线，江隆基讲苏联研究，秦丰川讲国际问题，刘达人讲中国外交史，受到普遍欢迎。特别是李公朴主讲的“半年来的抗战形势”和“民主政治”，以谈吐诙谐风趣而吸引了广大学生，他每次到校讲学时，学生们都贴出“热烈欢迎救国会七君子之一的李公朴先生”① 的标语。当时民族革命大学的学生回忆说：

> 在听课方面，最受同学欢迎的，首推李公朴。李先生讲话具有无穷的鼓动力，发人深思，耐人寻味，讲到生动感人之处，可以使你慷慨激昂、摩拳擦掌；讲到敌人阴险毒辣之时，可以使你切齿痛恨、发指眦裂。但李先生因奔走统战工作，讲课很少。施复亮讲国共合作史，更是妙趣横生，现身说法，真是不愧为老教授，难怪早在黄埔时期，就培育了不少人才。陈唯实讲哲学，讲得条理清楚，入木三分。②

军事课有：步兵操典、陆军礼节、射击教范、筑城教范、防空防毒、制式教练、班排演习、野外勤务、抗日游击战术，以及阎锡山的“四新教育”“民革战法”等，由各队军事人员讲授。民大实行军事管理，大队之下设中队，中队之下设分队。从大队到分队，每个队都有军事队长和政治工作人员。每天早晨集合出操、练跑步、爬山、练射击投弹。学生轮流担任喊操、教操，要求不光要会做，还要会教。

理论课，主要讲授阎锡山的“学说”。为了扩大自己的势力和影响，阎锡山对民大课程设置颇为关注，曾亲自授意教务处主任杜任之安排讲授他的“学说”。校本部和几个分校每周为阎锡山的“学说”安排一两次课，主要由梁化之、李冠洋、薄右丞、邱仰浚、李济生、周新民等讲解。李济生主讲“中的哲学”，杜任之也在南村时期讲授过“按劳分配”和“物产证券”。二分校主要由孟祥祉讲“中的哲学”，由童诚讲“物产证

① 杜任之：《李公朴与民大》，载《山西文史资料》第59辑，山西省政协文史资料研究委员会1988年编印，第12页。

② 方北雁：《我在民大学习的经历》，载《山西文史资料》第59辑，山西省政协文史资料研究委员会1988年编印，第62页。

券”和“按劳分配”。

1938年秋，民族革命大学从宜川迁回到吉县南村。开设的课程及主讲教师分别是：蒲子政讲政治经济学，原政庭讲唯物辩证法，秦丰川讲联共党史，尹澄宇讲民族自强，智健中讲中国近代史，胡磊讲统一战线，庄启东讲时事政治，杜心源讲军队政治工作，杜任之讲抗日民族革命战争的战略问题。特别是主讲政治经济学的蒲子政，是共产党员，曾做过杨虎城的秘书。他讲授深入浅出，深受学员欢迎。常用在英国和苏联亲自见闻的工人阶级不同遭遇向学员讲解，使学员很受启发、受益匪浅。

此外，还有全国名家来校讲学，1938年4月中旬，著名音乐家贺绿汀来校，集中学员们在西门外河滩上，由贺先生教大家唱他的杰作《游击队歌》，“随着他指挥棒起伏顿挫，千余人发出高亢嘹亮的战斗歌声，响彻山谷。”[①] 一次著名作家丁玲在前往延安路过临汾时，来到民族革命大学，为学生作了讲座，并与学生座谈。据学生回忆：“丁玲平易近人，穿着一件缴获的日本黄色呢制军大衣，神采奕奕，颇有女将气概。她在民大时，要求同她谈话的人经常围拢在一起，有请求解答问题的，有要求题字留念的，也有要求同她一道到延安去的。当时以抗日统一战线为重，丁玲都婉言相谢，勉以：到处都是抗战，只要坚毅沉着，会给敌人以沉重打击的，不一定要到延安才能达到这个目的。”[②] 1938年8月，朱德、肖劲光、王世英等一行来到民大视察，并给师生讲话，当天晚上全校师生集合到古贤村一个清静凉爽的打谷场上，沐浴着清风皓月，聆听了总司令那声音浑厚、内容新颖的讲演，不时引起笑声和掌声。其后又在民大校刊上看出他的演说词，师生从他的亲切教诲中深受鼓舞。他鼓励大家坚持抗战，建立统一战线，为抗日战争和进步事业做出贡献，使师生深受鼓舞。[③]

（五）学生生活：在艰苦环境中求学

当时处于战乱年代，民族革命大学师生生活极其艰苦，据校本部二期

① 路纪宇：《参加民大学习亲历记》，载《山西文史资料》第59辑，山西省政协文史资料研究委员会1988年编印，第54页。

② 方北雁：《我在民大学习的经历》，载《山西文史资料》第59辑，山西省政协文史资料研究委员会1988年编印，第63页。

③ 杜任之：《民族革命大学建校概述》，载《山西文史资料》第59辑，山西省政协文史资料研究委员会1988年编印，第5页。

学员刘沧回忆：

> 每位学生在编队时，发一套单军衣，入冬时发一套棉军衣和一件棉大衣。热天只能脱下洗一洗，等干后再穿，冬天就无法换洗了。有被子的同学很少，大多数是盖着大衣过冬。住在老乡的破旧窑洞里，从没生过火，从没点过灯，总是摸黑过夜。主食能够吃饱，副食非常缺乏，很少吃肉、蛋、豆制品等，每班每餐只有一碗菜叶盐水汤。沟深坡陡，取水困难，从没烧过开水，吃饭时喝的是碱味的蒸锅水，出操打野外回来渴极了，只能到老乡家喝口冷水。每逢雨天，井坡滑得无法上下，只有接下雨水做饭。晚饭后，每人可从伙房带走一茶缸冷水，作为第二天洗脸之用。烧柴也很困难，当地没有煤炭，没有树林，群众烧火以秸秆为主，我们出钱也买不到。[①]

不仅校本部条件差，而且几个分校的生活也十分艰苦。当时民大二分校学生武创辰在回忆生活状况时，讲道：

> （二分校）在（吉县）刘村期间，生活依然很苦，吃的是炒黑豆和白水煮“布拉几”［没有案板，用手把面团扯成指头粗的面棍半生不熟］，少盐没油；吃水用水十分困难，每人早晨只有一杯水刷牙、洗脸；不发单衣，每人给一块白色土布，自己缝衣衫穿；夏夜挤在土窑里闷热不堪，就睡在洞外的泥土地上；再加苍蝇蚊子肆虐，许多人患了伤寒、痢疾，又少医没药得不到治疗，只得在痛苦中煎熬。[②]

不仅生活条件艰苦，而且教学条件也很简陋，甚至教室没有油灯，缺乏黑板、粉笔。尽管民族革命大学学生的物质生活十分艰苦，但精神生活丰富，过着紧张活泼、自由欢乐的学习生活。学生过着军事化生活，早上5点起床，开始跑步、爬山，练习打靶、投弹，7点吃早餐，8—12点上课，下午2—6点讨论，晚餐后小组生活会，9点就寝。学员身着灰粗布

---

① 刘沧：《民大二学习漫记》，载《山西文史资料》第59辑，山西省政协文史资料研究委员会1988年编印，第58—59页。

② 武创辰：《我在民大的两年》，载《山西文史资料》第59辑，山西省政协文史资料研究委员会1988年编印，第19页。

军装，膳食由学校供给。[1] 1938 年春的一天早上跑步完毕，教务处主任杜任之对副校长李公朴说："你头上冒着热气。"李公朴说："我们是要把学校搞得热气腾腾的。"旁边的学生们响起热烈的掌声。每天上课前学生们都要唱民大校歌：

> 同志们，亲爱的同志们！
> 我们来自大江南北，太行西东，
> 为着保卫我祖国，到这民族革命的中心。
> 我们是民族革命的战士，我们是民族革命的先锋，
> 担当起民族革命的使命，争取解放，促进民族复兴。
> 快齐着脚步，抖起精神，领导民众向前进攻，
> 打倒侵略的日本，保卫我民族的自由平等，自由平等！[2]

遇到农忙季节，民大学生同群众一道春耕播种，投入生产劳动当中。平时"用不少时间到山上打柴，到山下驮水，就地征集小米、黑豆、红枣，解决自己的生计问题"[3]。

民族革命大学学生的日常生活异常艰苦，而课余活动丰富多彩。南村时期，进步学员除学好功课外，还经常阅读进步书刊，如《共产党宣言》《社会学概论》《论持久战》《抗日战争的战略问题》《西行漫记》《大众哲学》《阿 Q 正传》《八月的乡村》以及茅盾、巴金、高尔基、法捷耶夫等人的著作。还定期出墙报、进行歌咏比赛、举行戏剧表演等活动。特别在"七七"事变、"八一三"全面抗战等纪念活动中，出墙报、贴标语，整个学校营区花花绿绿，歌声不断。这些活动对学员的政治进步和思想影响，对巩固和壮大民大的进步势力，作用是很大的。[4] 1939 年在进步教官的指导下，民族革命大学学生在课余开展阅读进步书

---

① 路纪宇：《参加民大学习亲历记》，载《山西文史资料》第 59 辑，山西省政协文史资料研究委员会 1988 年编印，第 54 页。

② 徐崇寿：《阎锡山与民族革命大学》，载《山西文史资料》第 59 辑，山西省政协文史资料研究委员会 1988 年编印，第 116 页。

③ 武创辰：《我在民大的两年》，载《山西文史资料》第 59 辑，山西省政协文史资料研究委员会 1988 年编印，第 17 页。

④ 简丰：《从民大到抗大》，载《山西文史资料》第 59 辑，山西省政协文史资料研究委员会 1988 年编印，第 41 页。

籍、出墙报、歌咏比赛、戏剧表演等活动，把学校搞得红红火火、热气腾腾。

当时没有琴棋、球类，唱歌最为风行。正如民族革命大学第二期学员刘沧所回忆的那样：

> 我们队有从延安吴堡青训班来的几位同学，他们喜欢唱歌，带来不少新歌。其中魏文智同学，识歌谱，会打拍子，又是文娱委员。我们编队之初，正值夏季，晚饭后，大家都三五成群来到场上，看书的看书，唱歌的唱歌，消除一天的疲乏。在魏文智等同学的带动下，我们唱过数不清的抗战歌曲。《国际歌》、《马赛曲》、《抗大校歌》、《青训班毕业歌》，我们都大声高唱着。……抬头，钩月悬空，大家唱起了“月儿弯弯影儿长”；四望，青纱帐起，大家唱起了“高粱叶子青又青，九月十八来了日本兵”流亡三部曲，如泣如诉，句句敲打着人们的心弦，歌声伴着抽泣。“打回老家去”“永作自由人”“大刀向鬼子们的头上砍去”等歌曲，唱个没了，直到晚点名后，才回到我们的栖身的黑窑洞里。①

此外，还利用课余时间，成立研究会，如“社会发展史研究会”“哲学研究会”“持久战研究会”“游击战研究会”“新文学研究会”“世界语研究会”“日语研究会”“速记学研究会”等。这些社团活动的主要形式是由主持者宣讲相关知识，并开展讨论。

二、山西大学：在艰苦环境中维持

抗日战争爆发后，全国学术界曾围绕高等教育的维系与发展问题展开讨论，“到 1938 年学界达成共识：继续完成教育任务，并将之视为决定中国前途的关键。在兵荒马乱和人口流亡之际，主要院校的对策是迁徙到安全的内地”②。山西大学作为我国最早建立的大学之一，也响应国民政府

① 刘沧：《民大二期学习漫记》，载《山西文史资料》第 59 辑，山西省政协文史资料研究委员会 1988 年编印，第 57 页。

② ［美］费正清主编：《剑桥中华民国史》第 2 卷，章建刚等译，上海人民出版社 1992 年版，第 447 页。

的号召，几经转迁，最终保存了山西大学的实力，为以后山西高等教育事业发展奠基了良好基础。

（一）山西大学的历史沿革

1901年9月，清政府颁布命令："除京师大学堂切实整顿外，各省所有书院于省城均设大学堂。"① 1902年5月8日，山西巡抚岑春煊将原有的令德书院与晋阳书院合并，组建了山西大学堂，校址在太原贡院。英国传教士李提摩太借处理山西教案之机，提出了用山西赔款在太原设立一所中西大学堂的意见，得到了李鸿章的同意。之前于1901年7月李提摩太就派传教士敦崇礼、史密斯等8人来太原商讨创办中西大学堂事宜。1901年11月，《创办中西大学堂合同八条》在上海签字。1902年2月，李提摩太在上海开始为在山西创办中西大学堂物色教习、购置仪器设备，积极筹备开学准备工作。不久，当他看到已有山西大学堂成立时，便向山西当局提出将两校合并办理的意见，名称仍用山西大学堂。分两部：一部专教中学，由华人负责；一部专教西学，由他亲自主持。经过近一个月的协商，6月7日，拟定了《关于中西大学堂并入山西大学堂改为西学专斋的合同23条》，合同规定将中西大学堂改为西学专斋，晋省筹款50万两作为西学专斋经费，请李提摩太代为经理，以十年为期，期满交由晋省官绅自行经理。西学专斋于6月10日得到清政府批准，月底在《京报》上发表。6月26日，西学专斋在太原皇华馆举行开学典礼，注册学生98人，李提摩太任节制兼总理；山西大学堂原来部分改设为中学专斋，谷如墉任总理。1902年秋，山西大学堂在太原侯家巷征地200多亩，动工兴建新校址。1904年秋，新校址竣工，中西两斋同时迁入。② 在李提摩太的积极努力和精心筹划下，以中西文化共融为特征的山西大学教育格局初步形成。因为癸卯学制颁布后，"除京师大学堂和山西大学堂因有特殊情形继续存在外，都遵照章程改为省立高等学堂了"③。真正属于这一时期创立并长期存在下来的是山西大学堂，这样，山西大学堂就成为"国内省一级创办最早的大学"④。

---

① 朱寿鹏编：《光绪朝东华录》第4册，中华书局1958年版，第4719页。

② 教育部编：《第二次中国教育年鉴》第四编·高等教育，上海商务印书馆1948年版，第630页。

③ 何炳松：《三十五年来中国之大学教育》，载《最近三十五年之中国教育》卷上，上海商务印书馆1931年版，第78页。

④ 田正平主编：《中国教育史研究》近代分卷，华东师范大学出版社2001年版，第183页。

尤其是李提摩太主持的山西大学堂西斋，采取了英式教育管理模式，在课程设置、教学管理、师资队伍、校舍建筑与仪器设备等方面，均是全国一流的。

第一，以西学为主的课程设置。在山西大学堂西学专斋完全采用英国式的教育教学管理模式，分预科、专科两个阶段。预科学制三年，专科学制四年，预科毕业可升入专科。专科分采矿、工程、法律、冶金等科。主要课程有数学、物理、化学、工学、矿学、英文、地理、世界史、法律、格致、体操、博物、图画等。特别是理化实验，学生兴趣最浓，感到格外新奇。西学专斋除了正常的课堂教学外，还举办了体操、网球、足球等丰富多彩的体育活动。

第二，仿效英式的教学管理。西斋不仅课程设置实用，而且教学管理新颖。李提摩太委托敦崇礼主持教务管理，依照西方的班级授课制原则，山西大学堂西学专斋实行分班教学，有固定的作息时间和课程表。不论预科、专科，授课时间每周 36 学时，上、下午各 3 小时。中斋当时仅上午上课，后改为每周 24 学时，星期天休息。学籍管理按照西斋《开课列章》明确规定，每年分两学期：第一学期从正月开印日入学起，至小暑节休学停课止；第二学期从立秋后十日入学起，至十二月封印日休学停课止，并对学生的学习纪律和日常行为提出严格要求。

第三，以英美人为主体的师资队伍。西斋形成了以英美人为主体的师资队伍，其中有来自英国的敦崇礼、苏慧廉、毕善功、燕瑞博、马尔东、克德来、华林泰、季成信，也有来自瑞典的新常富，美国的来门义、李恒礼、卫乃雅、威廉姆斯等。这些教师各有专业特长，分别讲授一门西学课程，还善于通过做实验的方法来进行教学，受到学生的欢迎。

第四，西式的校舍建筑与图书仪器设备。1904 年秋，新落成的侯家巷山西大学堂校舍，建有大礼堂（为当时全省唯一无大梁和支柱的建筑）、图书馆。馆内藏有新近在中国出版的教学参考书和西方文学名著，李提摩太还将自己的一部分图书赠送给了图书馆，并为阅览室购买了中英文杂志和报纸。还有体育馆、会客厅、博物院，另有教室、物理实验室、化学实验室、仪器室、办公室等。物理，化学、采矿、土木工程各科均有各自的建筑物一处，这些是西式建筑，而中斋是中式建筑。

山西大学堂为山西乃至全国培养了一批杰出人才。共培养了 593 名毕业生，西斋占多数，为 363 人，其中有 50 多人赴英留学，近百人赴日留学，9 人入京师大学堂深造，19 人被清政府赐以进士出身，为近代山西乃至中国的文化教育、政治经济发展做出了较大贡献。如民国前后太原钢厂厂长郑永锡，太原兵工厂厂长李蒙淑；西斋毕业的留学生南桂馨（1884—1967）、温寿泉、李秀、陈坤德等人参加辛亥革命，并成为杰出领导；还有民国后山西政要人物崔廷献、贾景德、杨兆泰、马骏、梁上栋等，这些山西大学堂毕业生成为民国时期山西政坛与经济界的要员。①

民国前的山西大学堂西学专斋，课程新颖，管理有方，师资雄厚，设备先进，教学效果显著，正如当时的西斋教习瑞典博士新常富所说："诚不愧为大学之名焉，其构造不为不善矣，其布置不为不工矣。其经济不为不多矣，其人才不为不众矣。总之，大学一堂，建设完全，已无遗憾；人才荟萃，大有可观。"② 鉴于西学专斋办学成绩突出，后来中斋也实行西斋的英式教育管理模式，使中西两斋的课程与教学基本趋于一致。尽管1910 年11 月13 日李提摩太将西斋管理权按合同如期交还山西，但他为山西大学创立中西合璧、文理融合的办学模式乃至成为综合性大学所奠定的良好基础是显而易见的。直至民初10 年间，"我国大学的建设总计只有三个：光绪二十六年开办的京师大学堂、二十八年开办的山西大学堂和二十九年由天津中西学堂改办的北洋大学堂，实在是寥寥可数"③。1918 年山西大学与北京大学、北洋大学同时被列为国立大学，"山西大学，现设文、法、工三科。北洋、山西两大学原系省立，自民国七年度起，经费由国库支给，乃改为国立"④。1922 年国内公立大学只有 7 所：国立大学有北京大学、交通大学、北洋大学、东南大学、上海商科大学 5 所，省立大学只有山西大学、鄂州大学预科（武昌）共 2 所。⑤

可见，山西大学堂在当时打破沿海沿江垄断大学教育的局面，推进大学教育布局向内地延伸，促进内省教育事业协调发展方面，做出了重大贡

① 申国昌：《守本与开新——阎锡山与山西教育》，山东教育出版社 2008 年版，第 220—222 页。

② 行龙：《山西大学校史三题》，《山西大学学报》2002 年第 4 期，第 4—9 页。

③ 何炳松：《三十五年来中国之大学教育》，载《最近三十五年之中国教育》卷上，上海商务印书馆 1931 年版，第 94 页。

④ 中国第二历史档案馆编：《中华民国史档案资料汇编》第三辑·教育，江苏古籍出版社 1991 年版，第 176 页。

⑤ 何炳松：《三十五年来中国之大学教育》，载《最近三十五年之中国教育》卷上，上海商务印书馆 1931 年版，第 99 页。

献。时任山西大学堂西斋化学教习的瑞典格致博士新常富后来在他的回忆录中不无自豪地说："山西大学堂被认为是亚洲最好的大学之一。"[①] 抗日战争爆发前的山西大学，在中国高等教育史上占有一席之地，为我国北方高等教育的发展奠定了坚实基础，并为民国经济与社会发展培养了大批人才。

（二）战时山西大学的维系与发展

阎锡山于1939年12月至1943年4月任山西大学校长，于山西沦陷后在四处逃难、不断迁址中与山西大学共同度过了最为艰难的时期。

1937年卢沟桥事变爆发后，日本发动了全面侵华战争，阎锡山尽管提出"守土抗战"的口号，奋力抵抗，但终因军事实力的悬殊，于1937年11月8日太原失陷。[②] 从此，阎锡山便带领其部下开始了四处逃难的流动生活。先南撤到临汾，后转向晋西的乡宁、吉县，入陕西宜川县秋林。抗战爆发后，山西大学也与全国其他大学一样，为了保存自身实力，开始了流动迁移行动。1937年8月，山西大学开始南迁，工学院和理学院迁往临汾，法学院迁往平遥，文学院迁往运城。[③] 后来，随着晋中、晋南的相继失陷，山西大学于年底被迫停办。

1939年6月，在重庆工作的原山西大学工学院院长王宪、教授常克勋、兰锡魁等人向时任国民政府行政院院长的孔祥熙提出恢复山西大学的建议，得到了孔祥熙的同意。阎锡山得知此信息后，便立即下令筹备山西大学的复校工作，因为他担心一旦国民政府主持复校，那么山西大学就不会由他控制了，于是7月20日在《阵中日报》上刊登山西大学已经在吉县复校，且工业专科学校和农业专科学校两校并入山西大学，阎锡山亲自兼任校长，望原本校的教职员与省府联系。得到这一消息，在西北联大任教的原山大英文系主任徐士瑚，便到陕北秋林与阎商讨复校具体事宜，原计划在陕西宜川县秋林镇筹备复校。9月阎锡山令省府给徐士瑚汇款15000元作为山西大学复校经费，并聘请了10多名教授，从国立五中、七中录取了山西流亡中学生100多名，徐士瑚带领8名教职员和100多名学生北上，行至三原，"军情忽紧，令即暂在三原觅地开学，当赁定三原

① 张民省：《山西大学：创中西教育合璧之路》，《中国高等教育》2002年第5期。

② 李茂盛等著：《阎锡山全传》下册，当代中国出版社1997年版，第781页。

③ 教育部编：《第二次中国教育年鉴》第四编·高等教育，上海商务印书馆1948年版，第630页。

城内山西街民房50余间，为临时校址”[①]。11月在陕西三原县租了女中全部校舍作为文法学院和办公地址，租了一个大货栈供工学院学生食宿用。聘请了英文教授朱启寰、哲学教授陈嘉昆、机电教授庞廷璋以及副教授十几人。12月1日，在三原正式开学上课。省府发文下达人事编制：阎锡山兼任山西大学校长，冯纶（1889—1954）任校务主任，下设教务、训育、总务、文书、会计、图书等课，对于院系设置未作规定，为此徐士瑚又北上秋林请示了校长阎锡山，提出应按教育部规定去重组山大，开设文、法、工三院六系，经教育厅批准后实施。新的编制是：阎锡山任校长，冯纶为副校长，下设三处：教育处、训育处、总务处；设三院：工学院（机电系、土木系）、法学院（法律系、经济系）、文学院（历史系、英文系）[②]，徐士瑚任教务长。1939年12月23日正式上课，录取新生140余人。3月川至医专并入，设医学专修科。此时，全校学生达160多人，女生有十几人。1941年山西大学招生专业有所增加，主要包括历史、外国语、法律、政治、经济、机电、土木等，拟在西安、城固、吉县等地招生。[③] 1943年4月，山西大学与四川重庆大学、浙江英士大学同时划归国立，规定“山西省立山西大学原设文法工三学院，共六学系，另设医学专修科，改国立后，所设院系及专修科，拟设照旧。全年经费拟定为100万元，另拨三十二年度充实设备临时费50万元，合共150万元”[④]。到1944年学生人数有所增加，但条件仍然艰苦，正如中外记者团采访后所报道的那样：“山西大学，内设三院六系一科，编制课程悉照部定，学生二百余人，兼收女生。而设备和管教方面，却充满战时景色，艰苦而复笃实。”[⑤]

阎锡山任校长时，山西大学具有以下一些特点：

其一，环境恶劣，条件艰苦。图书欠缺，仪器缺乏，设备有限，教室和宿舍都是民房，教室大的只能容50多人，小的仅能容纳10多人，实乃

① 教育部编：《第二次中国教育年鉴》第四编·高等教育，上海商务印书馆1948年版，第630页。

② 徐士瑚：《解放前的山西大学》，载《山西文史资料》第17期，山西省政协文史资料研究委员会1981年编印，第94—95页。

③ 《各地院校招收新生》，《申报》1941年6月16日。

④ 中国第二历史档案馆编：《中华民国史档案资料汇编》第五辑第一编·教育（二），江苏古籍出版社1991年版，第852页。

⑤ 刘克：《大家记住克难坡》，《中央日报》1944年6月18日。

斗室讲学。尤其是从三原迁到秋林镇，条件更艰苦，师生的教室、宿舍、办公室以及校部，全都是土窑洞。就在这样的环境下，阎锡山带领徐士瑚等一批教职员克服各种困难，竟在如此艰难的条件下办起了 8 个专业。正像《阵中日报》记者评价的那样："抗战中生长起来的一切，本来都带有进步性，山西大学是抗战中生长起来的，山西大学一定会进步。"①

其二，挤出经费，聘请名师。抗战非常时期，阎锡山还尽量挤出一定的经费拨给山西大学，1940 年"比去年增长了好几倍"②，还拨有图书设备专款，只是购置不方便，这样就将大量经费节约下来，并在日常管理中尽量节约开支，将经费用来聘请名师，先后聘请的各专业教授有：留学归国的周传儒、杜晓将、王含英、杨大金、申祖训、薛耀庭、郝树侯、李经甫、陈超、田润霖、刘锡光、侯锦绂等 20 多人。③

其三，不断迁校，流离转徙。从 1939 年底至 1943 年 4 月，在阎锡山任校长三年半的时间内，山西大学因形势所迫先后迁校三次，1939 年 12 月初复校时在陕西三原，1941 年 7 月因发生文学院院长兼训育处长周传儒策动改国立之风波，阎锡山与省政府遂下令迁校至陕西宜川县秋林镇，10 月学生共 150 多人，教师 60 多人，乘骡车分批撤离三原迁往秋林虎啸沟，这是第一次迁校。1942 年春末，秋林镇各地流行斑疹伤寒，山西大学教授中有 4 人不幸染病先后病故，不少外省教师要离校，教学秩序已难维持。12 月份阎锡山鉴于虎啸沟环境恶劣，人心不稳，影响学习，决定学校寒假结束后，迁校克难坡四新沟上课一学期，这是第二次迁校。1943 年学生毕业后，又迁回虎啸沟上课。

其四，注重训导，亲临讲学。阎锡山本人十分喜欢给众人训话，任山西大学校长后，理当到校讲话和训导，这也正合他的心意。1941 年 5 月 22 日，阎锡山在克难坡大礼堂为复课后第一届毕业生讲话，题目是《把握现实》，要求学生正视现实，做到"把握境遇，把握情理，把握时机"④，从而为抗战的胜利和民族的复兴多做贡献。1941 年 10—11 月，山西大学师生刚迁至秋林虎啸沟不久，校长阎锡山就下令所有学生到克难坡

---

① 《阵中日报》1940 年 11 月 14 日。

② 《阵中日报》1940 年 11 月 14 日。

③ 徐士瑚：《解放前的山西大学》，载《山西文史资料》第 17 期，山西省政协文史资料研究委员会 1981 年编印，第 100 页。

④ 《山西大学百年纪事》，中华书局 2002 年版，第 161 页。

集训一个月，目的是让学生明确学习知识的目的，并要求学生清除受国民党三青团的不良影响。1943 年 2—6 月，阎锡山以校长的身份，每星期都要到校为师生讲话一次，主要讲他自己的理论，如“中的哲学”“物产证券”“按劳分配”等。譬如 1943 年 3 月 7 日，他在山西大学讲演的题目为《收获的宇宙观》，讲完就学生的提问重点阐述了关于人生观、宇宙观、如何走欧美富强之路等问题。1943 年 6 月，共有 89 人即将毕业，尽管此时山西大学已改国立，阎锡山已不是校长，但这批学生是他任校长以来的最后一届毕业生，所以，按 3 人一组阎锡山亲自接见，态度和蔼地与每位学生交谈，并与师生一起聚餐后，又合影留念。①

其五，社团活跃，生活充实。尽管在秋林虎啸沟和克难坡四新沟的条件都很恶劣，没有瓦房、街道、电灯，出行凭着两腿走，东西全靠双肩挑，条件简陋，生活俭朴，但学生的课余生活却有滋有味，很充实。1942 年，文学院率先成立“文学研究会”，经常举办讲座、诗会等活动。1943 年，法学院成立物劳学会，创办了《虎啸》刊物，阎锡山担任名誉会长，并亲自为刊物题写了刊名，还办有《灯塔》壁报；法学研究会主办有《法律》壁报；经济学会办有《经济学》壁报。工学院成立了电机工程学会，办有《机电》壁报。医学院成立了医学研究会，办有《医学》壁报；显微镜社，办有《显微镜》壁报。还有英文学会、历史学会、国学研究会、星期日周报社等。如英语学会邀请各位老师参加故事会，留学欧美的教授相继登台表演，如杜任之、严开元等用英语来讲故事。此外，还有各种文艺社团，如晋南剧社、晋中剧社、话剧团、国乐团等②，这些社团丰富了学生的课余文化生活，在物质生活平淡的情况下，获得了美味可口的精神大餐。

此外，阎锡山在任校长期间，还自己出资为山西大学品学兼优的学生设立了“伯川奖学金”。1942 年 2 月，第一批优秀学生共 14 人获此奖，奖金数额为 80 元，这也是一种激励学生学习的办法。1943 年，行政院通过教育部呈报的“关于改重庆、英士、山西等大学为国立并恢复北洋工学院”的请示，正式宣布将省立山西大学改为国立山西大学。③ 随着同年

① 《山西大学百年校史》，中华书局 2002 年版，第 75 页。

② 《山西大学百年校史》，中华书局 2002 年版，第 78—79 页。

③ 中国第二历史档案馆编：《中华民国史档案资料汇编》第五辑第一编·教育（二），江苏古籍出版社 1991 年版，第 875 页。

4 月学校改为国立，阎锡山便辞去了校长职务。1946 年 3 月山西大学正式由陕西迁回了太原，从此，山西大学度过了迁徙流离、最为艰难的八年战乱时期。

第五节　阎锡山在晋西实施的社会教育

自从 1917 年阎锡山兼省长以来，一直重视社会教育，他将其纳入自己设计的教育体系之中，即以国民教育培育根基，以人才教育铸就精英，以职业教育谋求生计，以社会教育感化民众。在实施社会教育过程中，阎锡山采取了一些独特的方法，如编印《人民须知》《家庭须知》等通俗的读物大量免费发放到民间；选派阵容庞大的宣讲团队深入民间讲演；大量张贴各种宣传标语、公告；率先在全国推行国语与注音字母；充分发挥民众教育馆在社会教育中的核心作用，因而取得了骄人的成绩。1929 年山西省社会教育机构数多达 12291 个，在全国排第一名；受教育人数为 210386 人，排全国第二名；职教员数为 17411 人，居全国首位。① 通过实施社会教育，有效地保证了社会秩序的安定、民众文化素质的提高、“用民政治”的推行和实业计划的实施。② 抗战时期，开展社会教育的条件与环境比不上抗战前，阎锡山的热情也比抗战前有所减退，因此，“社会教育工作开展的比较迟缓，不过大家都已异常注意这种工作，一般的多是用民校、识字班、毕业团体的小组织来推行的，并且辅以公演话剧、歌咏等”③。

一、民众教育：以村政教育为核心

“一个国家的生命，系于全国人民身上；一场战争的胜败，系之于人

① 《第一次中国教育年鉴》（1934 年）丁编，台湾宗青图书出版公司 1991 年影印版，第 185—187 页。

② 申国昌：《守本与开新——阎锡山与山西教育》，山东教育出版社 2008 年版，第 3—4 页。

③ 晋西通讯社：《在艰难困苦中晋西教育积极推进》，《申报》1939 年 1 月 7 日。

心向背。”[①] 因而，阎锡山一直非常重视民众教育，将其作为施政的重要环节之一，“训民是政治上对人民的教训，凡国家存在、人民幸福，所需要的条件皆当适时的予人民以相当的训练”[②]。20世纪二三十年代，阎锡山就曾针对当时山西农村遗留的一些不良的习气，如女子缠足、溺女婴、早婚、赌博、吸鸦片等，以及社会上存在的“贪官、污吏、劣绅、土棍”[③] 等“四蠹”，推行了“六政三事”和“整理村范”，并亲自编印了《人民须知》《家庭须知》《村长副须知》等社会教育读物，以教育广大农民力戒一些不良的旧习，多接受教育，争做文明的新国民。阎锡山提出治理山西的最终目的是“山西须达到村村无讼、家家有余之境地”[④]。目的是“培养具有深邃思想、高远志向、高尚品格的公民”，使社会上的民众人人各安其事，各负其责，克服不良习气，弘扬优良品质，个个成为积极向上的优秀社会成员，共同为维护良好的社会秩序、创造良好的社会风气而发挥作用。

抗战期间，阎锡山退守晋西后，仍然坚持将农村作为其社会教育基础，因为在他看来，“村是行政的最小单位，由生活单位之家庭集合而成，村是政治的基础”[⑤]。在阎锡山看来，只要将农村政权组织建设好，将村干部教育好，将村里的民众教育好，政令即可畅通，社会就会安定。因此，他在抗战期间，在晋西以吉县为实验基地，重点进行村政改革，健全村政组织，培养村级干部，教育农村民众，剔除农村旧习，净化乡村风气。主要培养晋西农村民众以下品质：

其一，“热心爱国”。阎锡山认为，作为公民爱国是第一位的，和平时期要爱国，民族危亡时期更要爱国，因此，他将爱国作为对民众教育的首要目标。他说：“热心爱国的道德，是立国的依据。”[⑥] 在《人民须知》中专门讲了爱国：“为甚么该爱国？因为国是保护人民生命财产的，若是国亡了，自己的生命财产就保不住。……国怎样爱法呢？有两件要事：一

---

① ［美］唐纳德·G. 季林：《阎锡山研究——一个美国人笔下的阎锡山》，牛长岁等译，黑龙江教育出版社1990年版，第282页。

② 阎锡山：《阎伯川先生救国言论选集》第3辑，现代化编译社1938年版，第166页。

③ 山西六政考核处编：《阎督军讲话汇编》第3册，晋新书社1929年版，第36页。

④ 《申报》1928年9月12日，第6版。

⑤ 李江编著：《阎伯川先生政治思想之体系》，民族革命出版社1939年版，第72页。

⑥ 阎锡山：《阎伯川先生救国言论选集》第3辑，现代化编译社1938年版，第166页。

是当兵，一是纳税，这两件事是国民的义务。”[①] 爱国的涵义：一是为国尽义务，二是自强自立为国争光。1935 年国难当头，阎锡山提出爱国的表现是自强、自立，他说：“我们今日欲发展国力，以求国家之自由平等，唤起民众，其意义不是教民众向外责人，而是教民众向内求己。”[②] 即教育民众有耻辱心、责任心。40 年代他又写《立国十要》，提出“国魂是不作俘虏，国本是人各守信，国基是公道森严，国运是耻不若人，国力是负责自动，国风是互助互管，国宝是深谋远虑，国命是适时政治，国光是人各有志，国粹是成己成人。”[③]

其二，“主持公道”。抗战时期阎锡山将教育民众有公道心、主持公道，作为其抗战村政建设，实现村行政的五大目标之一。他经常教育山西民众要时刻保持公道之心，为事须先做到公道，因为“公道为国民之天职”，只有公道，社会才能文明；只有公道，办事才会公平。公道是维系社会正常运转的基本保障，“公道的社会就是天堂”。[④] 实施社会教育的根本目的就是让人人做好人、人人求公道。他说：

> 某地社会上没有公道，某地的人民就没有幸福。欲增进某地人民的幸福，必须在某地发挥公道力量，将一切强凌弱、众暴寡、智诈愚等不公道的事根本消灭，使人人得到公道实惠然后才有幸福可言。村政是为全村谋幸福的，有一点不公道，就有一部分人的幸福受侵害，故村政一切设施，应以主张公道为第一目标。[⑤]

可见，他将教育民众追求公道、主持公道作为社会教育的重要目标。

其三，意志坚强。由于阎锡山在抗战时期退居自然条件恶劣的晋西山区，艰苦的避难生活，客观上要求其官民均要有克服困难的坚强意志，因此，他反复教育晋西官员与民众均要有志气、有意志。为了教育民众，他自编不少教化民众的格言，如“要有钢铁的志气，不屈不挠；要有胶皮

① 阎锡山撰：《人民须知》，山西六政考核处 1919 年校印，第 23 页。
② 《民国阎伯川先生锡山年谱长编初稿》（五），台湾商务印书馆 1988 年版，第 1878 页。
③ 第二战区司令长官司令部侍从秘书室编：《会长重要训话选辑》，民族革命同志会 1941 年编印，第 6—9 页。
④ 《民国阎伯川先生锡山年谱长编初稿》（一），台湾商务印书馆 1988 年版，第 257 页。
⑤ 李江编著《：阎伯川先生政治思想之体系》，民族革命出版社 1939 年版，第 77 页。

的性质，不屈不折；要有大无畏的精神，勇往直前；要有小心谨慎的行为，事策万全。”“咬紧牙关忍，忍到头即是顺利。”“做事最怕没恒心和没方法：没恒心，一日勤劳半日懈，不能成事。没方法，终日忙忙不见功，有苦无智不能成功。恒心何而来?”“志是事功的种子，人若无志，就是事功没有种子，也就是此生枉活一世。不特无所谓成功，并连个失败都没有。我们看看今人的事功，统是由志气促成的，我希望个个人要立志，以成就自己的事功。”[①] 通过这些格言，来教育民众面对困难要有坚强的意志，面对日伪的侵略要有抗战的恒心与勇气。

其四，村政教育。通过开展村政教育，使民众掌握基本的农村知识，确立应有的农村道德，具备应有的农村技能，了解必备的农村历史与地理，真正在民众中形成发展农村的新观念。阎锡山在村政建设的讲话中讲道：“村教育，须使村民具有村知识、村道德、村技能，明了村地理、村历史，建立村观念，发展村企图。”[②] 按照阎锡山的解释，“村道德”，就是要教育村民做到尊老爱幼，礼贤敬长，互助互爱；“村知识”，即让民众知晓农村里为人处世的规则；“村技能”，包括与农村发展相关的一切技能；“村地理”，让村民了解村界、山河、交通、土地、矿产、水利、农作物及特产；“村历史”，主要有村建立的时间、重大的事件、重要的人物及未来规划；“村观念”，是指让村中人人知道村是基本的政治单位，是政治生活的基础。

受到根据地民众教育的影响，阎锡山在晋西开展民众教育的主要活动有：开办民众学校，编演民族革命戏剧，普及救亡歌曲，让小学师生进行救亡宣传，各村长副及小学教员负责出墙报等[③]，通过这些活动对民众进行多渠道全方位的教育，以提高民众的觉悟，使更多民众拥护其统治，支援民族抗战。

二、抗战教育：适应战争形势需要

日本的侵华战争导致中国山河破碎，百姓离散，民不聊生，中华民族

① 刘克：《会长的格言》，《阵中日报》1944 年 10 月 15 日。

② 阎锡山：《阎伯川先生救国言论选集》第 3 辑，现代化编译社 1938 年版，第 175 页。

③ 李江编著：《阎伯川先生政治思想之体系》，民族革命出版社 1939 年版，第 188 页。

面临着空前的危机，同样，作为山西省行政长官的阎锡山也被迫四处避难，节节败退。他深深感到，这是山西及中国莫大的耻辱，因此，对民众加强抗战教育尤为重要。正如1938年阎锡山在答记者提问时所讲：“民族革命的目的是要推翻一切压迫、完成独立自主的国家，其任务有二：一是动员民众抵抗目前敌人武力的压迫，以求国家之存在；二是迎头赶上，走上新兴国家之途径，以图民族之复兴。”① 1941年，阎锡山在晋西举办暑期干部进步讨论会，调训各级行政干部的同时，他要求各级干部要加强对民众的抗战教育，尤其是抗战政治教育。对民众进行抗战政治教育的目的是让晋西民众了解抗战形势，明确抗战使命，同时，教育民众去掉封建恶习，积极支援抗战救国。

第一，对晋西民众进行抗战形势教育。为了教育晋西民众通晓抗战形势和抗战任务，阎锡山向晋西民众讲道：“今日国家民族生存需要之国识，就是民族革命，而民族革命的现实是由抗战到复兴之抗战建国，民族革命的同志们应当紧紧的把握住这个现实。”② 决不能让民众做亡国奴，因为“做亡国奴，是痛苦的一件事。但欲强国，也须从痛苦中求之”③。为此，他倡导向广大民众进行抗战政治宣传，让其知晓形势、明辨是非，实质上是让民众尽量站在他的一边，而不要站在共产党一边，更不能站在日本人一边。因此，他要晋西民众了解一些政治术语，如“守土抗战、收复失地、汉奸、反动、左倾、右倾、不分党派、不分派别、人民阵线、国民阵线、赤化、白化”等。④ 他还强调，在民众中要进行战时总动员，只有动员一切力量抗战，才能取得最后胜利。“现在国际间的竞争，就是国力的竞赛。所谓国力，不单指一个个人的力量，而是要把全国的人力、物力都组织化了，经过组织化的国力，才能成为有机的国力，才能做到富强文明之国力竞赛的全国总动员。今日世界一切都需要总动员，不只战时要总动员，即在平时也要总动员。”⑤

---

① 阎锡山：《阎伯川先生救国言论选集》第1辑，现代化编译社1938年版，第34页。

② 李江编著：《阎伯川先生政治思想之体系》，民族革命出版社1939年版，第25页。

③ 阎锡山：《生存竞争下的今日世界与中国》，载《阎伯川先生政治思想之体系》，民族革命出版社1939年版，第41页。

④ 阎锡山：《政治理论与实践》，载《阎伯川先生政治思想之体系》，民族革命出版社1939年版，第31—32页。

⑤ 李江编著：《阎伯川先生政治思想之体系》，民族革命出版社1939年版，第39页。

第二，教育民众去除恶习，积极支援抗战救国。要求广大民众远离洋烟、赌博、偷盗、欺诈等不良习气。要有无所不能的精神，必定成功的信念，克服困难的勇气，坚强奋斗的意志。一方面，要勤于劳作，合理规划土地种植，改善农业经营方法，加大农业生产力度，力争大力生产粮食，以此来支援抗战大业；另一方面，要提高民众素质，尤其是抗战时期晋西民众应当有明确的认识、坚定的决心、一致的行动，肩负起挽救民族危亡的责任，民众在后方可以做一些力所能及的支援前线工作，可以直接参战、间接参战，每个人都应有参与抗战的义务，如提供人力、提供物力、维持秩序、宣传动员、传送情报、运送物资、救护伤员、捐献慰劳等，均是民众应当去做的。

第三，进行广泛动员，让民众服兵役。阎锡山看到共产党在山西采取了得民心的政策，如“帮助参战农民的亲属，给予这些穷人的子女以免费教育和医疗等权利，在农村实行的这些平等政策深得民众拥护”[①]，因而，广大农村青年大都志愿加入八路军。而比较之下，阎锡山的晋绥军在征兵时，却困难重重，应征者寥寥无几。为了扩充晋绥军的编制，让民众愿意加入其部队，他采取了对民众进行宣传和教育的办法，如政治动员、军事动员、经济动员等。政治动员的目的是以期教育民众“以爱国为中心，鼓励其忠勇，统一其思想，使人民都有为国牺牲的精神”[②]；军事动员，就是要通过战略动员、战术动员、人员动员、物资动员等办法，使民众全面了解战争的知识，以培养民众的战争意识；经济动员的目的是将民众的财力组织起来，全力支援抗战前线，以此来实现“武装能参加作战民众三十万人”的目标。

第四，向民众宣传“兵农合一”。抗战期间，阎锡山为了解决征兵难与军粮不足的问题，在晋西推行“兵农合一”政策，旨在达到“种地的人多，打仗的人多”[③] 的双重目的。具体做法是：首先，编组。即将18—47岁的壮丁按每3人编成一个兵农互助组，其中一人入伍打仗，另两人负责耕作。其次，划份地。将每个村的土地按产量划分为7等、21级，

---

① ［美］唐纳德·G. 季林：《阎锡山研究——一个美国人笔下的阎锡山》，牛长岁等译，黑龙江教育出版社1990年版，第286页。

② 李江编著：《阎伯川先生政治思想之体系》，民族革命出版社1939年版，第125页。

③ 杨怀丰：《关于阎锡山“兵农合一”暴政的回忆》，《山西文史资料》第14辑，山西省政协文史资料编委会1980年编印，第196页。

然后分给每个组。最后，均粮。将粮银按亩数均摊在土地上，每份地多少粮银、每两粮银多少负担都有定数。[①] 阎锡山为了让广大民众知晓该政策，将此作为一项重要的教育内容，不管是在大中学校，还是在民众教育中，大肆宣讲“兵农合一”。他将这一政策视为自己的得意之作，这一政策的确在抗战时期巩固其晋西的统治发挥了重要作用。为了鼓励民众实施这一政策，他还奖励模范。如吉县佃农吕存恭，实施兵农合一后，领得土地数十亩，勤于耕耘，收成特好。阎锡山就将他命名为“种地状元”，还作为山西省农会国大代表，出席国民代表大会，是唯一的真正耕农代表。[②]

三、国难教育：激发民众的爱国情感

阎锡山在退守晋西之后，条件艰苦，生存困难，他提倡对全体民众进行国难教育，以增强民众的爱国情感、忧患意识和抗战决心。正如他所说：“我国处于今日危急存亡之严重关头，对于全体民众应普遍的施行国难教训。第一，要使人民认识亡国即要灭种之祸害；第二，要使人民切实了解，必须当兵、纳税、盐政、受教育、服工役，始能保住国家，保住自己的身家性命财产；第三，要使人民认清什么是中国迎头赶上先进国家之捷径；第四，要激发人民‘耻不若人’与‘反求诸己’的精神，并立志雪国耻、赴国难，以挽救危亡，复兴民族。”[③] 他要求晋西各村村长副和小学教师对民众进行广泛的国难教育，让民众认识到国难当头、民族危难的现实，明确当兵参军是挽救国难的实际行动，坚定挽救民族危亡的决心和信心。

第一，“要使人民认识亡国即要灭种之祸害”。教育晋西民众，要认识到当前处于民族危亡的紧要关头，大家要以高度的责任心来挽救民族危亡。否则，国家灭亡，人民就要沦为亡国奴。朝鲜就是典型的案例，他常用朝鲜观感来教育山西民众，“亡国之民不如丧家之犬”[④]。他在从日本东京士官学校毕业归国途中，绕经朝鲜首都汉城，“适逢朝鲜大臣下朝，人人皆沿墙边小路而走，且每行数步，即掉头向我窃视，其状如鼠之畏猫

---

① 杨怀丰：《关于阎锡山“兵农合一”暴政的回忆》，《山西文史资料》第14辑，山西省政协文史资料编委会1980年编印，第196—197页。

② 缪玉青：《我在克难坡》，《山西文献》第58期，2001年7月，第152页。

③ 李江编著：《阎伯川先生政治思想之体系》，民族革命出版社1939年版，第80—81页。

④ 阎锡山撰：《人民须知》，山西六政考核处1919年校印，第1页。

然。因我穿的是西装，与日本人无大分别。一望朝鲜大臣之可怜模样，即知其在路上常受日本人凌辱，以故未敢坦行，亦未敢直视。住旅馆后，朝鲜报社记者来访，最后含泪无言而别。至平壤，见有一座建筑新的楼房，经询问获知为妓女学校。我当时深感亡国之民，生命财产廉耻均无以自保”①。在朝鲜的这一幕给阎锡山留下了一生难忘的印象，时常告诫山西官员和民众“救国要在国未亡之前努力”②。

第二，教育民众承担公民应尽的义务。要使人民切实了解，必须当兵、纳税、监政、受教育、服工役，始能保住国家，保住自己的身家性命财产。只要民众明确了自己应尽的义务，将这些义务变成实际行动，抗战就有望取得胜利，中华民族就有望避免亡国灭种的危险。“非人人拿出牺牲的精神来，与敌人拼命，不足以图生存。大家要拿定主意，自己牺牲，有钱的出钱，大家出力；要坚决守土，誓死抗战。”③只有全体民众共同承担抗战义务，方能真正实现民族解放的目标。

第三，让民众树立“耻不若人”的意识。阎锡山常讲的一句话是“人最大的耻辱是不若人”，日本之所以侵略中国，就是因为中国国力虚弱，比不上日本的缘故。因此，一方面，中国民众要立志雪国耻、赴国难，以挽救危亡，复兴民族；另一方面，要使人民认清什么是中国迎头赶上先进国家之捷径，发展经济，抗战救国，造产强国。同时，要提倡使用土货，禁用洋货，使用土货是爱国的表现，这样可以促进土货生产，保护民族经济。此外，还要实行人民监政，推动施政民主化、公平化，从而建立民主国家。当然，要挽救当时的民族危亡，最关键的还是军事，因此，要“唤醒民众，将民众组织起来，训练起来，负补充兵力、输送给养、维持后方的责任”④。

四、“克难运动”：俭朴的军民生活教育

阎锡山在抗战前任国民政府军事委员会副委员长、太原绥靖公署主

① 《阎锡山早年回忆录》，载《近代史研究》第55号，中国社会科学出版社1984年版，第127页。
② 《民国阎伯川先生锡山年谱长编初稿》（一），台湾商务印书馆1988年版，第27页。
③ 李江编著：《阎伯川先生政治思想之体系》，民族革命出版社1939年版，第81页。
④ 阎锡山：《由抗战到复兴之民族革命》，《阎伯川先生政治思想之体系》，民族革命出版社1939年版，第166—167页。

任。抗日战争时期，任第二战区司令长官。当山西大部分地区沦陷后，1938 年春，阎锡山带领山西省军政机关曾客居陕西省宜川县秋林镇，这是春秋时期晋文公重耳早年避难的地方。阎锡山将其改名为“兴集”，有民族复兴之义。1940 年 4 月，移驻晋西吉县南村坡，因忌谐音“难存”，改称“克难坡”，暗含克服困难的意思。从 1940 年到抗战胜利，阎锡山及第二战区长官部一直驻扎在这里。克难坡是个黄土山头，原先仅有两户人家。正如阎锡山所描述的那样：

> 晋西一向是出名的地瘠民贫的地方，这里几乎没有半里平地，黄土的梯田既得不到肥料，又得不到水分，终年都是干黄干黄的，像贫血一样。在平时晋西的人口很少，农业、工业什么也谈不到。①

山坡附近共有五条小沟，都是南北走向。阎锡山将此五沟重新命名为一新沟、二新沟、三新沟、四新沟和桃花沟。各沟口均有一小块冲积平地，种些庄稼，栽有桃树。阎锡山在此大力扩充部队，建造军营，军民集聚日多，乐而称为“克难城”。位于中间的沟为一新沟，在此建有“实干堂”，即军政干部会议室，阎锡山为实干堂题词：“做苦务甚，深入彻底。真正负责，不重表面。”② 后面有一排窑洞，是山西省政府的机关办公室，阎锡山也在此办公。实干堂前为广场，南面建有“洪炉台”，阎锡山每天要求所有军政人员 6 点钟在此举行朝会，他和政府主席赵戴文每天要训话。沟内东西两崖，打有两层窑洞，住有第二战区司令部各处室。正北面建有“昭义祠”，内供抗战忠烈人员牌位。1941 年进山中学复校后，学生就在此上课。实干堂右前方，建有革命动力室、进步室、望河亭，下有黄河渡口。登望河亭，黄河波涛、壶口烟柱，尽收眼底。望河亭东西两面有著名书法家宁志高于 1942 年题刻的匾：

> 裘带偶登临，看黄河澎湃，直下龙门，走石扬波，淘不尽千古英雄人物；
>
> 风云莽辽阔，正胡马纵横，欲窥壶口，抽刀断水，誓收复万里破

---

① 阎锡山：《克难城》，《扫荡报》（重庆）1945 年 5 月 9 日。

② 李寥源：《李宗仁论阎锡山》，《山西广播电视大学学报》2002 年第 2 期，第 94—95 页。

碎河山。[①]

也可反映出当时晋西人民誓死收复失地的决心与信心。二新沟建有“乐干堂”，阎锡山为其题词曰：“尽心竭力，圆满完成，功不在言，自慰于心。”内住省政府各厅处工作人员。三新沟有同志会干委会和训委会，沟南驻十八集团军。四新沟有二战区总医院和工程人员训练所，桃花沟建有纺织厂、发电厂。

克难城的军政人员、学校师生及干部家属共有2万多人，这里条件艰苦，为了克服困难，阎锡山于1940年5月24日宣布开展“克难运动”。他说：“克服困难，广义的说，也就是说展开搏斗。除了与敌人搏斗外，还要和环境搏斗，和物质搏斗，以至和自己的内心搏斗，和内心搏斗是修养内力，内力坚强始能把‘困难’两个字从内心中打出去，然后，才能具有‘进吾往也’的精神，胜任艰巨的奋斗工作。”[②] 在“克难运动”中，具体规定：

> 衣着方面，无论党政军公教人员不分官兵，均穿粗布料军服，每人每年单衣两套、棉衣一套，由各县发动民众纺纱织布，自染自制；吃的方面，一日两餐大都由食堂供给，每餐都为馒头、稀饭，副食为白菜、豆腐、南瓜、土豆等，每三五日或周日增加荤菜。有眷属者，自己领米面回家烧菜。住的方面，全是窑洞，因人数增多，多数由各部门自行解决，即挖即住。
>
> 关于朝会办法：每天早上六时整，山头吹起集合号，所有干部一齐到集会场所（后来建起洪炉台），由阎主持训话，抽查点名。朝会后，各部门主官接头办公，以节省时间而免公文往返。[③]

经过一段时间的“克难运动”，官民士气大增，克难坡成为抗战时期保存第二战区军政实力的重要根据地。因此，阎锡山对克难坡予以高度评价，他于1940年6月写了一首诗《克难坡感怀》：

---

① 杨怀丰：《秋林与克难坡》，载《山西文史资料》第21辑，山西省政协文史资料编委会1982年编印，第158页。

② 阎锡山：《克难城》，《扫荡报》（重庆）1945年5月9日。

③ 徐崇寿：《阎锡山在抗战时期是怎样克难求存的》，载《山西文史资料》第14辑，第108页。

一角山城万里心，朝宗九曲盂门深；乾坤俯仰无终极，愿把洪炉铸古今；

一波流去一波推，波波相继不复回；有数英雄随波去，无数英雄逐波来。①

除了进行精神上的克难教育，阎锡山在非常时期也学习了共产党干部的工作作风，尽量让官员放下架子与老百姓过同样的生活。

五、军事教育：动员民众参与抗战

为了动员广大民众支援抗战、参与抗战，阎锡山十分重视对民众进行军事教育。通过进行军事政治教育，让民众了解抗战形势，增强民众的民族意识，调动其参与抗战的主动性；通过进行军事技能教育和战略战术教育，培养民众的实战能力，让其了解军事与战争等相关常识，提高军民的战斗力，从而为抗日救国多做贡献。

第一，军事政治教育。在晋西进行村政建设时，他也将对民众的军事教育作为一项重要任务，他的目标是要实现“民众的军事化”。这是战争对民众教育的特殊需要，也是民族危亡对国民的基本要求。正如阎锡山自己所论述的那样：“现在敌人正谋以武力侵略我国，本省又正在被侵略之最前线，单靠现役兵力决不足以抗敌自卫。村为自卫之最小单位，应使全体村民切实了解现代的国家都是全国皆兵的国家，现在的战争都是整个国民的战争、整个民族的战争。保卫国家、保卫民族，就是自己保卫自己。必须人人当兵，人人受军事训练，使全体民众真正军事化，始能使民众全体总动员，负起守土抗战自卫救亡的责任。”② 为此，他提出在抗战时期，应当加强对民众的军事知识和技能的训练和教育，培训民众的军事意识。“挽救危亡，要完成民众武装，使人民有自卫抗敌的力量。”为此，对晋西民众进行国难教育、军事教育，普及军事知识，让民众认识到当兵是保卫国家的首要任务，也是公民的基本职责。

第二，军事技能教育。军事政治教育，重在培养晋西民众的抗战意识

---

① 方闻编：《阎伯川先生救国言论选集》第 3 辑，现代化编译社 1945 年版，第 65—66 页。

② 李江编著：《阎伯川先生政治思想之体系》，民族革命出版社 1939 年版，第 79 页。

和民族意识，主要解决民众参与抗战、支援抗战的动力问题；而军事技术教育，重在培训民众的军事技能和使用武器的能力，即主要解决民众参与抗战的技术问题。因为大部分农民长期以来只会耕作，从来没有接触过武器，要想动员更多的民众参加抗战，就必须对其进行实质性的军事技能教育。正如阎锡山所讲："把从各种不同地区不同职业不同生活的群众组织在一个部队中，训练成洋灰铁筋般的坚强部队，没有很好的注意教育工作，那是不可能的。"① 为了真正培养民众的军事技能，着重从几方面入手：一是在农闲时训练民众掌握一般的军事知识，如战斗动作、实战技能等；二是注意在日常生活中教育民众，让民众将军事同生产相结合，如果不在生活中进行教育，仅凭短期集中训练，效果是不会很好的；三是注意在生产中进行作战训练，尤其是在劳作休息之余进行军事技能的训练，将军事教育与生产劳作结合起来。为了强化对民众的军事训练，阎锡山还自编了《军训歌》："其一，操练本领。军训第一要齐整，齐整才能表精神。行军与宿营，抖起精神练本领。其二，冲锋与陷阵。作战须要全民总动员，人人均须上前线。冲锋与陷阵，学生须当前，军事知识，学习为先。其三，内忧外患。内忧外患交迫最当心，自古外患内忧引。第一除汉奸，第二除坏官，欲御外侮，且清内氛。其四，努力战胜。国家民族危险莫若今，挽救全赖我学生。努力一战胜，民族可复兴，领导人民，死里求生。"②

第三，战略战术教育。只训练民众的作战技能还不够，要想真正动员全民参战，必须向民众讲清楚宏观的战略与具体的战术。阎锡山告诫民众："战略是民族革命战争的战略，不是侵略的战略，也不是防御的战略，是革命的战略，是被压迫民族对压迫者的战略。"③ 他认为，原来学德国的大陆作战方法，不适合于抗日战争。正是由于国力不强，战法不当，导致屡战屡败。因而，必须改变战略，采取以弱胜强的战略。教育民众在以弱胜强战略的导引下，采取避实击虚的战术。其关键是"瞅出机会，行动敏捷，指挥巧妙，运用优势兵力消灭劣势敌人，并断绝其交通，焚毁其辎重，使唤敌人人员、物资上蒙绝大之损害，给养补助上感绝大之

① 李江编著：《阎伯川先生政治思想之体系》，民族革命出版社 1939 年版，第 154 页。

② 李寥源：《李宗仁论阎锡山》，《山西广播电视大学学报》2002 年第 2 期。

③ 阎锡山：《新的作战方法》，载《阎伯川先生政治思想之体系》，民族革命出版社 1939 年版，第 157 页。

困难”[①]。还为民众列举了一些具体的战术，如伏击增援敌人法、腰击行军敌人法、夜袭睡眠敌人法、断绝敌人交通法、焚敌辎重武器法等。通过对民众的军事教育，让更多的百姓了解战争、军事、战略、战术等相关知识和技能，达到民众愿意参与抗战、乐意支援抗战的目的。

六、社教机构：二战区文化抗敌协会

第二战区文化抗敌协会成立于1939年上半年，以推动抗日民族统一战线的形成，动员全体民众参与抗日战争为目的。该协会是国共合作的产物，下辖八个社会教育机构：一是民革社。全名为“民族革命通讯社”，早在抗战初期就已成立，设有无线电台，及时报道战争情况，宣传抗战形势，总部设在二战区司令部所在地，配备有众多记者，创办有《西线》刊物（月刊），后来又创办了《西线文艺》，向二战区民众进行抗战文艺宣传。这些记者同时也是话剧、歌剧的创作者，为话剧队、歌剧队提供了不少演出题材。二是话剧队。全名为“民族革命实验剧团话剧队”，成立于1938年冬。话剧队的主要任务是在部队、学校和民众中演出自编的话剧、小戏、快板、顺口溜等，如《群魔乱舞》《川岛芳子》等，经常在晋西、晋西北、延安等地演出，通俗易懂，为观众喜闻乐见，受到士兵和民众的欢迎。三是歌剧队。是由1938年在西安成立的京剧戏班改组而成的，聚集了一批文艺界的名人，如著名剧作家任桂林、魏静生、张季纯、李大可等，同时也是歌剧队训练队。既为晋西民众经常演出传统剧目，如《木兰从军》《梁红玉》《郑成功》《卧薪尝胆》等，又自编自演一些宣传抗战的新剧目，如《陆文龙》《铁冠图》《华灵庙》《吕存恭》等，在群众中产生较大的影响。四是民革出版社。该出版社随二战区司令部长官部而迁移，晋西的大部分刊物、著作均由此社出版，特别是将不同时期阎锡山的训话、言论结集出版，作为教化民众的基本资料。五是文化书店。1939年设在宜川县秋林镇，二战区共投资3万多元，还在三原、隰县、吉县三处设立分店，向民众出售一些民众喜欢阅读和宣传抗战的书籍。六是西北电影公司。太原西北电影公司抗战初迁往成都，后来又迁至宜川，导演和摄影师均来自前方战地，曾与话剧队、歌剧队队员合作，由支持抗

① 阎锡山：《战术》，载《阎伯川先生政治思想之体系》，民族革命出版社1939年版，第154页。

日的群众参与，摄制了《塞北风云》影片，在民间广泛演播，收到良好效果。七是民族革命艺术学院。1939年后半年创办，院址设在陕西宜川县下里塬，由阎锡山的亲信梁綖武任院长，主要为晋西二战区培养文艺人才，设戏剧、美术、音乐三个专业，该校仅存在一年左右。八是文化站。不仅二战区司令部所在地设有文化站，而且各县均设立。主要负责收集宣传品、书籍等[①]，为民众开展学习文化活动提供方便。

总之，抗战时期晋西社会教育主要是围绕着抗战宣传和军事教育开展的，旨在通过对民众的政治教育和军事训练，增强民众的民族意识，培养民众支援抗战、参与抗战的热情和能力。以此来确保晋西的政治与社会稳定，确保阎锡山提出的兵农合一政策的实施，从而实现夺取抗日战争最后胜利的目标。当然，阎锡山实施社会教育的目的除此之外，还有重要的一点就是，因为共产党在革命根据地赢得了广大群众的广泛拥护，相比之下，二战区军政官员在晋西民众中的威信并不高，因此，他意欲通过对民众实施社会教育，以提高其在民众中的威信。

① 杜上清：《第二战区文化抗战协会》，载《山西文史资料》第44辑，山西省政协文史资料研究委员会1986年版，第170—173页。

第四章　日伪统治下的奴化教育

日本将山西作为其侵略中国的重要能源基地，自从1937年秋季占领晋北各县，之后数月晋中、晋南大部分地区相继沦陷。为了长期侵占山西，掠夺矿产资源，日本在军事侵略和政治奴役的同时，大肆开办各级各类奴化教育。一方面，为其在中国实施殖民统治，培养更多的听任其摆布的奴才和顺民；另一方面，为其造就统治山西所需要的各类人才，特别是培养其最需要的汉奸。因此，日伪在长达八年的统治中，在山西先后开办了奴化基础教育、高等教育、师范教育、职业教育、社会教育等，力图通过开办各种奴化教育，来达到其对中国进行文化教育侵略的目的。

第一节　日伪统治下的奴化教育机构与政策

为了长期对山西施行殖民统治，日本占领山西大部分地区后，便在太原和大同分别设立伪山西省公署和伪大同省公署教育行政机构。同时，在各道县设立教育科，建立其奴化教育统治机构。并由伪华北教育总署和伪山西教育厅共同颁布了一系列实施奴化教育的方针与政策，正是这些机构和政策将山西沦陷区的教育引向奴化深渊，使战时山西教育蒙受空前损失。

一、日伪山西奴化教育机构

日本对华实行奴化教育的最高领导机关，是东京兴亚院下设的文化指导部。在中国伪政权中的最高教育行政机关为：在伪满是民生部下设的教育司，在华中是汪伪政权的伪教育部。[①] 由于伪华北政权的建立先于汪伪政权，因此，汪伪政权成立后，伪华北政权依然独立，它的势力范围是北平、天津、青岛三市和河北、山东、山西、河南四省。伪华北政务委员会下设教育总署，先由汤尔和任教育总署督办。[②] 汤尔和之后，先后由王揖唐、周作人、苏体仁等人任华北伪政务委员会委员兼教育总署督办。日伪在山西设立两个行政机构：一是设在太原的伪山西公署，管辖雁门关以南各县；一是设在大同的晋北自治政府，1938 年改为晋北政厅，1943 年又改为伪大同省公署，管辖原雁北 13 县。前者隶属于伪华北政务委员会，后者隶属于蒙疆自治政府，并成立了相应的教育行政管理机构。

1938 年 6 月 20 日，伪华北政务委员会委任苏体仁[③]为伪山西省长，6 月 27 日伪山西公署正式宣布成立，隶属于伪华北政务委员会。下设一处五厅：秘书处、民政厅、财政厅、教育厅、建设厅、警务厅。设教育厅长 1 人，厅长之下有学务专员，由日本人担任，负责监督伪厅长。伪山西教育厅长先后由裴涧泉（1938 年 6 月 27 日任职）、赵济武（1943 年 2 月 1 日任职）、王骧（1943 年 4 月 22 日任职）、关庆翔（1944 年 2 月 3 日任职）担任，日本学务专员先后有泷泽金藏、中村洁、深山勇、森祥寅。伪山西教育厅下设秘书室、总务科、学务科、社教科、督学室。[④] 秘书室，主要负责处理文秘、行政、接待等具体事务；总务科，下设审核股、文书股、庶务股，分别设主任科员 1 人，负责经费审核、后勤保障等；学务科，下设小学教育股、中等教育股、高等教育股和职业教育股，各股均设主任科员 1 人，具体负责小学、中学、师范、职业学校、专科学校以及留日学生考试和派遣等事宜；社教科，下设社会教育股、文化股、文物

---

① 温济泽：《抗战三年来敌我在教育战线上的斗争》，《边区教育》第 2 卷第 19、20、21 期合刊，1940 年 11 月 16 日。

② 长松：《华北敌伪奴化教育一瞥》，《中央日报》1944 年 9 月 18 日。

③ 苏体仁，字象乾，山西朔县贾庄人，曾留学日本东京高等工业学校，抗战前任山西省立第一中学校长、山西大学预科学长、省政府参事、外交处主任、驻京代表、绥远省财政厅长。在京津绥等地与日本驻军、日本大使馆、日本洋行等特务机关交往甚密。他能讲一口流利的日语，并且对日本人奴颜婢膝，因此，日本侵占山西后在成立伪公署时就任用此人。1938 年 6 月 20 日至 1943 年 2 月 1 日，任伪山西省长，之后调任伪华北政务委员会教育总署督办。

④ 马昌启：《日伪时期山西教育的片段情况》，载《山西文史资料》第 56 辑，山西省政协文史资料研究委员会 1988 年编印，第 137 页。

股、体育保健股，主要负责社会教育、文化事业、文物清查、体育运动等事宜。

1941 年 12 月，为了实施奴化义务教育，经伪山西省公署第五次会议决定，成立伪山西省义务教育委员会。该机构设委员长 1 人，由伪省教育厅长兼任；设委员 6—8 人，由伪省教育行政机关高级职员和教育界资深人士充任。该委员会下设总务股、企划股、考核股，每股设股长 1 人，由委员会委员兼任；每股视事务繁简程度，配备 1—3 名股员。三个股的职责分别是：总务股，负责本省有关义务教育方面的文件资料、经费收支、各学区义务教育经费筹集与管理及监督；企划股，负责本省义务教育推行计划的草拟、分年训练义务教育教师办法的制定、义务教育经费的分配方案等；考核股，负责对各县实施义务教育情况进行考核、对各县学龄儿童入学与失学情况进行调查、对各县所需师资的调查与统计、对各县经费使用情况进行考核与调查。①

1939 年 4 月，日伪将雁门关以南的山西沦陷区划分为三个道：冀宁道，成立于 1939 年 9 月 1 日，治所在临汾，管辖 19 县；河东道，成立于 1939 年 4 月 27 日，治所在运城，管辖 21 县；雁门道，1939 年 9 月 1 日，治所起初在榆次，后迁太原，管辖 1 市 20 县。1940 年 1 月 23 日又增设上党道，治所在长治，管辖 14 县。每个道均设道尹 1 人，其职务为：承省长之命，监督与指挥所属下级机关及各县的职员。道公署下设秘书室、第一科、第二科、第三科、情报室。② 每道均设督学 1 人，教育科员 1 人，视察员 1 人。在山西各县设立公署，并成立教育科，设科长 1 人，科员及督学若干人。1942 年 10 月 22 日，伪华北政务委员会颁布《道公署组织大纲》。根据这一文件精神，伪山西省公署重新调整各道机构。即在道公署下设秘书室、民政科、教育科、建设科。其中各道教育科设科长 1 人，督学 1 人，视察员 1 人，办事员若干名。

日伪在山西设立的县级机构。1939 年 6 月以前，被日伪占领的县设立维持会。1939 年 6 月，沦陷区成立伪县公署，下设秘书室、第一科、第二科、第三科。设知事 1 人，秘书 1 人，科长 3 人，一等科员 3 人，二等科员 3 人，事务员 1 人，书记员 1 人。其中在第一科内设立教育主任 1

① 《山西省义务教育委员会组织规程》，伪山西省公署教育厅 1942 年编印，第 12—14 页。

② 张全盛、魏卞梅编著：《日本侵晋纪实》，山西人民出版社 1992 年版，第 53—54 页。

人，负责办理全县的奴化教育事务。1940年10月，伪山西省公署令各县设立区公所，要求每县设立2—6区，区公所设区长1人，助理员2人，区警6—10人，其中区内奴化教育事务由助理员办理。1939年7月，伪山西省公署颁布“山西省新村制”，实行大村制，即将几个自然村组合在一起，挑选农村地主、豪绅组成村委会，由村委会主任负责筹办农村奴化小学教育。1941年伪山西省公署又推行保甲制、闾邻制，将满百户的村庄称为“编村”，编村内又分主村和附村。每个主村置村公所，设村长1人、村副1人。下设闾、邻，邻为最基本的单位。每5户为1邻，每5邻为1闾，邻长由区公所委任，闾长由县公署委任。[①] 这些村长、闾长、邻长均是农村实施奴化小学教育和社会教育的筹办者和组织者。正如杜赞奇所讲，中国传统的基层管理模式是以自然村为单位进行治理，而“1940年日伪政府推行的大乡制和保甲制，正是要打破这种以自然村为基础的利益集团而建立新的基层权力体系”[②]。

1937年9月13日，大同沦陷。10月13日，在大同成立伪晋北自治政府，下设民生厅、财政厅、公安厅、官房（相当于总务厅）和宣抚班。[③] 伪晋北自治政府下辖大同、天镇、阳高、浑源、应县、灵丘、广灵、山阴、应县、怀仁、左云、右玉、平鲁等十三县，当时只在伪晋北自治政府官房（相当于办公厅）的行政科设视学官，由古典担任视学官，主要由视学官和宣抚班负责实施奴化教育。1938年6月，伪晋北自治政府改组为伪晋北政厅，在下设的民生厅内设文教科，内设总务股、学校教育股、社会教育股，由古典改任科长，日本人佐佐敬介担任顾问，3个股均由日本人担任股长，共有20多名职员。1943年又将伪晋北政厅改为伪大同省公署，原民生厅改为民政处，教育科更名为教育股，由麻永禄任股长，并设日本指导员1人，凌驾于教育股长之上。[④] 1943年之前伪晋北政厅民生厅下设的文教科和1943年之后伪大同公署民政处下设的教育股以及宣抚班等，是抗战时期日伪组织实施奴化教育的主要行政机构。

---

① 张全盛、魏卞梅编著：《日本侵晋纪实》，山西人民出版社1992年版，第58—59页。

② ［美］杜赞奇：《文化、权力与国家——1900—1942年的华北农村》，王福明译，江苏人民出版社1995年版，第218页。

③ 白蔚武：《沦陷时期的大同》，载《山西文史资料》第56辑，山西省政协文史资料研究委员会1988年编印，第45页。

④ 项致中编著：《大同市教育志》，山西高校联合出版社1993年版，第335页。

二、日伪在山西实施奴化教育方针政策

为了长期霸占与统治中国，将中国的青少年“训化”成奴才，以培养“健全新东亚之第二代”，日本在中国大力推行奴化教育。1940 年前，日本在中国各沦陷区的奴化教育并不统一，各自为政，缺乏统一的方针政策。为了进一步加强在华实施的奴化教育，1940 年秋日本在东京召开了所谓的“东亚教育大会”，以统一在华伪组织教育方针，进一步制定“奴化”、“训服”的教育政策，“妄冀以‘中日亲善’、‘共存共荣’、‘东亚和睦’、‘东亚联盟’之口号，达成其统治中国之迷梦”①。伪国民政府教育部组织南京、上海、广东、江苏、浙江、安徽、湖北等省市及伪华北政务委员会、伪中国教育建设学会等代表，组团参加了该次大会。会上，日本侵略者制定了文化教育对华侵略的三条原则。第一，以“大东亚主义”戕害中国的民族主义。日本深知两次对华残暴侵略，深深地伤害了中国人民的民族心理和民族感情，这种民族仇恨并非短时间内能够消除。因此，企图通过采用“大亚细亚主义”这个孙中山曾提出的名词，来愚弄中国人民；以期通过“东亚新秩序”“东亚联盟”等口号，来淆乱中国人民的视听。第二，以“和平思想”突破中国人民的伦理防线。中国传统文化以儒家倡导的伦理观念为核心，就个人对国家而言，一向倡导杀身成仁，尽忠报国，这是中华民族的伦理防线。日伪为消除中国人民的抵抗力，强调“他力更生”之心理倾向，期冀以“和平思想”来突破中国人民的伦理防线，妄图使中国民众的民族自信与民族气节丧失。第三，以不良风气来消磨中国人民的抗日意志。日本在沦陷区大肆推销用以毒化中国人民的鸦片、赌博、娼妓等，妄图败坏沦陷区的社会风气，转移民众的抗日视线，消磨中国人民的抗战情绪与意志。通过各种手段，“来奴化儿童、制造顺民、吸引汉奸”②。

此次会议的宗旨是将日伪实施奴化教育的目的锁定在“根本铲除国共两党的主义，严格取缔反日排满的思想”，从而“建立东亚新秩序”

---

① 民国教育部编：《第二次中国教育年鉴》第 15 编 · 杂录，上海商务印书馆 1948 年版，第 132 页。

② 民国教育部编：《第二次中国教育年鉴》第 15 编 · 杂录，上海商务印书馆 1948 年版，第 132 页。

“反共灭党”等①。为此，伪华北政务委员会教育总署根据东京会议精神，于1940年颁布了以“反共和平建国”为核心的训育方针，目标是“对于德智体三育，应采取平衡之发展与陶镕，庶能造就成材，以遂国家树人大计”。其具体内容包括：

> （一）尽力提倡我国固有之美德，以领导学生之思想趋于正轨，而为建设东亚新秩序之始基；（二）根绝容共思想，以亲仁善邻之旨，谋东亚及全世界之和平；（三）善用我国固有之家族精神，以敦风纪而固国本；（四）阐发修齐治平之道，以儒家精义为依归，屏弃外来之功利主义；（五）注重人格之修养，品德之陶镕，宜使学生有以国土自许之志向，俾将来能以担负复兴东亚之重任；（六）厉行节约运动，纠正奢侈陋习，以养成勤苦之精神与习惯；（七）个人生活与团体生活宜有严格的规律，俾公私德双方得以平均发展；（八）加强竞技运动等训练，以锻炼强健之体格及振奋有为之精神。②

从这八条方针中可以看出，日伪借助封建礼义规范和愚昧忠孝思想，宣扬“亲日反共”“亲仁善邻”“反共灭党”“共同防共”“新民主义”“王道乐土”“大东亚共荣”等，企图最终实现培养顺从其统治的奴才和顺民。同时，还颁布“精神训话纲要十条”，将其作为培训教师进而对学生进行奴化教育的指导性纲领，其内容充斥着以封建思想文化来奴化训练中国国民的旨意，如“善用我国固有之家族精神，以固五千年立国之本”“睦邻之道，以积极且诚意主张之”“以东方固有之美德为立身基础，尽量吸收日新科学消化而运用之”“青年须以国土自许，将来始能分担复兴东亚之重任”③ 等。旨在通过向中小学教员灌输儒家的“仁义道德”“东亚共荣”等奴化思想，教育青少年对日本侵略者忠顺与服从。

同年，伪山西省长苏体仁为了更好地执行伪华北教育总署颁布的教育

---

① 温济泽：《抗战三年来敌我在教育战线上的斗争》，《边区教育》第2卷第19、20、21期合刊，1940年11月16日。

② 《报告教育方针》，《山西省第一届中等学校教员讲习会工作报告》“会务报告”，伪山西省教育厅1941年3月编印。

③ 《华北政务委员会教育总署施政方针》，中国第二历史档案馆藏“伪华北政务委员会教育总署档案”，编号：二〇二一②/5。

方针政策，在伪山西省第一次省立中等学校校长会议上，提出了本省的教育方针："教育之目的在于德育、智育、体育三方面之平均发展……尤当以培植学生之精神修养、科学技能为急务。"[①] 从表面上看，是关心受教育者的健康发展，实质上是以日本的教育理念在教育山西青少年，让广大学生仰慕日本的文化、教育与科学，以此来渗透奴化思想。

1942 年 3 月，日伪"华北教育会议"作出 12 点决议，其核心内容：一是"教导方针应以努力东亚之建设为目的，彻底肃除英美文化之流弊，积极增进中日文化之交流"；二是"肃正思想，训练学校教员、社教人员，使一般国民咸具善邻防共及协力建设东亚新秩序之理念"。[②] 所以，伪教育行政，采取严格统制，英美私立学校一律封闭，日语学校通令整顿扩充。在这种教育方针的指导下，为了训练铁杆汉奸，创办了"新民学院"等高校；为了禁锢民众头脑，提倡复古教育；为了提倡职业教育，使青年变成只懂低级技术而不懂政治的奴才，在各地设立打字学校、职业指导学校等；为了提倡日语教育，贬低中国文字，在各地广设日语学校等。

太平洋战争爆发后，为了"适应大东亚战争进展之教育设施"和确定自后"在参战体制下华北教育行政上应行刷新改进之各问题"起见，伪华北教育总署于 1943—1945 年召开了第三至五次教育行政会议[③]，商讨如何深化在华北地区的奴化教育。1943 年 7 月召开的第三次教育行政会议上，颁布了所谓的"教育指导方针"：要求各地教育机构"洞察时代动向，统筹全局，涤除欧美功利主义，发扬东方道义精神，力谋中日文化交流，通力合作，俾完成创造新东方文化，以建设东亚新秩序之使命"。从此次会议颁布的教育方针，可以看出日伪将英美作为战争对象，要求在奴化教育方针政策中加入反对英美的内容，以所谓"东方道义""东方文化"，来抵触英美的西方文化和"功利主义"，因而，要求各级各类教育的师资"以讲演宣传种种方法，使学生及一般民众咸具爱国爱邻爱东亚之理念，努力于东亚解放新国民运动之具体推行，并以中日共存共荣共生

① 苏体仁：《在山西省第一次省立中等学校校长会议的训词》，载《山西省第一次省立中等学校校长会议实录》"程序"，伪山西省教育厅 1940 年编印。

② 长松：《华北敌伪奴化教育一瞥》，《中央日报》1944 年 9 月 18 日。

③ 余子侠、宋恩荣：《日本侵华教育全史》第 2 卷，人民教育出版社 2005 年版，第 230 页。

共死之决心，完成大东亚战争之必胜体制”[①]，最终建立“东亚新秩序”和“大东亚共荣圈”。为了落实这一方针，同年还颁布了《三十二年度华北教育施策要纲》，主要内容包括以下四点。第一，“协力食粮增产运动”。动员各级学校学生参加农业生产劳动，在中学以上学校添授农业课程，旨在提高农业产量确保日伪军的粮食供应。第二，“实施集团训练”。要求各地高小和初中学生成立少年团，高中和专科以上学校学生成立青年团，并实行严格的集团训练和勤劳服务。第三，“肃正思想，革新生活”。必须扫除欧美对中国的影响，根据中国传统文化来构建“东亚新文化”；以知行合一行实践之精神，养成“能担当复兴中国重任之人材”；使一切民众确立“中日共存共荣之信念”；要求各级学校师生厉行节约，提倡过朴素生活，减免一切虚文酬应。第四，“提倡体育及正当娱乐”。倡导开展各种体育竞赛会，促进保健运动；提倡国术，并举行竞技观摩；利用音乐、美术、电影、广播等高尚娱乐，调剂工作之勤苦；设法谋文化设施与生产场所之紧密联系。[②] 从这些教育政策中可以明显地看出，日伪迫不及待地想把中国学生训练成听任其摆布的工具和任听其使唤的顺民。既让学生成为为其进行农业生产的劳动力，又不让学生受外界文化的影响。

同时，伪晋北自治政府于 1937 年提出所谓的以“防共灭共，日满蒙睦邻亲善，复兴东洋道德”为要点的奴化教育指导方针。1939 年又根据伪蒙疆自治政府的施政纲领，提出“增强蒙古政权理想的认识，陶冶忠诚奉公道德，建立东亚新秩序”的教育方针。为了实施这一方针，对晋北中小学生在进行奴化训育之外，还进行严格的管制，尤其是 1941 年 12 月 8 日太平洋战争爆发以后，每月 8 日召开一次纪念会，由各校校长恭敬地捧读“天皇大诏”。每周用一天或半天时间强迫学生去日伪军营或“神社”进行所谓“勤劳奉仕”，每逢日本节日都要组织晋北各县中小学生到“神社”行礼鞠躬，以祈祷“大日本皇军武运长久”。日伪还对中国学生进行严格的军事训练，向学生灌输“武士道”精神。在不少校园内，张贴着“中日提携，反共防共”“日满蒙亲善”“大东亚共荣”“皇军圣战必胜”等标语[③]，用意是向学生潜移默化地渗透奴化思想。

---

① 《第三次教育行政会议纪要》，《教育时报》第 13 期，1943 年 7 月。

② 《华北教育总署检送 1943 年度华北教育施策要纲及其实施方案》，中国第二历史档案馆藏“伪华北教育总署档案”，编号：二〇二一—②/10。

③ 项致中编著：《大同市教育志》，山西高校联合出版社 1993 年版，第 143 页。

这些奴化教育方针政策对山西乃至全国人民的危害是深层次的，正如《申报》记者所说："敌人在华北实施着奴化教育和文化侵略，真是叫我们最痛心而又最感棘手的一件事。因为军事侵略与土地占领，这只是一时的损失，只要我们自强不息，抗战到底，终有收复的一天。但这深印到一般青年学生的内心的烙痕，却是非常不易消灭无迹的。更何况有些败类知识分子竟也甘自供敌驱使，来用种种花言巧语欺骗于后进之学子呢！"[①]

第二节　日伪在山西的奴化基础教育

日伪在对华进行政治军事侵略的同时，辅之以文化教育侵略。为了建立所谓"大东亚共荣圈"和"东亚新秩序"，妄图长期侵占中国，将对青少年儿童进行奴化教育作为其侵华战略的重点之一。因此，在处心积虑地破坏原有教育体系和根据地教育系统的同时，在沦陷区竭力发展奴化基础教育，所开办的中小学均冠以"新民"二字，实质是奴化教育的代名词，旨在通过进行奴化教育磨灭中华民族意识，从而培育"亲日反共"的顺民。

一、日伪奴化基础教育概况

经过清末和民国时期近30多年的努力，到抗战前山西的基础教育已走上了健康发展的轨道，中小学教育发展迅速，学校数不断增加，学生入学率逐年提高，尤其是义务教育一直走在全国的前列。1937年抗战前山西全省共有各类小学26651所，入学儿童总数达952422人；1939年减少为22469所（含奴化小学、根据地小学和晋西小学），入学儿童数为681770人[②]，分别减少了15.7%和28.4%。1937年抗战前，全省共有中

① 《敌对华北实施奴化教育与文化侵略》，《申报》1938年4月17日。

② 民国教育部编：《第二次中国教育年鉴》第3编·初等教育，上海商务印书馆1948年版，第57页。

学53所，到1945年仅有11所中学。[①] 其中1939年沦陷区奴化小学校有3614所，在校生为122310人，教职员共4339人（详见表4-1）。

表4-1　1939—1942年日伪在山西沦陷区开办小学教育情况

年　度	小学校数	在校生数			教职员数	备　注
		共计	初小	高小		
1939年	3614	122310	119391		4339	55个市县
1940年	5718	202671	198352		7287	69个市县
1941年	6944	227649	221780		8340	64个市县
1942年	8376	346906			11388	59个市县

资料来源：山西省史志研究院编：《山西通志·教育志》，中华书局1999年版，第84—85页。

1939年沦陷区奴化小学仅占当年全省小学总数的16%，学生数占当年全省小学生总数的17.9%。可见，日伪奴化小学在全省所占比例并不高，但由于其所占区域均为城镇或平川地区，学校的规模比山区要大。以太原市为例，抗战前已有小学90多所，在校生万余人；中学22所。[②] 1937年11月8日太原沦陷后，全市人民置于日本法西斯铁蹄之下，受尽欺辱与蹂躏，教育事业也遭到严重摧残，大部分中小学停办。1938年5月，日伪太原市公署成立后，先后在原国师附小、西缉虎营小学、天平西巷小学、前所街小学、新城北街小学的校址开办了伪省立第一至第五新民小学，同年冬日伪华北交通株式会社开办了职工子弟学校——扶轮小学。1939年日伪又在东缉虎营设立伪省立第六新民小学；日伪市公署在大北门头道巷设立伪市立第一新民小学，在新道街设立市立第二新民小学，在西羊市街设立市立第三新民小学。1940年6月，西山采煤所也设立新民小学，这是又一所职工子弟小学；7月省立女子一师附小、省立一师附小复课。1942年日伪太原公署又新开起凤街新民小学、首义关新民小学、营西街新民小学、南堰镇新民小学。在日伪统治太原期间共设立小学20所，入学人数共计6423

① 民国教育部编：《第二次中国教育年鉴》第4编·中等教育，上海商务印书馆1948年版，第93页。

② 李丕常、郭存恒：《解放前太原教育发展概述》，载《太原文史资料》第5辑，太原市政协文史资料研究委员会1985年编印，第39—40页。

人。具体各小学的校址、教职员数、班级数、学生数见表4－2。[①] 有新民中学2所：省立一中、省立二中。

表4－2　1940年太原市城区日伪小学校一览表

校　　名	校　址	教职员数	班级数	学生数
省立一师附小	国师街	15	8	440
省立第一新民小学	西校尉营	24	15	784
省立第二新民小学	西缉虎营	12	7	391
省立第三新民小学	天平西巷	12	7	360
省立第四新民小学	前所街	12	7	369
省立第五新民小学	新城东街	10	6	353
省立第六新民小学	东缉虎营	13	6	297
省立第七新民小学	北仓巷	10	5	244
市立第一新民小学	东头道巷	12	6	384
市立第二新民小学	新道街	12	6	341
市立第三新民小学	西羊市街	14	6	236
公立清真小学	大南门	5	3	202
扶轮小学	前所街	12	9	348
省立第一女师附小	上马街	15	8	522
明原小学	大北门	8	6	225
加辣女子小学	东三道巷	8	6	153
首义关新民小学	首义关	12	7	278
起凤街新民小学	起凤街	不详	不详	不详
南堰镇新民小学	南堰镇	不详	不详	不详
营西街新民小学	营西街	不详	不详	不详

资料来源：《太原教育志》，山西人民出版社1991年版，第44页。

1939年伪山西公署筹办的省立一中，共有5个班，在校生不足200人；1944年开办的省立二中，初高中加起来仅有4个班，在校生百余人。据1942年底统计，华北各省市共有日伪奴化小学41267所，学生2100498人，其中山西省有日伪奴化小学7951所，在校生298279人；山西有奴化中学8所，学生1977人。[②] 又据1945年伪山西省教育厅统计，全省（不

① 《太原教育志》，山西人民出版社1991年版，第43—44页。

② 长松：《华北敌伪奴化教育一瞥》，《中央日报》1944年9月18日。

含晋北13县）共有日伪奴化完全小学494所，奴化初级小学8149所；有奴化中学15所，分别设在太原、寿阳、五台、文水、离石、平遥等地。①

1941年日伪在晋西北强占和破坏阎锡山时期建立的学校和晋西北抗日根据地学校之后，大量建立新民学校。据不完全统计，日伪仅在晋西北静乐、宁武等11个县就设有新民中学145所、新民高级小学40所、新民初级小学178所（详见表4－3）。

表4－3　1941年晋西北11县日伪设立新民学校情况表

县名	静乐	宁武	岢岚	文水	朔县	偏关	阳曲	岚县	汾阳	静宁	方山	合计
初小	5	6	2	7	24	2	28	3	87	7	7	178
高小	5	1	2	1	2	1	9	3	2	7	7	40
中学		7		8	26	3	5		89			145
总计												363

资料来源：杜心源：《民国二十九年度教育工作总结》，《行政导报》第2卷第2、3合刊，1941年8月。原始资料中个别数据不完整。

由上表可知，日伪于1941年在晋西北已建立了300多所新民学校，仅据岢岚、文水、朔县、偏关、阳曲、汾阳等6县统计，“敌伪强迫中国儿童到新民学校的情况是：岢岚有40人，文水200人，朔县980人，偏关80人，阳曲2900人，汾阳3200人，共7400余人，可见，敌伪对我儿童奴化教育的数字已是相当不少了”②。同时，在文化相对落后的晋东北地区，灵邱、广灵、繁峙、代县、山阴、应县、浑源、阳高、大同等县，共有新民小学280多所。以应县为例，1937年9月日军占领该县，不久成立日伪应县政府，接着在城内设立了县立小学、农科实验小学、女子两级小学等，几所小学共有教职员40多人，学生千余人，学校的经费由县政府负担，教科书由大同伪晋北自治政府统一印发。后来，将全县村庄划分为13个联合村，成立村公所，管辖若干自然村，每个联合村所在地设立两级小学1所，较大的自然村都要设立初小1所，全县共设两级小学5所，初小100多所，全县乡村教职员共计350余人，这些教员大都在晋北

① 《第五次教育行政会议山西省教育状况报告书》，中国第二历史档案馆藏“伪华北政务委员会教育总署档案”，编号：二〇二一②/51。

② 杜心源：《民国二十九年度教育工作总结》，《行政导报》第2卷第2、3合刊，1941年8月。

学院师范科参加过培训。日伪办学，宣传“中日提携”“东亚共荣”“王道乐土”等，附带讲孔孟之道，以此来达到奴化中国少年的目的。[①] 浑源县的小学教育，自从1937年9月日军入侵之后，开始实施奴化教育，一方面在其据点、岗楼及其能控制的较大的村庄均设立简易小学，另一方面对县城小学和教会小学进行整顿并接收。代表性的小学有浑源实验小学，校址在县城内，六个年级共有9个班，在校生418人；浑源第一两级小学，六个年级共有在校生240人；女子完全小学，包括初小和高小两级，共有学生250人；县城内另有两级小学3所，还有教会小学几所，如由比利时人创办的圣心小学校、比利时神甫办的若瑟小学校及天主教小学等。[②] 天镇县在抗战期间，日伪奴化小学校共有166所，教员228人，在校生7886人，另有日语学校1所。[③] 抗战时期忻县共有新民小学196所，教员297人，在校生共有10754人。[④] 1941年盂县共有新民小学200所，在校生9017人，教员249人，当年学龄儿童数15492人，入学仅有4098人，失学者11394人，入学率只占26.45%。[⑤]

由此可见日伪奴化教育在山西各地建立的情况。因为晋西北、晋北一向文化相对落后，即使在文化相对落后的晋西北都建立了不少旨在实施奴化教育的中小学校，在平川地区如晋中、临汾、运城等地建立的奴化学校比山区县更多些。仅以晋南几个县为例，1938年2月日伪军分三路侵占临汾县城，然后不断向东西山区侵扰，临汾大部分地区沦陷。日伪军沿铁路、公路干线挖堑壕、建炮楼，还在大村镇和要道隘口设据点。接着，在城内和某些村镇搞强化治安，建立若干初级小学，推行奴化教育。日伪除了在各村建立新民初级小学外，还在临汾县城内设立3所完全小学——“扶轮小学”、“新民小学”、临汾师范附小，这三校均设有6个教学班。其中扶轮小学，校长由日本人担任；新民小学和临师附小，校长由当地人担任。此外，还在刘村据点设有高级小学，设2个教学班。日伪小学开设

① 应县教育史办公室：《应县抗日战争时期的教育状况》，载王用斌、刘茗、赵俊杰编《晋察冀边区教育资料选编》（续集），北京师范大学出版社1991年版，第386页。

② 浑源县志编纂委员会编：《浑源县志》，方志出版社1999年版，第528—529页。

③ 天镇县志办公室：《天镇县志》，山西教育出版社1997年版，第753页。

④ 杜满成、石元禄：《日伪统治时期忻县的中小学教育》，载《山西文史资料》第56辑，山西省政协文史资料研究委员会1988年编印，第157页。

⑤ 郑永才：《抗战时期盂县的教育略述》，载《阳泉文史资料》第8辑，阳泉文史资料研究委员会1991年编印，第179页。

的课程，除一般课程外，还加开日语、“新民主义课”，教材一律采用伪教育厅编印的“新民”版本。[①] 日伪小学教师工资均以日伪币支付，村办小学教师工资大部分由村里承担，伪政府只稍加补贴。再如洪洞县从1938 年至 1945 年日伪在该县共设立西池初小、王村初小、左壁初小、上桥初小、南营初小等新民初级小学 73 所，在校生共计 2341 人；还在县城设立 2 所新民高级小学，在校生 127 人。日伪赵城县[②]政府在全县设立新民初级小学 46 所，在校生 954 人，还在县城内设立 2 所新民完全小学和新民高级小学，在校生 191 人。[③] 从中可看出，日本侵略者将奴化教育作为其侵华政策的重要组成部分。

此外，日本侵略者在山西各地开办了一批为日本籍少年儿童就学的日本学校，共有十几所，有资料可查的主要有以下 14 所，详见表 4－4。开办这些日本学校，主要目的是吸引更多的日本人移民来中国，充当殖民统治者，为进一步实现其所谓“建立大东亚共荣圈”“全面亡华”的美梦，在文化教育方面开辟道路。

表 4－4　抗战时期在山西沦陷区设立的日本学校

开办时间	学校名称	学校地址	学生数	备注
1938 年 4 月	大同日本小学校	大同	662 人(1943 年 4 月)	兼收朝鲜学生
1938 年 4 月	太原日本富士小学校	太原	1086 人(1942 年 4 月)	兼收朝鲜学生
1939 年 4 月	太原日本大和小学校	太原	637 人(1942 年 4 月)	
1939 年 4 月	阳泉日本小学校	阳泉	128 人(1942 年 3 月)	兼收朝鲜学生
1939 年 4 月	临汾日本小学校	临汾	142 人(1942 年 4 月)	
1939 年 4 月	榆次日本小学校	榆次	153 人(1942 年 4 月)	
1940 年 4 月	运城日本小学校	运城	83 人(1942 年 4 月)	
1941 年 4 月	太原日本高等女学校	太原	98 人(1942 年 3 月)	
1941 年 7 月	太原日本青年学校	太原	不详	日本文部省批准
1942 年 4 月	大同日本青年学校	大同	不详	隶属蒙疆政府
1942 年 5 月	平旺日本国民学校	大同	不详	隶属蒙疆政府
1942 年 5 月	太原日本中学校	太原	不详	日本文部省批准
1943 年 4 月	大同日本高等女学校	阳泉	32 人(1943 年 2 月)	
1943 年 11 月	岱岳日本国民学校	山阴岱岳	不详	大东亚大臣批准

资料来源：余子侠、宋恩荣：《日本侵华教育全史》第 2 卷，人民教育出版社 2005 年版，第128—138 页。

① 许司钧主编：《临汾市教育志》，临汾市档案馆 1989 年版，第 21 页。

② 民国时期的赵城县，新中国成立后合并到洪洞县。

③ 郭星明主编：《洪洞县教育志》，山西人民出版社 1991 年版，第 19 页。

二、日伪在山西实施的奴化基础教育活动

日本侵略者为了从思想文化领域控制中国少年儿童，在中小学加紧推行奴化教育，妄图培养“健全新东亚之第二代”。在山西实施奴化基础教育的主要活动情况如下。

（一）奴化教育目的：培育亲日反共的“新民”

日伪开办学校之目的，主要是对学生实施奴化教育，宣传所谓“中日亲善”“东亚共荣”“共谋东亚和平”“共存共荣”等奴化思想，强迫学生读日语、唱日本国歌、呼喊“四大纲领”，给学生灌输“亲日”“崇日”的毒素。[①] 日伪在实施奴化教育过程中，本着所谓的“教育界应负起思想战之全责”的宗旨，在其训育方针中规定“根绝容共思想，以亲仁善邻之旨，谋东亚及全世界之和平”。在乡村教育中要以“培养和平反共建国与中日亲善之思想”为目的。后来，又在新民会纲领中提出“发扬新民精神，显现王道，实行反共，复兴文化，确立和平，振兴实业，以善邻缔盟建立东亚新秩序”[②]。1940 年 7 月，日伪山西公署颁布由伪华北政务委员会制定的《专科以上及中小学各级学校实施训练八条》，鼓吹培养“亲仁、善邻”意识，要求各级各类学校遵照执行。日本人为日伪奴化教育确定的教育宗旨的核心是“亲日善邻”“防止共产党”“发扬固有文化”。[③] 1941 年 12 月，日伪山西省公署又发出《告山西省各级学校学生书》，强令各中小学举办恳亲会，即家长会，旨在向学生家长宣扬亲日反共思想。伪山西省公署先后举办过四次“强化治安运动”，宣扬所谓的“大东亚共荣”“共存共荣”“王道乐土”“民族协作”“防共反共”“铲除共党”“中日亲善”“中日提携”等奴化教育思想，妄图将中国的少年儿童诱骗到“亲日反共”的歧途上。为了培养亲日意识，规定从小学三年级开始在中小学课程中增设日语课，具体教学时数：三、四年级每周 1.5 学时，五、六年级每周 2 学时；初中每周 3 学时，高中每周 3 学时。1943

① 民国教育部编：《第二次中国教育年鉴》第 3 编·初等教育，上海商务印书馆 1948 年版，第 57 页。

② 张磊：《华北敌寇奴化教育的破产》，《晋察冀日报》1942 年 2 月 12 日。

③ 瘿公、潘睿：《从抗日教育说到亲日教育》，《大阪每日》（华文版）第 7 卷第 8 期，1941 年 10 月 15 日。

年要求学生“肃正思想，革新生活”，无非是要师生“发扬东方道义精神，力谋中日文化交流，通力合作，俾完成创造新东方文化，以建设东亚新秩序为使命”[①]。

（二）奴化教育内容：灌输“复古尊孔”思想

美国著名哲学家、伦理学家约翰·罗尔斯强调，儿童的道德由许多准则构成，而某一集团的道德则是适合于个人所在集团中的角色的那些道德，这些道德包括常识的道德规则及其与个人的具体地位相适应的调整形式。它们是由于拥有一定权力或权威的集团及其成员的赞许与非难而形成的。[②] 日伪为了培养忠于其统治的奴才，专门设计了奴化教育课程体系，尤其是将小学原有的公民、党义改为修身或国民道德，增加“防共读本”；对于女生，则专门教授家事、缝纫、手艺等课程。[③] 日伪为了全方位地进行奴化教育，以培养亲日、顺从的“亡国奴”，编印了大批宣传奴化教育和奴化道德的课本。在日伪奴化小学，除了开设常规课程修身、国语、算术、常识、历史、地理、自然、美术、音乐、唱游、体育、日语、劳作等，还要求初小读《孝经》，高小读《孟子》；初高中除开设修身、国文、算学、日语、物理、化学、矿物、生物、历史、地理、英语、生理卫生、体育、劳作等，还要求初中学习《论语》《诗经》，高中读《礼记》《中庸》等。1938 年日伪占领太原等城市后就下令，恢复春秋祭祀先圣先师的礼节。并将《孝经》《大学》《论语》《孟子》《中庸》《诗经》《礼记》以及《三字经》《百家姓》《千字文》等作为中小学基本读物，将封建社会的教材作为新民学校的教学用书。1943 年伪教育部门建议各学校除朝会、周会时间校长进行精神讲话外，每周日上下午举行特别讲演，为高小、初中生讲《四书》《孝经》《孔子世家》，为高中生讲《诗》《书》《礼》《乐》《易》《春秋》等内容。[④] 对于课本缺乏的农村小学，如岢岚等县利用古代四书五经、《千字文》、《百家姓》、唐诗宋词等作为新民小学的课本，用封建落后思想教化儿童，灌输封建愚忠思想，以此来麻醉与

① 《第三次教育行政会议纪要》，《教育时报》第 13 期，1943 年 7 月。

② ［美］约翰·罗尔斯：《正义论》，何怀宏等译，中国社会科学出版社 2003 年版，第 470 页。

③ 温济泽：《抗战三年来敌我在教育战线上的斗争》，《边区教育》第 2 卷第 19、20、21 期合刊，1940 年 11 月 16 日。

④ 《华北教育总署教育局关于利用星期日讲述孔孟道义及有关训育的提案》，中国第二历史档案馆藏“伪华北政务委员会总署档案”，编号：二〇二一②/36。

腐蚀中国少年儿童。如万泉县和荣河县日伪奴化小学，让小学高年级学生阅读《论语指南》《论语精华》《幼学琼林》《古文嗜凤》，让小学低年级读《三字经》《百家姓》《千字文》等。[①] 日伪教育部门要求“学生须安心上课，镇定如常，不得听信谣言徒自惊扰”[②]。让学生埋头于这些无用的教育内容，少接触抗日言论，甘愿做奴才式的顺民。同时，大量编印“新民教科书”。讲到日本时，主要宣传日本怎样神圣、日本三岛怎样伟大、日本的军人怎样忠勇、日本的人民怎样仁义等；讲到中国时，主要宣传国民政府如何残虐可恨、中国共产党如何凶暴可畏、孔孟思想多么可贵等等。[③] 仅汾阳县就印刷了5000多册课本，起初课本是出售，几分钱1册，尽管如此便宜还是没多少人买，后来又改为用物品换课本，如1个鸡蛋换1册，结果还是没多少人愿意换。最后，只好按村强行派发。[④]

（三）奴化教育师资：派日本教员监控中国教员

日伪在刚开办奴化学校期间，采取了各种手段强迫、诱骗中国教师为其奴化教育服务，有的是指名捕捉，有的通过汉奸进行诱迫，有的是强迫各村教师到据点开会，有的强令各村镇填报知识分子调查表，然后由日伪指定。[⑤] 1941年华北伪教育总署要求“各级学校教员既为学生之师表，且为一般民众之先驱，值此非常时期，允宜遇事与友邦人士紧密联络，平日服务更须勤勉”[⑥]。意思是要中国教员绝对服务日本人的监视与控制，并经常与其交流、对其服务。日伪还设立临时训练班、教员讲习所，各县必须选送小学教师参加培训，规定大县40人、小县30人，集中到太原，分班培训，以作为传播奴化教育的工具。如在方山、文水等日伪成立了“青年清共团”，在离石县设立“吉田馆”等，这些机构均是以训练班的形式，强迫据点十里以内的青年轮流分期到城内训练，并随时吸收当地的汉奸，作为实行奴化教育的基本对象，训练班开设的课程有“时事大纲”“东亚新秩序”“共同防共”“反共倒蒋”等反动内容。小学教师训练期

---

① 屈栋材主编：《万荣县志》，海潮出版社1995年版，第316页。

② 《教署告诫华北教育界精诚团结共济时艰》，《教育时报》第4期，1942年1月。

③ 于力：《敌占区儿童所受的奴化教育》，《教育阵地》第1卷第4期，1943年4月1日。

④ 杜心源：《民国二十九年度教育工作总结》，《行政导报》第2卷第2、3合刊，1941年8月。

⑤ 《反扫荡中敌我在宣传教育路线的尖锐斗争》，载《晋察冀边区教育资料选编》（教育方针政策分册下），河北教育出版社1990年版，第22—23页。

⑥ 《教署告诫华北教育界精诚团结共济时艰》，《教育时报》第4期，1942年1月。

限一般为10天至6个月不等，训练结束时以成绩定去留。所谓“成绩”，就是看亲日程度，“巴结敌寇愈力，地位愈巩固”[①]。日伪的逻辑是，要想对中小学生进行奴化教育，必须先对中小学教师进行奴化训练。在推行奴化教育过程中，加强对教员的监控，每个规模较大的学校都要派一名日本教师，他们除了处理校务外，还负责监视中国教员的言行。因为日伪学校教师，由伪教育股委任和管理，教师的薪水及学校经费均由伪县公署拨给。每天早上必须早起，集体跑步后，须在水井旁逐个被浇一桶凉水，被称为“冷浴”，可怜那些年老体弱的教师，几次“冷浴”后，不是伤寒病发，就是疟疾作祟。[②] 还派小汉奸到学校监视教师是否有抗日活动，中国教师处处受到监控，被要求加入伪新民会，每到暑假要接受检定，若发现稍有反日嫌疑，便生命难保。[③] 有时也用小恩小惠来拉拢教师，如发放牙刷、纸烟、袜子等消费品，不过费用仍然来自农村老百姓。就教员的学历结构而言，大部分学历较高的是抗战前已进入教员队伍的，据伪山西省政府秘书处统计室统计，1942年太原市新民小学教员共有225人，其中大专以上学校毕业的只有18人，师范学校毕业者125人，短期师范学校毕业8人，中学毕业67人，小学毕业2人，其他5人。[④] 1939年阳曲等50县共有小学教员1326人，其中师范大学或师范学院毕业者有7人，大学或专科毕业53人，师范学校毕业184人，短期师范学校毕业272人，中学毕业265人，小学毕业352人，检定合格者39人，充任教员三年以上者22人，其他132人。[⑤] 可见，日伪奴化小学教员学历普遍不高，而且结构不合理。

（四）奴化教学活动：教学方法单调机械

由于当时大部分教员是为了养家糊口而被迫在日伪新民学校从教，而且深知自身的艰难处境，因此，不少教师只好被动从事教学活动，照本宣科，机械讲述，不敢擅自发挥，更不敢比今论古，以物喻事，唯恐言行冒

---

① 于力：《敌占区儿童所受的奴化教育》，《教育阵地》第1卷第4期，1943年4月1日。

② 王用斌、刘茗、赵俊杰编：《晋察冀边区教育资料选编》（续集），北京师范大学出版社1991年版，第512页。

③ 温济泽：《抗战三年来敌我在教育战线上的斗争》，《边区教育》第2卷第19、20、21期合刊，1940年11月16日。

④ 《民国三十一年份山西省统计年鉴》，伪山西省公署秘书处统计室1944年编印，第454页。

⑤ 《民国二十八年份山西省统计年编》，伪山西省公署秘书处统计室1940年编印，第187页。

犯了日伪统治者而引来杀身之祸。这样中小学教师，尤其是中学教师难以充满激情地去作精彩讲授，也不愿全身心地投入教学，只是一味敷衍，以消磨时间为目的。再加上教学条件简陋，连基本的教学用品如仪器、挂图都没有，教师只好在课本上作空洞说教，教学方法单一，课堂教学枯燥。学生学习动力不足，兴趣不浓。学生写作业也是照书抄写，教师批改作业，特别是作文，也不能作只字修改，只写个“阅”字就算了事。之所以出现教师教学积极性不高的原因主要有：一是中国教员待遇不高，每月仅 20 多元伪币的薪水，如此低的月薪难以调动其工作积极性；二是中国教员经常遭到日籍教官的监视，有时还遭到其打骂，搞得大部分教师人心惶惶；三是教学条件简陋，只能采取单一的课堂讲述法来教学，因此，教学手段缺乏灵活性。此外，中学的日语和军训，一般由日本教员任教，他们往往满口日语，大部分学生因听不懂日本教员的提问而答非所问，常常遭到打骂。而日语成绩的好坏又是决定学生能否升级、毕业的重要标准，因此，不少学生被动学习日语，尽管没有好的效果，但只是为了应试而学习。

（五）奴化教育社团：成立新民青少年组织

日伪刚占领山西后，成立了“新中国童子军”“新民少年团”“新民儿童团”“反共少年团”等组织，以拉拢中国青少年。1940 年 7 月，日伪山西省公署教育厅下令解散中国童子军、新民少年团等，开始招募新会员。于 1941 年 9 月颁布伪《山西新民青年团章则》《山西新民少年团章则》，1943 年又下令让中小学生开展“青少年团训练”，要求高小成立少年团，中学成立青年团，通过这些组织来约束学生的言行，“学生在校内一切行为，如学业之研究、德行之修养、体格之锻炼及竞技娱乐等，应于可能范围内作为青少年团之行事，俾各份子领会其应服任务”，目的是让学生“清除一切不良思想，涤荡旧染，完成心理建设”。[①] 其本旨是为了防止学生接触共产党的抗日言论，真正成为服服帖帖的日伪统治下的顺民。1943 年又制定伪《山西省各级学校新民青年团组织要领及训练大纲》，强令各大中学校必须成立“新民青年团”，令各小学校成立“新民少年团”；还经常派人到小学校去，发给学生糖果，找学生谈话，企图拉

① 《三十二年度华北教育施策要纲》，中国第二历史档案馆藏“伪华北政务委员会教育总署档案”，编号：二〇二一/456。

拢与腐蚀我国青少年儿童，使他们成为“未来真正亲日的主人”[①]。据伪山西省教育厅统计，1944 年全省共有男女青年团 1653 个，男女团员 156215 人；男女少年团共有 2446 个，团员 65986 人（详见表 4－5）。日伪为了“训练青少年，发扬新中国意识”的目的，也召开运动会，让中小学生参加比赛[②]，对获胜的小学生给予物质奖励。通过这种活动，一方面，让学生将注意力放在学校，而不能关心和参与社会上的反日活动，另一方面，通过小恩小惠拉拢学生，让学生安心接受奴化教育。

表 4－5　山西省 1944 年度上学期青少年团统计表

市县名	青年团		少年团		女青年团		少女团	
	团体数	团员数	团体数	团员数	团体数	团员数	团体数	团员数
太原市	7	714	23	3053	3	181	16	914
阳曲等 48 县	1155	104577	1650	21622	488	50743	757	40397
总　计	1162	105291	1673	24675	491	50924	773	41311

资料来源：《第五次教育行政会议山西省教育状况报告书》，中国第二历史档案馆藏“伪华北政务委员会教育总署档案”，编号：二〇二一②/51。

（六）学生课余活动：“协力食粮增产运动”和“勤劳服务训练”

由于日本的法西斯统治极大地挫伤了华北民众的生产积极性，再加战争不断，华北农村经济萧条，因此，难以承载日伪军巨大且奢侈的生活消费。为了解决其军粮不足问题，1943 年 3 月伪华北教育署提出实行所谓“协力食粮增产运动”，即在中学课程中增加农业课程，并在学校为学生开辟试验田，按人分地耕种，教员向学生讲授选择作物种类、农具使用、耕作时间、浇水施肥、收割成果等，同时要求各级学校学生“襄助父兄，协力家庭增产”[③]。之所以动员广大学生参加农业生产，并非让学生加强锻炼，增强劳动观念，而是为了让学生从小学会为日伪统治者勤劳耕作的本领，以让中国人世世代代去服侍这帮侵略者。同时，还开展所谓的

① 温济泽：《抗战三年来敌我在教育战线上的斗争》，《边区教育》第 2 卷第 19、20、21 期合刊，1940 年 11 月 16 日。

② 李庆祥：《日军在阳泉的奴化教育》，载《阳泉文史资料》第 8 辑，阳泉市政协文史资料研究委员会 1991 年编印，第 145 页。

③ 《学生协力增产食粮计划》，《教育时报》第 11 期，1943 年 3 月。

“勤劳服务训练”，打着“以矫正以往学校偏重智育、漠视劳动之积习”[①]的旗号，驱使学生参加挖壕、凿井、筑堤、修路、架桥、搬运等苦力劳动，还将这些苦力劳动、服侍日伪的项目作为“正课”。仅1944年上半年全省学生参加“勤劳服务”达上万次（详见表4－6）。[②]

表4－6　山西省1944年各级学校学生勤劳服务状况统计表

市县名	学校数	属于食粮增产事项			属于建设奉公事项		
		工作次数	参加人数	工作时数	工作次数	参加人数	参加时数
太原市	市内中小学26校	225	12758	293	308	25602	650
阳曲等53个县	县区村立等718所新民小学校	5334	122207	8110	4454	94368	5677
总　计	744	5559	134965	8403	4762	119970	6327

资料来源：《第五次教育行政会议山西省教育状况报告书》，中国第二历史档案馆藏“伪华北政务委员会教育总署档案”，编号：二〇二一②/51。

（七）奴化教育督导：加强对各级奴化教育的监视

日伪统治者为了加强对中小学的控制，担心中小学中出现抗日言行，在加强对学校日常监视的同时，伪教育厅长和督学还要定期到各地中小学巡视和督导。1942年10月，在伪华北第五次治安强化运动期间，由伪山西省教育厅长裴涧泉带领教育厅的雷德厚、刘光汉，还有警备处曹瑞民、警备厅齐忠人、宣传处沈卜五、特务机关加藤中蔚，以及新民报记者王仲平，一同从太原出发到临汾、洪洞、襄陵、赵城、霍县等地巡视。各地小学为了应付其巡视，早作准备，大作表面文章，如沿途张贴欢迎标语口号、宣传漫画，渲染气氛。这种表面的热情态度和热烈气氛，让伪教育厅长及巡视组感到欣慰，因此，他们在巡视报告中写道：“临汾县立新民小学校……推进情形尚属良好，就五次治运要旨加以训示。……临汾自展开治运后，大致尚属良好。”[③] 视察洪洞县立新民小学时，全校300名学生

① 《三十二年度华北教育施策要纲》，中国第二历史档案馆藏“伪华北政务委员会教育总署档案”，编号：二〇二一/456。

② 《第五次教育行政会议山西省教育状况报告书》，中国第二历史档案馆藏“伪华北政务委员会教育总署档案”，编号：二〇二一②/51。

③ 《山西省公署教育厅举办第五次治运事项纪要》，中国第二历史档案馆藏“伪华北政务委员会教育总署档案”，编号：二〇二一②/35。

列队在操场合唱治运歌，“声韵齐整，治运之空气布遍全场”。巡视组看到这种场景，就认为洪洞新民小学教职员教学方法得当，学生学习成绩突出。巡视襄陵时，因该县教育部门未作表面的热情欢迎，故巡视组就评价为工作没做好。而到赵城县立第一新民小学，校址广阔，设备齐全，学生服装整洁，教职员热心教授。巡视组看到这种情形，便下结论：该校的办学质量高，教学效果好。

三、日伪实施奴化基础教育的特点

纵观日伪奴化基础教育发展情况，可以总结出以下特点。

第一，日伪采取强迫手段设立奴化教育机构。日伪强迫沦陷区所辖城乡设立各级奴化教育机构。正如晋绥边区教育处长杜心源于1941年所讲：“敌伪建立学校的方法，多是强迫的。如朔县就是下令在据点十里地以内的村子和交通路旁的村子必须建立学校，因此，这些学校虽然有一些，但都不健全。”① 如方山县糜家塔村有80多个儿童，自日军占领该村后，强迫成立伪新民小学，教日语、四书五经，实行打骂管理。日伪为了维持学校的运转，加紧搜刮民财，每年向百姓摊派大洋400元，老百姓说：“儿童没有好好念过一天书。”② 日伪政权在河津县设立了3所高级小学——城关新民学校、通化新民学校、固镇新民学校，每所学校均配备5名教师，开设3—6个教学班。刚开办时，根本没人愿意去就读，日本人采用强迫和诱骗相结合的手段，迫使初小毕业生到他们的学校上学，起初每校仅有十几个学生，只好采用初小与高小并存复工教学的方式，直到1944年才增加到上百人。③ 日伪强迫各地少年儿童讲日语，穿“新民服”、看《新民报》、做“新民操”，唱“新民会歌”，目的是培养亲日崇日的顺民。

第二，大力推行日语教育。为了培养顺应日伪统治的亲日分子，强行普及学生的日语学习，1940年伪省公署教育厅两次兴办日语作文大赛，还编印了《小学校日本语优秀作文集》；1941年还制定了“奖励日本语征

---

① 杜心源：《民国二十九年度教育工作总结》，《行政导报》第2卷第2、3合刊，1941年8月。

② 《晋绥边区小学教育材料汇集》，载《晋绥革命根据地教育史资料选编》（一），山西省教育史晋绥边区编写组、内蒙古自治区教育史志办公室1987年编印，第260页。

③ 河津县教育局编：《河津教育志》，运城市印刷厂1984年印，第52页。

集日语作文实施计划”和山西省第一、二届“奖励中小学学生日语作文计划实施办法”；1943年，还制定了“日语学艺会实施要纲”。伪教育厅要求中小学必须开设日语，将日语作为各级各类奴化教育的重要科目，每学期均要将日语作为必考课程。并在日语课本中大肆宣传“工业日本，农业中国”“日本至上”“天皇至上”等谬论。① 正如《中央日报》记者长松所写：“中学教育有二特色：一是取消英语改修日语，二是学生须参加新民会的青少年团，中等教员诚恐其不能驯服，所以历年暑假，均设班讲习。”② 为了促进中小学对日语的学习，还举办日语作文竞赛、日语讲演赛、日语歌咏比赛等，成立日语学艺会，在日常教育中，要求学生也讲日语，如上下课、集会时，必须使用日语喊口令或向教师问好，“旨在通过对中小学进行日语教育来奠定其企图同化中华民族的基础”③。而教学中，由于不少中学的日语是由日籍教员来教授，这些教员有的缺乏教学经验，又不懂汉语，教学中全部用日语，结果有不少学生根本听不懂。有时日本教师提问，学生因听不懂而答非所问，还招致一顿毒打。尽管这样，学生们也得忍气吞声地去被动学习日语，因为日伪教育部门规定日语考试不过关，不能升级、毕业。日语学得好的可以分配到日伪机关工作。日伪正是采取这种强迫和引诱相结合的方法，去迫使中小学生去学日语的。

第三，采取欺骗、利诱、强迫等手段招收学生。广大民众对日军的侵略行径看在眼里，恨在心里，广大儿童对奴化教育也抱有敌视和抵触情绪，因此，日伪为实施奴化教育所设立的“新民学校”在招生过程中，可谓想方设法、绞尽脑汁，用尽了各种各样的办法，如登记、欺骗、诱惑、劝告、强迫等。一方面，伪山西省教育厅颁布《义务教育实施方案》，调查儿童，划分学区，规定学额，规定每校至少招收学生2班，每班以50人为度；强迫沦陷区6—8岁儿童入普通小学，9—15岁儿童入短期小学或简易小学。④ 另一方面，日伪采取利诱的方式去诱骗儿童入学。“敌人用糖果饵诱儿童，用发给零用钱来骗他们进学校，用冒充我国办的

---

① 张全盛、魏卞梅编著：《日本侵晋纪实》，山西人民出版社1992年版，第119页。

② 长松：《华北敌伪奴化教育一瞥》，《中央日报》1944年9月18日。

③ 张磊：《华北敌寇奴化教育的破产》，《晋察冀日报》1942年2月12日。

④ 《山西省三十三年度义务教育实施方案》，山西省档案馆藏“伪山西省公署教育厅档案”，编号：L38。

‘儿童团’来吸收儿童，甚至用男女色相来吸引未成年的儿童少年。”[①] 如在文水、汾阳的日伪为了诱骗中国儿童入新民学校，“在村里，敌伪曾挨门逐户地调查儿童。调查之后，就用糖、金钱去收买、利诱、强迫他们到学校里去。进了学校后，一天到晚都是上课，或做其它事情，很少能和社会接触”[②]。有的地方规定凡到日伪据点、岗楼小学上学的学生，一律发给制服，还负责吃饭，对考试成绩好的学生发给毛巾、袜子、书籍等。小学每月举行一次庆祝会、恳亲会或联欢会，每次集会时军宪机关都要向学生赠送“御果子”一类的点心和糖果，都要讲些口蜜腹剑的话，以此来引诱更多的儿童入学。[③] 但入学之后，便受到日伪的严密监视和控制，学生诚惶诚恐，学习生活很不开心。正像当时的学生所回忆：“终日惊慌不安，提心吊胆，处于能学一天算一天的心态。”[④] 尽管日伪采取了各种手段试图吸引儿童入学，但当时接受奴化教育的儿童数占学龄儿童总数的比例仍然不高。据伪山西省政府统计，1942 年阳曲等 59 个县受教育儿童共有 347206 人，占当年学龄儿童总数 603806 人的 57.5%，其中岚县为 25.02%，离石县为 32.11%，平定县为 29.22%，河津县为 33.12%[⑤]，而山西全省在 1923 年已经达到 72.2%。同时，1942 年阳曲等 59 个县失学儿童总数为 256600 人，占当年学龄儿童总数 603806 人的比例为 42.5%，其中岚县高达 74.98%，离石县为 67.89%，昔阳县为 63.51%，河津县为 66.88%。[⑥]

第四，逼迫教员在经济待遇微薄的情况下为其工作。日伪实行奴化教育需要大批教员，但又不愿给予较好的经济待遇，只是一味采用军事胁迫的手段来逼迫我国教师为其服务。1941 年伪山西省教育厅确定小学教职员的薪俸标准为：小学校长月薪 45 元，高小教员 35 元，初小教员 30 元。如 1941 年榆次县城内各新民小学教员的月薪仅为 30 元伪币，乡村小学教员更是待遇低下，每月能领数十斤粮食。[⑦] 而日伪晋北各县小学教员待遇

① 《日寇汉奸在沦陷区的奴化教育种种》，载延安时事问题研究会编《抗战中的中国文化教育》，上海人民出版社 1961 年版，第 38 页。

② 杜心源：《民国二十九年度教育工作总结》，《行政导报》第 2 卷第 2、3 合刊，1941 年 8 月。

③ 于力：《敌占区儿童所受的奴化教育》，《教育阵地》第 1 卷第 4 期，1943 年 4 月 1 日。

④ 马培华：《简短的校情回忆》，载《沱阳校史》，北岳文艺出版社 2000 年版，第 245 页。

⑤ 《民国三十一年份山西省统计年鉴》，伪山西省公署秘书处统计室 1944 年编印，第 516—520 页。

⑥ 《民国三十一年份山西省统计年鉴》，伪山西省公署秘书处统计室 1944 年编印，第 521—523 页。

⑦ 《榆次教育志》，榆次市教育局 1991 年编印，第 243 页。

更低，只有每月 20 元伪蒙币的待遇。据 1943 年伪华北教育总署调查，伪华北七省市当中，小学教员待遇天津市最高，北京、青岛、河北次之，山东、山西、河南最差。[①] 地处山区的娄烦县高小教员每月只能领到 45 斤小米，即使这样，教员还是愿意领粮食，因为领伪币他们心里不踏实，有人甚至将伪币称作冥币，形同废纸。[②] 中小学教员工资之所以低，主要是日伪拨付的教育经费少的缘故。以太原市为例，日伪统治时期的 1942 年与抗日战争之前的 1934 年作一投入经费比较（详见表 4－7），1934 年中小学教育经费总数为 103.59 万元，当时的学校总数为 370 所，校均经费为 2799.73 元；而 1942 年中小学教育经费总数仅为 62.27 万元，当时的学校总数为 336 所，校均经费为 1853.27 元，仅为 1934 年的 66.19%。可见，日伪省公署投入的基础教育经费数尚不如民国时期。再如忻县新民小学 1941 年教员俸薪总数为 36690 元伪币，而 1942 年又减少至 17366 元伪币。因而教员待遇低成为必然。盂县日伪新民小学教员的薪俸甚至难以养家糊口，一等教员月薪不过 29 元伪币，二等 25 元，三等 23 元。他们不仅生活困难，而且动辄受到日伪教官的监视，有的人还被逮捕或杀害。在

表 4－7　1942 年与 1934 年太原市中小学教育经费比较表

年度	学校性质	学校总数	经费数（万元）	小学校数	小学经费（万元）	中学数	中学经费（万元）
1934 年	省立	15	47.10	7		8	45.78
	县立	337	19.64	337	19.96		
	私立	18	36.85	8	1.66	10	36.19
	合计	370	103.59	352	21.62	18	81.97
1942 年	省立	14	47.55	8	8.01	6	39.54
	县立	320	14.56	320	14.56	6	
	私立	2	0.16	2	0.16		
	合计	336	62.27	330	22.73		39.54

资料来源：《第一次中国教育年鉴》（1934 年）丙编，台湾宗青图书出版公司 1991 年影印版，第 503 页；《民国三十一年份山西省统计年鉴》，伪山西省公署秘书处统计室 1944 年编印，第 480 页。

① 《教育总署三十一年度施政概况》，中国第二历史档案馆藏“伪华北政务委员会教育总署档案”，编号：二〇二一/640。

② 娄烦县教育志办公室编：《娄烦县教育志》，娄烦县教育局 1990 年编印，第 26 页。

1940年6月的所谓“治安强化运动”中，盂县县立新民小学大部分教员被捕受监禁2个多月，受尽各种严刑拷打，其中教员张广容、于钧等被杀害。[①] 因此，大部分教师并不情愿为日伪教育服务，但在刀枪的逼迫之下，只好被动去教学。

第五，经过国共合作，共同抗击日伪反动统治，日伪奴化教育机构日益减少。得道多助，失道寡助。由于奴化教育是日伪对中国实施的文化教育侵略，是非正义之举，因此，从一开始就受到来自国内外的谴责与抗击。抗战期间，无论是共产党领导的抗日根据地教育，还是阎锡山统治下的晋西教育，均对日伪奴化教育进行了激烈的反抗，正是在中国人民的反抗与斗争中，日伪奴化教育机构不断减少（详见表4-8）。

表4-8　1940—1942年晋西北各县日伪奴化学校数、教员数、学生数变化表

年　代	新民小学校数	学生数	教员数
1940年	176	2605	180
1941年	137	2079	144
1942年	127	1648	137

资料来源：《晋西北二年半的文化教育建设报告》，载《晋绥革命根据地教育史资料选编》，山西省教育史晋绥边区编写组、内蒙古自治区教育史志办公室1987年编印，第240页。

由上表可见，日伪奴化教育机构——新民小学，在中国人民的反抗与斗争中学校数、学生数和教员数逐年减少，1941年比1940年分别减少了39人、526人和36人，减少幅度分别为22.15%、20.19%和20%；1942年又比1941年分别减少了10人、431人和7人，减少幅度分别为7.3%、20.7%和4.9%。一方面，说明日伪奴化教育不得民心，逆历史潮流而动，必然招致走上穷途末路；另一方面，说明当时根据地教育与晋西教育与之交锋与博弈很有成效。

第六，日本教官可以随时监视和虐待中国师生。日本派到各个学校的所谓教官，实质上并不懂教育，只是在监视和控制中国师生。他们高高在上，有监视和欺压中国教师和学生的特权，中国师生一直在其控制之下，过着亡国奴的学校生活。如太原扶轮学校，名义上校长由中国人担任，实

① 李庆祥：《日军在阳泉的奴化教育》，载《阳泉文史资料》第8辑，阳泉市政协文史资料研究委员会1991年编印，第181页。

际上一切实权均被掌控在日本人手中。尽管大部分教师是中国人，少数是日本教员，而这少数的不能上课的日本教员，“对中国教师和学生进行明里压制，暗中监视，因而教师都是提心吊胆，小心翼翼”。如一次日本教官只因为事务员在抄写文稿时，写错了几个字，就打了这个中国事务员几个耳光；一次日本教官丢了一件军服，一口咬定是学校一位教员偷去了，于是将这位教师一顿毒打之后，将其送到了宪兵队。所以，当时师生中流传着：“人在家中坐，祸从天上来。”①

第三节　日伪在山西的奴化高等教育

日伪占领山西后，所有高校被迫停办。由于日本侵略者并不愿投入更多的经费在此兴办高等教育，因而一度日伪统治下的山西在无高等学校的状态下运行。到1941年为了医治日军伤病员才设立了桐旭医学专科学校，这是日伪统治时期山西唯一的高等学校。可见，抗战时期日伪山西高等教育是畸形的、不完善的。

一、日伪山西奴化高等教育概况

日本入侵前，山西共有山西大学、省立法政专门学校、省教育学院、省立工业专门学校、省立农业专门学校、省立商业专门学校、川至医学专科学校、并州学院等8所高校。1942年以前山西境内只有日伪晋北自治政府在大同设立的晋北学院。据国民政府教育部统计，1938年日伪在华北设立的专科以上学校共有12所：伪国立北京大学，学生2230人；伪国立北京师范大学，学生1225人；私立辅仁大学，学生2054人；私立中国学院，学生1483人；伪教署直辖外语专科学校，学生190人；伪国立北京艺术专科学校，学生187人；伪教署直辖讲肄馆，学生63人；伪北京市立体育专科学校，学生26人；私立天津工商学院，学生461人；河北

---

① 石镜明：《关于日伪时期扶轮学校的片段回忆》，载《太原文史资料》第3辑，太原市政协文史资料研究委员会1985年编印，第117—118页。

省立师范专科学校，学生 72 人；山东省立日语专科学校，学生 262 人；再加上在大同建立的晋北学院。以上 12 所专科以上学校，有 8 所在北平，山东只有 1 所日语专科。[①] 而伪山西省公署尚未设立高等学校。到 1940 年，开始建立太原铁路学院，1941 年设立山西高等音乐学院，但都办学时间不长。1942 年 9 月，又成立了山西省立桐旭医学专科学校，该校侧重于临床医学和预防医学，设置医疗科，修业年限为 4 年，当年仅招到 30 名学生。[②] 该校是日伪在山西设立的唯一一所时间长、影响相对较大的高等学校。1943 年又在太原东缉虎营成立省立日本语专科学校，主要以培养日语翻译人才为主，以服务于日伪政权。同时，1937 年日伪晋北自治政府在大同太宁观成立晋北学院，开设行政、警务、财务、师范 4 个专业，每个专业设 1 个班，全校共有 4 个班。该校为短期培训性质的高等学校，修业时间为 3 个月，主要为日伪统治晋北培养公务人员、警察和教师。[③] 综上所述，日伪在占领山西期间，先后在山西境内设立了不同类型的高等学校共有 5 所，而其中 3 所都是昙花一现，只有桐旭医学专科学校和日本语专科学校勉强维持了两三年时间。

太平洋战争爆发后，日本为了在沦陷区大力推行日语教育，以此来排斥与抵触英语教育，因而，1942 年 3 月，伪华北教育总署颁布《整顿日本语学校暂行办法》，规定：凡以教授日语为主的学校，一律称为省立、市立、县立或私立“日本语学校”；公私立日本语学校的设立，均须经教育行政主管部门审批或备案；日本语学校，可分为两个层次，一是高等层次的日语专科学校，主要招收中学毕业生，学制为 2—3 年，二是中等层次的日语学校，主要招收完全小学毕业生或同等学力者，学制为 1—2 年；日本语学校，均实行男女分班或男女分校；日本语学校新生入学时间有两个：每年 8 月 1 日和 2 月 1 日；学生修业期满，考试合格者，发给由伪教育行政部门编印的毕业证书。[④] 根据这一文件精神，日伪山西省公署教育厅于 1943 年在太原设立了省立日本语专科学校，学制为三年，招生对象是日伪统辖山西境内各县中学毕业生或同等学力者，学生在学期间全部实

① 长松：《华北敌伪奴化教育一瞥》，《中央日报》1944 年 9 月 18 日。

② 《太原教育志》，山西人民出版社 1991 年版，第 172 页。

③ 项致中编著：《大同市教育志》，山西高校联合出版社 1993 年版，第 324 页。

④ 《整顿日本语学校暂行办法》，中国第二历史档案馆藏“伪华北政务委员会教育总署档案”，编号：二〇二一/690。

行免费教育，教员中大部分为日本籍教师，也有一部分中国教员，但这些中国教师也大部分是从日本留学归国的高级知识分子。但两种国籍的教师的待遇有较大差别，日本一级教授每月基本工资570元，加上其他福利与津贴共有800元，而中国一级教授为400元，加上其他福利和津贴最多只有500元。可见，在日本语专科学校，日本教师不仅政治地位高，而且经济地位也比中国教师高。同时，学生在日语专科学校学习期间，除了主要学习日语外，还接受“亲日反共”“亲仁善邻”“共存共荣”“大东亚主义”“建立新东亚新秩序”等奴化教育，以确保所培养的人才是为日本服务的高级奴才的目的。

综观抗战时期日伪山西高等教育发展情况，主要可总结出以下特点。

第一，高等教育学校少、维持时间短。1940年前，日伪在华北地区四省（河北、河南、山东、山西）三市（北京、天津、青岛）共有各类高等学校12所，而且大部分集中在北京，各省拥有的高校很少，当时伪山西省还没有一所高校。到1942年才正式设立了桐旭医学专科学校，这所学校可谓伪山西省教育厅设立的唯一一所相对正规的高校。这所学校也仅仅维系了不到三年，仅招收了两届学生。其他所谓高校大都只是短暂办学，有的只办了半年至一年。可见，日伪山西的高等教育很不景气。

第二，高等学校奴化色彩明显。伪山西省教育厅开办的桐旭医学专科学校、晋北新民学院、省立日本语专科学校，尽管开设专业不同，但日伪刻意强化其奴化教育色彩。为了对高校学生加强奴化训育，1940年伪华北政务委员会教育总署制定了《专科以上学校实施训育方针》，打着促进学生“德智体三育平衡发展与陶镕，造就完材”的旗号，肆意开展奴化教育。规定奴化训育方针为“尽力提倡我国固有之美德，以领导学生之思想趋于正轨，而为建设东亚新秩序之始基；根绝容共思想，以亲仁善邻之旨谋东亚及全世界之和平；善用我国固有之家族思想，以敦风纪而固国本；阐发修齐治平之道，以儒家精义为依归，摒弃外来之功利主义”①，等等。通过进行奴化教育，达到培养为日伪服务的高级奴才的目的。

---

① 《伪华北政务委员会教育总署训令专科以上学校实施训育方针》，中国第二历史档案馆藏“伪华北教育总署档案”，编号：二〇二一—②/5。

第三，将日语作为高校入学必考科目和入学后的必修课。1943年伪华北政务委员会教育总署规定，为了彻底普及日语教育，“俾与友邦日本实践真实合作”①，将日语作为各高校入学考试必考科目，同时各高校原来将日语作为选修课，一律改为必修课。因此，山西省的桐旭医学专科学校、晋北新民学院也将日语既作为入学必考科目，还作为在校生必修课。通过普及日语教学，提高学生的日语水平，企图培养真正的亲日、崇日高层次汉奸，难怪有人将当时的高校称作“汉奸大学”。

第四，加强对高校学生的“生活指导”，以控制学生的言行。为了加强对日伪高校学生思想和言行的控制，1941年伪华北政务委员会颁布《专科以上学校学生生活指导委员会组织大纲》，要求各高校设立学生生活指导委员会，由校长、院长、教务长、训育长、秘书长及重要教职员组成，以指导学生“人格之修养、身体之锻炼，并谋改善其公私生活为宗旨”②。具体负责指导学生的修养，包括陶冶人格、肃正思想、规制行为、训练纪律、提倡学艺；指导学生锻炼，包括厉行体育、训练技能、勤劳作业、卫生保健等。就其实质而言，主要是为了让学校领导和教职员加强对学生各方面的控制。此外，还在每年6月举办“毕业生特别讲演会”，邀请所谓学界名流到学校讲“东亚新秩序”“大东亚共荣圈”等内容，实质上是变相的奴化教育报告会。

二、个案：桐旭医学专科学校

桐旭医学专科学校，是日伪在山西设立的一所高级医学专门学校，是日伪统治时期在山西设立的三所高等学校之一。该校从1941年6月开始筹建，校址在太原市杏花岭原英国教会所在地，当年伪山西公署拨款80万元，筹建工作由伪省公署机要秘书杨宗藩③负责，而实际掌握实权的是从日本调来山西的青木大勇教授。此人是日本医学界享有很高声望的名流，因丧偶鳏居，于是携儿子、儿媳、侄儿、侄女多人来太原。1942年9月学

① 《华北政委会令各校日语列必修科》，《申报》1943年6月12日。

② 《国立专科以上学校学生生活指导委员会组织大纲》，《华北政务委员会公报》第103、104期合刊，1941年11月。

③ 杨宗藩，江苏人，曾留学日本东京早稻田大学，是伪山西省长苏体仁的女婿。

校及附属医院建成，所有建筑都是现代洋楼，配备有暖气、自来水等，并从日本运来一批较为先进的医疗器械。同时，日方又从日本派来了几名日本教授，如大平、山野次太郎等。创办的目的是为日伪培养军事医疗人才，以服务于日伪军在山西的侵略与统治，同时，也为日本开展所谓医学实验提供基地。该校共招生 4 届，1945 年抗战胜利后，被并入川至医学专科学校，其所有图书、仪器、药品及医疗器械等全部被川至医学专科学校接管，未毕业的学生也被并入川至医专。1942 年该校的基本情况如表 4－9 所示。

表 4－9　1942 年伪山西省立桐旭医学专科学校基本情况表

校址	校长	建校时间	全年经费		科数	教职员数				学生数			学制
			岁入	岁出		教员	职员	兼职	合计	男生	女生	合计	
太原南肖墙	王骧	1942	39 万	39 万	1	15	18	27	60	28	3	31	四年

资料来源：《民国三十一年份山西省统计年鉴》，伪山西省公署秘书处统计室 1944 年编印，第 499 页。

第一，设置与管理。桐旭医学专科学校在 1942 年建成后，校长由伪省长苏体仁的老朋友、从香港避难返回山西的王骧①担任，每月发给其 800 元（伪币），相当于 20 个中小学教员的工资。王骧任校长后，为培养自己的势力，将其原山西银行的一帮故旧拉拢到了桐旭医学专科学校。②校长之下设教务处、训导处、事务处，分管教学、训育和行政事务。尽管如此，该校的管理权实质上被日本少将军医、名誉教授兵头周吉所掌控。兵头周吉是日本的医学博士，在日本医学界享有一定声望，学校的重大决策均需经过他的同意。③ 王骧对兵头周吉言听计从，由于巴结得好，任校长不久，在兵头周吉的周旋下，他又当上了伪山西教育厅长一职，同时兼任校长。1944 年 8 月，汉奸王骧又被提升为伪山西省长。之后桐旭医

① 王骧，山西寿阳人，山西大学堂西斋毕业，历任山西省立第一中学校长、山西省银行总理、山西省民营事业董事会实物准备库经理、山西省政府建设厅长等职。太原沦陷前，携带全家逃往陕西避难，后辗转香港。1942 年春，香港沦陷后，他又带一家老小回到太原，受到伪省长苏体仁的热情接待，并被委任为新成立的桐旭医学专科学校的校长，不久又被任命为伪山西省教育厅长，兼桐旭医专校长。

② 张全盛、魏卞梅编著：《日本侵晋纪实》，山西人民出版社 1992 年版，第 119 页。

③ 崔汉明：《日伪时期的太原学校教育》，载《太原文史资料》第 3 辑，太原市政协文史资料研究委员会 1985 年编印，第 114 页。

学专科学校校长先后由张嘉琳、杨镇西接任。该校的机构设置情况为：在校长之下，设有训导处、教务处、事务处等。其中训导处，主要负责向学生灌输奴化思想，并对学生进行严格的日常管理；教务处，是负责管理教学与学生学业的机构；事务处，全面负责学校的行政及后勤各项事务。

第二，专业与招生。桐旭医学专科学校最初只设一个专业——医学科，学制四年，招生人数为40人，主要学习医学基础理论及临床医疗技能，主要目的是培养为战争中负伤的日伪军伤员治疗的临床医生。1943年又增设药学科，学制为三年，当年只招到15名学生，该专业主要学习各种药品的功效及配制方法，旨在培养药剂师，根据伤情为战争中受伤的日伪伤员配制各种药品。两个专业在日伪投降前，共招生300名学生。学生实行免费教育，不仅免学费，而且免生活费。学生每月的生活标准是12元，教员的生活标准为40元。无论学生还是教员的生活水平均比较高，目的是为了招生，否则是难以招到学生的。在校本部还开设成人教育班——助产士训练班和护士训练班，学制均为一年，主要是培训那些已经参加工作且已是中级以上的医护人员，重点提高其关于妇产和护理方面的医学理论水平和临床操作能力。

第三，教员及待遇。为了加强对高等学校的监控，在桐旭医专除了选派日本名誉校长兵头周吉少将军医外，还增派了几名日本教师，如青木大勇、片桐仁礼、松村博、小山、森川、大平、山野次郎等，中国教员有鹿鸣逵、王恩注、刘治汉等。全校共有教职员60人，专职教员15人，职员18人，教职互兼27人。教员中，中国教员12人，日本教员2人，其他国籍教员1人；职员中，中国职员13人，日本职员6人，其他职员2人。[①]这些日本教职员，一方面承担少量的教学任务，另一方面主要负责监视中国教师和学生的言行。这些人在桐旭医学专科学校属于特权阶层，不仅可以随意打骂中国师生，而且薪水比中国同级别教职员高出许多，根据1945年伪华北教育总署颁布的《日籍派遣教职员俸给规则》规定：日伪专科学校教授和专任讲师月薪，一级570元，二级540元，三级510元，四级480元，五级450元，六级420元……九级330元，十级300元；助教、技士、助理、护士月薪为：一级420元，二级390元，

① 《民国三十一年份山西省统计年鉴》，伪山西省公署秘书处统计室1944年编印，第500页。

三级 360 元，四级 320 元，五级 300 元等。[①] 而当时中国教职员中，教授一级为 400 元，二级 380 元，三级 360 元……九级 240 元；助教、技士、助理、护士月薪为：一级 230 元，二级 220 元，三级 210 元，四级 200 元，五级 190 元；中国教职员中最低薪水仅为 24 元。[②] 一位日本一级教授的薪水相当于 24 个中国教职员的最低工资；同样是一级教授，该校的日本教员是中国教员的 1.35 倍；同一学校日本五级教授是中国的 1.83 倍。实际上，当时该校的日本教授青木大勇月总收入高达 1200 元，其他日籍教授的月收入也有 800 元之多；而中国的教授最高只有 500 元，讲师 240 元，助教 150 元，事务员仅 60—80 元。[③]可见，日本教职员的待遇之高。

第四，课程与教学。桐旭医学专科学校开设的专业课程大致与抗战前其他医学专科学校相同，除专业基础课外，还有专业选修课。与战前学校不同的是，日籍教师在讲课时，多用日语教学，低年级学生听不懂，便配备有翻译；高年级学生直接听讲，无论能否听得懂，日本人照样快速讲授。在开设专业课程之外，重点开设奴化教育课程，每周六第一节课为“精神讲话”，主要向学生灌输“根绝容共思想，以亲仁善邻之旨谋东亚及全世界之和平”“提倡我国固有之美德，俾学生之思想趋于正轨”“注重人格之修养、品德之陶熔，使学生有以国士自许之志向，俾将来能以担负复兴东亚之重任”“厉行节约运动，纠正奢侈陋习，以养成勤苦耐劳之精神与习惯”[④] “建立东亚新秩序”“圣战必胜”等思想。同时，还将每月 8 日作为所谓“大东亚战争纪念日”，全体学生均要列队到日本“神社”悼念日寇战殁将士，祈祷“圣战必胜”。[⑤] 此外，该校临床实验是让学生解剖在日伪工程队、教化队受酷刑、当苦力被折磨死的中国人。

---

① 《伪华北教育总署会计送发修正日籍派遣教职员俸给规则之训令》，中国第二历史档案馆藏“伪华北政务委员会教育总署档案”，编号：二〇二一②/26。

② 《国立专科学校暂行教职员薪给等级表》，伪华北政务委员会文件第 5553 号令准备案。

③ 张全盛、魏卞梅编著：《日本侵晋纪实》，山西人民出版社 1992 年版，第 292 页。

④ 《华北政务委员会教育总署训令·专科以上学校实施训育方针》，《华北政务委员会公报》第 9 期，1940 年 7 月 9 日。

⑤ 崔汉明：《日伪时期的太原学校教育》，载《太原文史资料》第 3 辑，太原市政协文史资料研究委员会 1985 年编印，第 115 页。

表 4－10　1942 年伪山西省立桐旭医学专科学校教职员状况统计表

项别	总计	国籍			职务		学历			性别	
		中国	日本	其他	专任	兼职	日本高校毕业	国内高校毕业	其他	男	女
教员	39	22	16	1	15	24	18	18	3	39	0
职员	21	13	6	2	18	3	7	8	6	21	0
合计	60	35	22	3	33	27	25	26	9	60	0

资料来源：《民国三十一年份山西省统计年鉴》，伪山西省政府秘书处统计室 1944 年编印，第 500 页。

可见，桐旭医学专科学校是一所明显打上奴化教育烙印的高校，其培养目标完全是为日本进一步侵略与统治山西乃至中国造就其所需要的医疗人才。全体教职员中，就国籍来看，日本人占 36.7%；就学历而言，教职员中日本高校毕业的占 41.7%。再加开设的课程与开展的活动，均是围绕奴化与麻醉中国青年这一目的。由此可见，该校的办学性质是典型的奴化高等专门教育。

第四节　日伪在山西的奴化教师教育

师资是学校教育的核心与灵魂，无论什么时候什么政府，欲开办学校都必须首先兴办教师教育。因此，日伪山西省公署教育厅在开办奴化基础教育的同时，逐步在全省各城市开办了奴化师范学校，同时，举办暑期教员讲习班，以培养为其开展奴化教育的师资。

一、日伪奴化师范教育

师范学校是培养职前教师的基地，也是造就中小学教师的摇篮。师范学校的培养导向和教育水平，直接影响着基础教育的发展水平和培养质量。日伪统治者也深知这一点，在建立伪政权之后便着手恢复或筹办师范学校，旨在为其实施奴化教育造就师资。

（一）日伪奴化师范教育体系

据 1940 年伪山西省教育厅统计，全省师范学校有：校址在太原的省立第一师范学校（1939 年开办）和省立第一女子师范学校（1940 年开办），校址在临汾的省立第二师范学校（1940 年开办），校址在运城的省立第三师范学校（1940 年开办）和在代县的省立第四师范学校（1940 年开办），共 5 所，每校有 6 个班，其中包含附设的日语专修科。[①] 每个师范学校均设立了 1 个日语专修班，省立第一、二、三、四师范学校学生数分别为 39、37、36、45 人。1941 年 12 月 30 日，伪山西省公署教育厅下令，取消各地师范学校的名次冠号，恢复以地名命名师范学校的传统，于是将省立第一至第四师范学校，更名为太原师范学校、临汾师范学校、运城师范学校、代县师范学校，并将省立第一女子师范学校也更名为太原女子师范学校。1942 年，日伪山西省教育厅又在原长治师范旧址，开办了伪长治师范学校。该校主要为日伪上党道培养奴化教育师资。另有伪晋北自治政府于 1939 年开办的晋北师范学校，1943 年随着伪大同省公署的成立，将该校更名为大同师范学校。据 1945 年伪山西省教育厅统计，全省（不含晋北）共有师范学校 9 所，在原有师范学校基础上，1944 年增设了省立临汾女子师范学校、芮城县立简易师范学校、猗氏县立简易师范学校，1945 年在山阴县设立伪县立师范讲习所。[②] 据伪山西省教育厅统计，1942 年全省师范共有教职员 180 人，其中日籍教师 18 人，在校生共有 1694 人。[③]

（二）办学条件与学校管理

日伪师范学校的办学条件大都比较差，尽管在抗战前原师范学校的校址上开办，但由于在师范学校所在城市沦陷之前，阎锡山就已组织师生将学校的图书、仪器、教具等设备运走，因此，在日伪建立师范学校之时，原师范学校校园只剩下几十间空空的房屋。所以，所有师范学校设备条件极差，不仅没有教学所需的理化实验仪器和学生课余阅读的参考图书，而且连史地课的教学挂图都没有，甚至不少学校连上体育课必需的体育器材都没有。就连新建的校舍条件较好的伪晋北师范学校也是缺乏基本的教学设备，该校在大同南城墙外雁塔下建有新校址，择地新建校园，占地面积 45000 平方米，建有教学楼 1 栋、学生宿舍 3 栋和办公室 1 栋。校园内有

① 《山西省二十九年度教育推进实施概况》，载《山西省第一届中等学校教员讲习会工作报告》“会务报告”，伪山西省教育厅 1941 年 3 月编印。

② 《第五次教育行政会议山西省教育状况报告书》，中国第二历史档案馆藏“伪华北政务委员会教育总署档案”，编号：二〇二一—②/51。

③ 山西史志研究院编：《山西通志·教育志》，中华书局 1999 年版，第 289 页。

田径运动场、篮球场，并设有师范学校附属小学1所，还在校园辟有20亩的菜园。[①] 但也没有实验室、图书室，音体美器材只有几架风琴、1个单杠、2个篮球，其他教学仪器、图书和器材一概没有。

抗战时期日伪师范学校设校长、副校长，校长由中国人担任，副校长由日本人担任，但师范学校的实权往往被控制在日本人手中。校长下设训育处、教务处、总务处，分别设3个主任和干事若干名。校长和中国教职员均听任其摆布，学校的各项管理规章均由日本人制定，日常管理也是日籍副校长和日籍教员说了算。如长治师范学校校长先后由张公度、王守忠担任，这两人均曾留学日本，虽名义上为校长，而实权却被副校长和日籍教官大西八郎、安本、吉岗由次郎等人握在手中。[②] 晋北师范学校校长先后由古希尧、任勇、麻永禄担任，副校长先后由日本人市川三郎、竹野义夫担任。三任中国校长实质上都是傀儡，只能点头应声，唯命是从，没有一点自主决策的权力。校长下设的教务处等机构也是只听从日籍副校长的命令和安排，日籍教官和教员经常随便打骂中国教职员和学生。一次伪山西教育厅组织各校校长赴日本观光，太原师范学校校长和女子师范学校校长也参加此次观光团，在赴日路途中，不知何因，两人突然被日籍教员告密，被日军特务部队从山海关东站拘捕，押送回太原，连伪教育厅都无人敢过问因何而被捕。[③]

（三）学制类型与课程设置

日伪师范学校学制不统一，有一年、二年、三年、四年几种，大部分师范的学制为三年，如太原师范学校、临汾师范学校、长治师范学校均是三年制师范，开设的课程有修身、国文、日语、算学、体育、生理卫生、历史、地理、物理、化学、矿物、生物、美术、音乐、劳作、教育概论、教育心理、各科教学法、小学行政、教育统计与测量、教育史、英语、乡村教育、教育视导等。其中日语为必修课，每个学期必须开设。而晋北师范学校的学制为四年，大部分课程与三年制相同，只是加开实业课、国民道德课、精神讲话、军体课。在四年级专门空出两个月时间用来进行教育

---

① 项致中编著：《大同市教育志》，山西高校联合出版社1993年版，第232页。

② 王正科：《日伪长治教育简况》，载《长治文史资料》第7辑，长治市政协文史资料研究委员会1990年编印，第102—103页。

③ 马启昌：《日伪时期山西教育的片断情况》，载《山西文史资料》第56辑，山西省政协文史资料研究委员会1988年编印，第141页

实习；在实业课中，主要组织学生到校园的菜园里，在菜农技术员的指导下，进行选种、松土、下种、施肥、浇水、除草、整地等劳作。

表 4-11　日伪统治时期师范学校教学科目及每学期周学时数表

科目		第一学年		第二学年		第三学年	
		第一学期	第二学期	第一学期	第二学期	第一学期	第二学期
修身		2	2	2	2	2	2
体育		3	3	3	3	3	3
生理卫生		1	1	—	—	—	—
国文		4	4	5	5	5	5
日语		2	2	2	2	2	2
算学		3	3	3	3	2	2
珠算		—	—	1	1	—	—
历史		2	2	2	2	2	2
地理		2	2	2	2	2	2
生物		3	3	—	—	—	—
矿物		—	—	1	1	—	—
化学		—	—	3	3	—	—
物理		—	—	—	—	3	3
劳作	农艺	3	3	3	3	3	3
	工艺	(3)	(3)	(3)	(3)	(3)	(3)
	商业	(3)	(3)	(3)	(3)	(3)	(3)
	家事	(3)	(3)	(3)	(3)	(3)	(3)
美术		2	2	2	2	—	—
音乐		2	2	2	2	1	1
教育概论		3	3	—	—	—	—
教育心理		—	—	2	2	—	—
各科教学法		—	—	—	—	3	3
小学行政		—	—	—	—	2	2
选修科目		3	3	3	3	6	6
英语		(3)	(3)	(3)	(3)	(3)	(3)
教育史		—	—	(3)	(3)	—	—
教育测量		—	—	—	(3)	—	—
幼稚教育		—	—	—	—	(3)	(3)

续表

科目	第一学年		第二学年		第三学年	
	第一学期	第二学期	第一学期	第二学期	第一学期	第二学期
民众教育	—	—	—	—	(3)	(3)
乡村教育	—	—	—	—	(3)	(3)
农村经济	—	—	—	—	(3)	(3)
地方教育行政	—	—	—	—	(3)	(3)
教育视导	—	—	—	—	(3)	(3)
每周总学时	35	35	36	36	36	36
教育实习	—	—	—	—	288—360	288—360
说明	一、师范学生每日上课、自习及课外活动总时数为10小时,每周以60小时计算。 二、每周除上课时间外,应规定团体训话1小时,课间操及课外活动时间由校另行规定。 三、劳作科男生选农艺、工艺或商业,女生除习家事外,应选习农艺、工艺或商业中一类。 四、教育实习分为参观、试习、试教三类。					

资料来源:《伪华北政务委员会法规汇编》,“六·教育”。

1943年伪华北教育总署规定:“为期中日文化彻底交流,力谋日本语之普及,令各省市师范学校内设立日语专修科,以培养日语师资,而收普及日语教育之实效。”① 之后,伪山西省立各师范学校均设立日语专修班,学制为一年或二年,主要开设日语和教育方面的课程,毕业后到中小学教日语。在代县师范学校还设有一年制的初级师范班,课程压缩精简,主要课程有教育概论、儿童心理学、国文、日语、算学、物理、化学、地理、历史等,还有主要传授“中日亲善”“大东亚共荣”“新民主义”等奴化教育内容的修身课。

(四)师资聘任与学生管理

日伪师范学校的教员大部分是中国人,有一部分日本籍教员。聘用中国教员的条件是:凡国内外师范大学、大学教育系或高等师范学校毕业者,国内外大学本科毕业曾任中学教员一年以上者,国内外专科学校或专门学校毕业曾任中学教员二年以上者,曾任师范学校教员五年以上经督学

① 《普及日本语教育指定师范学校设专修科》,《新民报》1943年9月11日。

视察认为成绩优良者，有学术著作者，均可以担任师范学校教员。[①] 按照以上聘任标准，全省各师范学校大都是学历较高或教学经验较为丰富的教师。全省各师范学校教员与学生基本情况详见表 4－12。

表 4－12　1940—1942 年伪山西省立师范学校教员与学生统计表

名目	年份	省立一师	省立二师	省立三师	省立四师	省立女师	长治师范	合计
教职员数	1940 年	33	17	19	19	28		116
	1941 年	38	25	25	26	33		187
	1942 年	34	31	32	33	33	17	180
学生数	1940 年	306	132	167	179	245		1029
	1941 年	405	233	263	250	330		1796
	1942 年	384	234	293	338	312	133	1694

资料来源：《民国二十九年份山西省统计年编》，伪山西省政府秘书处统计室 1940 年编印，第 314 页；《民国三十年份山西省统计年编》，伪山西省政府秘书处统计室 1941 年编印，第 378 页；《民国三十一年份山西省统计年鉴》，伪山西省政府秘书处统计室 1944 年编印，第 483 页。原始资料中个别数据不完整。

由上表可以看出，日伪山西省立师范学校发展缓慢，1941 年是各校教职员和学生人数最多的一年，之后到 1942 年教职员比上年减少了 3.7%，学生数比上年减少了 5.7%，说明日伪师范教育只能在低层次上维系。

为了将伪师范学校控制在日本人手里，从师范学校开办之初就选派了日籍教员到校工作。如伪代县师范学校，共有教职员 30 人，其中日籍教官有 7 人，分别是今村功、尾原寿夫、上野、新谷、村田、中村等。尽管教职员中日本教员人数少，但这些教员地位高、待遇高，任何一位日籍教员均高人一等，可以对任何中国师生发号施令，甚至随意打骂。师范学校日籍教员的工资级别为：一级月薪 510 元，二级 480 元，三级 450 元，四级 420 元，五级 390 元；[②] 而中国教员的工资级别为：一级 230 元，二级 220 元，三级 210 元，四级 200 元，五级 190 元。为了提高日籍教员的待遇，1942 年伪华北教育总署专门为各省包括山西拨付了专项“教员派遣

① 《山西省检定师范学校教员暂行规程》，载《山西省公署教育厅二十九年工作报告》，伪山西省教育厅 1940 年编印。

② 《伪华北教育总署会计送发修正日籍派遣教职员俸给规则之训令》，中国第二历史档案馆藏“伪华北政务委员会教育总署档案”，编号：二〇二一②/26。

费”，当年拨给山西15480元[①]，专门用来为日籍教员开支。

日本教官均携带小型手枪，经常来往于学校和宪兵队、日军司令部之间，既是教官又是日本特务。正如1940年5月至1941年8月曾在临汾师范学校、1941年9月至1945年8月在太原女子师范学校任教的日籍教官平部朝淳所回忆的那样，当时他的年龄为24—29岁，与其曾一起工作的日本人还有村田孝随、南井重、宫川千次郎、铃木传三郎、森祥寅等，日本教官的职责如下：

> 日本教官的任务是讲授日语和调查教员及学生动态。日语教育：采用由伪新民印书馆统一编纂的教材，在山西遵照省顾问和顾问辅佐官的指示，以普及中级日语为目的。随后又成立日语专修科，重点培养留日学生。动态调查：……担负对共情报以及诱降、策反任务。[②]

可见，日本教官除了教授日语外，主要监视与调查师生的动向。若发现师生中有反日言行，就通报宪兵队和警察局来校抓人。譬如：1940年，代县师范学校的师生在秋季运动会足球比赛中，将几名大烟鬼警备队员踢伤；在拾物竞赛中，打断了日伪国旗杆，脱掉了日本司令官的马靴；在冬天打雪仗中打伤了日籍教官尾原寿夫的胳膊；后来，学生又在日籍教官今村功的寝室门上用粉笔写了“打倒日本帝国主义”；接着与师范相邻的日军仓库被烧。这一系列事件，引起了日本人的怀疑，于是让伪警备队来校抓捕了24名学生，并对被捕学生进行了严刑拷打。[③] 直到1942年日军共在该校累计抓捕600余人次，该校教师郝坊于同年5月19日被日军在崞县杀害。

日伪省立太原师范学校日本教师素质低、态度差，除了教学外，充任监视与镇压中国师生的角色。如1939年在日伪太原师范学校教师中，大部分是中国教师，仅有几个日本教官：都筑权一、永尾孝、松山次郎等，

① 《华北各省市教育厅局日本人教员派遣费表》，中国第二历史档案馆藏“伪华北政务委员会教育总署档案”，编号：二〇二一/403。

② ［日］平部朝淳：《侵华战争时期的一些回忆》，载《太原文史资料》第8辑，太原市政协文史资料研究委员会1987年编印，第48页。

③ 白钟昆：《日军抓捕代县师范学生亲历记》，载《山西文史资料》第56辑，山西省政协文史资料研究委员会1988年编印，第147—149页。

这些所谓的日本教官，并非真正从事教育工作的教师，实际上是日本为了控制中国师范教育而委派的暗探与特务，因此，他们个个盛气凌人，态度恶劣。正如当时伪太原师范学校学生对日籍教师都筑权一的描述：

在师生眼里是凶神恶煞，常常摆出道貌岸然的面孔，在校长、教务主任面前，俨然是一位“太上皇”，谁远远地瞧见他，都要绕道而行，免得触了晦气。他住的屋子是在师生出入的大院里，有时我们还路过他的门前。这门总是锁着，但觉得里面好象有人似的。大家好生奇怪，却又不敢窥视。有一天上午放学时，饭店小伙计担着饭盒给都筑权一送饭，屋门一开，大家才发现原来里面锁着一个花枝招展的中国女人。①

再看该校的所谓日本教师松山次郎，本来是个当兵的出身，根本不懂教育，更不会讲课。他给学生上课，学生不仅什么都学不到，而且经常受他的欺凌。1939 年冬天，一次他为学生上课时，由于天气寒冷，学生们围着火炉烤火，触怒了松山次郎，他将全体学生赶到教室外面，让学生们将手插入雪堆中，冻得大家浑身发抖。有个学生被冻出了斑疹伤寒，没几天就去世了。中国师生对这些所谓的日语教师，心里恨透了，但敢怒不敢言。

此外，在课余时间就让学生参加所谓的“勤劳奉仕”活动，主要让学生为日军干苦力活。如晋北师范学校组织学生每天下午停课到日本军营参加劳动，如挖壕沟、掘地道、修炮楼、运物资、清运垃圾等，美其名曰“勤劳奉仕”。②

二、日伪暑期教师讲习会

师范学校是正规的职前教育途径，而暑期中小学教师讲习会是在职培训教师的短训班，主要利用暑期对中小学教员进行奴化思想灌输，并对其进行严格的监视和训练，妄图通过讲习会达到完全“训化”中小学教员

① 黄廷璧：《日寇暴行目击记》，载《太原文史资料》第 5 辑，太原市政协文史资料研究委员会 1985 年编印，第 177—178 页。

② 项致中编著：《大同市教育志》，山西高校联合出版社 1993 年版，第 262 页。

的目的，进而对中小学生进行奴化教育。

（一）小学教员暑期讲习会

日伪加强对教师的培训与监管，除了通过检查会议等方式加强对教师的思想控制外，还由伪教育委员会强迫教师加入“新民会”，目的在于加强对教师行动的管束。为了达到所谓“肃正思想”的目的，更是经常指定教师接受其奴化培训，举办小学教员暑期讲习会，讲习会一般由日军队长、宪兵队长、顾问、伪县长、秘书、伪县公署各科长、新民会事务部长及县城各小学校长（大部分为日本人）等主持。正如《中央日报》记者长松所讲：“敌人要从根本上奴化教育我同胞，不得不办初等教育，要奴化初等教育，所以历年暑假令各省市教育厅局设班训练教师，每班由教育总署派中日籍讲师各一人，前往讲演。各市县小学又分别令设农业讲习班，发展农产，以遂其榨取的企图。”[①] 培训必修科目包括普通教学法、日语、教育行政、东方文化概论、国文、史地常识、学校卫生、精神讲话等；选修科目有各科教学法、儿童心理学、乡村教育、学校教育与家庭教育等。培训的目的有二：一是发展特务组织，一是检定教师思想。有的县在培训小学教师时，每两三个教师就派一个宪兵和他们在一起吃住，随时监视其言行，稍有嫌疑，等培训班结束时，就将该教师扣留起来，进行审讯、威胁，让其“自首”。为了全面监视受训教师，在培训期间，日伪故意让每位教师进行各种演讲，而日伪派叛徒和特务在旁边倾听，如果演讲教师在话语中稍带有“我根据地”等表述，便被扣押、审讯。有的教师只因在演讲时讲了“思想意识”四个字，便被拘留审问半天。[②]

日伪山西省教育厅从1939年至1944年每年7月10日—8月8日，均要在太原、临汾、汾阳、潞安等地（晋北自治政府及后来的大同省公署也每年在大同）举办小学教员暑期讲习会，对全省的小学教员进行集中轮训。起初“日本人虽然大登其‘待遇优厚’的广告，可是报名受训者也不过几十个人”[③]。后来日伪采取强迫的办法来促使小学教员参加暑期讲习班，后来每届参训小学教员人数为200人，每次培训时间为3—4周，“讲习科目分共修、选修两种，特别注重精神讲话及各科教授法及教材等

① 长松：《华北敌伪奴化教育一瞥》，《中央日报》1944年9月18日。

② 刘松涛：《晋察冀的反奴化教育的斗争》，载《晋察冀边区教育资料选编》（初等教育分册上），河北教育出版社1990年版，第243页。

③ 郭从周：《沦陷后的太原》，《申报》1939年8月1日。

实际问题等”[1]。主要内容包括：新民主义、东方文化与教育、东亚形势与国际关系、批判共产主义、批判三民主义、新民运动与教育、东亚新秩序体制与政治经济关系等。主讲人由伪华北教育总署委派，为学员讲演，主旨是向小学教员宣讲“中日两国之血缘关系”，提倡“建立东亚新秩序”[2]“对日友善”“亲日反共”、坚持“大东亚主义”等。如1941年伪山西省省长苏体仁在孝义县小学教员暑期讲习会上所讲：

> 今天所要讲的，第一是希望诸君认清今日中国之现状，忆自民国26年7月7日事变发生后，不过半年，首都即已沦陷，华北各省整个陷于无政府状态。当时日本政府再三声明：对于中国，不侵略，不征服，不以民众为敌，并且尊重中国政治主权之独立完整，更望中国复兴再建，获得更生。……欲求和平之实现，必须坚决反共，要知和平反共，乃是建设新中国的实际行动，建设东亚新秩序，更是解决事变的明确目标。今日诸君身为小学教员，负有教育儿童、领导社会之责，对于此种意义，更须深切了解。[3]

从其训话中可以明显看出，作为伪省长、大汉奸的丑恶嘴脸和对日本人的摇尾乞怜，肆无忌惮地替日本侵略者美化其侵华野蛮行为，公然提出“建设东亚新秩序”的阴谋。可见，培训的目的是培养效忠日伪统治者的教育奴仆和帮助日本进行文化教育侵略的帮凶。主讲人的一切费用以及讲习班其他开支均由伪华北教育总署承担。

此外，还举办小学日语教员讲习会，主要为各地小学开设日语课程培训师资。培训的目的并非是提高小学日语教员的专业水平，而主要是对其进行奴化教育和反动思想灌输，以便小学日语教师心悦诚服地为奴化教育服务。从伪省长苏体仁在讲习会开幕式上的训话中可看出这一目的：“我们由于事变的教训，觉得欲使两国人士彼此相认识、相沟通，必须先从学

---

① 《教育总署三十一年度施政概况》，中国第二历史档案馆藏“伪华北政务委员会教育总署档案”，编号：二〇二一/640。

② ［日］志智嘉九郎：《东亚新秩序之理念》，载《山西省第一届中等学校教员讲习会工作报告》“会务报告”，伪山西省教育厅1941年3月编印，山西省图书馆馆藏资料。

③ 苏体仁：《孝义县小学教员暑期讲习会训话》，载《苏省长言论集》第3编第1辑，伪山西省公署1942年编印，第21页。

习语言入手。……中日两国自秦汉时交通以来，彼此关系，至为和睦。”“今日欲图复兴，必须追求科学文明。追求科学文明，即以模仿日本最为便利。”“因此种种关系，今后对于日语一科，自然须要加倍努力。”① 可见，此种小学日语教员讲习会，主要是为了向日语教师灌输“亲日崇日”思想，以便让小学日语教师将这种奴化思想再教授给广大的小学生，进而达到其进行奴化教育的最终目的。

（二）中学教员暑期讲习会

日伪实施奴化教育政策，首先要做的一件事就是“扫除以往的一切思想和民族精神，而重新树立一种以亲日思想为中心的教育基础”。因此，日伪在山西推行奴化教育之始，首先是“训练一般为人师表的教员，使他们动摇了中心思想，然后再去欺骗大众青年”。在教师教育方面，首先设立所谓“中等教育师资讲肄馆”，令所有中小学教员一律参加培训，从 1938 年 4 月 1 日便开始了培训活动。培训的主要内容，就是教授所有中学教师开展以亲日教育为核心的教授法，反思与检讨自己的民族精神和仇日思想，培训时间长达几个月。同时，为了应付当时急需，在 1938 年 2 月初成立了一个中小学教师训练班，把原有中小学教师集中加以改造式的训练。训练期分 3 天，至于受训的人员是否能够那样听话，这当然是个疑问。②

从 1941 年开始，设立中学教员暑假讲习班，对中学教员进行短期培训。伪山西公署教育厅分别于 1941 年 3 月、1942 年 7 月、1943 年 4 月、1944 年 7 月举办了山西省中等学校教职员讲习会，受训教职员来自沦陷区各中学。培训课程分共修课程和选修课程，其中共修课程主要有：精神讲话、教育行政、最近教育学说、教学心理、自然科学概论、特别讲话；选修课程有：最近数理化生等各科发展动态、数理化生等各科教学法等。其中精神讲话和特别讲话的主讲者，是伪山西省省长、伪山西省教育厅长、伪华北教育总署特派讲师等，这些主讲人主要围绕“亲日反共”“友邦善邻”“崇日仿日”“大东亚共荣”“建立东亚新秩序”等反动主题进行所谓“讲演”。如伪省长苏体仁在山西省第一届中学教员暑期讲习会上

① 张映南记录：《省长对山西第三届小学日语教员讲习会讲话（节选）》，山西省档案馆藏“旧政权资料”［日伪］字卷七 387 号。

② 《敌对华北实施奴化教育与文化侵略》，《申报》1938 年 4 月 17 日。

所讲："事变以前，晋省官立公立私立之中学校甚多，中学毕业者亦复为数甚夥，可谓极一时之盛。而其结果则多数为共产学说所诱惑，或流于嚣张，或流于邪僻，从而牺牲生命者亦不计其数。"还说："试观友邦日本日臻强盛，其科学之进步固有一日千里之势，而以忠孝信义为精神教育，则始终不变。"① 从其言语中可见，主要宣传"反共""亲日"思想。特别是伪华北教育总署派来的日本讲师志智嘉九郎，在宣讲中赤裸裸地宣传并美化"建立东亚新秩序"的侵略野心，说什么"东亚新秩序之根本道义，即使全体与部分调和，全体与部分之最要关系为血缘，血缘乃团结之主力。中日两国之血缘关系，至少较其他人种为重，语言衣服蒙古、朝鲜、日本向为一系，故中日满蒙结合成立东亚共荣圈，建设新秩序，为自然之道、必然之理"②。中学教员暑期讲习会实质上是对教师进行的集中奴化教育。

正如《中央日报》记者长松所说："中学教育有二特色：一是取消英语改修日语，二是学生须参加新民会的青少年团，中等教员诚恐其不能驯服，所以历年暑假，均设班讲习。"③ 可见，开办中学教员暑假讲习班，成为当时日伪奴化中学教育的一大特色。

三、个案：长治师范学校

1942 年春，日伪山西省教育厅又在长治城东南原天主教堂东院，开办了伪长治师范学校，并任命留日归国的张公度为校长，该校主要为上党道培养奴化教育师资。同年 8 月开始招生，共开设 3 个班：1 个师范班 48 名学生，1 个初中班 40 名学生，一个日语专修班 45 名学生，全校共有学生 130 多名。学生主要来自长治、长子、屯留、襄垣、潞城、黎城、高平、沁县等上党道所辖 14 县。1943 年秋，又增加 1 个初中班，原校舍难以容纳，因此，将校址迁到原长治师范学校旧址。日语专修班学制为一年，45 名同学已毕业被分配到各县奴化新民小学任教，主要担任日语教

---

① 苏体仁：《在山西省第一届中等学校教职员讲习会上的训词》，载《山西省第一届中等学校教员讲习会工作报告》"会务报告"，伪山西省教育厅 1941 年 3 月编印。

② ［日］志智嘉九郎：《在山西省第一届中等学校教职员讲习会上的训词》，载《山西省第一届中等学校教员讲习会工作报告》"会务报告"，伪山西省教育厅 1941 年 3 月编印。

③ 长松：《华北敌伪奴化教育一瞥》，《中央日报》1944 年 9 月 18 日。

师。1944—1945 年均招收中师班 1 个、初中班 2 个、简易师范班 1 个。

该校主要以培养小学教师为主，中师班学制三年，主要招收初中毕业生；初中班学制为三年，主要招收高小毕业生；日语专修班学制 1 年，主要招收高中毕业生和社会青年；简易师范班学制 1 年，主要招收农村小学教员。初中班和中师班开设的课程有修身、国文、日语、算学、物理、化学、生物、历史、地理、体育、美术、音乐等，中师班加开教育概论、教育心理、各科教学法、小学行政、教育统计与测量、教育史等。日语专修班主修日语，每周要上 15 学时的日语课，同时也开设修身、国文、算学、理化、史地、教育概论、音乐、体育等课程。

教员中，中国人占多数，主要有数学教员王采庵、国文教员李朴斋、史地教员李德武、生物教员吴秋明、理化教员雷子峰、音乐教员郎锦云、体育教员李保珍，还有日语教员刘光汉，东北人，兼任日本教官的翻译。[①] 此外，还有日本教官大西八郎，系日本帝国大学毕业，任长治师范学校日语专修班教师，同时也是掌管学校大权的日方代表。1944 年大西八郎调离后，由日本人安本、吉岗由次郎先后继任，该校校长实质上是傀儡，学校的大小事务均听日本教官的安排。如果日本教官不点头，学校校长就不敢轻举妄动，生怕惹怒日方教官。

综观日伪山西各师范学校的办学情况，可总结出以下几个特点。

第一，教育内容充满奴化教育色彩。学校开设的课程中不仅有充满封建礼教色彩的修身课，主旨是向师范生灌输封建的忠孝思想，以期教化未来的教师要做到对日伪统治者尽忠孝、讲仁义；同时，在日常教学中注重向学生渗透“中日亲善”“日中提携”“共存共荣”“大东亚主义”等奴化思想，目的是通过培养充斥奴化思想的中小学教师，进而在中小学教育中进行奴化教育。

第二，教育管理被打上了殖民统治的烙印。尽管师范学校的教员和学生大部分是中国人，校长也由中国人担任，然而，由于学校所在地是被日军侵占的沦陷区，日本教官往往借助其军事力量和特务机关来压制中国的师生，因而导致校长只是“聋子的耳朵”和“瞎子的眼睛”，只能对日本教官唯唯诺诺，言听计从，规规矩矩，唯命是从，而不敢有半点主见，也

① 王正科：《日伪长治教育简况》，载《长治文史资料》第 7 辑，长治市政协文史资料研究委员会 1990 年编印，第 103 页。

没有半点权力。日本教官在学校犹如“太上皇”，可以随意打骂中国师生，甚至可以将中国师生送入宪兵队和警察署。

第三，办学条件简陋甚至基本的教学条件都不具备。不仅没有教学所需的理化实验仪器和学生课余阅读的参考图书，而且连史地课的教学挂图都没有，甚至不少学校连上体育课必需的体育器材都没有。当时晋北师范学校堪称办学条件最好的，该校竟然也没有实验室、图书室，音体美器材只有几架风琴、1 个单杠、2 个篮球。其他师范学校大都没有基本的教学用具和仪器设备。这样的办学条件，其教学效果可想而知。

第四，所有师范学校规模不大、生源不足。由于日本侵略军为侵占我国领土，对中国人民进行了残暴的屠杀，极大地伤害了中国人民的感情，中国人民从心理深层仇恨日本侵略者，大部分有良知的中国人均不愿将自己的子女送进为日伪服务的学校去接受教育。因此，在日伪开办的师范学校招生中，有正义感和爱国心的家长是不愿让自己的子女报考伪师范学校的，这样伪师范学校只能以百余人的规模来办学。

第五节 日伪在山西的奴化职业教育

日伪职业教育，是为造就为其统治服务的下层奴化职业人员而开办的。尽管日伪教育行政部门表现出非常重视职业教育的发展，但是日伪奴化职业教育是所有教育中最不景气的一种教育。一方面，办学规模不大，不仅学校数量少、专业设置单调，而且受教育人数少；另一方面，各地发展不平衡，仅有的几所职业学校大都集中在太原和晋中一带，晋东南连一所职业学校都没有，说明日伪奴化职业教育是一种不健全的畸形的教育。

一、日伪奴化职业教育概况

据 1945 年伪山西省教育厅统计，全省（不含晋北 13 县）共有职业学校 6 所（省立太原初级农科职业学校、省立太谷初级农科职业学校、省立榆次初级农科职业学校、省立吉县高级助产职业学校、省立太原工业职业学校、省立临汾职业学校），另外还有 1944 年增设的雁门道立忻县初级农科职业学校、河东道立新绛初级农科职业学校、太原市立初级商科职业学校。[①] 这6所职业学校也是1940年之后开办的，因为当年伪东亚文化协进会提议振兴中等程度之职业学校，以开发产业、改善生活、增加技能，因而引起伪山西省教育厅对职业教育的重视。之前，全省没有1所职业学校。关于该省各校的发展情况，简述如下。

日伪省立太原初级农科职业学校，由伪山西省公署教育厅于1940年设立，校址在太原市城隍庙，建校时校长由曲宜善担任。该校共有两个专业：农作科和牧畜科，其中农作科有2个班，牧畜科有1个班，共有学生100余人。次年共有学生230人。据《山西省二十九年度教育推进实施概况》记载，伪山西省教育厅原计划于1940年开办农业初级职业学校和工业初级职业学校两所学校，但因财政关系，未能同时开办，只开办了一所农科初级职业学校。[②] 这所山西最早建立的农科初级职业学校，就是太原初级农科职业学校。

日伪省立榆次初级农科职业学校，由伪山西省公署教育厅于1942年开办，有农作科和牧畜科两个专业，其中农作科共有7个班，共179名学生；牧畜科有2个班，共50名学生。全校共有教职员28人，学生229人，年教育经费116455元，包括经常费76455元、临时费40000元。因榆次地处晋中盆地，地势平坦，距太原较近，交通便利，农业较为发达，历来是山西的商品粮基地。日伪统治者看到了榆次的农业发展潜力，想在此建立农科职业学校培育农业人才，以便为其生产更多的生活物资。因此，对该校的投入也较多。

日伪省立太谷初级农科职业学校，筹建于1941年，校址设在原铭贤学院。铭贤学院是教会学校，创办于1907年，建校时间较长，办学经验丰富，农科办学特色鲜明，在民国时期为推动晋中农业的发展做出了积极贡献。抗日战争爆发后，该校先后西迁至陕西、四川，最后在四川金堂县稳定下来。日伪在此建立初级农科职业学校，是想借助该校在历史上的名望。有农作科和牧畜科两个专业，其中农作科4个班，共有学生146人；

---

① 《第五次教育行政会议山西省教育状况报告书》，中国第二历史档案馆藏“伪华北政务委员会教育总署档案”，编号：二〇二一②/51。

② 《山西省二十九年度教育推进实施概况》，载《山西省第一届中等学校教员讲习会工作报告》，伪山西省教育厅1941年3月编印。

牧畜科2个班，共有学生73人；全校有教职员25人，年教育经费85605元[①]，教育经费在同类学校中也算是比较多的。1942年该校农作科招1个班，有学生40人；牧畜科1个班，有学生40人。全校有教职员17人，年教育经费52680元。可见，该校比上年规模缩小，无论是招生人数、开设班级，还是在校教职员，均有所减少。

日伪省立太原工业职业学校，1944年在侯家巷原山西大学旧址开办。因为太原沦陷前阎锡山就组织山西大学师生将学校的图书、仪器等教学设备南迁到平遥，后来就南撤到临汾、运城。之后，山西大学于1939年在陕西三原复校，不久又迁到山西吉县克难坡。这样，当日本侵占太原时，原山西大学的校园已成为一个空壳。因此，日伪山西省教育厅利用山西大学的原有校舍和地域名望，在此开办省立工业职业学校。该校共设有机械、电气、化学、采矿、冶炼、土建等六个专业，每个专业设1个班，校长由留日归国的张范担任，在校生不足百人，抗战期间共招生255人。[②]该校是抗战时期日伪在山西开办的唯一一所工业类职业学校。

雁门道立忻县初级农科职业学校，由日伪雁门道伪忻县公署奉命设立的地方职业学校，校址在忻县城内三家店，校长由范静山担任。该校开设农林和牧畜两个专业，每个专业各招1个班，学制3年，招生对象为高小毕业生，共有在校生100多名，教职员10多名。学生学习与生活完全免费，毕业后到由日伪指定的农业生产部门工作。学校开设的课程有基础课和专业课，其中基础课包括修身、国文、日语、算术、历史、地理、体育、动物、植物等，专业课包括作物、土壤、肥料、园艺、牧畜、造林、养蜂等。[③]主要为忻定盆地这个晋北商品粮基地培养农业和畜牧方面的人才，旨在确保为雁门道日伪统治者提供源源不断的粮食和副食供应。

二、日伪开展的农事教育

太平洋战争爆发后，日本加紧扩军备战，为了解决日本侵略者的军政生活物资，急需大力发展农业，为此，一方面伪山西省公署要求各学校在

---

① 山西省史志研究院编：《山西通志·教育志》，中华书局1999年版，第251页。

② 赵中枢：《太原工业学校概况》，载《太原文史资料》第5辑，太原市政协文史资料研究委员会1985年编印，第101页。

③ 山西省史志研究院编：《山西通志·教育志》，中华书局1999年版，第251页。

校生在课余参加勤劳服务活动，主要参加农业生产劳动；另一方面，倡导开展农事教育，向各级学校学生和社会青年进行农业基本知识和技能教育。为了推行农事教育，首先于1942年5月，在伪北京大学农学院设立“农事教育人员养成所”，以培养中等学校农业课程教员及教育行政机关主管农事教育职员为目的，生源为河北、河南、山东和山西四省的高中毕业生或农科职业学校毕业生。当时给山西分配了7个名额，学习期限为两年，在学期间免费提供宿膳，并免费发给实习服装，毕业后回山西从事农事教育，并服务四年以上。① 同年，又举办了伪华北农事人员暑期讲习班，培训对象是各省市农业职业学校的教员，伪山西省选派了30名参加②，培训时间为两周，培训内容包括两部分：一是伪教育行政长官的精神讲话，二是农业知识与技能。正如伪华北教育总署督办周作人在讲习班所讲：“借以推行农事教育，来达到亲仁善邻、和平反共、经济提携的三种目的，是最直接最有效的方法。”③ 1943年7月26日—8月7日，伪华北教育总署又在北京大学农学院举办第二届华北农事教育人员暑期讲习班，主要课程有“特别讲话”和农业科目两种，“尤注重精神训练及农事教学之实际问题”④，在培训期间还参观了北京各农场及农业基础设施。此次培训，伪山西省又选送了30名农业职业学校教员。1943年又在河北邯郸开办“华北棉产改进邯郸训练所”，山西选派了17人参加培训。这些均是为开展本省农事教育准备师资而开办的农事师资训练班，旨在通过开办这些培训机构，带动全省各级教育机构开展农事教育。

在培训农事教育师资的同时，1942年暑期后按照伪华北教育总署的安排，山西省选定太原师范学校和伪省立第一中学校作为“中等学校添授农业课程”的试点学校，在添授农业课程过程中，所需一切费用均由伪华北教育总署拨付。⑤ 标准为师范学校每年每校补助4000元，中学校补

---

① 《教育总署三十一年度施政概况》，中国第二历史档案馆藏“伪华北政务委员会教育总署档案”，编号：二〇二一②/5。

② 《教育总署教育局普通教育科检送该署教育行政报告书》，中国第二历史档案馆藏“伪华北政务委员会教育总署档案”，编号：二〇二一/640。

③ 周作人：《兴办农事教育人员讲习班的意义》，《教育时报》第9期，1942年11月。

④ 《华北教育总署1943年度施政概要》，中国第二历史档案馆藏“伪华北政务委员会教育总署档案”，编号：二〇二一②/5。

⑤ 《教育总署教育局普通教育科检送该署教育行政报告书》，中国第二历史档案馆藏“伪华北政务委员会教育总署档案”，编号：二〇二一/640。

助 2000 元，同时伪华北教育总署还要派人到各试点学校进行检查与指导。1943 年秋，伪山西省教育厅又增加了两所学校作为添授农业课程的试点学校，分别是临汾师范学校和省立第二中学。1944 年又增加中学和师范学校添授农业课程。此外，“为了培养多数实际从事农业工作之基础人才”，伪山西省教育厅还奉伪华北教育总署之令，于 1942 年暑假后选择了 3 所小学作为“小学校附设农业补习班”的试点，在这 3 所小学校分别附设 3 个“农业补习班”，每校设 1 班，每班规定 30 人，主要招收小学毕业生，对其专门开展农业补习教育，学习期限为一年，主要目的是“俾将来能襄助其父兄实际从事农业工作”[①]。1943 年又增加 3 所小学校，在这些学校内附设农业补习班，这几所试点小学的选择要求必须“以接近农村或在郊外为原则”，附设补习班所需费用均由伪华北教育总署划拨，补助经费的标准为每所小学补助 1000 元。[②]

为了培养所谓优秀农业技术人才，日伪山西省开办农业传习所。1942 年伪山西省公署颁布《山西省农事试验场农业传习所章程》，规定了农业传习所的机构设置，即设所长一人、教导主任一人、实习主任一人、讲师若干人，以上除讲师由所长聘任外，其余由伪山西省建设厅长任命。农业传习所分甲、乙两种：甲等传习生的招生条件是初级农科职业学校毕业或同等学力者且年龄在 18—25 岁，乙种传习生的招生条件是高级小学毕业或同等学力者且年龄在 17—25 岁，同时均须考试合格，方可入学。甲种传习生学制为一年，乙种传习生学制为二年。开设的课程分理论课和实践课两种，理论课分为普通课和专修课，其中普通课包括新民主义、公文程式、日本语文、合作社概要、精神讲话、体操等，专修课包括食用作物、工艺作物、园艺、病虫害、土壤与肥料、农艺化学、农产制造、农具、农业土木、林学大意、兽医学大意等。[③] 学员在学期间，一律实行免费教育，毕业后推荐到日伪的农业部门工作。

40 年代，日伪急于兴办农事教育，主要目的是培养更多懂农业知识

---

① 《教育总署教育局普通教育科检送该署教育行政报告书》，中国第二历史档案馆藏“伪华北政务委员会教育总署档案”，编号：二〇二一/640。

② 《教育总署三十一年度施政概况》，中国第二历史档案馆藏“伪华北政务委员会教育总署档案”，编号：二〇二一②/5。

③ 《山西省农事试验场农业传习所章程》，载《山西省单行法规汇编》，伪山西省公署秘书处 1943 年编印，第 69—72 页。

和技能的人才，并通过他们去培训更多的中小学生，进而带动更多的民众去了解和学习农业科学知识。这样做的目的并不是在中国民众中进行普及农业科学知识教育，而是让这些中国人通过科学种田，为日伪生产更多的粮食及其他生活物资，最终为实现其长期统治中国提供物资保障。

三、日伪新民职业学校

新民职业学校，是日伪打着“灌输新民精神、教授青年生活或生产智能”[①] 的旗号，为了培养其统治所需要的职业人才而设立的一种学校。1938 年 8 月伪山西省临时政府颁布了《新民职业学校暂行章程》，并要求各道县区镇乡村普遍设立新民职业学校，同时还倡导私人开办新民职业学校。新民职业学校分为三类：农业、工业和商业，也有一校之中兼容两个或三个专业的情况。学校设校长 1 人，每级设学科主任教员 1 人，普通教员设 3 人，校长及教职员的任职条件为：曾在初级职业学校任教职员一年以上且成绩突出者，曾在初级职业学校毕业且有 2 年以上职业经验者，有专门职业技能且曾任职业机关相关职务 3 年以上者。新民职业学校主要招收初级小学毕业或同等学力者且年龄在 12—16 岁的学生，学制为 2 年，相当于高级小学程度。学生按每班人数在 25—50 人。开设的课程分三部分：普通课程、职业课程、专业实习。其中普通课程及每周教学时数为：修身 1 课时、新民精神 1 课时、国文 3 课时、日语 3 课时、数学 3 课时、常识 1 课时、体育 2 课时；农业科的职业课程及周教学时数为：普通农作 4 课时、农业经济 1 课时、土壤肥料 2 课时、蔬菜园艺 2 课时；商业科的职业课程及周教学时数为：商业常识 2 课时、商业经济 1 课时、商业地理 1 课时、商业尺牍 1 课时、簿记 2 课时、卫生 1 课时；工业科的职业课程及周教学时数为：工业学科 9 课时；农商工业实习均为每周 13 小时或 12 小时，每周须 2 日以上专攻生产技术。[②] 新民职业学校的教学坚持“先实习后教授”的原则，每周授课时间为 36 小时，其中实习时间占

① 《新民职业学校暂行章程》，载《山西省单行法规汇编》“教育”，伪山西省公署秘书处 1940 年编印，第 1 页。

② 《新民职业学校之教学科目及每周时数标准》，载《山西省单行法规汇编》“教育”，伪山西省公署秘书处 1940 年编印，第 6—7 页。

1/3，实习以生产或实验为目的，实习场所有两种：一是在本校内开设农场、工厂、商店等，二是由学校与同类农场、工厂、商店联系，将其作为学生的实习场所。实习时，教员一般亲自动手示范与指导，并参与具体工作。

新民职业学校设置按照便于专业实习的原则，农业学校设在农村，商业学校设在城市或乡镇繁荣地段。新民职业学校的经费，根据学校的主办单位来定，分别由省、市、县拨付经费，私立新民职业学校由校董会支付。拨付经费的标准，一般为普通高小经费的1.5倍，设备费用占总经费的20%，实习材料费一般由师生在实习农场、工厂、商店的收入来支付，学生实习的收入多余部分划归学校统一管理。新民职业学校与其他学校一样，注重奴化思想的灌输，日伪加强对学校师生的控制，一方面，学校的设置与变更均须由伪山西省教育厅审批，另一方面，每学期开学一月后，须将全校教职员、学生名册报送伪山西省教育厅备案。

第六节　日伪在山西的奴化社会教育

为了对华北实行殖民统治，日伪在开办各类奴化学校教育的同时，也十分重视开展奴化社会教育。之所以对民众进行广泛的教育，其目的非常明确，即“若以教育的力量使每个民众彻底觉悟其自身与社会的关系、自身对社会所应尽的责任，心悦诚服地为社会服务，这样一定比用政治力量强迫民众去做好的多。……值此复兴东亚、建设东亚新秩序之际，胥有赖于国民的自觉与努力，民众教育实在是不容缓图的”①。开展社会教育的目的就是要向中国民众灌输“中日亲善”“王道乐土”“剿共建国”“增产救民”“肃正思想”“东亚共荣”等反动思想。正如日本战犯平部朝淳所说：“日本军部有‘王道’和‘霸道’两种思想，从中国立场来看，二者可以说是相同的。日本军主张‘霸道’，而‘王道主义’的倡导

① 周建章：《发展民众教育与复兴东亚》，《教育时报》第4期，1942年1月。

者石原莞二辞去军人职务，专门从事政治活动。以伪满‘王道乐土’的方式，作为统治中国的样板。”[①] 日本侵略者以“树立东亚和平基础”“研究调查东洋文化”为标榜，设立一个文化侵略全权办理的中央机关，对于东亚及南洋以十年的计划，用每年200万元的调查研究费，来办理关于政治、经济、文化、宗教、艺术等项侵略。[②] 企图通过奴化社会教育，来实现其对中国人民进行长期殖民统治的梦想。

一、日伪奴化社会教育机构

日伪奴化社会教育机构分为两部分：一是奴化社会教育领导机构，主要负责制定与颁布奴化教育政策，领导与组织奴化社会教育实施机构的重要活动；二是奴化社会教育实施机构，在日伪奴化社会教育机构领导下具体负责在民众中开展奴化教育与宣传活动。

首先，日伪实施奴化社会教育的领导机构主要有：

第一，社会教育科。社会教育科设在教育厅内，主要负责布置、检查与督促各县社会教育事务，设科长 1 人、科员 4 人、办事员若干人，下设社教股、文化股、教导股、体育保健股 4 个股。社教股负责社会教育、民众教育、民众补习教育、普及日语教育、识字运动、指导少年团等事宜；文化股负责监督文化教育团体，指导图书馆与博物馆工作，领导文艺、美术、音乐、戏剧、电影等事务，对文物古迹与风景名胜区进行管理等；教导股负责宣传“肃正思想”，指导“改善风化”“革除不良习惯”[③] 等事宜；体育保健股负责公共体育与学校体育及大型运动会的领导与组织。

第二，新民会。该机构是由日本人和汉奸共同组成的一个御用组织，带有党派性质，也是日伪布置奴化社会教育的领导机构。最高机关为新民会中央总会，设在北京。山西新民会成立于 1938 年 6 月，设在伪山西省政府大院，领导机关为指导部，会长先后由伪省长苏体仁、冯司直、王骧

---

① ［日］平部朝淳：《侵华战争时期的一些回忆》，载《太原文史资料》第 8 辑，太原市政协文史资料研究委员会 1987 年编印，第 50 页。

② 《敌对华北实施奴化教育与文化侵略》，《申报》1938 年 4 月 17 日。

③ 《山西省公署办事细则》，载《山西省单行法规汇编》，伪山西省公署秘书处 1943 年编印，第 29 页。

等担任。下设省事务部、参事部。省事务部下设组织处、宣传处、训练处、总务处，其中宣传处与训练处负责领导部分奴化社会教育事务。同时，在雁门道、冀宁道、河东道、上党道设有新民会道总会。该机构的宗旨与任务是“发扬新民精神，完成国民组织，实行和平反共，团结东亚民族，建设东亚新秩序”①。要求其会员一律穿新民服、唱新民歌。主要职责是：领导和组织青年团、少年队，以配合学校的奴化教育；对其会员进行轮训，以培养汉奸；协助伪政府宣传“中日亲善”“睦邻友好”“大东亚圣战”“大东亚共荣”“建立大东亚新秩序”等内容，开展“治安强化运动”宣传活动。

第三，宣传处。该机构是设在伪山西省公署及各级伪政府机构内的自上而下的宣传情报机关，省级称宣传处，道、市、县称宣传室。1941 年 11 月，由原省公署秘书处情报室改组而成。主要职责有两项：一是设调查科，负责选派便衣汉奸在民间搜集情报，将情报编印成《情况日报》《对共旬编》《情报月报》，以便及时向日军提供共产党和八路军的动向；二是在民众中进行奴化宣传，愚弄广大百姓，以消除中国人民的抗日情绪和斗志，并通过戏剧、电影、报纸、杂志、广播以及标语等宣传品，对民众进行反动宣传。②

其次，日伪实施奴化社会教育的机构主要有：新民学校、新民教育馆、图书馆、阅报处、补习学校、体育场、讲习所、新民茶社、问字问事处、通俗书报社等。据 1941 年统计，伪山西省共有社会教育机构 821 个，其中新民学校 444 所、新民教育馆 11 个、图书馆 5 个、阅报处 85 个、补习学校 68 所、体育场 17 个、讲习所 10 个、新民茶社 4 个、问事处 173 个、通俗书报社 2 个，壁报 1 处，日报社 1 处（详见表 4 - 13）。据 1942 年统计，华北各省市有各种社会教育机构 4341 所，其中山西 717 所，山东 620 所，北京 12 所。③ 据 1941 年统计，全省共有新民学校 444 所，教职员 536 人，学员 13555 人，年经费 47052 元；1942 年共有新民学校 457 所，教职员 501 人，学员 22980 人，年经费 24794 元。④ 到 1945 年上半

① 王和兆：《日伪山西省新民会情况散记》，载《山西文史资料》第 56 辑，山西省政协文史资料研究委员会 1988 年编印，第 19 页。

② 张全盛、魏卞梅编著：《日本侵晋纪实》，山西人民出版社 1992 年版，第 343 页。

③ 长松：《华北敌伪奴化教育一瞥》，《中央日报》1944 年 9 月 18 日。

④ 《民国三十一年份山西省统计年鉴》，伪山西省政府秘书处统计室 1944 年编印，第 502 页。

年，新民学校数增至1829所。可见，日伪将新民学校作为其实施奴化社会教育的重要途径。

表4－13　1941年伪山西省社会教育机构统计表

机构名称	机构数	经费数	教职员数	学生数	参加人数
新民学校	444	47052	536	13555	—
新民教育馆	11	5400	22	—	21726
图书馆	5	1524	8	—	15512
阅报处	85	2292	80	—	176891
补习学校	68	17280	115	1272	—
体育场	17	612	20	—	3108
讲习所	10	660	30	—	43679
新民茶社	4	1280	7	—	12326
问事处	173	—	173	—	515
通俗书报社	2	407	2	—	2989
壁报	1	120	6	—	2982
日报社	1	7009	7	—	—
合　计	821	83636	1006	14827	279728

资料来源：《民国三十年份山西省统计年编》，伪山西省政府秘书处统计室1942年编印，第510页。

据1945年伪山西省教育厅报告，“全省推进社会教育以新民教育馆为活动中心，除省市立新民教育馆办理尚属完善外，各县亦多设立。此外，新民学校、职补学校、通俗书报社、体育馆等，均有单独设立或附设者”①。从1944年开始指定太原、阳曲等七地为推行识字运动实验区；1945年每道增加两个县，共增加榆次等8个实验区。还于1944年冬季举办第二届注音符号师资训练班，培养师资。并按照伪华北教育总署要求，先后成立社教协进会山西省分会和各道市支会，借以协助推行各地社会教育。②

① 《第五次教育行政会议山西省教育状况报告书》，中国第二历史档案馆藏“伪华北政务委员会教育总署档案”，编号：二〇二一②/51。

② 《第五次教育行政会议山西省教育状况报告书》，中国第二历史档案馆藏“伪华北政务委员会教育总署档案”，编号：二〇二一②/51。

表 4－14 1945 年伪山西省奴化社会教育机构统计表

项目	省立	市立	县立	合计
新民教育馆	1	1	29	31
图书馆	—	—	10	10
新民学校	1	15	1813	1829
职业补习学校	—	3	371	374
教育会	1	—	39	40
讲演所	—	—	154	154
阅报处	—	—	184	184
体育场	1	—	27	28
通俗书报社	—	—	10	10
新民茶社	—	—	3	3
问事处	—	—	182	182

资料来源：《第五次教育行政会议山西省教育状况报告书》，中国第二历史档案馆藏“伪华北政务委员会教育总署档案”，编号：二〇二一—②/51。

新民学校是日伪实施奴化社会教育的重要机构，正如 1938 年伪山西省临时政府筹备委员会教育厅在《工作报告》中所讲：“新民学校系以普及新民精神，养成亲日防共除党观念，并授以简易日常生活之常识为目的。”① 一语道破举办新民学校的意图：以进行奴化宣传，培养民众“亲日防共”观念为指归。伪山西省公署教育厅要求各县市均设立新民学校。新民学校设校长 1 人，由省政府委任；教职员由各级教育部门聘任。入学条件为 10—50 岁男女，根据年龄将学员分为少年科、男青科、女青科、成人科。其中少年科主要授课对象为 10—15 岁的失学男女少年，开设的课程有修身、新民主义、国文、经书、日语、理科、体操、笔算等；男青科主要招收 16—25 岁的男青年，主要课程有修身、新民主义、国文、日语、常识；女青科主要招收 12—20 岁的女子，主要讲授修身、新民主义、国文、家事卫生、常识；成人科主要针对结婚后至 50 岁的成年男女，开设的课程有修身、新民主义、识字、常识。教学实行通年制和期节制两种，通年制授课数为 600 学时，期节制为 100 学时。无论哪种形式，学制

① 《新民学校临时章程》，载《山西省临时政府委员会教育厅工作报告》，山西省临时政府委员会教育厅 1938 年编印，第 5 页。

均为一年，修完学业颁发毕业证。所有学员一律实行免费教育，全部经费由伪省公署承担。

通俗书报社是日伪实施社会教育的机构之一，主要采取灵活机动的方式，在民众中开展奴化思想灌输，即通过提供图书、开展演讲等方法在民众中渗透奴化思想。据1941年统计，伪山西省立通俗书报社共举办各类奴化宣讲32次，其中时事讲演5次、卫生讲演24次、常识讲演3次，听讲人数共有361人。[①]

表4-15　1941年伪山西省立通俗书报社阅览人数统计表

月份	借阅书人数	阅报人数	阅览杂志人数	合计
一月	54	450	155	659
二月	63	423	206	692
三月	91	649	357	1097
四月	113	721	266	1100
五月	142	689	259	1090
六月	156	621	182	959
七月	208	700	401	1309
八月	180	848	452	1480
九月	181	850	457	1488
十月	201	902	507	1610
十一月	—	—	—	—
十二月	—	—	—	—
全年总计	1389	6853	3242	11484

资料来源：《民国三十一年份山西省统计年鉴》，伪山西省政府秘书处统计室1944年编印，第520页。

广播电台是日伪奴化社会教育的重要渠道之一。1938年日伪在太原、大同、运城设立广播电台，领导电台的相应机构分别为太原放送局、大同放送局、野战放送局。广播电台是实施奴化社会教育的重要机构之一，通过空中播放新闻、戏剧、讲座等节目，向民众宣传日伪反动政策与奴化思

① 《民国三十一年份山西省统计年鉴》，伪山西省政府秘书处统计室1944年编印，第521页。

想。以下是1939年3月17日（星期五）日伪太原广播电台节目：

> 8：30 华语新民体操 8：35 华语新民讲坛：“兴亚民族结合论（三）”11：50 河南坠子唱片 11：59 华语报时 12：00 华语家庭卫生常识12：15 日语音乐演艺唱片 12：30 日语新闻 12：55 华语介绍职业13：00 华语评书：“包公案” 14：00 华语新闻与政府公报14：15 华语娱乐节目：相声与马头调 16：00 日语新闻 18：00 华语儿童时间18：20 华语儿童新闻 18：30 华语讲演 18：50 日语音乐演艺19：00 日语（东京）新闻 19：30 华语（北京）演讲 19：50 华语预报节目20：00 华语秦腔 20：30 华语（北京）新闻 20：40 华语单弦21：10 华语古琴欣赏讲话 21：40 华语（北京）新闻与政府公报22：00 华语商情行市 22：15 英语新闻 23：00 华语预报节目①

由上可见，日伪广播电台每天播放时间长达15小时，播音节目来源有自办节目、转播日本东京广播电台节目、转播日伪北京中央放送局节目、转播日伪满洲广播节目。日伪统治者为了扩大广播电台的影响力，在城市各街道均悬挂大喇叭，还要求商店和旅店购置收音机，并加大播放功率，一方面为了扩大其影响，另一方面也是为了干扰我方电台的播放频道。

晋北兴亚协进会，是日伪用以奴化宣传、麻痹民众的机构，成立于1938年，终止于1944年。其宗旨是宣扬“王道乐土”“大东亚共荣圈”等反动思想，美化日本侵华罪行。总部在大同，总会长由夏恭担任，还设有副会长、理事长、秘书长若干人。总会下设教化部、企划部、组织部、总务部，其中教化部主要负责宣传与教育工作，内设日语学校，每期招生30余人，学制为2年，主要以教授日语为主，共招生两届；还设有晋剧团，聘请当地艺人指导与排练，经常到各地进行公演，每次演出前均要进行奴化宣传，如张贴标语、宣传漫画、进行讲演等，主要内容是“亲日反共”。企划部负责在各县举办大型运动会、娱乐晚会、“慰劳大会”、

① 齐荣晋：《日伪太原广播电台及其节目内容》，载《山西文史资料》第56辑，山西省政协文史资料研究委员会1988年编印，第153—155页。

“庆祝大会”、大型庙会等，雁北 13 个县均设立了分会。[①] 兴亚协进会是晋北地区进行奴化宣传与社会教育的主要机构。

晋北兴亚道义会与西北公论社，是日本大同陆军机关长田中实支持下利用当地帮会组织设立的一个反动机构，以布道为名，实则从事情报、宣传、反共活动。1938 年 12 月成立晋北兴亚道义会，总会址在大同娘娘庙街。下设宣传科、布道科、总务科、理事室，理事长由张守义担任。1941 年改名为西北公论社，增设情报科、编辑部，出版《西北公论》刊物，广泛进行反共宣传。[②] 顾问由日本人松元嘉平担任，各科负责人均为精通日语的汉奸。该机构的主要活动：第一，宣传日伪殖民统治政策和反共主张，麻痹民众抗日意志，以维护其反动统治。第二，调查政治与社会动向，侦察日伪统治区各阶层人士的思想状况，为镇压民众提供情报。第三，搜集晋察冀根据地、晋绥根据地和阎锡山、傅作义等部队的军事情报。第四，编辑发行报纸杂志，宣传“中日亲善”“共存共荣”“反共扶蒙”“建设东亚新秩序”等内容。

红卍字会，是借助神鬼、占卜等进行奴化宣传的组织，是替日本侵略者笼络民众的机构。由伪山西省长苏体仁的亲家兼老同学、日伪省公署参议和筹赈会总干事郑心泉发起成立，郑心泉亲任首席会长，会员大都是好吃懒做、游手好闲的汉奸和混混，会员入会要交会费。该会的活动经费由伪省公署承担，每月拨款 300 元作为活动经费。每周六为该会“扶乩日”，所谓“扶乩”，是迷信者乞求神灵保佑的一种仪式，即由两人手托一个上面放着丁字形木架的沙盘，声称神灵降临时可使木架在沙盘上划出字来，以此替人决疑治病、预测吉凶。[③] 扶乩者满口胡言乱语，说什么只要参加该会的人，神灵就会保佑其安康，并要求所有百姓要“听天由命”“亲日友善”“睦邻友好”，共同实现“东亚和平”。日本侵略者对该会十分欣赏，并给予支持。

此外，其他辅助社会教育机构还有：宣抚班是日伪为了稳定其统治而设立的宣传政策与安抚民众的机构。该机构是日本人用来进行奴化宣传、

① 武适之：《日伪晋北兴亚协进会始末》，载《山西文史资料》第 56 辑，山西省政协文史资料研究委员会 1988 年编印，第 39—40 页。

② 张问之：《日伪时期在大同的西北公论社》，载《大同文史资料》第 10 辑，大同市政协文史资料研究委员会 1984 年编印，第 33 页。

③ 张全盛、魏卞梅编著：《日本侵晋纪实》，山西人民出版社 1992 年版，第 318—319 页。

安抚百姓、麻痹人心，同时也是拉拢汉奸、搜集情报的机关。靖乡青年团，是晋北自治政府专门招募青壮年农民，进行集中培训3个月，毕业后回村负责宣传与治安工作。1939年为回民举办“教义讲习班”，让穆斯林男女老少前去听课，每两个“主麻日”讲一次课，讲习时间每次为两小时，从晚上7点至9点，起初尚有三四十人听讲，后来逐渐减少。1942年5月又开办了回民学园，招收全省回民中初中毕业的青年，学制为一年半，课程有日语、阿拉伯语、数学等，每届招生20余人。实行全部免费，学员毕业后负责推荐工作单位。

二、日伪奴化社会教育内容

日伪在实施奴化社会教育过程中，主要围绕宣传“中日友善”“睦邻友好”“防共反共”“建设东亚新秩序”等对广大民众进行反动宣传和奴化教育。概括起来，其社会教育的主要内容有：

第一，“中日亲善”。为了推行日本在华殖民统治，以防中国人民起来反抗，培养任凭其奴役与压榨的顺民，日伪大力鼓吹“中日亲善”。还煞费苦心地从历史上寻找证据，来说明中国与日本自古以来就是友好邻邦，甚至是“一家人”。正如日伪编印的《山西新青年读本》“中日亲善”一课中所讲：

> 假使没有大和民族，我们东亚早就和非洲的黑种人差不多了。你道这大和民族是谁？就是我们的友邦日本啊！可见日本是我东亚的领袖。……从历史上说，在汉唐时期就两相往来，彼此通好；就地理上说，中日只隔一海，唇亡齿寒，关联最切，所以，要想保存中国，须得中日亲善，互相提携，才能实现我们新的中国、新的东亚。①

可见，日伪竭力从历史、地理、文化等角度找资料，试图证明在中国肆意烧杀抢掠的日本侵略者是“中国的友邦”“东亚的领袖”，妄图“增进中

① 《中日亲善》，见《山西青年读本》，山西省图书馆地方文献阅览室藏书，编号：“日伪字第739号”。

日提携，实现全面和平"[①]，以此来愚弄民众，让中国人民不要反抗日本的殖民统治。

第二，"反共剿共"。由于共产党坚持抗战到底的政策，赢利了全国人民的一致拥护，掀起了广泛的抗日民族统一战线，给日本侵略者以沉重打击。使得日本在中国的殖民统治难以维系，因而日伪将"反共剿共"作为其战略的重点，并在民众中进行反动宣传，肆意歪曲事实污蔑与丑化共产党与八路军。说什么"共产党是洪水，泛滥到什么地方，什么地方就会被破坏；到了那一国，那一国就会灭亡。……近来变本加厉，鼓动国民党实行焦土抗战"，因此，"我们的大敌是共产党"。[②] 颠倒黑白，混淆是非，在民众中进行污蔑共产党的反动宣传。其实民众的眼睛是雪亮的，共产党领导全民族抗战，维护中华民族的根本利益，广大人民是看在眼里、铭记在心的，大部分民众是不会听信日伪的妖魔化宣传的。

第三，"亲仁善邻"。其实质无非是要求中国民众不要反抗日军的侵略，在日伪的欺凌与压榨面前装聋作哑，要做任凭其蹂躏的顺民。并且竭力美化日本的侵略行径，在伪山西省公署编印的《山西青年读本》中宣称：

> 俗话说："远亲不如近邻"，可是中国自国民党执政以来，一味依存欧美，仇视友邦日本。近年来，复变本加厉，容共抗日，置人民于水深火热之中。大家都知道，日本现为世界上的强国，工业非常进步，又和中国是壤地相接，本应亲密提携，共向建设东亚之途迈进，才是亲仁善邻的道理。[③]

对民众进行奴化教育，旨在教唆民众对日本人态度要友好，不要对日本人采取敌对的态度，放弃反日抗日的情绪和行为。

第四，"建设大东亚"。日本为了加紧对亚洲各国的侵略，提出了所谓的"建设大东亚共荣圈""建立东亚新秩序"等口号，标榜中日应当

① 《新民教育的使命》，载《山西省立新民教育馆三十一年度年刊》，伪山西省立新民教育馆1943年编印，第1页。

② 《我们的大敌——共产党》，见《山西青年读本》，山西省图书馆地方文献阅览室藏书，编号："日伪字第739号"。

③ 《亲仁善邻》，见《山西青年读本》，山西省图书馆地方文献阅览室藏书，编号："日伪字第739号"。

“共存共荣”。以此来对中国百姓进行奴化教育。为了进行该方面的宣传与教育，日伪山西省公署专门编写了《建设大东亚读本》，作为对民众进行社会教育的读物。主要内容包括“中日基本条约”“中日满共同宣言”“大东亚战争”等，其中“大东亚战争”一编主要内容为“大东亚战争的起因”“大东亚战争的意义”“大东亚战争的经过”“大东亚战争的综合战果”“大东亚战争与重庆政权”“大东亚战争与华北”等。声称“中日满基本条约的成立，中日满三国宣言的发表，世界防共协定之增强与延长，不但是中日满三国真正友善敦睦的试金石，也是建设新东亚新世界所必要的共同信念与行动”[①]。

第五，“新民主义”。日伪所讲的“新民”，实则是充分接受中国封建传统思想训育、对日伪奴颜婢膝的顺民。日伪一再鼓吹“发扬新民精神，显现王道，实行反共，复兴文化，确立和平，振兴实业，以善邻缔盟建立东亚新秩序”[②]。为此，他们提出实行“新民主义”教育，主要包含 9 项内容：“格物、致知、诚意、正心、修身、齐家、亲乡、治国、平天下”。无非是要中国人民去除爱国心和民族心，去服服帖帖地接受日伪的统治，“中日亲爱精诚，于是万邦协和，而成为王道的天下”[③]。所谓“治国”，就是要通过“礼治主义”“德治主义”“生产主义”来治国，即教唆民众对日伪的统治要顺从，不要反抗，而且要勤劳地服侍日伪统治者；所谓“平天下”，就是要建立“共存共荣”的“大东亚共荣圈”，实则是将亚洲沦为日本的殖民地。

第六，“治安强化”。1941—1942 年日军先后在沦陷区发动了五次“治安强化运动”，第一次从 1941 年 3 月 30 日至 4 月 3 日共 5 天，以加强乡村自治力量为主题；第二次于同年 7 月 7 日—9 月 8 日为期 2 个月，以“实行剿共，巩固治安”为重点；第三次于同年 11 月 1 日—12 月 25 日，以“经济战为主体”；第四次于 1942 年 3 月 20 日—6 月 16 日，为期两个多月，号称是“军、政、会、民一体化运动”；第五次从 1942 年 10 月 8 日至12 月 10 日共两个月，以“剿共肃正”为主题。名义上是民众运动，实质上是借助武力，强迫沦陷区民众与之协同行动，其直接目的是打击与

① 《建设大东亚读本》，山西省图书馆地方文献阅览室藏书，编号：“日伪字第 739 号”。

② 张磊：《华北敌寇奴化教育的破产》，《晋察冀日报》1942 年 2 月 12 日。

③ 陶希圣：《新民主义》，载《山西省第一届中等学校教员讲习会工作报告》“会务报告”，伪山西省教育厅 1941 年编印，第 76 页。

破坏共产党在沦陷区内地下组织和爱国抗日活动。为了配合五次“治安强化运动”的开展，日伪在民众中开展了广泛的“治安强化”宣传和教育活动，如在各城镇和乡村的墙壁上到处张贴“实行剿共，巩固治安”“防共剿匪，桥梁是赖”“肃正思想”等标语，还散发各种反动传单、放映电影来宣传“治安强化”。

第七，法令规章。为了约束民众的言行，伪山西省公署制定了各种法令与规章，如《监督民众团体办法》《邮电通信检查办法》《临时邮件取缔规则》《收音机登记审查办法》《出版法》《电影检阅暂行规则》等用以约束民众言论、集会、结社、出版等自由的禁令，这些法令规章均由警备厅及其他各级警察机构执行。可以随时以“宣传反日思想”“扰乱安宁秩序”“妨害善良风俗”等罪名，对民众进行拘捕、处罚、勒索，甚至判刑。他们经常派人在邮局私撤民众信件，禁止电影院上映有关歌颂文天祥、岳飞等民族英雄的影片，禁止民间使用五灯以上的收音机。①

三、日伪奴化社会教育活动

为了确保对民众实施奴化社会教育，日伪广泛招募各方面的人才，开展各种类型的宣传与教育活动，以实现其奴化民众的目的。正如当时《中央日报》记者所讲：“网罗专门学者，组织政治、文化、思想、经济、文艺及社会科学各种协会，进行研究、讲演、座谈、翻译各项工作，要根绝共产邪说，发扬东方民族精神，此外，如欢迎日本文化使节，举行音乐演奏，邀请中日文学作家参加恳谈会等花样，也颇见用心之周到毒辣。”②日伪为实施奴化社会教育，主要开展以下几方面的活动：

第一，开展亲日反共宣传和情报活动。日伪为了进行反共宣传、搜集情报和实施奴化教育，动用了许多机构从事这些活动。日本山西派遣军下设第二课，专门负责在社会上开展谍报活动，为了掩饰其工作人员的身份，将工作场所命名为一号公馆、二号公馆，主要任务是打探共产党和国民党的政治与军事情报，通过所谓“社会调查”“民政调查”等手段，搜集关于共产党的文件、书籍、传单等，同时在社会上散布反共言论。山西陆

① 张全盛、魏卞梅编著：《日本侵晋纪实》，山西人民出版社 1992 年版，第 329 页。

② 长松：《华北敌伪奴化教育一瞥》，《中央日报》1944 年 9 月 18 日。

军特务机关，更是以进行奴化宣传、文化侵略和奴化教育为主要任务，并暗中指使新民会和新民教育馆开展情报和宣传活动。华北特别警备队专门设立调查班、侦察班、特别情报队等机构，派秘密宣传员在民众中进行散发宣传品、报刊、传单、照片，还通过电影、戏剧、讲演、广播等渠道对民众进行奴化教育和反共宣传。伪警务厅开展情报活动，加强对民众的控制，颁布征集地方情报暂行办法，通令各警察机构执行，还强迫旅店、商店、澡堂、戏院、理发店、妓院的经营与服务人员，以及流动商贩、挑夫、车夫等充当义务情报员，意欲形成广泛的情报网络。

第二，开展“治安强化运动”宣传活动。在开展五次“治安强化运动”期间，日伪总要利用时机开展大肆的反动宣传与奴化教育活动，以1942年10月第五次“治安强化运动”宣传与教育为例，各道市县维持会主管教育的行政部门均根据各地情况分期分组进行了大肆宣传，并通过民众集会的方式让各校学生分头进行讲演“大东亚圣战的意义与现状”“剿灭共匪，肃正思想”“革新生活，安定民生”等内容。还在学校召开家长恳谈会，举办“治安强化”征文活动，开展讲演会、展览会等活动，要求民众做到“持躬廉洁”“勤劳奉公”“肃正思想”①，向民众灌输封建道德和奴化思想。同时教育民众要参加农业生产，降低物价，以保证日伪统治者生活所需物品。

第三，在民众中开展奴化日语教育活动。为了实现所谓“建设大东亚共荣圈”的梦想，在大同成立晋北兴亚协进会，在该会分支机构大同商会内附设了日语学校，专门对成人进行日语培训，为日伪培养服务人员。先后开办两期，每期招一个班，每班50人，男女兼收，主要从雁北各县招生，学制2年，年龄不限。开设的课程有日语、国文、算学、公文等，毕业后分配到日伪统治机构工作。为了唆使更多的百姓学习日语，还进行美化日本的宣传。如对民众讲“中日两国是同文同种的国家，就是语言不同，人的面貌是一样的。你们不要害怕日本人，日本人给你们办事情”②。力图拉近民众与日本人的距离，以诱导民众学习日语。

第四，利用各种文体活动进行奴化教育。日伪往往善于利用一些民众

① 《山西省公署教育厅第五次治安强化运动实施办法》，山西省图书馆藏档案，编号：“日伪字第L27号”。

② 白蔚武：《沦陷时期的大同》，载《山西文史资料》第56辑，山西省政协文史资料研究委员会1988年编印，第46页。

喜欢的文体活动形式，来进行奴化教育和反动宣传。通过在街头和交通要道演出戏剧、民歌、话剧，在乡村放映电影，广播电台播放反共演讲，在人流量多的地方张贴标语和图片、散发传单，定期开展运动会、演讲会、展览会、纪念会等形式，对民众进行奴化宣传与教育。如在农村举办庙会时，趁民众聚集之机，到处张贴“皇军武运长久”“中日亲善”“大东亚圣战胜利”“建立东亚新秩序”等反动标语；还派人专门散发传单，在戏剧或电影演出之前，还要派专人进行以奴化宣传为主的所谓“讲演”，向民众灌输奴化思想。

第五，利用新闻媒体进行奴化社会教育。日伪利用各种新闻媒体进行反动宣传与奴化教育，除了利用广播电台播放反共亲日的讲演、戏剧、歌曲等在民众中进行奴化宣传外，还广泛采用报纸杂志进行奴化宣传。1942年由太原新民会创刊的《建新日报》，一方面登载国内外新闻，其中不乏丑化共产党和八路军的内容；另一方面，专门刊载一些汉奸撰写的反动宣传和奴化教育文章。同年，还创办《新民戏剧报》，以传统戏剧、话剧和歌剧等杂糅的形式，进行亲日反共宣传。如曾连载的《荒山洞》，就是一部美化日伪统治、污蔑抗日根据地的作品。1943年该机构又创办《新太原报》，也成为日伪进行奴化社会宣传与教育的媒体。同时，还通过发行《新民报》和《教育时报》来进行奴化思想宣传。

第六，举办各类识字班，以便推行奴化教育。新民会在各地举办“新民妇女识字班”，对妇女实行免费识字教育，每天晚上授课2小时，每期半年。授课内容包括认字、写字、释字义、学唱歌、阅读报刊、了解日本礼节等。在太原共举办了3期，后来因人数不断减少，不得不停办。[①] 这种所谓识字班，打着教民众识字的幌子，对民众进行奴化思想渗透，特别是在识字教育过程中让民众阅读日伪的反动宣传品，无形中进行着奴化教育。新民教育馆也举办识字班，借帮助民众识字的机会进行奴化教育。

四、伪山西省立新民教育馆

伪山西省立新民教育馆是在原山西省立民众教育馆的基础上，于

① 张全盛、魏卞梅编著：《日本侵晋纪实》，山西人民出版社1992年版，第135页。

1940 年 12 月 25 日由山西省陆军特务机关移交伪山西省公署教育厅，并更名开张，馆址在太原市文庙内，打着“实施民众教育，供给民众阅览图书、博物、美术品，并辅导各县民众教育事业进行”[①] 的旗号，在民众中开展奴化宣传和教育活动。该机构是日伪对山西民众开展奴化教育的专门机构，是利用原有民众教育馆的良好基础对中国民众实施殖民统治的重要社会教育机构。

（一）机构设置

首任馆长由伪山西省教育厅秘书张范担任，下设总务、阅览、教导三个部，分别设立事务、出版、教学、阅览、陈列、图书、体育、游艺等八个股，每股设干事及事务员。其中各部主任均由日本人担任，深尾太三郎任阅览部主任，俵重秋任教导部主任，菊谷正男任总务部主任，玉川景瑞任翻译。阅览部负责书报、杂志、图书、模型、科学、博物、美术、工艺品、文化品等搜集、保存、阅览，以及巡回文库与各种展览会之举办；教导部负责举办各种讲演会、讲习会、音乐会、座谈会以及放映电影、识字运动、游艺活动、体育比赛、参观文物等指导事宜；总务部掌管庶务、文书、会计等其他事务。由馆长、各部主任、干事及事务员组成馆务会议，每月第一周星期五下午举行例会。八个股的职责分别是：事务股负责收发、缮拟、登记、编制并保管文件及编造预算、购置物品等事项，出版股负责编辑刊物、读物及各类出版物，图书股负责图书的整理、编号、标签、登记、保管、搜集等工作，阅览股主管书籍、杂志、图表、报纸等公开阅览及巡回文库，陈列股专管文物、博物、标本、模型、书画、照片、雕刻、工艺等陈列与展览，教学股负责新民学校、日语补习班、民众识字、讲演会、讲习会、流动教学等事宜，体育股负责开展器械运动、国术表演、球类比赛、儿童赛美、儿童游戏、卫生、清洁、拒毒等活动，游艺股开展音乐会、座谈会、电影、戏剧、棋弈等事宜。[②]

（二）陈列物品

伪山西省立新民教育馆设有 3 个古物陈列室、1 个民艺室、2 个矿石化石岩石陈列室、1 个动植物标本与卫生标本陈列室、1 个图书阅览室、3

① 《本馆沿革》，载《山西省立新民教育馆三十一年度年刊》，伪山西省立新民教育馆 1943 年编印，第 13 页。

② 张范：《山西省立新民教育馆概况》，载《山西省图书馆史料汇编》，山西人民出版社 2003 年版，第 168—172 页。

个书库，附设1个通俗书报社及讲演所、1所日语学校、1个识字班、1个大礼堂、1个植物园、2个游艺园、1个游艺室、1个体育场、40间图像悬挂廊、16间仓库。[①] 该馆主要收藏与陈列的物品包括书籍、报纸、杂志、模型、标本、美术作品、工艺品、体育用品、文艺宣传用品等。图书类，据统计1941年新民教育馆共有藏书20万册，分中文书籍和外文书籍，中文图书分经、史、子、集四部，外文图书分日文和英文，其中日文大型图书有《大藏经》、英文图书有《百科辞典》等珍贵图书。[②] 文物类，共有881件，其中塑像类77件、铜铸类36件、碑匾类51件、土瓦类322件、冥俑类22件、陶瓷类167件、服饰类70件、兵刑器类66件、文物类8件、杂类62件。模型标本类，共有189件，生理卫生模型35件、动物模型14件、昆虫类标本39件、鸟类标本53件、哺乳动物标本16件、畸形动物标本32件。地质矿物标本，共有8413件，其中矿石类6845件、岩石类1260件、化石类308件。人工制作展览品，共有568件。[③] 此外，还有其他文体、戏剧、娱乐方面的物品。

（三）规章制度

伪山西省立新民教育馆先后制定了一系列用以约束民众的规章制度，如《山西省立新民教育馆组织规程》《山西省立新民教育馆办事细则》《山西省立新民教育馆巡回文库规则》《山西省立新民教育馆巡回文库管理员须知》《山西省立新民教育馆巡回区所图书阅览室规则》等。《山西省立新民教育馆组织规程》规定了该机构的名称、性质、目的、部门设置及职能等。《办事细则》规定了新民教育馆各股具体职责与分工，职员管理制度及当年工作计划等内容。《山西省立新民教育馆巡回文库规则》规定："各处须负责完全保管之责，倘有遗失或损坏情况应负责赔补；本文库每巡回区留置时日，暂定为一个月，届期由本馆员前往移转交换；本文库图书之阅览组主任及职员，每月随时分赴各区，视察并指导之。"[④]《山西省立新民教育馆巡回区所图书阅览室规则》规定，阅览人先借阅图

① 《本馆沿革》，载《山西省立新民教育馆三十一年度年刊》，伪山西省立新民教育馆1943年编印，第16页。

② 《山西省立新民教育馆三十年度年刊》，伪山西省立新民教育馆1942年编印，第129页。

③ 《山西省立新民教育馆三十一年度年刊》，伪山西省立新民教育馆1943年编印，第16—17页。

④ 《山西省立新民教育馆巡回文库规则》，载《山西省图书馆史料汇编》，山西人民出版社2003年版，第190页。

书目录，填写阅览券，向管理员取书，阅毕还书时撤销阅览券；每次取书以 2 本为限，阅览人如有在图书上随意圈点、加批或污损等情况，须照价赔偿；在阅览时，不得在阅览室谈笑、喧哗或吐痰、抽烟；各种图书概不外借。[①] 这些规章制度，是用来维护日伪山西省立新民教育馆对民众进行奴化教育的保障。

（四）活动类型

伪山西省立新民教育馆主要围绕对民众实施奴化教育和宣传这一主要任务，尽量利用各种场馆和设施进行各种反动宣传和奴化教育，开展的活动主要有图书阅览、展览活动、识字运动、日语教育、电影放映、球类比赛、反动宣传、征文活动等。

第一，阅览活动。主要通过开放阅览室，为广大民众提供一些古代的书籍和日文书籍来实现对民众的奴化教育，同时还利用巡回文库、流动文库、通俗读报社等形式深入农村进行殖民文化渗透。据统计，1942 年巡回文库阅览人数全年共有 6530 人，流动文库阅览人数共 3842 人，在通俗读报社阅览报纸杂志人数共有 29502 人。[②] 为了进一步推动民众和学生阅读奴化教育书籍，还于 1941 年成立了新民教育馆读书会，并分成三个组：民众读书会、学生读书会、儿童读书会，每个分会分别有 40 名会员。规定每星期日下午 3—4 时为学生读书会活动时间，6—7 时为民众及儿童读书会活动时间。还于同年 8 月 20—26 日举办读书周活动，并在新民教育

表 4－16　1941—1942 年伪山西省立新民教育馆参观人数统计表

年份	一般人			官员			学生			合计
	日本人	中国人	小计	日本人	中国人	小计	日本人	中国人	小计	
1941 年	2599	11892	14491	661	1556	2217	4650	20907	25557	42265
1942 年	2858	9220	12078	685	1685	2370	1428	5619	7047	21495

资料来源：《民国三十一年份山西省统计年鉴》，伪山西省政府秘书处统计室 1944 年编印，第 505 页；《民国三十年份山西省统计年编》，伪山西省政府秘书处统计室 1942 年编印，第 518 页。

① 《山西省立新民教育馆巡回区所图书阅览室规则》，载《山西省立新民教育馆三十年度年刊》，伪山西省立新民教育馆 1942 年编印，第 153 页。

② 《山西省立新民教育馆民国三十一年度年刊》，伪山西省立新民教育馆 1943 年编印，第 69—74 页。

馆内开展演艺、映画、讲演等活动，以吸引民众和学生前去观看，还打出了“新民教育馆是民众知识的源泉”“新民教育馆是学问的宝库”“要读书阅报可以到新民教育馆去”[①] 等标语，以招揽顾客。

第二，展览活动。伪山西省立新民教育馆还举办各种展览活动，旨在吸引更多的民众来此接受奴化教育。由于日伪占领太原时期将太原博物馆合并到新民教育馆，因此，利用这批不太珍贵的文物来吸引民众和学生前来参观。如塑像、石碑、匾额、瓦器、冥俑、陶瓷、服饰、兵器、刑具等，以此来培养民众崇尚古代的思想，进而与日伪开展的尊孔教育活动相配套。为了配合日本侵略军的所谓“治安强化运动”，新民教育馆于 1941 年举办“第三次治安强化运动展览会”，主要展览宣传“治安强化运动”的征文、漫画、写真作品[②]，以对民众进行反共宣传。还举办山西省情展览活动，主要向民众及日本人宣传山西地理、历史概况，通过模型展现山西的山川河流，通过图画来展示历史场景，以宣传历史上山西民风淳朴，民众吃苦耐劳，以此来教育民众面对日伪的奴化统治，不要反抗，要做顺民。

第三，识字运动。这是新民教育馆的一项重要活动，一方面，由于当时文盲太多，扫除文盲成为当务之急；另一方面，让民众识字的目的主要是更好地向民众灌输奴化思想，让更多民众了解日伪的殖民统治政策。为此，新民教育馆先后通过开展识字运动周、讲演壁字及识字班等活动，以期达到让民众识字的目的。在 1942 年开展的识字运动周，由于民众不愿参加伪山西省立新民教育馆的活动，因此，主办方到处张贴宣传标语，如“实行新民教育”“努力识字运动”“唤起民众识字的兴趣”“广设民众识字的场所”“识字运动是对于文盲救济的良药”“不识字苦一世”“新民教育是提高民智的教育”[③] 等，还派学校师生到处进行讲演宣传，以劝民众参加识字运动。同时，于 1942 年在新民教育馆附设新民识字班，旨在对失学青年进行奴化识字教育，但是民众早已识破日伪的用意，因此，入学“人数寥寥，虽经各种宣传，应报者仍属无几，结果不过五六人，在

---

① 《读书周间标语》，载《山西省立新民教育馆民国三十年度年刊》，伪山西省立新民教育馆 1942 年编印，第 92 页。

② 《主办第三次治强运动展览会实施办法》，载《山西省立新民教育馆民国三十年度年刊》，伪山西省立新民教育馆 1942 年编印，第 128 页。

③ 《劝民众识字运动传单口号》，载《山西省立新民教育馆民国三十一年度年刊》，伪山西省立新民教育馆 1943 年编印，第 32—33 页。

种种方面以人数太少，难以开课，不得已暂行停办”①。还在太原市“新民公园”等公共场所竖起识字牌，“上书古今中外名人格言及现代标语，由本馆宣讲员为民众定期详细讲解，每次讲演后更换材料”②。

第四，日语教育。为了达到“增进中日提携，促现全面和平，唤起新民觉悟，共向兴亚迈进”③ 的目的，新民教育馆从 1941 年 4 月 5 日开始附设日语学校，招收初级日语班 1 个；7 月增设高级日语班 1 个，学习期限为 3 个月，次年延长至 5 个月。1941 年在学人数为 186 人，1942 年共有学员 150 多人，上课时间为每天下午 7—9 点，课程主要有日语读本、会话练习、日本文法、日本事情等。

表 4－17　1941 年伪山西省立新民教育馆附设日语学校学生职业统计表

学生职业	毕业学生			在校学生		小计
	初级 1 班	初级 2 班	高级 1 班	初级 3 班	高级 2 班	
政府官员	1				1	2
商人	4	4		22	9	39
工人	5	5	7	3	5	25
学生	7	8	19	30	8	72
警察	1		1		1	3
医生	1		1			2
军人	3					3
法官					1	1
邮差			1			1
交管人员			1	2	3	6
会社社员	8					8
无业人员	2	1		6	2	11
其他人员		4	3	6		13
合计	32	22	33	69	30	186

资料来源：《民国三十年份山西省统计年编》，伪山西省政府秘书处统计室 1942 年编印，第 516 页。

① 《附设新民识字班》，载《山西省立新民教育馆民国三十一年度年刊》，伪山西省立新民教育馆 1943 年编印，第 34 页。

② 《识字牌》，载《山西省立新民教育馆民国三十一年度年刊》，伪山西省立新民教育馆 1943 年编印，第 28 页。

③ 《新民教育的使命》，载《山西省立新民教育馆民国三十一年度年刊》，伪山西省立新民教育馆 1943 年编印，第 1 页。

由上表可见，新民教育馆附设日语学校学员成分以工商业者和学生为主，因为当时战争频仍，商业凋敝，工商业者生意惨淡，但唯利是图的本性驱使这些人到日语学校学习，以期获取生存的机会。

第五，讲演活动。讲演活动是日伪进行社会教育所常用的活动形式，也是他们认为“最有效的方法，因轻而易举，随时随地可举行之”[①]。新民教育馆讲演活动由馆长亲自组织，分定期讲演与不定期讲演两种。定期讲演，是每周在召集各校学生集会时，由新民教育馆派人到各场讲演，同时也利用每月放映电影时由新民教育馆负责人进行所谓“中日亲善”等讲演；不定期讲演，是在各种纪念日集会时，采用露天讲演、广播讲演、化装讲演、临时讲演等形式进行奴化宣传。

此外，还开展电影放映、球类比赛、反动宣传、征文活动等。为了愚弄民众，新民教育馆从1941年开始就每月放映2次电影，电影内容无非是宣传日本的科技进步、社会文明，丑化国军和八路军等，主题是反动的，只是利用这种现代化的手段来吸引民众，并在放电影之前日伪统治者总要进行所谓的“讲演”，实则是进行奴化教育。

五、日伪奴化社会教育的特点

第一，采取社会教育与残酷镇压相结合的办法来维护统治。日伪为了加强其统治，一边进行“中日提携，共存共荣”的奴化社会教育，一边对反抗的民众进行残酷镇压。如1937年9月日本占领雁北地区后，一方面宣抚班派人到各县进行奴化宣传，另一方面在对民众进行大规模的屠杀，仅1937年11月至1938年冬一年时间内日军就先后在雁北地区进行了6次大屠杀，共计杀害无辜群众3000多人；1941年又以莫须有的罪名捕杀200多名青年知识分子。[②] 由于日伪对民众的镇压，山西百姓非常反感日伪用来统治人民的机构，因此，在抗战后期太原街头流行着“八大天”的民谣：

---

① 《山西省立新民教育馆三十一年度事业实施计划》，载《山西省立新民教育馆民国三十一年度年刊》，伪山西省立新民教育馆1943年编印，第53页。

② 徐增祥：《日寇统治大同记略》，载《山西文史资料》第12辑，山西省政协文史资料研究委员会1965年编印，第116—117页。

> 警备队无法无天，宪兵队罪恶滔天，警备厅一手遮天，合作社洪福齐天，急进建设团屁股朝天，新民会一天不如一天，公务员闭门聊天，老百姓叫苦连天。[①]

还有当时大同市流传着“宪兵队活地狱，谁打交道谁见鬼”的说法，这些都形象地反映出当时日伪残酷镇压民众的本性。

第二，利用汉奸成立伪社会教育组织，开展奴化社会教育活动。奴化教育活动不仅在学校里施行，而且也深入到社会教育之中。在各地成立“协和会”“新民会”“大民会”“全民党”等反动组织，在这些组织的主持下，开办了“青年训练所”“农民村塾”“妇女识字班”“宣抚班”等社会教育组织。开展的活动有：向民众进行护路、反游击队等政治教育，经常在各村播放电影、广播，印发传单、唱本及图画，并利用说书、相声、戏剧等民间文艺形式，来宣传“皇军德政”，提倡淫秽思想。[②] 如文水县在新民会的领导下成立伪教育委员会，汾阳县设有伪教协分会，岢岚县设有宣抚班等，这些伪社会教育组织，定期召开会议，布置奴化社会教育活动任务，一般村级组织每周召开一次会议，总结一周工作，布置下周活动；区级每半月召开一次会议，听取村级组织汇报，下达下半月的奴化教育活动任务；县级组织每月召开一次会议，布置下月的奴化教育任务。

第三，大量出版伪报纸杂志，印发传单、标语、布告、漫画，进行反动的奴化宣传。如日伪统治者在山西办有报纸伪《新山西报》、《山西新民报》、《新西北报》、《华北新报》（山西版）、《太原新闻》（日本人办）、《东亚新闻》等，杂志有伪《新民周刊》《新民快乐》《新民主义》等，各县还办有油印小报，旨在以快捷的方式进行“亲日反共”宣传和实施奴化教育。还散发各类反动传单，如“一个中国少女对日本的新认识”“拥护汪先生和平救国”等，内容充满了奴化、愚民的意味。

第四，通过汉奸组织派遣敌特分子到我抗日根据地造谣中伤、挑拨离间，以离间边区军民关系。日伪特务往往编造一些谎言在农村散布，诽谤与诋毁共产党和八路军，以此来离间革命根据地军民关系。如文水县某村

---

① 胡敬斋：《日伪统治太原时期的民谣〈八大天〉》，载《太原文史资料》第2辑，太原政协文史资料研究委员会1984年编印，第41页。

② 温济泽：《抗战三年来敌我在教育战线上的斗争》，《边区教育》第2卷第19、20、21期合刊，1940年11月16日。

教员因受到日伪特务的挑拨，竟在村中挑拨军民关系，动摇军民胜利的信心，遭到群众的一致唾骂，他与群众的关系破裂，结果搞得自己无法在村里教书。再如汾阳县的日伪特务见晋西北抗日根据地没收了部分民众的“良民证”，便在民众中大肆造谣，“八路军没收良民证，是准备逼死有钱人”①，以此恐吓边区民众，挑拨边区军民关系。

第五，与封建帮会组织同流合污，大肆宣传封建道德，趁机对民众进行欺骗麻醉活动。日伪为了增强自己的社会力量，往往与地方上一些封建帮会勾结，欺压百姓。常常利用一些宗教团体，如一贯道、一心天道、龙华会、皈一道、红卍字会、安清同义委员会等，进行搜集情报、民间策反、反动宣传、消磨民众意志等活动。如日伪与文水县的“理教”、方山县的“青帮”等封建帮会暗地勾结，煽动百姓离开根据地加入“理教”“青帮”等封建组织。拉拢这些封建帮会去刺探八路军军情，唆使这些封建帮会将“反共”等反动内容加入到“教规”当中，如“共同防共”“东亚和平”“反共就是和平”“敬教不忘反共”等，妄图让民众误入歧途。还派日本和尚、日本基督教徒来奴化中国和尚和基督教徒，通过日本帮会来奴化中国帮会，派日本回民来奴化中国回民，凡一切可能进行奴化教育的，日伪都尽力采用。② 可谓各种伎俩，能施则施，无所不施。

第六，开展所谓“勤劳奉社”活动，强迫青年干苦力。1945 年太原的日伪教官组织青年当苦力，开展所谓“为大东亚共荣圈做贡献”的“勤劳奉社”活动，强迫青年人挖壕沟、修铁路、扛粮食、修炮楼、筑堡垒、下煤窑等。但中国的青年人往往通过拖时间、磨洋工、偷拆系粮袋口绳等办法，进行消极抵抗；同时，青年学生开展合法斗争，迫使伪教育厅不得不同意学生回校复课。③ 譬如大同师范学校学生，在半年内只演算过 12 道算术题，学过 4 篇国文课，绝大部分时间在挖煤、挖沟、修路、筑垒，为日本人干苦力。④ 还采取小恩小惠来引诱民众接受奴化教育。如宣

---

① 杜心源：《民国二十九年度教育工作总结》，《行政导报》第 2 卷第 2、3 合刊，1941 年 8 月。

② 温济泽：《抗战三年来敌我在教育战线上的斗争》，《边区教育》第 2 卷第 19、20、21 期合刊，1940 年 11 月 16 日。

③ 孙凤翔：《日伪统治下的太原》，载《山西文史资料》第 41 辑，山西省政协文史资料研究委员会 1985 年编印，第 187 页。

④ 刘松涛：《晋察冀的反奴化教育的斗争》，载《晋察冀边区教育资料选编》（初等教育分册上），河北教育出版社 1990 年版，第 244 页。

抚班除公开抢劫、逮捕“抗日分子”外，还在大肆宣传其“东亚和平”“中日亲善”，他们到乡下往往带上留声机吸引老百姓，有时还散发糖果，施行小惠，其卑鄙无耻如此！①

六、日伪统治下山西的社会风气

日伪实施奴化社会教育的目的是愚弄百姓，对民众进行奴化教育。为了进一步消磨中国人民的意志，使之失去战斗力，并成为日伪驯服的工具和欺压的对象，还唆使一批汉奸设赌场、开妓院、贩毒品，故意扰乱社会秩序、败坏社会风气，以此来达到其殖民统治的最终目的。

第一，社会风气遭到严重破坏。由于日本人执行的奴化社会教育与反动宣传，导致山西社会风气一片混乱，到处乌烟瘴气。一方面，日本人总是以胜利者的姿态在各地耀武扬威，声色犬马；豢养的汉奸油头粉面，招摇过市。这些人为了满足其享乐的欲望，同时也为了推行毒化政策，到处开妓院、设赌场、贩毒品，过着灯红酒绿、纸醉金迷的生活。特别是在那些民族败类当中，流行着在日本人面前奴颜婢膝、摇尾乞怜、逢迎巴结的不良风气。另一方面，由于汉奸特务、流氓无类猖獗于街头，狐假虎威，欺软怕硬，致使乞丐满街，梅毒流行，土匪肆虐，民不聊生。为了从思想上麻痹人民，日伪在大同设大型赌场6处，妓院15处，怂恿农民种植鸦片，贩卖毒品，致使不少人逐渐误入歧途，萎靡不振，甚至鬻妻卖子，倾家荡产。当时有人总结太原的社会：“洋气十足，官气十足，公馆林立，烟馆林立，妓院兴隆，剧院兴隆，特务多，乞丐多，梅毒多。真可谓：秋风萧瑟起文瀛，木屐驰马踏山城，狱底街头同一死，歌声难掩太息声。”②

第二，吸食鸦片导致中国平民倾家荡产。由于日伪统治者为了掠夺中国人民的钱财，不仅不禁止吸食鸦片，而且还教唆和引诱中国百姓吸食鸦片。尤其是不少汉奸趁机开办鸦片馆，一方面专门为讨好日本人，另一方面为榨取中国人民的钱财，导致无数百姓因吸食鸦片而卖儿鬻女，妻离子

---

① 郭从周：《沦陷后的太原》，《申报》1939年8月1日。

② 孙凤翔：《日伪统治下的太原》，载《山西文史资料》第41辑，山西省政协文史资料研究委员会1985年编印，第188页。

散，家破人亡。正如有人所回忆的那样：

> 太原街上，也是日本人开办的料理馆、鸦片烟馆随处可见。在料理馆里，日本兵和日本商人出出进进，酗酒打闹，跌跌撞撞，女招待们妖里妖气招徕顾客。在鸦片烟馆里，中国人多，有钱的躺在床上吸，贫穷的洋车夫、卖水的买些料子蹲在地上吸，越吸越瘾大，越吸越离不开，越吸越贫困，最后倒卧街头而死。毒死了中国人，养肥了日本人。①

第三，赌博在日伪的纵容下泛滥成灾。1940—1941 年，日伪晋北政厅以投票的方式，利用地方一些赌棍公开设赌场，聚众赌博，主要项目有押宝、推牌九、打麻将、掷骰子等，一时间赌博成为社会上流行的一种“时尚”，一些人成了职业赌徒，以此为业。而普通百姓被卷入其中，彻夜聚赌。赌输了，小则典卖衣服、家具、首饰等，大则倾家荡产、妻离子散、家破人亡。“某家商店的一个跑外伙计，负责往银号送款，路过俱乐部时进去押宝［赌博］，输了个精光。末了，无法回店向掌柜交代，上吊身亡。还有一子弟，因押宝输钱太多，无法生存下去，吞鸦片自杀了。某天晚上，一家俱乐部收摊时，在空房里发现了上吊者的尸体……因赌博而自杀的消息，不断有所传闻。”②

第四，各种传染病不断蔓延。由于日伪统治者为了消磨中国人民的意志，在各地开办妓院，导致原本健康的中国百姓在这些污浊的环境中染上了各种传染病。据伪山西省政府秘书处统计，1939 年全省共有传染病患者 13252 人，其中男患者 9168 人，女患者 4084 人。③ 1940 年山西全省共有各类传染病患者 7348 人，其中男患者 4789 人，女患者 2559 人。④ 1941 年仅长治县就有传染病患者 22382 人，其中男患者 14578 人，女患者 7804 人；崞县共有传染病患者 18374 人，其中男患者 14187 人，女患者 4187

---

① 黄廷璧：《日寇暴行目击记》，载《太原文史资料》第 5 辑，太原市政协文史资料研究委员会 1985 年编印，第 180 页。

② 张新平：《日伪时期大同的赌博》，载《山西文史资料》第 56 辑，山西省政协文史资料研究委员会 1988 年编印，第 182 页。

③ 《民国二十八年份山西省统计年编》，伪山西省公署秘书处统计室 1940 年编印，第 85 页。

④ 《民国二十九年份山西省统计年编》，伪山西省公署秘书处统计室 1941 年编印，第 120 页。

人；汾阳县有传染病患者7538人，其中男患者5920人，女患者1618人；运城共有传染病患者10743人，其中男患者6003人，女患者4740人；临汾共有传染病患者15402人，其中男患者11928人，女患者3474人；榆次共有传染病患者23403人，其中男患者17273人，女患者6130人。[①]1942年仅太原市有烈性毒瘾患者940人，其中男患者734人，女患者206人。[②]

第七节　山西奴化留学教育

为了将奴化教育进行得更彻底，日伪还进一步推行留学教育。一方面，选派中小学教员赴日本受训，以培养其亲日思想，使之更加服服帖帖地为日本实施奴化教育服务；另一方面，特别着重选派12—15岁的健壮儿童到日本留学，作为将来担负中日彻底“协和”工作的准备。[③]

一、派遣留日学生

日本唆使伪山西省公署连续选派留日学生，目的是想从中培植亲日骨干和铁杆汉奸。为了能够选拔出文化素质较高的人员赴日留学，以便归国后为日伪统治效劳，1939年就颁布《山西省选送留日学生办法》，经省政会议通过，决定自1940年每年选送公费留日学生10名，对留日学生的选拔、考试、待遇及管理等作了相应规定。1940年公布《山西省留日学生考选委员会组织规则》，规定：考选委员会设正副委员长各1人，分别由教育厅长和中日关系顾问或辅佐官担任，委员5人，由专家、学者组成；考选委员会的职责包括：审查应试学生资格，命题、监考与阅卷，考试成绩评定与公示，录取不足额时遴选递补；该机构为临时设置，考选工作结

① 《民国三十年份山西省统计年编》，伪山西省公署秘书处统计室1942年编印，第173—179页。

② 《民国三十一年份山西省统计年鉴》，伪山西省公署秘书处统计室1944年编印，第192页。

③ 温济泽：《抗战三年来敌我在教育战线上的斗争》，《边区教育》第2卷第19、20、21期合刊，1940年11月16日。

束后便撤销。[1] 1941 年伪山西省公署颁布了《修正山西省选送留日学生办法》，作了更加详细的规定：派往日本的留学生，主要学习文（包括教育）、理、法（包括政治和经济）、工、农、医六科，不得学习军事、商业等专业；留日学生在日本的学习期限为 3—8 年，如果毕业后因实习等事项的需要，须经伪山西省公署批准后可延长 1—2 年；派遣赴日留学生的选拔条件为：公私立高级中学毕业或同等学校毕业者，年龄在 18—28 岁，体格健全、品德端正、无不良嗜好者；选拔考试由伪山西省公署教育厅组织，文法科考试科目为：国文、日语、历史、地理、口试，理工农医科考试科目为：国文、日语、数学、理化、口试；参加选拔考试学生须携带毕业证书、履历表、近期四寸免冠半身照片 2 张、保证书；留学期间一律实行公费支付，标准详见表 4－18，出国和归国差旅费标准为：出国川资 80 元、置备行装及其他杂费共 150 元、归国川资 100 元；留学生抵日后，到华北教育总署驻日办理留学生事务处办理注册手续，并领取入学介绍信，报考学校必须是伪山西省公署所指定的官私立学校，入学后将所入学校名、校址、修业年限、所学专业以及学习一年后应将上学年学业成绩证明等报驻日办事处并转请伪山西省公署备案；在留学期间留级两次以上或赴日两年尚未考入合格学校者，取消其官费资格；留学期间有下列情形者令其回国：操行不良、有背留学旨趣者，患有重病不能继续学习者；

表 4－18　伪山西省发给留日学生公费生费用数目表

单位：元

学校类别	甲地费用标准	乙地费用标准	备注
高等或预备学校	105	100	1.“甲地”，指日本东京、京都、大阪、神户、横滨等城市；“乙地”，指甲地以外日本其他城市。 2.“公费”包括学费、膳费、图书文具费等。
专门学校	110	105	
大　学	120	115	
大 学 院	120	115	

资料来源：《山西省选送留日学生办法》，载《山西省单行法规汇编·教育》，伪山西省公署秘书处 1943 年编印，第 10 页。

① 《山西省留日学生考选委员会组织规则》，载《山西省单行法规汇编·教育》（1940 年度），伪山西省公署秘书处 1941 年编印，第 14 页。

留学生遇家庭发生重大变故，须请假返国时，要呈请省公署及驻日办事处备案，请假期限在两个月以内，逾期不归者，酌情酌量取消或停止其官费；留学生毕业回国之前，须向驻日办事处报告回国时间，如系大学毕业者，应提交毕业论文，回国后一个月内须向省公署呈验毕业证，并听候定向分配服务单位，服务期为三年，否则追回其在留学期间的一切费用。[①]由此可以明显看出，日伪山西省公署选派留日学生的用意，就是为了培养服从其使唤的汉奸与奴才。

伪山西省公署派遣留日学生有两种情况：一种是由伪山西省公署直接选派，从1940年至1944年，伪山西省公署均要选派一些学生公费赴日留学。1940年选派了阮培、吴宝田、吉晋生、陆稚存、苏士铭、苏昂、吉自殷、柳玉亭、阎昌令、赵顺生等10人，1941年选派武晋煊、王瑜、李兆勃、罗漾明、裴敬、田维成、王运昌、贾滨、张子义、张庸伍等10人，1942年派去刘大昆、宋蓬莱、杨名时、崔汉明、崔长风、续健源、梁崇仁、柳昆玉、高佩琚等9人，1943年选派李宜潞、白灵之、郭瑾琦、乔鸿、史振心、孙凤翔、石青山、杨允丰、吉人善、何长青、吉周凯等12人，共计41人。另一种是由伪华北政务委员会教育总署给伪山西省下拨的留日学生名额，共派出贾克明等7人，还有自费赴日的白驹等2人。伪华北教育总署历年均选派各院校教职员及公费、自费留学生赴日留学，而在规定留学期内又要选若干名入日本国民精神研究所，1938—1941年赴日留学者803名，1943年选送公费留学生55名，自费生100名。[②]其中先后为山西安排名额7人，还派遣了留日研究员5人，再加上自费留日的2人。这些学生大都进入了日本的名牌大学，如东京大学、早稻田大学、明治大学、帝国大学、京都大学、法政大学等。据统计，1942年伪山西省公署选派公费留日学生共26人。据驻日留学事务专员办事处统计，到1943年12月在日本公费留学的山西学生共有55人。

为了选派赴日留学生，日伪于1942年在太原日本中学设立留日学生预备班，又称留日特设班，主要学习日本高校招生考试科目，全部课程由日本教师用日语讲授。课余活动与日本人在一起，参加所谓“东方遥拜”

---

① 《山西省选送留日学生办法》，载《山西省单行法规汇编·教育》（1943年度），伪山西省公署秘书处1943年编印，第10页。

② 长松：《华北敌伪奴化教育一瞥》，《中央日报》1944年9月18日。

“参拜神社”“勤劳奉仕”“精神训话”等。选拔出来的学生在此学习3个月，然后赴日进入大学预科学习。临出国前，伪山西省长还要设宴招待，并请日本官员训话，内容大致为“中日亲善”“共存共荣”“东亚新秩序”等，加强奴化教育。山西留日学生出国路线为：太原乘火车经北京，出山海关，进入伪满洲国，跨越鸭绿江，进入朝鲜，路过平壤、汉城到釜山，再换乘轮船东渡，在日本的下关登陆，然后再改乘火车到目的地——东京。山西赴日的留学生大都就读于日本名牌大学，如早稻田大学、帝国大学、法政大学、明治大学、东京工业大学、横滨高等工业学校等。为了对山西留日学生进行控制，伪山西省公署在东京设立“日晋会”，办事机构称“日晋寮”，借定期召集留学生聚会之名，监视与拉拢留学生，以便归国后为其统治服务。①

二、选派教员赴日观光

为了训练帮日伪实施奴化教育的师资骨干，还从各地学校选派数批赴日参观团。1939年参加由伪华北政务委员会组织的赴日观光团的郭自励，回国后于当年10月被伪山西省公署任命为省立第一师范学校校长；同年，裴涧泉参加伪华北政务委员会教育行政长官访日视察团，回国后被提升为伪山西省教育厅长。1940年10月，伪省公署又选派“小学校长代表访日满视察团”。1940年10月，猗氏县新民学校校长贺崇礼，被派往日本和我国东北参观学习所谓日满教学经验，返回后传达并推广。1938—1942年，晋北自治政府先后在银行界、教育界、回族中、企业团体中、实业界、宗教界，以各种名义选派赴日观光团、视察团八九次。1938—1941年，日伪晋北自治政府还组织4批回民赴日观光，每批约15人，参加观光团的大部分是回民中的知识分子。其中大同赴日观光的知识分子有：王辅、麻永禄、马太和、白励真参加第一批，马佩珍、马子岐、马庆参加第二批，马孝、马勤等参加第三批，马宗先、白体乾、马忠参加第四批。这四个观光团主要参观东京清真寺、神户清真寺、东京古兰经考究所、东京大小学校、图书馆、公园、商店、造币厂、印刷厂、制药厂、汽车制造

① 崔汉明：《沦陷期间的山西留日学生》，载《山西文史资料》第56辑，山西省政协文史资料研究委员会1988年编印，第143—145页。

厂、钢铁厂、各地神社等。观光期间只准看，不准笔记。[①] 此外并派伪国立专科以上学校教员及师资讲肄馆学生90多名赴日参观学习。

日伪选派赴日观光团的目的就是笼络中国教员，以便调动其为日伪奴化教育服务的主动性与积极性。在他们看来，只要让中国教员亲临日本亲眼目睹经济发达、教育发展、社会进步状况，使中国教员自然而然地产生对日本国及日本人的崇敬与仰慕之心，从而增强其为日本在华殖民统治效忠的心理。尤其是想让中国教员回国后，在日常教学中向学生灌输“亲日共存”“大东亚共荣”的奴化思想，为其所设计的奴化教育效力。

① 张全盛、魏卞梅编著：《日本侵晋纪实》，山西人民出版社1992年版，第316页。

第五章　三种教育之间的交锋与博弈

当代美国社会学家帕金（Frank Parkin）认为，社会排斥与社会团结均是社会封闭策略的两种途径，其中社会排斥是占主导地位的社会封闭方式。一个统治集团为了强化其既得的权力和地位，往往利用自己的强势从舆论和思想入手对异己力量进行排斥。① 抗战时期日伪重视兴办教育的一个重要原因就是为了实现社会团结与思想排斥之目的。所谓团结，就是通过社会教育企图将广大民众笼络到自己的统治阵线之中；所谓排斥，就是试图利用其反动思想去教化民众，从而达到排斥不利于其统治的思想和观点。为此，不惜经济代价去举办各类教育，旨在向民众灌输其统治意志和奴化思想，力求笼络广大民众。在教育领域呈现出：日伪竭力反对共产党，同时又排斥蒋介石和阎锡山；根据地教育与晋西教育遥相呼应，在合作多于排斥的情况下，共同抗拒日伪沦陷区奴化教育。对奴化教育的反抗，成为发展根据地教育与晋西教育的潜在动力，加速了简陋条件下这两种教育的发展。如果说1939年底前根据地教育与晋西教育是以合作为主的话，那么，抗战后期山西境内的这两种教育处于较量与博弈之中，最后以根据地教育的取胜而告终。

第一节　共产党领导下根据地教育的抗日反阎活动

共产党领导的革命根据地教育在发展过程中，一直受到日伪奴化教育

① ［美］帕金：《阶级形成中的社会封闭策略》，引自《国家、社会阶层与教育》，中国人民大学出版社 2005 年版，第 49—61 页。

的排斥、打击与破坏，因而，从一开始根据地教育就是在抗击日伪奴化教育活动中建立与发展起来的，瓦解与打击日伪奴化教育是根据地教育的一项长期而艰巨的任务。同时，当 1939 年冬阎锡山发动“晋西事变”后，革命统一战线遭到破坏，从此革命根据地教育还肩负着与阎统区教育斗争的使命，实质上形成了“两个拳头打人”的态势。正如成仿吾所说：“对于敌伪奴化教育与半殖民地半封建的旧教育进行坚决斗争，配合着其他政治、经济与文化的斗争，共同争取民族民主革命的胜利与新中国的实现。”①

一、共产党领导下的反奴化教育运动

面对日伪军对根据地的入侵与扫荡，尤其是对革命根据地教育的破坏，共产党领导下的革命根据地与之展开了针锋相对的斗争。因为根据地已经认识到“文化教育的斗争，是整个抗日斗争的重要方面，它服务于总的政治斗争的目的”②。一方面，加强对根据地教育的自身保护，通过建立抗日两面小学、抗日隐蔽小学、抗日流动小学等，“敌人来的时候，学生就自动散了开去；敌人走了，学生又自行聚拢了来，继续上课。……在定襄，许多的学校都是领敌人发下的经费和课本，敌人到来的时候，才把汉奸的‘新民课本’放在桌上；敌人走了，便口授抗日课本，或是讲晋察冀边区出版的抗敌报和救国报。有时敌人来时，索性不上课，把学生领到操场去游戏”③。另一方面，在敌占区师生中秘密开展抗日宣传活动，动员敌占区教师来根据地学校工作，并给予相对优越的待遇；动员在敌占区上学的学生来根据地学校读书。正如李公朴所讲：“为了加强粉碎日寇政治阴谋和奴化教育的力量，晋察冀边区特别的注意敌区师资的训练，加强所有敌区游击区的教育工作。”④

第一，增强游击区小学师生对战争的应对能力，确保根据地小学的正常运行。美国博弈论专家约翰·纳什（John Nash）提出重复博弈的理论，

---

① 成仿吾：《争取教育战线上的更大的成绩》，《教育阵地》第 1 卷第 6 期，1943 年 6 月 1 日。

② 温济泽：《抗战三年来敌我在教育战线上的斗争》，《边区教育》第 2 卷第 19、20、21 期合刊，1940 年 11 月 16 日。

③ 李公朴：《华北敌后——晋察冀》，生活·读书·新知三联书店 1979 年版，第 145—146 页。

④ 李公朴：《华北敌后——晋察冀》，生活·读书·新知三联书店 1979 年版，第 146 页。

认为博弈者在无数次交锋与博弈中，可以通过观察对手以往的行为来认识他们是何种类型，并通过改变自己的行为尝试影响对手对自己类型的预期与策略。[①] 随着日军对根据地的不断扫荡，日伪试图扩大其奴化教育范围，欲在敌占区边缘地区增设新的日伪小学。面对这种形势，1943 年晋察冀根据地采取了相应的反奴化教育措施，一方面，阻止日伪在游击区设立日伪小学，另一方面，努力增强根据地小学的应变能力，以确保无论战争环境多么恶劣，根据地小学仍然能够进行正常教学。具体做法是：首先，在游击区，采用分组教学方式，将学生按居住远近和年级编成若干小组，选择偏僻地方掌握敌人活动规律，进行分散教学。教师轮流到各组上课，有时利用导生分头教学，有机会教师进行集体上课。上课时，在街口、胡同或门口都要设岗哨，规定暗号，同时学生都有伪装用品，如针线活、纺花车、鸡毛毽、纸牌等。一旦发现敌情，岗哨传达信号，学生便迅速藏好课本与文具，分散活动或做游戏，女生装作做针线活、纺纱、绣花、推碾子，男生伪装成拾柴、割草、锄地等，以掩蔽敌人耳目。正如当时的小学生孙梅村所回忆的那样：

> 一天早饭后，我穿一件带大襟的单小褂，把 64 开的语文课本往小褂大襟底下一揣，兴冲冲地去上学。因为鬼子的据点在东莲子口村的西边，所以当时村里的人们一上街就都习惯地首先向西看。我从胡同里出来向西一看，日本鬼子的大部队离我只有几十丈远了。我还拿着打日本的书，情况十分危急。敌人要是发现了我的书，他们是不会善罢甘休的。我一个人死了不要紧，不知他们还要杀多少人，这可是大事。在这危急时刻我仍然假装象没事人一样，又扭过头向东看看，装出一副找人的样子，然后才转身回到胡同里。进了胡同口，我飞一般地向壕沟的地下课堂跑去。[②]

这段回忆录生动地再现了抗战时期小学生机智应对日伪军的一幕，从中亦可看出当时小学生在敌人面前的机智与勇敢。此外，为了保守秘密，学生

---

① ［美］格若赫姆·罗珀：《博弈论导引及其应用》，柯华庆、闫静怡译，中国政治大学出版社 2005 年版，第 41 页。

② 孙梅村：《纸笔石板当刀枪》，载《晋察冀边区教育资料选编》（回忆录分册），河北教育出版社 1990 年版，第 149 页。

不称教师为“老师”，一般按年龄称“叔叔”“伯伯”“哥哥”“姑妈”“嫂子”等，学生点名不称名字，而按编号来进行，以免暴露秘密。[①] 上课地点，一般设在隐蔽的地方如山洞里、地道中，地道往往在村外偏僻之处，将地道口挖在教室的地下室，或厕所里、庄稼地里，以便师生随时钻入，从而确保人身安全。学生在每次上学时，必须预先想好一套应敌的办法，如女生提着包袱装作去姥姥家，男生冬天背着筐假装去拾粪，年底便背着褡裢（装钱的袋子），带着账本，扮作去讨债的样子；有时一个小学的同学，赶着一辆马车，让女生坐在上面装作串亲戚。有的地方，教师在巡回授课时，扮作售货郎，沿街敲梆叫卖，以此来集合学生上课；有的村庄将上课地点设在杂货铺里，儿童们伪装来买盐打醋，进行个别教学；[②] 大部分地方建立“地下学校”“洞口学校”等，因为地下冬暖夏凉，尤其冬天可节省烤火费，而且又安全。为了保证开展正常教学，往往成立地下教师秘密组织，设立秘密岗哨，以确保地下教学活动正常开展。

第二，边区在教材和教学中增加反奴化教育内容。边区将宣传抗日、反对奴化教育纳入学校教育课程内容之中，如宣传誓死打鬼子、帮助军队、不泄漏消息、揭露日伪的谣言、欺骗破坏等，克服群众的张皇失措情绪，及时进行防空、防毒、防伞兵等常识学习。如晋察冀边区于 1942 年 11 月要求在学校教育和社会教育的政治教材中编入“今年打败希特勒”“苏德战争的四个阶段”“开辟第二战场问题”“明年一定打败日本”“咬紧牙关渡过艰苦的今明两年”“反对敌人的蚕食进攻”等内容。[③] 在相持阶段，对于原为根据地辖区后沦为敌占区的抗日两面小学，边委会争取使用边区教材。如遇敌人监视较严格，教学比较困难的学校，确需采用日伪教材的学校，教师可采取灵活的教学方法。通过一定的教学策略，算术可以用日伪课本，国语、常识课可采用批判的方式进行讲授，如日伪课本上讲“乡村的东西运到城内来”，应说明敌人掠夺物资的阴谋，进行坚壁清野、保存粮食物资的教育。又如日伪课本上讲“中日亲善”，教师在讲授

---

① 《反扫荡中敌我在宣传教育路线的尖锐斗争》，载《晋察冀边区教育资料选编》（教育方针政策分册下），河北教育出版社 1990 年版，第 25 页。

② 刘松涛：《晋察冀的反奴化教育的斗争》，载《晋察冀边区教育资料选编》（初等教育分册上），河北教育出版社 1990 年版，第 249—250 页。

③ 王谦主编：《晋察冀边区教育资料选编》（社会教育分册），河北教育出版社 1990 年版，第 316—329 页。

时指出当地谁被鬼子杀了，谁家的房子被鬼子烧了，以此来说明敌人所谓“中日亲善”的本质。[①] 游击区小学教师在教学中，就教给学生一套应付日本人盘查和审问的方法，让学生接受骗敌教育。譬如：有一次日伪宣抚班来到晋北的一个农村小学，一个会讲中国话的日本人，拉着小孩子的手问：“你说皇军好，还是八路军好?”“我都不认识，不懂的。”“你知道八路军在哪里?”“听说在大山里。”“哪个山头?”“很远，我没去过。”[②] 日军问了半天也没收获。1942 年根据地普遍在儿童中开展了“五不运动”，即“不上鬼子当，不念鬼子书，不告诉鬼子一句实话，不替鬼子干事，不当鬼子的奴隶”[③]。还将气节教育和保守秘密应敌教育列入小学教育内容，由教员结合当地一些实例进行教学，还经常发动儿童相互检查勉励。[④]

第三，通过争取将日伪学校转变为抗日学校。共产党领导下革命根据地派人到敌占区争取日伪奴化学校，经过努力将原日伪兴办的奴化学校转变为伪装小学，如两面小学、隐蔽小学等抗日学校。1943 年游击区、敌占区的教育出现了两种不同的组织形式：一种是抗日两面小学，一种是抗日隐蔽小学（详见表 5－1)。抗日两面小学的前身，一类是过去的抗日小学，虽因地区变质，但学校始终为抗日政府掌握；一类是敌人建立的伪小

表 5－1　1943 年晋察冀边区晋北各县抗日小学统计表

县名 / 小学校名	五台	盂平	定襄	代县	崞县	山阴	忻县	寿阳	盂寿	繁峙	盂阳	总计
抗日隐蔽小学	182	68	21	53		27				26	43	420
抗日两面小学	98	43	8	76	60	31	24	40	39	10	40	469
合　计	280	111	29	129	60	58	24	40	39	36	83	889

资料来源：王用斌、刘茗、赵俊杰编：《晋察冀边区教育资料选编》（续集），北京师范大学出版社 1991 年版，第 379 页。

① 刘皑风：《统一认识，加强领导，使教育进一步为群众服务为政治服务》，《边政导报》1944 年 4 月 11 日。

② 刘松涛：《革命战争中对儿童进行了爱国教育的点滴经验》，《人民教育》1951 年第 3 期。

③《晋察冀边区政府纪念儿童节号召敌占区儿童展开儿童“五不运动”》，《新华日报》（华北版）1942 年 3 月 23 日。

④ 王用斌、刘茗、赵俊杰编：《晋察冀边区教育资料选编》（续集），北京师范大学出版社 1991 年版，第 385—386 页。

学，因抗日民主政府逐渐争取掌握教师，而上升为抗日两面小学。在敌人力量较强的地方，抗日两面小学无法存在，便出现了抗日隐蔽小学的形式。[①] 当日伪督学来检查时，将抗日课本收起来，学生们将日伪课本放在书桌上，佯装学习日伪课本，以遮其耳目；督学一走，学生们马上打开根据地的课本学习。游击区实行导生制或小先生制，以解决师资不足问题，一些村庄实行隐蔽教学、间接教学、巡回教学等。总之，通过调整办学方式和教学方式来应对敌人的破坏，在靠近敌占区的学校，采用秘密教学、布置岗哨、流动教学等方式来进行抗日教育。

第四，通过争取日伪学校教师和学生，来瓦解奴化教育。针对日伪对根据地教育的摧残与破坏，共产党领导下的革命根据地采取了对日伪奴化教育的猛烈进攻，使奴化学校教育受到了沉重打击。晋察冀根据地采取了对到日伪小学任教教员进行事先掌控的办法，即在日伪要求各村选送小学教师时，根据地就事先做了准备，让那些政治坚定的、年龄较大的、文化程度较低的教师去接受日伪的训练，而且每次受训人选均要经过根据地区公所的批准，受训之后还来根据地报告受训经过，以此来控制在日伪小学任教的教师。[②] 而晋绥革命根据地于1940—1942年采取的措施有：一是采取优惠政策吸引敌占区的教师来根据地工作，制定根据地优待沦陷区学生入学办法。1942年晋察冀边区出台了《晋察冀边区优待敌占区学生入学办法》，规定凡敌占区或接近敌占区学生，因不堪敌伪摧残或不愿受敌伪奴化教育来边区求学者，无论其入中学或小学均给予优待。具体分三种优待：凡敌占区学生来边区，且丧失家庭接济、家贫无力接济而又无亲友可资供养者，或随家庭来边区，但远离家乡且家庭生活难以自给者，可享受甲等优待，即发给课本和文具、全部粮食和菜金、服装等；凡敌占区学生来边区，无亲友接济而家庭尚能供给部分费用者，或无家庭接济但有亲友可资依靠而亲友家境贫寒者，可享受乙等优待，即发给全部粮食；凡敌占区学生来边区求学，家庭能供全部生活费用者，或丧失家庭接济但有亲友可资依靠者，可享受丙等优待，即发给全部课本。[③] 通过这些政策来吸引

---

① 中国抗日战争史学会编：《抗战时期的文化教育》，北京出版社1995年版，第330页。

② 《反扫荡中敌我在宣传教育战线的尖锐斗争》，载《晋察冀边区教育资料选编》（教育方针政策分册下），河北教育出版社1990年版，第26页。

③ 《晋察冀边区优待敌占区学生入学办法》，载《晋察冀边区教育资料选编》（教育方针政策分册上），河北教育出版社1990年版，第327—328页。

沦陷区学生来根据地学校求学。二是积极开展对敌文化教育宣传工作，加强对敌伪的政治宣传，大量印发宣传品，有组织有计划地将根据地报纸发给敌占区的民众，对敌展开政治攻势和军事打击，日伪“新民小学”被根据地争取来不少。因为“广大群众是要求抗日的，伪小学教员一般的并不忠实于敌人，甘心做奴隶，经过教育可以争取”[①]。据不完全统计，晋西北有8个县，有27所学校、29名教师、86名知识分子、250名学生，被晋绥革命根据地争取了过来。三是在游击区设立秘密通讯网络，开展游击教学活动，努力争取沦陷区奴化学校的师生，“使得敌伪新民小学逐步缩小，逐渐出现质的变化，开始接受我方教育政策的影响，要求秘密地与我方联系，如希望我方发给教材，给小学教员送宣传品，和加以委任”[②]。以晋西北两个县的日伪奴化学校师生变化情况，可略见一斑。（详见表5-2）

表5-2 1940—1942年晋西北两县日伪奴化学校师生变化表

类别	学校数			教员数			学生数		
	初小	高小	合计	初小	高小	合计	初小	高小	合计
1940年	175	1	176	175	5	180	2577	28	2605
1941年	135	2	137	135	9	144	2019	60	2079
1942年	125	2	127	126	11	137	1564	84	1648

资料来源：《晋西北二年半的文化教育建设报告》，载《晋绥革命根据地教育史资料选编》（一），山西省教育史晋绥边区编写组、内蒙古自治区教育史志办公室1987年编印，第240页。

1942年与1940年相比，晋西北的两个县日伪奴化学校数由176所减少到127所，减少了27.8%；教员数由180人减少至137人，减少了23.9%；学生数由2605人减少至1648人，减少了36.7%。从晋西北的两个县日伪奴化学校数、教师数、学生数的变化情况，可以直观地反映出革命根据地对日伪奴化教育实施的打击效果是非常明显的。

第五，深入敌占区学校争取日伪小学，将其转化为伪装小学和隐蔽小

① 王用斌、刘茗、赵俊杰编：《晋察冀边区教育资料选编》（续集），北京师范大学出版社1991年版，第386页。

② 《晋西北二年半的文化教育建设报告》，载《晋绥革命根据地教育史资料选编》（一），山西省教育史晋绥边区编写组、内蒙古自治区教育史志办公室1987年编印，第239页。

学。如晋察冀根据地对日伪成立的小学，进行争取转化，通过伪教师的家属及社会关系来争取，或通过师生来掌握教师，从而使之转化为抗日的两面小学。所谓“伪装小学”，又称抗日两面小学，“是以对敌是合法的形式，打着伪小学的招牌掩护抗日教育”① 的学校，伪装的方式有：一是两套教材，一套明的是日伪教材作为掩护，另一套暗的是抗日教材；二是两套教师，即用来应敌的老教师和平时教学的抗日教师；三是两套学生，一部分是年幼的对敌公开的学生，另一部分是年龄较大的不能让日伪军看得到的学生。所谓“隐蔽小学”，是在敌占区或游击区开办的绝对保密的抗日小学，往往采取田野教学、地道教学、流动教学、导生分组教学等形式。据不完全统计，晋察冀边区到 1944 年 1 月抗日隐蔽小学已增至 422 所，抗日两面小学有 382 所，日伪小学则由 1942 年的 423 所减少至 90 所。② 同时，晋绥边区通过在敌占区秘密宣传，发动政治攻势，仅 1942 年一年就“从日伪新民小学争取过来学校 27 所、教员 29 人、知识分子 86 人、学生 250 人”③。1943 年晋察冀边区、晋绥边区革命根据地派有经验的党员，到太原等城市打入日伪统治机关，秘密宣传党的方针政策，发展党的组织，争取群众，壮大抗日力量。在太原等地的日伪中学里组织地下民主救国会，开展秘密小组活动，尽可能利用同乡会、学生会、读书会等组织与亲戚、朋友、同乡和同学关系开展抗日活动，并秘密传阅《新华日报》《华北画报》《新民主主义论》《中国革命与中国共产党》《论联合政府》等解放区出版的书刊，给沦陷区人民带来了希望。

第六，开展广泛宣传，在群众中开展反奴化教育。1939 年 4 月，面对敌伪通过怀柔麻醉和欺骗造谣等手段，企图消灭边区民众的抗战情绪，分化民众的抗战阵营，边委会主任宋劭文、副主任胡仁奎、教育处长刘奠基联合下令，要求各区专员、县长“必须把一般民众设法争取过来，使他们英勇地参加抗日斗争”④。边区加强社会教育，平时利用晚间开办识

① 王用斌、刘茗、赵俊杰编：《晋察冀边区教育资料选编》（续集），北京师范大学出版社 1991 年版，第 386—387 页。

② 王用斌、刘茗、赵俊杰编：《晋察冀边区教育资料选编》（续集），北京师范大学出版社 1991 年版，第 389 页。

③《晋西北二年半的文化教育建设报告》，载《晋绥革命根据地教育史资料选编》（一），山西省教育史晋绥边区编写组、内蒙古自治区教育史志办公室 1987 年编印，第 239 页。

④ 宋劭文、胡仁奎、刘奠基：《边委会函：目前两个极值得重视的问题》，载《晋察冀边区教育资料选编》（教育方针政策分册上），河北教育出版社 1990 年版，第 164 页。

字班，同时也利用日伪各种教育组织进行反奴化教育，揭露日伪奴化教育与愚民政策的本质，向民众宣传敌人的阴谋诡计，让广大群众站在根据地一边。让边区干部潜入敌统区，经常向一般民众灌输抗战知识，还可以利用边区报纸进行反奴化宣传和教育。在敌占区以家庭为单位由家长主持对全家进行国民精神总动员，“宣传日伪军残害我国同胞的肢体，焚烧我同胞的房屋”①。1940 年，在日伪进行大扫荡后，晋察冀边区广泛开展冬学运动，创办了各种类型的冬学、识字班，尤其是游击区的冬学运动开展得如火如荼，边区参加冬学的学员多达 13 万人之多。② 在冬学开展识字教育和政治宣传活动中，向民众揭露日伪实行奴化教育的本质和险恶用心，从而培养广大群众反奴化教育的自觉性。同时，还在民间开展各种文艺宣传活动，1944—1945 年，晋察冀边区通过开展各种文艺表演来宣传反法西斯战争，各种剧团根据政治宣传内容，编写反法西斯剧本，农村剧团表演反特剧，与日本侵略者在文化教育战线进行交锋与博弈。当时平定县只有 4 个村的剧团，就编了 13 个各种各样的反特剧③，以此作为反对日伪奴化教育的手段。

第七，通过在冬学开展政治教育，开展反奴化教育活动。1939 年 10 月，晋察冀边区根据上年开展冬学运动的经验，针对日伪进行的政治侵略、文化侵略与奴化教育，在冬学运动中，在敌占区设立学习站，在群众中开展政治教育与识字教育，彻底粉碎敌人的阴谋，“敌人的威胁、利诱、青化政策被民众揭穿，民众的文化程度也渐渐的提高了！”④ 1941 年冬针对日伪妄图彻底毁灭边区的阴谋——“第三次强化治安运动”，晋察冀边区在冬学中开展军民誓约运动，即全体军民从政治上、思想上武装起来，以提高民族意识，发扬民族气节，提高人民斗争的情绪，坚定抗战胜利的信心和决心，加强团结，坚持抗战，以达到抗日战争的完全胜利。主要内容包括：“不做汉奸、顺民”“不当敌伪官兵”“不参加伪组织维持会”“不给敌人汉奸粮食”“不买敌人货物”“不用汉奸票子”“爱护抗日

① 王用斌、刘茗、赵俊杰编：《晋察冀边区教育资料选编》（续集），北京师范大学出版社 1991 年版，第 188 页。

② 《加强教育工作粉碎日寇文化侵略》，《边区教育》第 2 卷第 7、8 期合刊，1940 年 5 月 1 日。

③ 田流：《实行新教育方针后平定文教成效显著》，《晋察冀日报》1945 年 1 月 9 日。

④ 张范五：《冬学运动在五台》，《抗敌报》1940 年 1 月 11 日。

军队”“保守军事资财秘密”等。[①] 1942 年冬，为了配合抗战形势需要，边区又在冬学中开展政治教育和反奴化教育运动，主题是“反对敌人的蚕食进攻”，主要教育广大群众认识日伪的蚕食政策、日伪蚕食政策的手段、反蚕食的具体方法等，有力地配合了根据地抗战。晋察冀边区通过对一般民众加强政治文化教育，使广大民众接受抗战形势和进步理论教育，提高了群众的民族自尊心、自信心，从而增强了群众对日伪奴化教育的免疫能力。

经过八年与日伪奴化教育的交锋与博弈，最终随着抗日战争的胜利，根据地教育迎来了最后的胜利。1945 年 9 月 27 日，晋察冀边区作出关于接收日伪教育机关的决定，要求各地在接管日伪奴化教育机关时，注意日伪图章之注销、机关职员之登记造册、卷宗之分类注册、图书之分类保管、财物的清点登记等，在接管各级学校和社会教育机关时，要注明校名、校址、校长、教职员数、班级数、学生数、经费数等。[②] 这是根据地教育与日伪奴化教育交锋与斗争的结晶，也是中国人民反法西斯战争的最终胜利。

二、根据地教育对阎统区教育的反破坏与反排斥

美国博弈论专家约翰·纳什（John Nash）提出“不合作博弈”（noncooperative game）理论，认为基于联盟的缺失或破裂，联盟双方分别独立行动，不再与对方交流，而是相互排斥与抵触，这就是原有的合作博弈（cooperative game）结束，进入了不合作博弈状态。[③] 抗战初期，坚持国共合作、联合抗日的统一战线政策，中共领导下晋察冀、晋绥等革命根据地与阎锡山合作较多，能够联合对付日伪奴化教育和宣传。自从阎锡山于 1939 年冬发动“十二月事变”之后，面对阎锡山对根据地教育的破坏，共产党领导下根据地进行了针锋相对的斗争，开始对阎统区教育进行反破坏与反排斥，从此根据地教育与阎统区教育难以相容，根据

---

① 《开展军民按制度暂约运动》，《晋察冀日报》1941 年 12 月 13 日。

② 《晋察冀边区行政委员会关于新解放区教育工作的通知》，载《晋察冀边区教育资料选编》（教育方针政策分册下），河北教育出版社 1990 年版，第 136—137 页。

③ ［美］约翰·纳什：《不合作博弈》，见［美］哈罗德·W. 库恩编著《博弈论经典》，韩松、刘世军等译，中国人民大学出版社 2009 年版，第 12—13 页。

地教育进入对阎统区教育进行打击与排斥阶段，双方进入了“不合作博弈”阶段。

其一，揭露晋西教育的专制性与反动性。1939 年 12 月阎锡山发动“晋西事变”后，加紧制造反共摩擦事件。面对国民党与阎锡山的反动行径，共产党领导的革命根据地教育开展揭露晋西教育反动性与专制性本来面目的活动，如晋西教育禁止学生阅读抗战书报，禁止学生参加救国活动，宣布取缔抗战教材等行为，提倡尊孔读经，剥夺青年的自由等。同时，根据地学校开展了针锋相对的斗争，指出晋西教育只是培养服从于大地主、大资产阶级政权并为其服务的顺民，是破坏团结抗日的教育，是宣传封建旧礼教、旧道德的教育，并对进步青年进行迫害，不断束缚青年思想，监视青年行为，甚至对进步青年加以逮捕和暗杀。[①] 正如 1940 年晋察冀边区干部撰文《抗战中两条教育路线的斗争》中所写，根据地教育与晋西教育是两条不同路线的教育，“一条是民族的民主的科学的大众的；一条是反民族反民主反科学反大众的。这两条教育路线的斗争，配合着两条不同的政治路线与军事路线的斗争，将决定中国的生死存亡”[②]。通过比较根据地教育与晋西教育的异同，来揭示阎统区、国统区教育的反动与落后，譬如课程内容仍然倡导学习《论语》《孟子》等封建教育内容，进行反共宣传；在教学方法上，仍主张采用注入式的死板教学方法，不让学生参与自由讨论；在训导方面，宣传专制独裁、“一个主义、一个政党、一个政府、一个领袖”；教师聘任方面，凡是进行反共宣传的就是好教员，不论其实际学识和教学方法。以此来凸显晋西教育与根据地教育相比之下的落后性与反动性。

其二，利用民族革命大学这块阵地，针锋相对地开展与阎锡山排斥阴谋的斗争。抗战初期在国共合作路线的指引下，阎锡山也作出与共产党合作的姿态，民族革命大学就是国共合作在教育领域的表现。但到 1939 年 12 月阎锡山发动了“晋西事变”，对共产党和八路军发动了疯狂的进攻，经过残酷的斗争，我党政军民彻底粉碎了阎锡山的反共阴谋，将阎军赶出了晋西北地区。从此，在教育方面也体现出对阎统区教育的拒斥与打击。

---

① 温济泽：《抗战三年来敌我在教育战线上的斗争》，《边区教育》第 2 卷第 19、20、21 期合刊，1940 年 11 月 16 日。

② 张云莹：《抗战中两条教育路线的斗争》，《边区教育》第 2 卷第 17 期，1940 年 9 月 16 日。

1940 年民族革命大学名义上由阎锡山的亲信梁化之任教育长，实质上主要由中共地下党员智力展主持校务，中共地下党组织严格限制国民党的“三青团”和阎锡山的“同志会”在校内活动，成立学生自治会，让学生开展丰富多彩的课余活动，并使得阎锡山的《中的哲学》《物产证券》《按劳分配》等在课程体系中形同虚设，而且大力宣读《社会发展简史》《政治经济学》《国际问题》《论持久战》等课程内容。在中共党员和进步青年的努力下，1941 年 11 月 10 日民族革命大学的 500 多名学生在行军途中，到达吉县五龙宫时宣布起义，愤怒声讨阎锡山暗中勾结日军的丑恶行径，打算投奔革命根据地。① 尽管遭到阎军的镇压而失败，但是体现出我党利用民大这块教育阵地开展了与阎锡山阴谋排斥共产党的斗争。

其三，在民族革命中学发动师生与阎锡山的反共行为作斗争。当 1939 年秋季，阎锡山在与中国共产党领导下的晋察冀革命根据地共同创建的山西一区民族革命中学，开始实施其排斥与破坏我党力量的阴谋活动，与我党争夺青少年，破坏晋察冀革命根据地在该校实施的抗日干部培训计划，阎锡山一次即增派了他指派的教职员 20 余人，企图接收民族革命中学，实施所谓的“新的培训计划”。针对这一行为，我党及时领导与发动全体师生掀起了“反顽接收运动”。在学生中成立了纠察队，监视接收人员的行为，并在街上张贴了大量的宣传标语与漫画；还以全校学生的名义给阎锡山发电文，提出挽留原来的全体教职员工；学生们成立了“反接收请愿团”，徒步百余里到专署请愿，沿途向群众宣传大家的正义要求，揭露阎锡山的接收阴谋，同学们边走边唱《请愿进行曲》《大刀进行曲》。

其四，“晋西事变”后在阎管区所办学校争夺教师和学生。1938 年初至 1939 年底，国共合作抗日期间，共产党和阎锡山共同在沦陷区动员学生到根据地或晋西阎管区入学，双方并不排斥，而且合作的机会较多。自从 1939 年 12 月阎锡山发动疯狂残杀共产党人的“晋西事变”，并占领了晋南原属革命根据地的辖区，这些地方的学校师生遭到阎军的拉拢与迫害。1940 年 2 月抗日根据地在晋南洪洞晋家山一带打败了阎军，夺回了

---

① 田中畯：《民大学生反对阎锡山投降活动始末》，载《山西文史资料》第 43 辑，山西省政协文史资料研究委员会 1986 年编印，第 133—136 页。

被阎锡山占领的学校，这些地区的学校得以恢复。到1942年八路军开辟了新的根据地，原来在晋南被阎锡山占领的学校又重新回到共产党的领导之下，譬如洪洞县根据地建立的初级小学由以前的60所增加至1942年的158所，赵城县也由55所增加至99所。[①] 同时，还在阎管区开展宣传活动。譬如晋察冀边区儿童团通过给晋西儿童写信的方式，让其了解根据地小学教育、儿童生活的情况，并教育晋西儿童仰慕根据地，儿童团在信中列举了根据地儿童参与抗战的活动，如在村口路旁站岗查路条，慰劳抗日官兵和军烈属[②]，为抗日部队送情报、打探敌人动向，开展抗日救国宣传等。

其五，通过民校和小学教育让民众和少年儿童深刻了解内战危机的根源。面对1940年初国民党和阎锡山对共产党人的血腥镇压，内战频繁发生，革命根据地开始通过民校、冬学、小学等各种教育渠道，向广大群众和少年儿童进行反中国法西斯主义教育，正如美国学者唐纳德·G. 季林所讲："愤怒的共产党人以阎锡山为目标，发动了一场尖锐的宣传运动，对阎锡山进行猛烈的回击，指责'阎锡山的政权是法西斯主义和中世纪封建主义的大杂混'。"[③] 让大家认识到中国爆发内战的根源是由于"国民党内部存在着法西斯分子——日寇的第五纵队，他们眼看盟军就要大规模登陆作战，整个法西斯的命运危在旦夕，这些法西斯徒子徒孙——中国法西斯分子们，便想挽救这一危局，企图大闹反共内战，以破坏团结，破坏抗战，反对民主，建立他们的法西斯统治，使中国内部兵连祸结，让日寇长驱直入，把胜利的抗战局面，送到亡国灭种的道路"[④]。让人民群众和少年儿童认识到国民党实行"一党专政"和专制统治的巨大危害性，让更多中国人认识到，没有共产党，就没有抗日民族统一战线，就不会有抗战胜利，中华民族就会灭亡。同时，让根据地少年儿童了解国统区、阎统区各级学校教育的空虚与危机，师生生活的艰苦，即使大学教授家中常常断炊，如武汉大学某教授每餐只买几个烧饼充饥；中小学教员生活之苦可

---

① 郭星明主编：《洪洞县教育志》，山西人民出版社1991年版，第20页。

② 《晋察冀边区儿童团给后方小朋友的一封信》，《新华日报》1940年1月17日。

③ ［美］唐纳德·G. 季林：《阎锡山研究——一个美国人笔下的阎锡山》，牛长岁等译，黑龙江教育出版社1990年版，第305页。

④ 健秋：《在国民教育中加强反中国法西斯主义的教育》，《教育阵地》第2卷第2期，1943年8月1日。

以想见，学生生活只能维持最低限度。国统区发起“饱”与“光”运动，就是以能吃饱、能照明为最大满足；阎锡山在晋西发起“克难运动”，让全体师生勒紧腰带、克服困难。以此让根据地师生更多地了解国统区和阎统区的教育状况，以坚定在根据地学习与工作的信心和决心，并将反对法西斯、反对内战作为一项重要任务。

其六，在阎管区中学渗透进步思想，创立进步社团。进山中学是阎锡山一手创办的私立中学，原校址在太原，太原沦陷后该校一度停办。1941年11月，阎锡山在隰县恢复私立进山中学。复校后的进山中学，名义上阎是校长，实质上该校被掌控在地下共产党员、校务主任赵宗复的手中。该校复校不久，校内党的地下组织就建立起来了，聘请了一批具有进步思想的教师，并成立了投枪社、剧宣二队等进步学生社团，创办了《投枪》《晨光》《北风》等进步油印报刊，刊载了不少宣传进步思想的文章。同时，培养了一批反对阎锡山独裁统治、积极投身革命的青年学生，如卫兴华、乔新象、杨盛钦、乔亚等，新中国成立后这些学生中有不少成为省部级领导干部。

第二节　阎锡山退守中晋西教育的抗日反共活动

阎锡山向来以老成持重、谨慎圆滑、事必躬亲、善于谋略而著称①，在抗日战争时期，根据复杂的政治与军事形势，他采取了圆滑、中庸的生存战略——“在三个鸡蛋上跳舞”。即对于日本人、共产党、蒋介石三种势力，他对任何一方均采取若即若离、既拉又打的策略。对于日伪的侵略，起初与共产党合作坚决抗日，抗战进入战略相持阶段后，他又利用在日本留学时的同学关系，与日本勾结，以求得生存；同样，对日本的奴化教育，在保证晋西生存的前提下，竭力反击。对于共产党的态度，他采取又拉又打的策略，抗战前期为建立统一战线，与共产党合作较好，成立牺盟会，坚持共同抗日，但1939年底开始走上了反共的道

① 申国昌：《守本与开新——阎锡山与山西教育》，山东教育出版社2008年版，第2页。

路；同样，对待根据地教育的态度也是前期表现为支持与合作，后期是诬陷与排斥。对于蒋介石，也是时而合作，时而对抗。由此可见，阎锡山的地方军阀本性一直没有改变，他时刻都想将山西作为独立的王国。在抗战时期，他的生存战略直接决定着他对日本奴化教育和共产党根据地教育的态度。

一、晋西教育与奴化教育的交锋与博弈

面对日伪的文化教育侵略，在抗战前期阎锡山集团也采取了回击和应对，一方面，在敌人的进攻与威逼之下，努力在晋西立足并建立自己的教育网络；另一方面，想方设法对日伪奴化教育进行瓦解与排斥，限制其在三晋大地上肆意蔓延。对日伪奴化教育的排斥与打击，既是出于民族意识的考量，不愿让外族文化教育长驱直入，侵吞我中华文化；又是源自对日伪破坏他在山西苦苦经营多年的教育体系和学校设施的仇恨，因为阎锡山将兴办教育作为其酷爱的事业，而且正是因为他兴教有方，曾一度誉满神州，而日本的入侵，使得曾在全国盛极一时的山西教育顷刻之间陷于瘫痪，而代之以培养亡国奴的奴化教育。这使得阎锡山非常痛心，因此，他对奴化教育也是恨之入骨，也愿意想方设法去排斥与干扰日伪的奴化教育。

首先，在敌占区秘密建立反奴化教育组织系统。1938—1939 年阎锡山要求在沦陷区各村选聘 1 名教育工作员，并在各村设立学习站，分散对青年、成人、妇女、儿童进行分组教育，在劳作休息时的田间地头或晚上在家里开展宣传和教育活动，教育内容有：三民主义概论、统一战线理论与实践、政治常识、汉奸的分析与争取的方式、敌伪宣传的方法及其效能等以及识字、算术等；区派教育协理员，并设立学习总站，负责领导各村学习站工作；县设教育科长，成立教宣联席会，负责全县的反奴化教育工作。1938 年 4 月，夏县沦陷，大批失学少年儿童四处流亡，面对这种情况二战区派牺盟会在中条山大涧口收容上百名失学少年儿童，并成立了夏县抗日牺盟儿童团，下设军事、生活、戏剧、歌咏四个股，开展抗日宣传活动。这个儿童团，既是文化学习队，又是军政训练队，还是抗日宣传队。1939 年为了收容失学流亡儿童，国民党中央赈济委员会在平陆县曹川乡太案村，建立了一所儿童教养所，共收容了 400 多名流

亡儿童，分设初小、高小两级，共开办4个班，进行抗日教育和反奴化教育。

其次，发动在沦陷区任教教师在教学中反对奴化教育。正如《中央日报》记者长松于1944年所说，山西“奴化教育已有多年历史，我们虽不必高估其效能，但也不宜忽视其流毒。目前如何争取敌伪雇用的教育人员，使共晓大义，共行反奴化工作？胜利后如何涤除积臭，咸与更新都需要我们努力”①。日伪迫使学生每天上课前要诵读“学习日本文化，发扬中国文化，为大东亚共荣圈的胜利完成”的奸语，而中国教师在语文课上利用讲课机会，采用“以古喻今”的手法，大讲中国历史上民族英雄的爱国故事，启发学生们的抗日爱国热情。如山西应县罗庄小学教师，在日伪占领后改建新民小学后，他们在教授奴化教材时，利用教材内容挖掘其中的反奴化教育素材，向学生讲授有利于弘扬民族气节和爱国主义精神的内容。如国语教师在讲到奴化教材“蒙旗”时，其中有一句“红白蓝黄真美丽呀”，学生读完这一课后，教师就给学生详细讲解《论语指南》中具有针对性的课文“五族共和论”，分析“红黄蓝白黑”五色旗的意义，使学生懂得辛亥革命后孙中山先生为强调中华民族大团结，用红黄蓝白黑五色国旗，象征汉、满、蒙、回、藏五族共和，是推翻清政府的胜利标志，也寄托着中华民族反帝反封建的最大希望。② 再如五台县沱阳高小教师田象贤，1945年6月在给毕业生写留言时，以鸟为喻，讴歌那些勇于为自由而战的青年，他这样写道：

> 狂风暴雨打得我好苦，吹翻了我的破窠，淋湿了我的美羽。我扑翅膀，睁破眼珠，也找不到一个栖身之处。笼里一只鸟，身安毛也好，侧着眼睛向我瞧。我不知它是喜还是恼。明天一早，风雨停了，煦煦的阳光，照着萋萋的青草。……我看那笼里的同胞，扑着翅儿飞绕，要想撞破牢笼，出来做个自由鸟。它说：“不管天西地东，但愿到处飞冲，那怕急风暴雨，到底海阔天空，即使筋疲力尽，身化灰

---

① 长松：《华北敌伪奴化教育一瞥》，《中央日报》1944年9月18日。

② 袁映凯：《抗日战争时期敌占区学校自发开展反奴化教育的点滴事例》，载《晋察冀边区教育资料选编》（回忆录分册上），河北教育出版社1990年版，第139页。

尘，也只在自由的空气中，强于老死在牢笼。”①

当时日占区的学校教师尽管人在日伪学校，但仍然保持着原有学校教师的思维风格与民族精神，利用一切机会，想方设法向学生渗透抗击侵略、争取自由的思想，以此来体现对日伪奴化教育的抵抗。

再次，在日伪统治相对薄弱地区开展国民学校复校运动。在晋南的洪洞县，1938年2月日伪军占领洪洞县城，之后打着“爱护村”的旗号在该县设立了73所村办新民初级小学，在校生达2341人。阎锡山于1938年夏末，在洪洞县招收了一批教员，随后派到西山日伪统治薄弱的山区各村小学动员复校，并在各村成立少年儿童救国会，让学生开展抗日宣传活动。1942年日军扫荡时，不少阎锡山倡导恢复的小学被迫停办。② 为了发动更多的日伪统治薄弱地区小学教员开展国民学校复校运动，1940年8月永济县原阎锡山政权负责人秘密召开几次教育工作会议，先后培训小学教师数千人，向小学教员大力宣传爱国思想，颁发“国难教材”和“民族革命读本”，并将日伪下发的“新民课本”作相反的讲解，如在讲解“中日亲善”时，通过向学生讲解日军在当时实行的“三光”政策所造成的危害，特别是杀人放火、奸淫妇女、无恶不作，来让学生知晓其虚假性和欺骗性。不久，这个地区的国民学校又恢复教学，只是采取抗日两面小学的办学方式来应付日伪的检查。当日伪来时，拿出“新民课本”；日伪走后，便教授“国难教材”“民革读本”。为了不让日军发现“民革教材”和“国难教材”，运城董村小学一直放着一个空棺材，当日伪来时，师范生便将“民革教材”“国难教材”快速放入棺材。不少教员在日常教学中，向学生讲述孙中山的《兴中会宣言》、文天祥的《正气歌》、岳飞的《满江红》等爱国名篇，以激发学生的爱国情感。有的教员向学生传授民间流传的《抗日三字经》：

人之初，性中坚，爱国家，出自然；国不保，家不安，卫国家，务当先。

昔岳母，训武穆，背刺字，精忠谱；岳家将，奋威武，打金兵，

① 王耀光主编：《沱阳校史》，北岳文艺出版社2000年版，第50页。

② 郭星明主编：《洪洞县教育志》，山西人民出版社1991年版，第19—20页。

复故土。

唐张巡，守睢阳，奋战死，称忠良；文天祥，骂元兵，伸正气，留英名。

郑成功，守台湾，抗清兵，美名传；刘永福，黑旗军，打法兵，英名存。

七月七，芦沟桥，日本兵，开了炮；佟麟阁，赵登禹，两将军，把兵举。

……

先毙敌，后自戕，义参天，堪赞扬；众将士，军人魂，青史上，美名存。①

最后，教育师生灵活应对日伪军对晋西南教育的袭击与破坏。阎统区学校师生针对日伪的扫荡与袭击，主要采取了流动、隐蔽、战斗等应对措施。所谓流动，就是师生随身携带教学用具与教材，遇到敌人来犯，就迅速撤离，而且在每次上课时均要派学生在外面站岗、放哨。一有敌情，马上转移；敌人一走，接着教学。如1941年日军扫荡洪洞县马头一带，洪洞与赵城的几所高小师生便转移到安泽县上课。所谓隐蔽，就是以日伪的名义办学，实则进行抗日教育。晋西南高小，就打着日伪新民高小的旗号开展教学，但完全按照原有国统区教育大纲进行教学。对日伪宣称校名为“启智新民高小”，对阎统区称“晋西南高小”。学校设有两套档案、两套教材，以应付日伪的检查。② 遇到敌人力量薄弱时，学校师生也参与打击敌人的活动。

二、晋西教育与根据地教育的交锋与博弈

阎锡山在抗战初期与共产党合作中，亲身感受到了共产党领导下的政治宣传和根据地教育方法得当，效果显著，尤其是在广大农村地区根据地教育收到了更好的效果，赢得了工农大众的拥护。美国学者唐纳·G. 季林说：“共产党利用战争中争取到的时间和空间，在广阔的敌后和农村迅

① 王克礼：《抗日战争时期运城沦陷区教育情况概述》，载《山西文史资料》第59辑，山西省政协文史资料研究委员会1988年编印，第104页。

② 郭星明主编：《洪洞县教育志》，山西人民出版社1991年版，第43—44页。

速建立了农会、民兵、游击队及其他群众组织，从农民阶层中还补充了成千上万的新兵源。八路军不像晋绥军（阎锡山的部队），它那减租减息政策和对民众深切关怀的态度，深受农民爱戴，纷纷给他们送鸡蛋和军鞋进行慰劳，而且喜欢看共产党文工团演出的戏曲。”① 八路军所到之处，老百姓都说：“我们知道，你们就是红军，是我们穷人的军队。”② 共产党领导的根据地教育也深得人心，不管是少年儿童，还是妇女成人，均踊跃入学接受各种教育。这些使阎锡山深受刺激，不仅他的晋绥军在民众中威信低，不受群众欢迎，而且晋西教育的影响力也比不上根据地教育，因此，1939 年底，阎锡山对根据地教育态度发生了转变，由抗战初的支持合作转变为排斥和打击。发动了“十二月事变”，对共产党进行反动镇压，从此山西的抗日统一战线破裂。

第一，在国共合作创办的民族革命大学，阎锡山竭力宣传自己的思想、培植自己的力量。在阎锡山创办的民族革命大学，培养抗日救国进步人才，从管理到课程设置，均可以看出抗日的态度，但同时阎锡山时刻都没有放松对共产党的抵触。一方面，竭力推销其所谓的“中的哲学”“物产证券”“按劳分配”理论，以便培养忠于他的统治的人才；另一方面，在民族革命大学大量培植他的势力，1939 年下半年在大宁川庄办学期间，军训处则由阎的旧军官控制，顽固地以阎的意旨为意旨。大队长是由军训处委派和领导的，而大队指导员和政治工作员是由政治处委派和领导的，两种力量都要争取学员到自己一边来。尽管如此，但在中国共产党组织的引导和党员行动的影响下，通过进步教官在课堂灌输抗战思想和新的哲学意识，这时的民大仍然是一个进步的阵地。到 1940 年，阎锡山对民族革命大学的领导机构进行调整，将共产党员杜任之、杜心源调离，选派几个旧军官担任军事教官，意在加强对民大的控制，以达到排斥共产党的目的。

第二，加强对民族革命中学的控制，与共产党争夺革命青年。即使在国共合作时期，阎锡山时刻不忘与共产党争夺教育权，不管在民族革命大学，还是在民族革命中学，他竭力扩大自己的权力和影响，企图控制民族革命中学。譬如，1938 年 7 月，阎锡山与中国共产党领导下的晋察冀革

① ［美］唐纳德·G. 季林：《阎锡山研究——一个美国人笔下的阎锡山》，牛长岁等译，黑龙江教育出版社 1990 年版，第 281 页。

② ［美］唐纳德·G. 季林：《阎锡山研究——一个美国人笔下的阎锡山》，牛长岁等译，黑龙江教育出版社 1990 年版，第 282 页。

命根据地共同创建了山西一区民族革命中学，起初阎锡山授权晋察冀边区管理该学校，他本人只是挂名副校长。随着晋察冀革命根据地教育力量的壮大，阎锡山感到，该校完全变成了共产党培养人才的革命学校，于是从1939年秋季开始，便控制民族革命中学。一方面，突然撤换原校务主任及教职员，增派他的亲信到该校任教，当年借口执行新的训练任务，他一次就向该校增派教师20余人，并撤换了原来晋察冀边区招聘的教师；[①] 另一方面，暗地向青年学生散布反共言论，与共产党争取青年学生。结果招致学生们的请愿反对，在学生们的反对下，他派去的“精建会”“敌工团”一直没能进驻民族革命中学，最后，阎锡山恼羞成怒，宣传解散民族革命中学。

第三，晋西事变后与革命根据地争夺学校师生。1939年12月阎锡山在晋西南等地大肆残害共产党人，将革命根据地兴办的学校强迫转变为阎管区的学校，拉拢革命根据地教师到阎管区学校任教，让原有根据地学校的学生学习阎锡山所指定的教材。譬如洪洞县的南垣一带原是晋冀鲁豫革命根据地辖区，在晋西事变中被阎锡山主力占领，1940年2月在南垣片召开教师大会，以寻找暗藏的八路军为名，对不愿到阎统区工作的革命根据地教师加紧迫害。[②] 对于不听从其摆布的教师，就将学校破坏，将教学用具损坏，甚至将教师关押审讯。还组织“猫儿队”在根据地学校做鬼脸、扰乱教学秩序，组织“猴儿队”上课桌打闹，“豆儿队”专门吵闹叫喊，还有专门挖墙脚的[③]，派这些不学习的学生在学校和课堂上捣乱，破坏学校正常的教学秩序。

第三节　日本统治下沦陷区奴化教育的拒共反阎活动

日军在对中国进行军事侵略、摧残生命与掠夺财产的同时，对我国的

① 《山西一区民中校务主任及一切教职员被撤》，《抗敌报》1939年10月15日。

② 郭星明主编：《洪洞县教育志》，山西人民出版社1991年版，第20页。

③ 《北岳区二十个月来国民教育工作总结材料》，载《晋察冀边区教育资料选编》（初等教育分册上），河北教育出版社1990年版，第84页。

文化教育机制也进行疯狂的打击与破坏。日伪军在每次进行武力进攻时，总是伴以文化教育侵略，焚烧学校、逮捕教师、散发传单、拉拢儿童等种种毒辣手段同时并用，正如时任华中大学校长的韦卓民所说："敌人对于我们的教育设施是毫不留情的，只要有机会，第一个受到攻击和破坏的就是学校。"① 在大肆破坏我国各级各类学校的基础上，企图实行其奴化教育。无论阎统区的晋西教育，还是晋察冀、晋绥等革命根据地教育，均遭到了日本侵略者的惨重破坏。

一、日本侵略者对根据地教育的排斥与破坏

因为"奴化教育是日寇侵略中国的一种重要武器，这个武器是服务于灭亡全中国这个政治目的的，是企图解除中国人民的思想武器，使中国人民变成不知羞耻的、不知反抗的奴隶"②，因此，日伪"对我根据地文化教育的摧残，是不遗余力的，在敌寇所到地区破坏烧毁文化教育建筑与文物，捕杀青年知识分子、小学教员，在敌寇未实行治安强化运动以前，对其据点中的奴化教育，大都是为了粉饰太平形势的，统治力量并不很周密集中，因此在敌伪据点中的新民小学，我们依然可以秘密地进行抗战教育。自 1941 年 3 月日军实行'治安强化'运动以来，日伪也逐渐加强了奴化教育的统治，对小学教员与青年知识分子逮捕屠杀更加凶恶。1941 年文水、汾阳等县，即先后捕杀我方教员 50 人以上，逐渐开始了奴化训练小学教员工作，每年在据点召集附近小学教员开会一次，强迫小学教员学习日语，用伪课本，消灭我儿童的民族意识。1942 年又在忻县、崞县等县，在农村和车站上到处逮捕青年知识分子约 200 人"③。据晋察冀边区统计，在日本侵华期间，仅就小学教育而言，日本侵略者烧毁与破坏学校 4466 所，破坏校舍 47030 间，损坏桌凳 689962 套，损失学校用具 6699 套，损失课本 1338800 册，损坏教具与参考图书

① 韦卓民：《抗战时期的中国教育》，载《韦卓民学术论著选》，华中师范大学出版社 1997 年版，第 425 页。

② 温济泽：《抗战三年来敌我在教育战线上的斗争》，《边区教育》第 2 卷第 19、20、21 期合刊，1940 年 11 月 16 日。

③ 《晋西北二年半的文化教育建设报告》，载《晋绥革命根据地教育史资料选编》，山西省教育史晋绥边区编写组、内蒙古自治区教育史志办公室 1987 年编印，第 239 页。

仪器等2871580件，总计金额19090948000元法币。[①] 晋冀鲁豫边区在八年抗战中被日军摧毁高小和初小47567所。[②]

（一）学校数与学生数减少

“百团大战”之后，日本侵略者加紧对革命根据地的“扫荡”，并对根据地教育进行了大肆破坏，采用各种办法破坏根据地小学，如烧毁和拆毁各村校舍，将砖瓦、木料用来修筑岗楼或岗楼旁的日伪小学，搜寻和烧毁抗日课本。“学校教育受到严重损失，绝大多数学校已瓦解，其余少数学校以隐蔽方式存在，无人区的学校全部塌台；在我根据地边缘斗争激烈地区，很多学校不能经常进行教育。”[③] 据不完全统计，仅1940年春季日伪军在扫荡中就烧毁晋察冀边区20多个县校舍103处264间，逮捕师生286人，残杀师生33人。[④] 同时，还对根据地小学生进行诬蔑与诽谤，一些汉奸到处宣传“八路军的小学生不尊敬师长，不识字，光会唱歌、跑步”。还说：“儿童团有三大任务：一打日本，二打家长，三打老师，这就是八路军的教育。”[⑤] 日伪通过各种卑鄙的手段，使根据地的学校数、入学儿童数及教员数减少。据不完全统计，在敌人扫荡后，边区19个县高级小学校数平均减少15.45%，初级小学校数平均减少14.64%，初小学生数平均减少38.57%（详见表5－3）。

表5－3　1941年—1942年2月晋察冀边区部分县初小学校数与学生数变化表

县名	1941年扫荡前学校数	1942年2月学校数	增减百分比（%）	1941年扫荡前学生数	1942年2月学校数	增减百分比（%）
五台	364	230	－36.81	9999	7463	－25.36
灵寿	181	153	－12.71	11030	7579	－31.29
平定	104	85	－18.27	4646	3779	－18.66

① 《边区小学校遭受日寇的破坏与复兴计划》，载《晋察冀边区教育资料选编》（初等教育分册上），河北教育出版社1990年版，第159页。

② 刘松涛：《华北抗日根据地用革命办法办学的几点体验》，《人民教育》1951年第2期。

③ 《北岳区二十月来国民教育工作总结材料》，载《晋察冀边区教育资料选编》（初等教育分册上），河北教育出版社1990年版，第70页。

④ 石伟：《晋察冀小学教育》，《晋察冀日报》1941年4月23日。

⑤ 《反扫荡中敌我在宣传教育路线的尖锐斗争》，载《晋察冀边区教育资料选编》（教育方针政策分册下），河北教育出版社1990年版，第22页。

续表

县名	1941 年扫荡前学校数	1942 年 2 月学校数	增减百分比（%）	1941 年扫荡前学生数	1942 年 2 月学校数	增减百分比（%）
繁峙	83	67	-19.28	3406	3311	-2.79
广灵	50	44	-12.00			
应县	43	39	-9.30			

资料来源：《北岳区二十月来国民教育工作总结材料》，载《晋察冀边区教育资料选编》（初等教育分册上），河北教育出版社 1990 年版，第 70 页。

抗战期间，在日伪军惨绝人寰的洗劫下，晋冀鲁豫边区有 47567 所高小和初小被摧毁[①]，有的校舍连续数次被敌人破坏。当敌人撤出后，一些村庄学校师生共同努力，动手重新修建，好不容易能够正常上课了，过不了几天敌人再次扫荡又将其彻底破坏。

（二）教师数减少

日伪对待根据地教师的态度是先引诱、欺骗，既而威胁、逼迫，若不就范，就对其进行杀害。因而，革命根据地教育界涌现出无数被日伪杀害的视死如归的人民教师，如坚贞不渝、忠贞不贰、誓死不变节的灵邱县东河南镇西沟村小学教师孙虔，不畏强暴、宁死不屈，在牺牲前高呼“我头可断，血可流，民族气节不可辱”的五台县士集村小学教师石兰亭等。仅 1940 年春在一次扫荡中日伪军就逮捕晋察冀边区小学教师 135 人，被日军惨杀的就有 11 人。[②] 1941 年秋，日伪对根据地进行扫荡后，到处威胁、利诱和捕捉根据地小学教师，采取“强迫附近村庄小学教师进行登记、受训，甚至强迫自首。威胁利诱失败后，就继之以逮捕屠杀，敌人也曾不断强迫点线附近青年去受训，组织伪青年团等。企图让边区青年给他当特务爪牙”[③]。还通过短期提高沦陷区学校教师待遇的办法，来吸引根据地小学教师。将伪教师的月薪增至每月 20—40 元，给教师发袜子、牙

① 刘松涛：《华北抗日根据地用革命办法办学的几点体验》，《人民教育》1951 年第 2 期。

② 刘松涛：《晋察冀的反奴化教育的斗争》，载《晋察冀边区教育资料选编》（初等教育分册上），河北教育出版社 1990 年版，第 242 页。

③ 王用斌、刘茗、赵俊杰编：《晋察冀边区教育资料选编》（续集），北京师范大学出版社 1991 年版，第 385 页。

刷、茶叶、纸烟等日用品①，不过“羊毛出在羊身上”，这些费用均由村自筹。晋察冀革命根据地的教育受到严重破坏，教师数量大大减少（详见表5－4）。

表5－4　1941年7月—1942年春晋察冀边区部分县教师情况变化表

县名	时间	总数	性别		政治面貌				文化程度				
			男	女	国民党	共产党	群众	其他	初小毕业	高小毕业	简师毕业	中学毕业	中学以上
平定	1941年7月	121	121		12	18	91		65	45	2	9	
	1942年春	95	95		8	23	64		50	36	2	7	
灵寿	1941年7月	189	180	9					67	89	3	38	4
	1942年春	168	159	9	49	79	40		59	79		26	4
繁峙	1941年7月	75	75		4	21	50		63	12			
	1942年春	66	66		4	23	39		56	10			
广灵	1941年7月	49	49		1	8	39	1	29	22			
	1942年春	43	43		1	6	36		22	21			
应县	1941年7月	43	43			10	32	1	36	3		4	
	1942年春	39	39		1	9	29		34	2		3	

资料来源：《北岳区二十个月来国民教育工作总结材料》，载《晋察冀边区教育资料选编》（初等教育分册上），河北教育出版社1990年版，第78—81页。

由上表可以看出，1942年日本对根据地进行扫荡后与扫荡前相比，平定县的教师总数减少了26.49%，灵寿县减少了11.11%，繁峙县减少了12%，广灵县减少了13.95%，应县减少了9.3%；当时参加统计的18个县当中，初小教师总数由扫荡前的2702人②，减少到扫荡后的2307人，共减少了14.62%。晋绥边区仅1941年就有98名教员被捕，牺牲教员13人，牺牲学生1人。③

① 《反扫荡中敌我在宣传教育路线的尖锐斗争》，载《晋察冀边区教育资料选编》（教育方针政策分册下），河北教育出版社1990年版，第23页。

② 《北岳区二十个月来国民教育工作总结材料》，载《晋察冀边区教育资料选编》（初等教育分册上），河北教育出版社1990年版，第78—81页。

③ 《晋西北教育概况》，《抗战日报》1941年9月27日。

（三）根据地校舍惨遭破坏

日伪军在扫荡中每到根据地所辖的村庄，要么放火将学校烧毁，要么将校舍的砖瓦、木料拆毁运走筑岗楼或炮楼下的日伪小学。1940 年日伪对晋绥革命根据地进行了三次扫荡，根据地学校的校舍惨遭破坏。据不完全统计，晋西北 18 个县被烧毁校舍共有 106 处（详见表 5－5）。

表 5－5　1940 年晋西北抗日根据地校舍遭受日伪破坏情况

县名	兴县	静乐	宁武	忻县	岢岚	离石	河曲	阳曲	岚县	汾阳	临县	方山	合计
遭破坏校舍数(处)	30	31	5		2	6	1	5	1	11	6	8	106
被逮捕教员数(人)		2	2	1	4	1	44	1	1	42			98
被杀害教员数(人)		1		2	2	1	3			4			13

资料来源：杜心源：《民国二十九年度教育工作总结》，《行政导报》第 2 卷第 2、3 合刊，1941 年 8 月。

据 1945 年冬抗战胜利后对晋察冀边区小学的统计，在抗战期间被日伪烧毁的完全小学共计 237 所，烧毁校舍 4740 间；初等小学被毁 4229 所，被毁校舍 42290 间；完全小学和初等小学共计被毁 4466 所，被毁校舍 47030 间[①]（详见表 5－6）。被日伪军扫荡过的村庄学校，桌椅、门窗

表 5－6　抗战期间晋察冀边区各县小学财产损失表

学校财产项目	损失数字	折合边币数(元)	折合法币数(元)
校舍被烧被毁	4466 所、47030 间	7054500000	14109000000
桌凳损失	689962 套	2069886000	4139772000
用具损失	6699 套	66990000	133989000
课本损失	1338800 册	66940000	133880000
教具图书仪器损失	2871580 件	287158000	574316000
合　计		9545474000	19090957000

资料来源：《边区小学校遭受日寇的破坏与复兴建设计划》，载《晋察冀边区教育资料选编》（初等教育分册上），河北教育出版社 1990 年版，第 159 页。

① 《边区小学校遭受日寇的破坏与复兴建设计划》，载《晋察冀边区教育资料选编》（初等教育分册上），河北教育出版社 1990 年版，第 157—158 页。

有的被烧毁，有的被运到日伪小学；教具、图书、仪器等大部分被日伪烧毁或丢失。据统计，抗战期间晋察冀边区完全小学和初等小学共损失图书2859400册，损失仪器图表等教学用具121080件，每校平均损失课本200册，共计损失1338800册。可以说，被日伪扫荡过的村庄小学都是十室九空。

（四）在根据地学校进行所谓“思想战”和破坏战

日伪不仅通过军事手段破坏根据地学校，打击与迫害根据地师生，屠杀、逮捕抗日教员与学生，而且在师生和群众中开展所谓的“思想战”“思想善导”，即对共产党与八路军进行反面的欺骗性宣传。如对学校师生说什么“八路军是工农阶级，不要知识分子”“共产党实行共产制，要没收每一家的私有财产”等。而且日伪军在据点、交通线上，强迫成立伪小学，逼迫根据地边缘村庄的儿童到其据点内或炮楼下开办的伪小学读书，教授伪课本，还编写有“防共反共”“铲除共党”“恢复东亚固有文化道德”等内容的教材，甚至诬蔑共产党是“青面獠牙的魔鬼”“杀人放火的强盗”等，还造谣“八路军抢老百姓的粮食”“八路军杀人放火”，大肆宣扬“大东亚共荣”“王道乐土”[①]，编造一些愚弄民众的话语，如“中日是一兄弟国，日本是秦始皇东岛求仙送去五百童男童女的后裔”“中日满共同建设大东亚”“蒋介石准备投降美国，共产党准备投降苏联”[②]，并利用汉奸特务破坏抗日小学。举办各级学校师资奴化训练班，训练期间大肆宣传诬蔑共产党、八路军及根据地教育的言论，以此混淆是非、颠倒黑白，来麻痹和腐化我国教师。1939年以后，“敌寇对边区的扫荡日趋频繁，对我小学教育的摧残无所不用其极，奔袭包围，烧毁校舍文具，逮捕屠杀我小学教师、学生”[③]。还通过开办所谓的“新民训练班”“青年训练班”，通过汉奸和特务在群众中进行反动宣传，诬陷抗日军队和根据地教育。

---

① 王用斌、刘茗、赵俊杰编：《晋察冀边区教育资料选编》（续集），北京师范大学出版社1991年版，第618页。

② 《反扫荡中敌我在宣传教育战线的尖锐斗争》，载《晋察冀边区教育资料选编》（教育方针政策分册下），河北教育出版社1990年版，第31页。

③ 王用斌、刘茗、赵俊杰编：《晋察冀边区教育资料选编》（续集），北京师范大学出版社1991年版，第383页。

二、日本侵略者对阎锡山原有教育的破坏

阎锡山自从1917年兼山西省长以来，一直重视发展各类教育，山西义务教育、职业教育和社会教育在全国名列前茅，为民国时期山西教育发展奠基了较好的基础。据教育部统计，1937年日本入侵前，山西拥有初等学校26651所，学级数39134，在校生952422人，教职员58234人，年支出经费4742582元法币。[①] 日伪为了彻底征服中国，将文化教育侵略作为配合军事入侵的重要手段，企图实现其在中国的长期统治。于是对阎锡山多年来苦苦经营起来的各类教育进行了残酷的破坏与摧残。原有教育体系遭到完全破坏，学校数、教师数、学生数、学校财产数大量减少，不少学校被迫停办。到日本侵占山西后的1938年，山西初等学校减少为22469所，比上年减少了15.7%；学级数32814，比上年减少了16.2%；在校生681770人，比上年减少了28.4%；教职员27384人，比上年减少了52.97%；年支出经费3440456元法币，比上年减少了27.5%。[②] 可见，日伪对山西原有教育的破坏程度之深。

美国罗斯在《变化中的中国人》中，对中日两国人的性格特征进行了比较，并作了具体形象的描述：

> 中国人一般恪守君子动口不动手的原则……更多采用语言谴责的方式，而很少发生武力打斗的场面。中国人的这一特点与日本人好斗的本性形成了鲜明的对比。日本人由于刚刚摆脱军事封建主义的束缚，所以具有好战的品性。……譬如就餐时，日本人应先于中国人，假如中国人也像日本人那样好斗的话，他们会轻而易举地压服这一小撮日本人，但为了不惹麻烦，他们还是接受了日本人的无理要求。这并不是中国人胆怯和软弱可欺。其实，他们内里蕴藏着英勇无比的精

---

① 中国第二历史档案馆编：《中华民国档案资料汇编》第五辑第一编·教育（一），江苏古籍出版社1991年版，第586—587页。

② 民国教育部编：《第二次中国教育年鉴》第三编·初等教育，上海商务印书馆1948年版，第57页。

神，只不过他们觉得武力打斗并不是解决问题最好办法。在他们看来，武力打斗并不能带来任何好处，而是愚蠢之举。[①]

可以看出，从20世纪初中国人和日本人在生活习性与处事之道方面就存在着较大的差异，从日本人的个性可以看出，这个民族逐步趋向于争强好胜、尚武好斗；而中国人仍然恪守传统礼仪，本着忍字当头的基本原则。中国人这种保守性格助长了日本人的侵略野心，也加剧了日本侵略者对中国肆无忌惮的惨杀与破坏。

其一，在日伪的侵略与破坏下，阎锡山原有学校数与学生数大幅度减少。就初等教育而言，抗战爆发前，1937年山西省共有小学校数26651所，1942年山西大部分地区沦陷后减少到2334所，减少了91.24%；入学儿童数为952422人，1942年减少到218328人，减少了77.08%。[②] 就中等教育来看，抗战前山西共有公私立中学53所，在抗战期间遭到日军的惨重破坏，到1945年抗战结束后，仅剩11所，减少了81.13%。[③] 运城县抗战前的1934年全县有小学302所，在校生9743人；抗战期间的1940年全县仅有小学172所，在校生3844人，分别比1934年下降了45%和60.54%。特别是阎锡山亲自创办的川至中学、进山中学、川至医专等学校全部遭到日军的破坏，校舍均被日伪军烧毁，被迫停办，师生只好东迁西躲，经常在山野崖穴中寄宿，面临敌人的经济封锁和疯狂扫荡，师生们生活极其艰苦，常常断炊，不少学生得了夜盲症，有的学生在敌人的扫荡中牺牲。[④] 就连教会中学铭贤学校，也被日伪逼得四处逃避，从1937年日军侵占晋中后，先后从太谷南迁运城，不久又渡黄河到河南陕县，3个月后又迁往西安，不到一年又迁到陕西沔县，1939年3月最后迁到四川金堂县曾家寨，直到抗战胜利才迁回山西。师范学校毕业生也由抗战前1936年的255人，减少到1942年的52人，其中1937—1941年所有师范学校停办，竟没有毕业生；1937年抗战爆发后，

---

① ［美］罗斯：《变化中的中国人》，公茂虹、张皓译，时事出版社1998年版，第116页。

② 民国教育部编：《第二次中国教育年鉴》第14编·教育统计，上海商务印书馆1948年版，第65—68页。

③ 民国教育部编：《第二次中国教育年鉴》第4编·中等教育，上海商务印书馆1948年版，第93页。

④ 《五台县教育志》，山西人民出版社1991年版，第71页。

山西所有职业学校被迫停办，到1939年才设立1所初级实用职业学校。[①]

其二，日伪采用奴化东北的经验，以屠杀、麻醉、欺骗、威胁、利诱、收买等毒辣手段，对原阎统区学校师生与民众进行奴化训练。一方面破坏阎统区原有学校教育，如阎锡山抗战期间在河津县建立的前寺北王中心国民学校、北里国民学校、上井国民学校，1943年日伪军为了阻挠附近学生入学，专门挖了“遮断壕”，以阻断学生到这几所学校上学的道路，在日伪军的破坏下，有的学校被迫停办；[②] 另一方面采取拉拢与打击并用的手段来对付原有学校师生。致使大批的学校关闭，教师失业，儿童失学，青年流亡，“其整个的意向和宗旨乃是在摧毁中国人的民族精神，这简直是不可思议的。我们为儿童未能获得学习阅读和习字的机会而感到悲愤”[③]。

其三，没收原有学校的校产，关停各类学校。抗战期间日伪对阎锡山在山西原有教育进行了惨重的破坏，据不完全统计，抗战时期山西省立工业专科学校损失财产1200元法币，山西省立医学专科学校牺牲师生8人，损失财产50000元法币，全省图书馆有127所遭到破坏，中小学及社会教育机构总计损失财产1260000元法币。[④] 以铭贤学校为例，该校是创建于1907年的一所教会学校，由孔祥熙创办，经费来源于国外教会组织，校址设在山西省太谷县，起初设初小、高小、中学三级，1915年增设大学预科，1929年设女生部，在抗战前该校已培养各级各类人才500余人，特别是该校的农科还培育出了“金皇后玉茭子”，穗粗而长，颗粒饱满，产量增加一倍多；还引进并推广了大批美丽奴羊、瑞士奶牛、来航鸡等品种，有力地推动了山西的经济发展。然而，1937年10月日军侵占晋中后，没收了该校的财产，将学校停办。1941年12月，将其改建为所谓的“太谷县农事试验场”，附设了“农事训练班”，只招收了20多名学生。对各县小学造成巨大破坏，以五台县为例，抗战期间日军给原有区立、村立小学造成建筑物损失298758700元法币，损失器具298810310元法币，损失现款1500000元人民币，损失图书28915900元法币，损失教学仪器

① 民国教育部编：《第二次中国教育年鉴》第8编·职业教育，上海商务印书馆1948年版，第51页。

② 河津县教育局编：《河津教育志》，运城市印刷厂1984年印，第50—51页。

③ 韦卓民：《抗战时期的中国教育》，载《韦卓民学术论著选》，华中师范大学出版社1997年版，第435页。

④ 顾毓琇：《抗战以来我国教育文化之损失》，《时事月报》第19卷第5期，1938年10月。

254000 元人民币，损失医药用品 5000000 元人民币，其他 52875020 元人民币，共计 626484910 元法币和 59629020 元人民币。据不完全统计，全省各县县立、区立、村立学校损失建筑物 2082409822 元法币，损失器具 787971992 元法币，损失现款 184385592 元人民币，损失图书 347771890 元法币，损失教学仪器 7704879040 元人民币，损失医药用品 77957980 元人民币，其他 341986512 元人民币，共计 3218153704 元法币和 8309209124 元人民币。[①] 可见，日本侵华期间给阎锡山原有学校教育带来的损失是巨大的。

① 《山西省政府关于抗战期间人口财产直接损失汇报表》，山西省档案馆藏“山西旧政权档案”，编号：B13－1－75。

第六章　抗战时期区域教育格局复杂化的特点及影响

由于日本发动侵华战争与国民党坚持防共反共政策，导致抗战时期区域教育格局趋于复杂化。即出现了共产党的根据地教育、阎锡山的晋西教育、日伪的沦陷区奴化教育，在抗战期间这三种教育彼此不间断地进行着交锋与博弈，使得区域教育在这个非常时期呈现出非同寻常的路径与特征。同时，这种复杂化的教育格局尤其是日伪奴化教育，破坏了我国区域教育原有的生态平衡，扰乱了中国百姓相对平静的心理，同时对后来中国教育的发展产生了一定的负面影响。总之，抗战时期区域教育格局，是中国教育史上一种复杂而特殊的现象，也是一种给国人心理留下深刻印记而且回想起来有点痛楚的教育。

第一节　抗战时期区域教育格局的特点

抗战时期是一个战争频繁、社会混乱、民心动荡时期，也是一个经济凋敝、文化衰退、教育落后时期。由于三种力量的权力博弈和军事争战，一方面均将教育作为其交锋与博弈的辅导工具，另一方面教育也就自然成为三种力量博弈的客观映照，因此，抗战时期区域教育呈现出复杂化的格局，而且具体体现复杂性的三种教育之间本身也存在着交锋与博弈，而这种交锋与博弈必然要依赖与借助其相应的政治与军事力量。

一、抗战时期区域教育大多呈现出复杂化格局

法国复杂学理论专家埃德加·莫兰（Edgar Morin）给复杂性下的定

义是："复杂性是个数量性的现象——很大数量的单元之间的数量巨大的相互作用和相互干预。"① 抗战时期区域教育格局呈现出复杂性的标志是兴办教育的政权数量增多和教育类型的增多，而且这些教育之间不断地进行"相互作用和相互干预"，这样就形成了多种教育交锋与博弈的格局。

由于抗日战争时期中国大部分地区遭到日军的侵略，沦陷区几乎覆盖了大半个中国。日本为了推行其"以华治华"的政策，扶植汉奸建立了不少傀儡政权。日本在华先后建立的伪政权有：1932 年 3 月在东北成立的伪满洲国、1940 年 3 月 30 日在南京成立的汪伪国民政府、1937 年 12 月 14 日在北平成立的伪中华民国临时政府（主要控制河北、山西、山东、河南四省和北平、天津市。1940 年 3 月，汪伪政权建立后，"临时政府"改名为"华北政务委员会"，名义上归属汪伪政权，实际上仍保持相对的独立性）、1938 年 3 月在南京扶植成立的伪中华民国维新政府（管辖江苏、浙江、安徽三省的敌占区和南京、上海两个特别市，1940 年 3 月，汪伪政权成立后并入汪伪政权）、1937 年 9 月 4 日在张家口建立的伪察南自治政府（1939 年 9 月并入伪蒙古联合自治政府）、1937 年 10 月 15 日在山西省大同建立的伪晋北自治政府（1939 年 9 月并入伪蒙古联合自治政府）、1937 年 10 月 27 日在绥远省厚和浩特（今呼和浩特）成立的伪蒙古联盟自治政府（1939 年 9 月 1 日伪蒙古联合自治政府成立时，该伪政权被裁撤）、1939 年 9 月 1 日在张家口成立的伪蒙疆联合自治政府（1940 年 3 月该伪政权名义归属汪伪政权领导），此外，还有伪上海特别市政府、伪广东省政府、伪河南省自治政府、伪河北省政府、伪山西省公署等。

同时，国民政府也因南京的沦陷而内迁至重庆，一些下属的省政府也被迫撤退到一些日军难以到达的山区，如阎锡山就将省政府撤退到晋西山区。共产党领导下的抗日根据地不断扩大，在抗战时期共建立了陕甘宁、晋察冀、晋绥、晋冀豫、冀鲁豫、山东、华中、华南、鄂豫皖、苏北、苏中、苏浙皖、淮北、淮南、皖江、浙东、湘鄂、东江、琼崖抗日根据地，共拥有一亿人口。这种政治与军事力量均开办了为各自服务的教育体系。特别是在沦陷区日伪政权的成立，破坏了中国原有政治格局，打乱了社会

① ［法］埃德加·莫兰：《复杂性思想导论》，陈一壮译，华东师范大学出版社 2008 年版，第 31 页。

结构，也扰乱了原有教育秩序，使中国教育格局趋于复杂化。在日本侵华之前，中国已经存在国统区公立教育、教会教育、私立教育，以及共产党领导下的根据地教育。而抗战时期日本的入侵，不仅在中国大部分区域增加了一种奴化教育，而且在日伪的排斥与打击下，国统区原有的教育体系也发生了扭曲性的变化，即不少区域学校教育在沦陷前被迫撤出，转向了西南和西北山区，重新组成跨省或跨区域的联合办学形式；同时，原有的根据地教育，也因日军的经常扫荡，转变为流动教学、隐蔽教学和两面教学等办学形式。

二、战时区域内各种教育之间存在着交锋与博弈

美国学者约翰·纳什（John Nash）提出不合作博弈、重复博弈、动态博弈等相关理论，在他看来，博弈分为合作博弈和不合作博弈，每个博弈者总是独立行动，不与其他博弈对象交流而结成联盟，此种博弈被称为不合作博弈；[①] 同时，还有一次性博弈和重复博弈，凡是重复无数次的博弈，就是重复博弈，在重复博弈中博弈者似乎有更多的机会学习调整自己的行动，以避免陷入囚徒困境；如果一次性博弈被重复多遍，并且博弈者在进行后面的博弈前能够观察到前一次博弈的结果，就可以看作是动态博弈。[②] 抗战时期，无论哪个地区，根据地教育与奴化教育之间、国统区教育与奴化教育之间的交锋与博弈，始终是不合作博弈，也是重复博弈和动态博弈；至于根据地教育与国统区教育之间的博弈，1939 年蒋介石下令制造与根据地的军事摩擦之前，双方尚能在统一战线政策的指引下联合对付日伪殖民统治和奴化教育，即使存在交锋与博弈也基本上是合作式的博弈；1939 年下半年之后，由于国民党频繁对根据地发起进攻，企图破坏根据地教育，因此，在抗战中后期两者处于不合作博弈和动态博弈状态。

抗战时期大部分省份存在沦陷区奴化教育、国统区教育和根据地教育，如山西、山东、河南、湖北、湖南、江苏、浙江、安徽、江西等地三种教育并存的局面体现得尤为明显。这三种教育，由于其主办者分

---

① ［美］哈罗德·W. 库恩编著：《博弈论经典》，韩松等译，中国人民大学出版社 2009 年版，第 12—13 页。

② ［美］格若赫姆·罗珀：《博弈论导引及其应用》，柯华庆、闫静怡译，中国政法大学出版社 2005 年版，第 26—33 页。

别属于不同的政治与军事集团，因而不仅在办学性质、教育内容、培养目标等各个方面是各不相同的，而且由于不同掌控者施政目的不同，为其服务的相应教育形式之间始终在进行着激烈的交锋与博弈。日伪竭力反对共产党，同时又排斥蒋介石和阎锡山；根据地教育与晋西教育遥相呼应，在合作多于排斥的情况下，共同抗拒日伪沦陷区奴化教育。对奴化教育的反抗，成为发展根据地教育与晋西教育的潜在动力，加速了简陋条件下这两种教育的发展。后来，由于国民党有意识地对根据地制造军事摩擦，因而根据地教育与国统区教育彼此也在进行着排斥与博弈。

由于"奴化教育是日寇侵略中国的一种重要武器，这个武器是服务于灭亡全中国这个政治目的的，是企图解除中国人民的思想武器，使中国人民变成不知羞耻的、不知反抗的奴隶"[①]。因此，日伪对我根据地文化教育的摧残，是不遗余力的，在其所到地区破坏烧毁文化教育建筑与文物，捕杀青年知识分子、小学教员。在敌寇未实行治安强化运动以前，对其据点中的奴化教育，大都是为了粉饰太平形势，统治力量并不是很周密集中，因此在敌伪据点中的新民小学，我们依然可以秘密地进行抗战教育。据晋察冀边区统计，在日本侵华期间，仅就小学教育而言，日本侵略者烧毁与破坏学校 4466 所，破坏校舍 47030 间，损坏桌凳 689962 套，损失学校用具 6699 套，损失课本 1338800 册，损坏教具与参考图书仪器等 2871580 件，总计金额 19090948000 元法币。[②] 晋冀鲁豫边区在八年抗战中被日军摧毁高小和初小 47567 所。[③] 同时，日本侵略者也对阎锡山原有教育进行严重破坏。据统计，抗战爆发前的 1937 年山西省共有小学校数 26651 所，1942 年山西大部分地区沦陷后减少到 2334 所，减少了 91.24%；入学儿童数为 952422 人，1942 年减少到 218328 人，减少了 77.08%。[④] 就中等教育来看，抗战前山西共有公私立中学 53 所，在抗战

---

① 温济泽：《抗战三年来敌我在教育战线上的斗争》，《边区教育》第 2 卷第 19、20、21 期合刊，1940 年 11 月 16 日。

② 《边区小学校遭受日寇的破坏与复兴计划》，载《晋察冀边区教育资料选编》（初等教育分册上），河北教育出版社 1990 年版，第 159 页。

③ 刘松涛：《华北抗日根据地用革命办法办学的几点体验》，《人民教育》1951 年第 2 期。

④ 民国教育部编：《第二次中国教育年鉴》第 14 编 · 教育统计，上海商务印书馆 1948 年版，第 65—68 页。

期间遭到日军的惨重破坏，到 1945 年抗战结束后，仅剩 11 所，减少了 81.13%。①

共产党领导的革命根据地教育面对日伪的侵略与破坏进行积极的反抗与斗争，开展抗日宣传与教育活动，建立广泛的反对日伪奴化教育的统一战线，并且发动群众发展与壮大根据地教育的规模，以此排斥与抵抗奴化教育。同时，当 1939 年冬阎锡山发动“晋西事变”后，革命统一战线遭到破坏，从此革命根据地教育还肩负着与阎统区教育斗争的使命，实质上形成了“两个拳头打人”的态势。首先，对日伪实行反奴化教育。一方面，加强对根据地教育的自身保护，通过建立抗日两面小学、抗日隐蔽小学、抗日流动小学等，增强游击区小学师生对战争的应对能力，确保根据地小学的正常运行。另一方面，在敌占区师生中秘密开展抗日宣传活动，动员敌占区教师来根据地学校工作，并给予相对优越的待遇；动员在敌占区上学的学生来根据地学校读书；通过争取将日伪学校转变为抗日学校。其次，对国统区教育也进行反排斥与反打击。针对国民党的反动政策，根据地开展了针锋相对的斗争，指出晋西教育只是培养服从于大地主、大资产阶级政权并为其服务的顺民，从而揭露国统区教育的专制性与反动性。并与国统区教育展开争夺教师和学生运动，通过宣传与动员并配合以优惠政策，来吸引国统区师生来根据地工作与学习，以此来削弱国统区教育的影响力。正如法国哲学家、社会学家埃德加·莫兰在《复杂性思想导论》中所讲，行动是一种博弈，也是一种策略。策略从有关行动的一个初始决定出发，但它包含一定数量的行动方案，被选择采取的方案都可能根据在行动中途等到的信息和突然发生的扰乱行动的随机因素加以修改。② 共产党在抗战时期只能根据当时的随机因素和复杂形势，不断修改自己的“行动策略”，以应对当时复杂的战争形势。

国统区教育面对日伪的文化教育侵略，在抗战前期也采取了回击和应对。一方面，在敌人的进攻与威逼之下，努力在大后方立足并建立自己的教育网络；另一方面，想方设法对日伪奴化教育进行瓦解与排斥，限制其在中国西部地区的肆意蔓延。对日伪奴化教育的排斥与打击，既是出于民

---

① 民国教育部编：《第二次中国教育年鉴》第 4 编·中等教育，上海商务印书馆 1948 年版，第 93 页。

② ［法］埃德加·莫兰：《复杂性思想导论》，陈一壮译，华东师范大学出版社 2008 年版，第 84 页。

族意识的考量，不愿让外族文化教育长驱直入，侵吞我中华文化；又是源自对日伪破坏其苦苦经营多年的教育体系和学校设施的仇恨。采取了相应的措施：在敌占区秘密建立反奴化教育组织系统；发动在沦陷区任教教师在教学中反对奴化教育；在日伪统治相对薄弱地区开展国民学校复校运动；教育师生灵活应对日伪军对晋西南教育的袭击与破坏。同时，对于根据地教育则采取了前后不一的应对政策。在抗战初期，与共产党合作中，亲自感受到了共产党领导下的政治宣传和根据地教育方法得当，效果显著，尤其是在广大农村地区根据地教育收到了更好的效果，赢得了工农大众的拥护。根据地教育深得人心，不管是少年儿童，还是妇女成人，均踊跃入学接受各种教育。1939 年底，国民党对根据地教育态度发生了转变，由抗战初的支持合作转变为排斥和打击。有意识地对根据地制造摩擦，从此抗日民族统一战线破裂。如山西，在国共合作创办的民族革命大学，阎锡山竭力宣传自己的思想、培植自己的力量；加强对民族革命中学的控制，与共产党争夺革命青年；晋西事变后与革命根据地争夺学校师生。通过这些反动措施，企图限制根据地教育的影响范围和发展规模，实则事与愿违。

三、战时区域教育的博弈借助于政治与军事力量

法国著名政治学家迪韦尔热断言：政治是一种近乎无处不在的社会现象，因为政治的基本问题是权力的分配与运作问题，而权力的分配与运作存在于大部分人类群体的过程之中。[①] 同样，教育也难以摆脱政治的影响而独立于政治之外，无处不在的政治现象同样渗透在教育领域。抗战时期我国境内各种教育力量在区域内的交锋与博弈，看似教育领域各方办学力量的较量与博弈，实则体现的是战时各种政治与军事力量之间的交锋与博弈。各种教育之间的博弈，是各种政治力量交锋与博弈在教育领域的具体体现；同时，各种教育之间的博弈，也必然要借助于各种教育的主办者之间政治力量与军事力量的博弈。

日伪奴化教育与根据地教育之间的博弈，日伪更多地利用其政治与

① ［法］莫里斯·迪韦尔热：《政治社会学》，杨祖功、王大东译，华夏出版社 1987 年版，第 14 页。

军事力量特别是军事力量，“百团大战”之后日伪加紧对根据地教育的破坏，采用各种军事手段破坏根据地小学，如烧毁和拆毁各村校舍，将砖瓦、木料用来修筑岗楼或岗楼旁的日伪小学，搜寻和烧毁抗日课本。据不完全统计，仅1940年春季日伪军在扫荡中就烧毁晋察冀边区20多个县校舍103处264间，逮捕师生286人，残杀师生33人。[①] 在一次扫荡中日伪军就逮捕晋察冀边区小学教师135人，被日军惨杀的就有11人。[②] 日伪军在扫荡中每到根据地所辖的村庄，要么放火将学校烧毁，要么将校舍的砖瓦、木料拆毁运走筑岗楼或炮楼下的日伪小学。1940年日伪对晋绥革命根据地进行了三次扫荡，根据地学校的校舍惨遭破坏。据不完全统计，晋西北18个县被烧毁校舍共有106处，杀害小学教员96人。[③] 日伪欲使其奴化教育能够在中国站得住脚，完全借助军事力量和政治力量，通过开展多次扫荡和“治安强化”运动，来打击与破坏国统区原有教育和根据地教育，以期达到武力为奴化教育开道的目的。

国统区教育与根据地教育之间的博弈，也往往动用政治与军事力量。以山西为例，退守晋西的阎锡山于1939年12月初发动一次反共摩擦事件，“是分裂与团结、倒退与进步、投降与抗战斗争的公开化，是在统一战线阵营内由政治斗争到武装斗争的进一步发展”[④]。动用两个军的兵力向抗日的新军决死二纵队发起进攻，拘捕大批共产党员，其中不乏进步师生，还大举进攻共产党占领的孝义、灵石、大宁、蒲县、临汾、洪洞、赵城等县的政府、公安局、牺盟会、学校等机构，大批抗日积极分子被杀害，这就是导致山西抗日统一战线破裂的标志性事件——“十二月事变”。这次事变之后，阎统区教育影响范围得以扩张，使得在晋西南根据地教育受到了一定程度的排斥与削弱。同时，后来根据地教育也借助共产党对阎锡山发动的政治与宣传攻势，对阎锡山的反动行径进行了无情的揭露和“猛烈的回击，痛斥阎剥削奴役广大人民，甚至把阎的罪恶编成歌谣，予以宣传和揭露。指责阎锡山的政权是法西斯主义和中世纪封建主义

---

① 石伟：《晋察冀小学教育》，《晋察冀日报》1941年4月23日。

② 刘松涛：《晋察冀的反奴化教育的斗争》，载《晋察冀边区教育资料选编》（初等教育分册上），河北教育出版社1990年版，第242页。

③ 杜心源：《民国二十九年度教育工作总结》，《行政导报》第2卷第2、3合刊，1941年8月。

④ 王生甫、任惠媛：《牺盟会史》，山西人民出版社1987年版，第593页。

的大杂烩”[①]。在共产党的宣传运动与政治攻势下，阎锡山收敛了制造摩擦的行为，使得根据地教育重新获取扩张的机会与空间。

总之，在抗战时期这一战争不断、军事首位的特殊历史时期，教育只能在军事与政治的夹缝里生存。教育的维持与延续，离不开军事与政治；教育的交锋与博弈，更离不开军事与政治。

四、正义教育与民心教育注定成为最终的胜利者

正如美国学者唐纳德·G. 季林所说：“一个国家的生命，系于全国人民身上；一场战争的胜败，取决于人心之向背。”[②] 同样，教育的发展取决于民众。抗战时期因军事和政治因素所致，我国大部分省份的教育呈现出复杂化的格局，出现了根据地教育、国统区教育、沦陷区奴化教育，这三种教育始终在抗战时期进行着相互排斥、相互博弈、相互争斗。但最终到抗日战争和解放战争结束后，人人皆知的结果是根据地教育取得了最后的胜利。根据地教育之所以能够在这场持久的博弈中取胜，当然主要是借助于中国共产党领导的军事与政治力量的胜利。

除此之外，仅就教育领域内部而言，将三种教育作以比较，我们不难发现，日伪教育完全是以武力胁迫和政治欺骗为手段来迫使民众参与，国民党是靠行政命令来驱使民众接受教育，这两种教育的弱点在于完全是为了维护其统治，而丝毫不顾民众的利益。相反，共产党领导下的根据地教育，却始终站在民众的立场上，一切围绕民众的利益，想人民之所想，急人民之所急，并且采取民众容易接受的方式来劝导民众参与其教育，将教育办成大众的教育、民主的教育、公平的教育和科学的教育。可以说，根据地教育是正义教育、公平教育、民心教育。这种教育，是不可战胜的，注定是要取得成功的。美国当代著名哲学家约翰·罗尔斯在《正义论》中论述道：“如果一个制度是正义的或公平的，亦即满足了两个正义原则，那么，每当一个人自愿地接受了该制度所给予的好处或利用了它所提供的机会来促进自己的利益时，他就要承担职责

① ［美］唐纳德·G. 季林：《阎锡山研究——一个美国人笔下的阎锡山》，牛长岁等译，黑龙江教育出版社1990年版，第305页。

② ［美］唐纳德·G. 季林：《阎锡山研究——一个美国人笔下的阎锡山》，牛长岁等译，黑龙江教育出版社1990年版，第282页。

来做这个制度的规范所规定的一份工作。”① 因为“教育是我们世界的全体男女老幼和各个民族的基本权利”②，正因为根据地教育制度是着眼于广大人民的利益，努力确保广大人民的受教育权利，使根据地百姓在教育面前人人平等，对所有人的教育是平等的免费的，特别是将两千年来被拒之于学校大门之外的妇女纳入受教育的范围之内，而且对于有些思想保守的妇女，根据地派专人上门动员其入学，真正保证了根据地所有人享受平等的受教育机会，因此，根据地民众是这种教育制度的最大受益者，当他们感受到接受教育的益处时，便积极支持共产党的各项教育政策，同时主动承担维护根据地教育的职责。这样，根据地教育在广大人民的拥护和支持下，一定会日益壮大，不断发展，最终成为一支不可战胜的力量。

因此，我认为，在抗战时期三种教育当中，只有根据地教育是得民心、顺民意的教育，是平等、公正的教育。可以说，根据地教育体现的是真正的教育公平，而教育公平是社会公平的基础与关键，正是由于中国共产党在根据地实行了充分体现公平的教育制度，因而赢得了广大根据地人民乃至全国人民的热烈拥护和积极支持。这是中国共产党领导中国人民取得一个又一个胜利的重要保障，也是确保根据地教育在抗战时期与其他两种教育交锋与博弈中能够最终取得胜利的关键所在。

第二节　抗战时期区域教育复杂化格局的影响

抗战时期区域教育格局的复杂化，对民国时期原有教育体系造成了巨大的破坏，致使抗战后民国原有教育大伤元气，不仅数量上大大减少，而且办学条件与质量严重下降；同时这种复杂化的教育格局，也扰乱了中国人民平静的心理，给广大百姓造成了巨大的心理创伤。抗战时期这种复杂教育状况，对后来的中国教育产生了诸多不良的影响和后果。

① ［美］约翰·罗尔斯：《正义论》，何怀宏、何包钢、廖申白译，中国社会科学出版社 2003 年版，第 343 页。

② 赵中建编：《教育的使命——面向二十一世纪的教育宣言和行动纲领》，教育科学出版社 2005 年版，第 14 页。

一、战时区域教育格局破坏了原有的教育生态平衡

抗日战争爆发前十年是民国时期区域文化教育和经济社会发展的黄金时期，全国各地的文化教育均取得了稳步发展，初步形成了新的教育体系。以山西为例，战前各类教育得到了较大发展，特别是义务教育取得了令人惊叹的突出成绩。到 1924 年，全省已入学的学龄儿童总数高达 1056115 人，受义务教育儿童数占学龄儿童总数 1461842 人的百分比高达 72.2%，男童受义务教育人数占男学龄儿童总数的比例更是高达 90%多[①]，在 20 世纪前半叶一直居全国首位，并直接带动了全国各省义务教育的实施。人民教育家陶行知到山西三次参观后，评价说："中国除山西省外，均无义务教育可言"[②]，"山西是中国义务教育策源地"[③]。抗战前，山西已拥有省立高校 6 所，在全国省立高校数排名中居第一位；[④] 在校生 2387 人，当年全省总人口数为 12228155 人，每百万人口中拥有专科以上学生数为 195 人，在全国排名中与江苏省并列居第三。[⑤] 师范教育方面，抗战前山西有 13 所师范学校，在校生总数为 3442 人，居全国第二位，其中女生人数居全国第一位。[⑥] 特别是阎锡山亲自设计的一些特殊师资培养形式，如国民师范学校、模范示教等，引起了国内外教育界的关注和好评，美国著名教育家杜威于 1919 年亲临山西调查后评价说："山西之国民师范学校、师范讲习所、模范示教等，皆为中国部章所无，实为能实行主试验之教训。"[⑦] 陶行知也评价道："将来实行义务教育，自必从推广师范学校入手。山西国民师范学校的办法很可参考。"[⑧] 职业教育也取得了令

---

① 《第一次中国教育年鉴》（1934 年）丙编，台湾宗青图书出版公司，1991 年影印版，第 503 页。

② 华中师范大学教育科学研究所编：《陶行知全集》第 1 卷，湖南教育出版社 1984 年版，第 227 页。

③ 《陶行知全集》第 2 卷，四川教育出版社 1991 年版，第 245 页。

④ 《第一次中国教育年鉴》（1934 年）丁编，台湾宗青图书出版公司 1991 年影印版，第 40—41 页。

⑤ 中国第二历史档案馆编：《中华民国史档案资料汇编》第五辑·教育（一），江苏古籍出版社 1991 年版，第 246—247 页。

⑥ 高践四：《三十五年来中国之民众教育》，载《最近三十五年之中国教育》卷上，上海商务印书馆 1931 年版，第 193 页。

⑦ ［美］杜威：《教育上的试验态度》，《教育杂志》第 10 卷，1918 年第 12 期，第 19 页。

⑧ 《陶行知全集》第 1 卷，四川教育出版社 1991 年版，第 395 页。

人满意的成绩，使职业教育与义务教育呈并驾齐驱之势，黄炎培于1925年在深入调查的基础上评价道：“山西的义务教育与职业教育差不多已算普及。”[①] 社会教育方面，阎锡山采取了一些独特的方法，如编印《人民须知》（共印270万册）《家庭须知》等通俗的读物大量免费发放到民间；选派阵容庞大的宣讲团队深入民间讲演；大量张贴各种宣传标语、公告；率先在全国推行国语与注音字母；充分发挥民众教育馆在社会教育中的核心作用，因而取得了骄人的成绩。1929年山西省社会教育机构数多达12291个，在全国排第一；受教育人数为210386人，排全国第二名；职教员数为17411人，居全国首位。[②] 可以说，抗战前区域教育已经形成了富有地方特色的体系。

抗战时期，之所以形成复杂化的教育格局，主要原因是日本对华发动侵略战争，打破了中国原有的社会结构和教育体系。因为日本发动侵华战争的目的，就是掠夺中国资源，奴役中国人民，扩大统治领地。为达此目的，不惜破坏我国的社会生态环境、工农业生产秩序和文化教育环境，抗战前本来基础较好的山西初等教育，在日本侵略者的破坏之下，小学校数和入学儿童数1942年比沦陷前的1937年分别减少了91.24%和77.08%；高等学校由抗战前的6所，减少到抗战期间的1所。以浑源县为例，在抗战期间，全县小学校减少70%，入学人数减少80%，教师减少75%多，致使该县教育处于低潮与动荡之中。[③] 同时，日伪以其畸形的具有殖民性质的政治体制、生产体系和教育格局来取代或抵触中国原有的社会生态与教育体系。因而，导致了对中国原有社会秩序、生态环境和教育体系的严重破坏，在中国人民反抗其侵略与破坏过程中，便出现了各种政治力量在教育领域的交锋与博弈，从而形成抗战时期区域教育复杂化的格局。日本侵略者每占领一个区域，都要首先培植一批为其服务的汉奸，建立伪政府机关，接着在破坏原有文化教育机构和体系的基础上，建立为其殖民统治服务的奴化教育体系。这样就打破了民国时期原有教育的体系和格局，在中国本土教育体系中出现了带有殖民性质的奴化教育体系。

日本对华的疯狂侵略与破坏，导致我国大部分区域教育陷入瘫痪与半

① 黄炎培：《职业教育》，《新教育》第11卷，1925年第2期。

② 《第一次中国教育年鉴》丁编，台湾宗青图书出版公司1991年影印版，第185—187页。

③ 浑源县志编纂委员会编：《浑源县志》，方志出版社1999年版，第529页。

瘫痪状态，严重破坏了原有教育的体系与结构，打破了中国各地原有教育的生态平衡。由日伪对根据地教育和国统区教育的破坏活动以及对中国人民开展的奴化教育活动，共产党领导民众开展的反破坏与反奴化教育活动，特别是三种教育的交锋与博弈，代替了以往相对平静的自成体系的教育生态运行体系。

二、战时区域教育格局扰乱了中国百姓平静的心理

作为战争的始作俑者，日本侵略军在抗战时期发动了无数次大小战争，不仅给中国人民造成了巨大的生命和财产的损失，而且给中国百姓造成了巨大的心理恐惧感，再加上日伪在实施奴化教育过程中，往往采用欺骗手段对待中国儿童及民众，经常使用暴力手段来镇压学校师生。这样不仅打破了中国百姓正常的生活秩序，而且也打乱了他们平静的心理，给其造成了长期的心理不安和恐惧。正如当时晋东南的抗日小学课本中所写："鬼子进村实行三光，杀人放火捉鸡赶羊，家家垒门户户逃荒，弟妹惊恐呼唤爹娘，妻离子散家破人亡。"① 生动地描述了抗战时期日伪军烧杀抢掠的罪恶行径及其给民众造成的心理伤害。还有歌谣云："鬼子来了是杀哩，伪军来了是抢哩，汉奸来了是烧哩，特务来了是搜哩。"② 可见，在老百姓心目中当时的日伪、汉奸和特务简直是强盗、魔鬼形象，他们严重侵害着百姓的生命和财产安全，折磨着他们的心灵。尤其是儿童，从小经受这种惊吓和恐惧，同时由于日伪军的侵扰，在校学生常常进行游击教学、流动教学，遇到敌人扫荡，就四处躲避，有时藏在山沟里、树林里一天吃不到东西，也不敢吱声。在沦陷区学校读书的学生，也是成天人心惶惶，不知什么时候就惨遭横祸，轻则挨揍，重则丧命。因此，由于日本侵略者的残暴行径，致使不管是在沦陷区学校被迫接受教育的学生，还是在根据地和大后方学校接受教育的学生，几乎时刻提心吊胆，唯恐日伪的进犯。大部分小学生一提起日本人，就像听到魔鬼一样害怕。总之，日本野兽般的侵略与掠夺，日伪欺骗与暴行

① 许光龙：《抗日战争时期小学生生活片断回忆》，载阳城县政协文史资料编委会编《阳城文史资料》第7辑。

② 《抗战时期的太行歌谣》，《山西革命根据地》1985年第4期。

兼施的奴化教育政策，对中国儿童和民众心理造成了巨大的伤害，也给几代人留下了难以磨灭的恐怖阴影。[①]

国统区及阎管区的教育起初在我党统一战线的指引下，能够与共产党领导下的根据地教育相互呼应，共同开展抗日救亡教育，动员广大民众支援或参加抗战。但自 1939 年蒋介石下令制造反共摩擦事件后，国共两党合作宣告破产，国统区教育不再以抗日救国为教育的主题，而是将矛头指向了共产党，这样对于曾接受了较多抗日教育的学生来说，一下子思想难以转过这个弯，因而导致各级学校学生的思想有点混乱，原来一心一意坚持抗日救国的心理状态被打乱，一度在校接受教育的学生心理难以接受这种教育现实，无数青少年学生心理一片混乱。特别是国统区教育、阎统区教育为了排斥与打击根据地教育，到处散布一些丑化共产党和八路军的言论，以此来扰乱民心，搞得这些地方的学生和民众思想混乱，失去安全感。本来根据地各类学校的学生平时接受了充分的抗日救国思想，共产党带领广大民众正全力以赴抗击日本的侵略，保卫国家和民族的利益，然而，由于国民党有意破坏抗日民族统一战线，体现在学校教育方面，也经常在两种教育的交界地带进行反共渗透与反面宣传，肆意扰乱根据地师生的思想，尽管遭到了根据地师生的反对，但毕竟有少部分思想不坚定分子听信不良言论，思想退化。总之，在国统区教育和阎统区教育对根据地教育的排斥和打击下，根据地与国统区交汇地区的部分师生及民众思想尚有波动，尤其是根据地学校师生的正常平静心理受到了一定的影响。无论是根据地人民、国统区人民，还是沦陷区民众，绝大多数内心深处出现厌倦战争、期盼和平的愿望，但这种良好愿望在抗战时期始终被日伪的侵略暴行和国民党的反共政策所践踏和限制，直至抗战胜利乃至新中国建立之后方可实现。

三、战时区域教育格局对后来中国教育的影响

抗战时期区域教育格局复杂化对后来中国教育的发展产生了一定的影响，当然，这些影响中有正面的积极的经验，也有负面的消极的影响。“前师不忘，后事之师。”我们研究和学习教育史的目的，就是总结历史经

① 岳谦厚：《战时日军对山西社会生态之破坏》，社会科学文献出版社 2008 年版，第 287 页。

验和教训，以便更好地为当今教育的改革与发展提供借鉴与启示。综观抗战时期区域教育状况，对之后中国教育的影响可以概括为以下几方面：

第一，日伪奴化教育对中国教育的破坏，大伤国统区教育的元气。日本的侵华战争对国统区原有教育体系造成严重破坏，抗战前的 1936 年，全国共有初等教育机构 320080 个，在校学生 18364956 人，年总经费数为 119725603 元[①]，分别比 1935 年增加了 9.8%、21.5%、7.6%；而抗战全面爆发后的 1937 年的小学校数、学生数和经费数与 1936 年相比，不仅没有增加，而且分别减少了 28.2%、30%、38.7%；而随着日军对华北与华东、华南的进一步入侵，1938 年小学校数、在校生数和经费数分别比 1937 年又下降了 5.4%、4.4%、11.6%（详见表 6-1）。日本全面侵华之前的 1936 年全国共有中学 1965 所，而随着大部分地区的沦陷，到 1938 年全国有中学 1246 所，减少了 36.7%；中等师范学校也由战前的 893 所，抗战爆发后仅剩 364 所，减少了 59.2%；高等学校也由 1937 年的 91 所减少到 1938 年的 83 所，而且有 37 所内迁至大后方，校产损失高达 3360 余万元[②]。可见，日本的入侵以及在华实施的奴化教育，致使民国政府原有的教育体系遭到严重破坏，使得国民政府的教育大伤元气，直至新中国成立前也没有完全恢复，再加上国民党在撤退台湾之前再次对大陆教育进行破坏，因此，最后给新中国教育留下了一个烂摊子。

表 6-1　1935—1940 年全国小学校数、学生数及经费数统计表

年份	小学校数(所)	在校生数(人)	经费数(元)
1935 年	291452	15110199	111244207
1936 年	320080	18364956	119725603
1937 年	229911	12847924	73444593
1938 年	217394	12281837	64931910
1939 年	218758	12669976	65870491
1940 年	220213	13545837	172746505

资料来源：根据民国教育部编《第二次中国教育年鉴》第十四编·教育统计（上海商务印书馆 1948 年版）第 60—64 页的统计数据编制而成。

---

① 中国第二历史档案馆编：《中华民国史档案资料汇编》第五辑第一编·教育（一），江苏古籍出版社 1991 年版，第 580—587 页。

② 顾毓琇：《抗战以来我国教育文化之损失》，《时事月报》第 19 卷第 5 期，1939 年 10 月。

第二，抗战时期根据地教育为共和国教育发展积累了丰富的经验。抗战时期根据地教育在极其艰苦的条件下，创造了在自然环境恶劣、交通极为不便、生活条件艰苦的落后山区办教育的历史性奇迹。1938 年晋察冀边区 48 个县，共有小学 4898 所，小学生数 220460 人；1940 年增加到 7697 所，小学生数为 469416 人，比 1938 年增加了 248956 人，也就是说增加了 1 倍多；1941 年小学校数增至 7901 所，学生数为 616029 人。仅就晋东北十多个县来说，1941 年春该区学龄儿童总数为 101135 人，共有小学校 1530 所，在校学生 68666 人，学龄儿童入学率达 67.9%；同年 7 月，学生数增至 69044 人，共有男女教员 1908 人。四专区 1941 年春学龄儿童总数为 107881 人，入学儿童数为 93918 人，学龄儿童入学率为 87.1%，小学教员总数达 1275 人。[①] 实现了“50 户以上的村庄起码成立一所小学校”[②] 的目标。晋绥边区 1940 年也基本达到了“一行政村一所初小”的目标，边区 14 县共有行政村 903 个，共有小学校 2193 所，学校数是行政村数的 1.83 倍。根据地教育在取得很好办学效益的同时，还积累了丰富的办学经验，为共和国建立初期教育的起步与发展提供了基本保障。譬如：教育要围绕党和国家的中心工作，通过政治动员来推动普及教育与扫盲教育的发展，坚持教育与生产劳动相结合，通过教育普及化和大众化来确保教育公平，选择贴近人民生活的适用的教育内容，克服重重困难创造条件办教育，在教育实践中探索与创新等，这些经验为新中国教育起步与发展发挥了较好的作用。在 1949 年召开的第一次全国教育工作会议上，确立的教育建设总方针是：“以老解放区经验为基础，吸收旧教育某些有用的经验，特别是借助苏联教育教育建设的先进经验。”[③] 可见，共和国建立初将根据地多年来积累的教育经验作为根本和基础，进而吸收旧教育经验和借鉴苏联经验来建立共和国新的教育体系。

第三，抗战时期国统区高校内迁运动在一定程度上促进了高等教育的均衡发展。抗战时期国民政府为了避免战争对各类学校特别是高等学校的破坏，为了保持原有高等教育体系的存在和延续，实施迁校和转移校产运动，即将集中在北京、上海、南京、广州等地的高等教育机构西迁到大后

---

① 张向一：《边区小学教育的概况》，《晋察冀日报》1943 年 1 月 23 日。

② 李公朴：《华北敌后——晋察冀》，生活·读书·新知三联书店 1979 年版，第 139—140 页。

③ 何东昌主编：《中华人民共和国重要教育文献》，海南出版社 1998 年版，第 7—8 页。

方西南和西北地区，如北京大学、清华大学、南开大学迁往云南昆明，联合组建了国立西南联合大学；北平大学、北平师范大学、北洋工学院迁往陕西南郑，联合组建了国立西北联合大学；复旦大学迁到重庆北碚，浙江大学西迁至贵州湄潭，山西大学迁往陕西宜川，华中大学迁到云南大理，大夏大学迁到贵州赤水，等等。这种迁校运动一直与八年抗战相始终，先后“加入内迁队列的全国高校累计达 100 余所，搬迁校次逾 200 次之多”[①]。抗战时期国统区高校的内迁行为，不仅在当时起到了保护校产和维持正常教学秩序的良好作用，而且对其后扭转高校布局失衡和推动西部教育发展也大有裨益。主要体现在：一方面，到抗战胜利高校回迁后，西部各省相继在这些高校校址基础上建立了省属高校，如在云南昆明西南联大原校址建立了昆明师范学院，在重庆北碚复旦大学旧址上创建了相辉学院，在四川成都光华大学分校校址改建成成华大学等；另一方面，抗战期间西迁高校为西部地区培养了大批高层次人才，仅以私立华中大学为例，1945 年秋季入学的新生全校共有 286 人，其中云南籍学生就有 174 人[②]，占总数的 60.84%，可见当时西迁时的高校基本上成为主要为西部培养人才的高校。这样，为以后乃至新中国的高校布局调整奠定了一定的基础，从而在一定程度上推动了西部文化教育的发展。

总之，抗战时期复杂的教育格局，对民国时期乃至新中国成立后的教育发展产生了诸多影响，其中有消极的负面的影响，也有客观上产生的积极的正面的影响。特别是日伪奴化教育对中国民族心理的影响是长远的、难以磨灭的，日伪对中国教育的惨痛性破坏使民国时期教育大伤元气。特别值得一提的是，根据地教育在艰苦条件下办学，也为新中国成立后发展教育事业积累了丰富办学经验，同时也为当今中西部山区农村发展教育事业提供了可资借鉴的成功经验。

---

① 余子侠：《民族危机下的教育应对》，华中师范大学出版社 2001 年版，第 187 页。

② 章开沅、林蔚主编：《中西文化与教会大学》，湖北教育出版社 1991 年版，第 307 页。

结　语

区域教育史研究，是教育史学研究的一个拥有巨大空间、亟待去挖掘的领域。该领域蕴藏着丰富且各具特色的教育史学“矿藏”资源，这些资源是提炼区域教育史学精品的原料，也是构建“原生态”教育史学著述体系的天然材料。不言而喻，其价值巨大，魅力无穷，不仅将无数研究者的目光吸引于此，而且磁铁般诱引着不少研究者将精力投入于此。“区域”，是一个“有内聚力的地区”，即根据一定标准将具有同质性的地域组合起来而形成的范围和领域。区域可以根据“单个或几个特征来划定，社会科学中最普遍的特征是民族、文化或语言，气候或地貌，工业区或都市区，专门化经济区、行政单位以及国际政治区域”①。“区域教育”，一是指特定区域内的教育，如抗战时期山西境内的教育可以称作大的区域教育；二是尽管处于不同地域但具有相同特征的教育，如抗战时期晋察冀边区教育地跨3个省，其教育却具有同质性，可以称为小的区域教育。研究区域教育，一方面有助于进一步拓宽教育史研究领域，丰富教育史研究内容；另一方面有利于总结区域教育发展的历史经验与教训，可为当今区域教育均衡发展提供历史借鉴与启示。综观抗战时期区域教育格局，除前面所论述之外，尚有如下几点需要强调：

第一，抗战时期区域教育复杂化格局的形成是非常时期的特殊产物。抗战时期由于日本对我国发动侵略战争并建立了各级伪政权，同时大肆推行奴化教育，因而导致我国区域教育出现复杂化格局。而山西又是呈现这种复杂化格局的典型代表，主要出现了共产党领导下的根据地教育、阎锡山退守中的晋西教育、日伪统治下的奴化教育。这三种教育在交锋与博弈

① 《简明不列颠百科全书》第6卷，中国大百科全书出版社1986年版，第703页。

过程中，分别依据自身的优势来扩大影响。日伪奴化教育，以军事为依托，凭借强大的军事力量来武力征服教育界人士及广大群众，强制我国人民被动接受奴化教育；阎锡山的晋西教育，以政治为优势，借助其长期统治山西形成的政治优势和在民众中的影响力来兴办国难教育；共产党的根据地教育，则以民意为基础，坚持走群众路线，赢得广大人民的拥护，从而实施革命教育。因而，区域教育出现了各种教育之间相互交锋与彼此博弈的复杂格局。这种复杂的教育格局及其三者之间的交锋与博弈，是抗战时期这一特殊历史时期因战争引发的一种特殊的畸形的教育格局，这是外族入侵与民族危机在教育中的特殊反映。

第二，抗战时期三种教育的交锋与博弈带有明显的政治色彩，是政治与军事力量博弈的映照。抗日战争是由日本侵略者非法入侵我国而引发的，日军与八路军、国民革命军之间的战争以及日伪政权与根据地、国民政府之间的较量，都离不开教育的作用，因此，自然而然地导引出三种政治与军事力量所办教育之间的博弈。因为“一定的文化（当作观念形态的文化）是一定社会的政治和经济的反映，又给予伟大影响和作用于一定社会的政治和经济”[①]。美国教育社会学家柯林斯（Randal Collins）认为，作为办学主体的政府，办教育的主要目的：一是培养政治统治、经济建设和文化发展所需的人才，二是传播符合政府意愿的有助于政权稳定、社会安定的思想、信念和文化。因为教育有三个来源：个体实践技能的需求、确认身份群体成员资格的需要以及国家出于社会团结和政治控制考虑的管理需要。[②] 因此，权力的博弈，不仅体现在政治和军事方面，而且体现在教育领域。这样形成的各种教育之间的交锋与博弈，明显地打上了政治斗争与军事争战的烙印。

第三，抗战时期三种教育在博弈过程中既相互排斥又彼此学习。战时日伪奴化教育、国统区教育与根据地教育三者之间主要以相互破坏与排斥为主，都有力图打击、破坏与搞垮对方的意图。日伪为了扩大其奴化教育的影响，借助军政力量不惜一切代价破坏根据地教育与国统区教育，不仅大肆破坏校舍、教学设施与设备，而且屠杀根据地和国统区的

① 《毛泽东选集》第2卷，人民出版社1991年版，第663页。

② Randal Collins. *Some Comparative Principles of Educational Stratification*, Harvard Educational Review, 1977 (1).

师生；根据地和国统区教育采取积极应对的办法，尽量避免日伪军的破坏，动员沦陷区的师生离开日伪学校，同时在民间开展反奴化宣传；1940 年之后国统区与根据地教育之间也存在着彼此的排斥与较量，尤其是在舆论方面展开了激烈的交锋。三种教育在相互排斥的同时，为了壮大自己的力量和影响力，在一定程度上还存在着相互学习的情景。譬如：由于共产党领导下的根据地教育走群众路线，经常利用冬季在民众中开展以识字教育与政治宣传结合为主的冬学运动，收到了良好效果，致使日伪和国民党在民众中的影响力大大减弱。为此，日伪奴化教育行政机关和国民政府教育部门便“东施效颦”，试图学习根据地的民众教育政策和方法，也想在广大农村开展拉拢民众的活动，实际上并未收到什么效果。

第四，抗战时期的特殊形势决定了三种教育都不是完整意义上的教育。不管是根据地教育、国统区教育，还是日伪奴化教育，由于受连续不断战争的影响，再加上三支力量之间彼此进行教育博弈与较量，都想削弱或限制其他政权所兴办教育的发展。因此，决定了三种办学力量只能因陋就简，按需设学，不能按照教育发展的自身规律与民众对教育的客观需求来办学，只能办应急性的、为其统治服务的、工具式的、不完善的学校教育。如日伪奴化教育的重点放在了初等教育和社会教育，因为在他们看来要培养服从其殖民统治的顺民，应当重点加强初等奴化教育和社会教育；他们认为，高等教育投入大，效率低，原因是成年中国人对日本的侵略行径均有目睹耳闻，不会听信日伪的片面宣传与奴化教育的。而根据地教育，由于置身于山区农村，条件简陋，办学困难，受经费和环境所限，再加上要服从于抗战救国中心工作的需要，因而只能兴办小学教育、干部教育和社会教育，而对于中等教育、高等教育与职业教育却极其薄弱。国统区教育，也不得不应对战争形势，被迫迁移高等学校、调整中学教育，不少学校被迫停办，在日军的侵略下变成千疮百孔的教育残局。

第五，抗战时期根据地教育经验为当今发展中西部农村教育提供了宝贵经验。20 世纪 90 年代联合国教科文组织在《面向二十一世纪的教育宣言和行动纲领》中就提出了实现“全民教育”的目标，即“每一个人——儿童、青年和成人——都应能获得旨在满足其基本学习需要的受教育机会……不应使如下一些社会地位低下的群体在获得学习机会上受到任何歧视——穷人、街头流浪儿和童工，农村和边远地区人口、游牧民和流动人口、土著居民，种族、民族和语言方面属于少数的群体”①。这是全球各国共同努力的目标，更是中国这个人口大国近年来不懈奋斗与全力追求的目标，从义务教育免费、义务教育均衡发展到普及学前教育和高中教育、重视特殊教育，均体现出中国力求实现“全民教育”这一总目标的决心和信心。然而，中国是一个农业人口占多数的国家，要实现全民教育、确保教育公平、实现教育均衡发展的关键在农村，尤其是在交通不便、经济相对落后的中西部山区农村。这些地方由于自然条件所限，文化教育基础薄弱，为当今普及教育带来一定困难，有些地方在普及义务教育的过程中反弹情况严重。如何确保农村义务教育真正长期实现普及，进而达到义务教育均衡发展，除了借鉴国外的经验外，应当从历史沃土中汲取养分，抗战时期根据地教育地处偏僻山区农村，由于政策合理、方法得当，取得了良好的教育效果，因此，根据地因地制宜、服务当地经济与社会发展的教育模式可为当今农村教育改革与发展提供借鉴与启示。

第六，民族独立与国家富强是发展教育的重要前提。要振兴民族教育，普及全民教育，推进教育公平，一个非常重要的前提就是必须保持民族独立和国家富强。只有民族独立，才能赢得发展本民族经济、政治、文化、教育等各方面的自主权。抗战时期区域教育之所以畸形发展，形成复杂化教育格局，就是因为日本的入侵，致使我国大部分领土沦陷，几乎沦为日本的殖民地，大部分省份由于主权的丧失，难以建成富有民族特色的教育体系，更难以实现全民教育和普及教育。特别是日伪还建立了用以排斥根据地教育和国统区教育的奴化教育体系，这就严重干扰和破坏了我国原有的教育体系。日伪奴化教育的本旨是培养顺从其统治的顺民、奴才和汉奸，主要是为了维护其在华的统治，而不是为了发展中华民族的文化教育。改革开放以来，我国综合国力逐步增强，在国际上的地位不断提高，在民族独立、国强民富的今天，免费义务教育、普及学前教育、提升职业教育、高等教育大众化等在中国才能变为现实，我国各级各类教育才能取得历史上前所未有的辉煌成就。教育的历史实践表明，只有民族独立和国家富强，我国的教育才能得到全面发展。

进入新世纪，我国在科教兴国和人才强国战略的指引下，本着“教

① 赵中建编：《教育的使命——面向21世纪的教育宣言和行动纲领》，教育科学出版社2005年版，第15—17页。

育是民族振兴、社会进步的基石，是提高国民素质、促进人的全面发展的根本途径，寄托着亿万家庭对美好生活的期盼”[①] 的民族共识，在实现了免费义务教育、提升职业教育层次、扩大高等教育规模等教育改革与发展目标的情况下，坚持“优先发展、育人为本、改革创新、促进公平、提高质量”的工作方针，又朝着促进基础教育均衡发展、普及学前教育和高中教育、提升高等教育质量、大力发展职业教育等改革与发展方向大踏步前行。我们相信，在科学发展观的正确导引下，我国一定能由教育大国转变为教育强国、从人力资源大国转变为人力资源强国，进而实现中华民族的伟大复兴。

① 《国家中长期教育改革与发展规划纲要》，http：//www..chinanews.com.cn/edu/2010－07－29/2435148.shtm。

参考文献

一、报纸期刊

1. 北平军调部中共代表团：《解放》，1946 年创刊。
2. 第二战区司令长官部：《阵中日报》，1938 年创刊。
3. 第二战区司令长官部：《壶口》，1939 年创刊。
4. 国民党中宣部：《中央日报》，1928 年创刊。
5. 晋察冀边委会：《晋察冀日报》，1938 年创刊。
6. 晋察冀边区教育处：《边区教育》，1939 年创刊。
7. 晋察冀边区行政委员会：《边区往来》，1940 年创刊。
8. 晋察冀边区行政委员会：《教育阵地》，1943 年创刊。
9. 晋察冀边区行政委员会：《抗敌报》，1938 年创刊。
10. 晋察冀解放区：《北方文化》，1946 年创刊。
11. 晋西北行政公署：《行政导报》，1940 年创刊。
12. 日伪新民会：《新民报》，1938 年创刊。
13. 伪华北政务委员会：《教育时报》，1938 年创刊。
14. 上海申报馆：《申报》，1872 年创刊。
15. 商务印书馆：《东方杂志》，1905 年创刊。
16. 商务印书馆：《教育杂志》，1909 年创刊。
17. 山西省政协文史资料研究委员会：《山西文史资料》，1961 年创刊。
18. 台北山西同乡会：《山西文献》，1973 年创刊。
19. 太原市政协文史资料研究委员会：《太原文史资料》，1984 年创刊。
20. 新教育共进社：《新教育》，1919 年创刊。
21. 中共晋西区党委：《抗战日报》，1940 年创刊。

22. 中共中央长江局：《新华日报》，1938 年创刊。
23. 中国共产党中央委员会：《新中华报》，1937 年创刊。
24. 中国国民党军事委员会：《扫荡报》（重庆），1940 年创刊。
25. 中华民国教育部：《教育公报》，1914 年创刊。
26. 中华书局：《中华教育界》，1912 年创刊。
27. 中华职业教育社：《教育与职业》，1917 年创刊。

二、文献史料

1. 并州学院校史编委会编：《并州学院一览》，并州学院 1933 年编印。
2. 李江编：《阎伯川先生政治思想之体系》，民族革命出版社 1939 年版。
3. 刘克编：《抗战中的阎伯川将军》，学习社、复兴日报社 1944 年编印。
4. 民国川至中学校史编纂委员会编：《川至中学校史》，川至中学校史编委会 1921 年编印。
5. 山西村政处编：《山西村政汇编》（1—8），晋新书社 1928 年版。
6. 山西民训联席会议编：《阎主任升降旗训话》，民族革命出版社 1937 年版。
7. 山西省教育厅编：《教育部督学视察山西省教育报告》，山西省教育厅 1933 年编印。
8. 山西省教育厅编：《十年来之山西义务教育》，晋新书社 1929 年版。
9. 山西省普训干部及民众指导委员会编：《会长训话辑要》，1944 年编印。
10. 山西省政府秘书处编：《阎伯川先生与山西政治的客观记述》，现代化编译社 1946 年版。
11. 山西省政府统计处编：《山西省第十次教育统计》，山西省政府统计处 1930 年编印。
12. 太原民族革命社编：《阎伯川先生最近言论集》，阵中日报社 1938 年编印。
13. 太原绥靖公署主任办公处编：《阎伯川先生言论辑要》（1—12），太原绥靖公署办公处 1937 年编印。
14. 伪山西省公署编：《苏省长言论集》第 3 编第 1 辑，伪山西省公署 1942 年编印。

15. 伪山西省公署秘书处编:《山西省单行法规汇编》,伪山西省公署秘书处 1943 年编印。
16. 伪山西省公署秘书处编:《民国二十八年份山西省统计年编》,伪山西省公署秘书处统计室 1940 年编印。
17. 伪山西省公署秘书处编:《民国二十九年份山西省统计年编》,伪山西省公署秘书处统计室 1941 年编印。
18. 伪山西省公署秘书处编:《民国三十年份山西省统计年编》,伪山西省公署秘书处统计室 1942 年编印。
19. 伪山西省公署秘书处编:《民国三十一年份山西省统计年鉴》,伪山西省公署秘书处统计室 1944 年编印。
20. 伪山西省公署民政厅编:《民政纪要》第 2 辑,伪山西省公署民政厅 1940 年编印。
21. 伪山西省公署民政厅编:《民政纪要》第 3 辑,伪山西省公署民政厅 1941 年编印。
22. 伪山西省立新民教育馆编:《山西省立新民教育馆三十年度年刊》,三晋纸庄 1942 年编印。
23. 伪山西省立新民教育馆编:《山西省立新民教育馆三十一年度年刊》,新民书局 1943 年编印。
24. 阎锡山:《阎伯川先生救国言论选集》第 1 辑,现代化编译社 1938 年版。
25. 阎锡山:《阎伯川先生救国言论选集》第 2 辑,现代化编译社 1940 年版。
26. 阎锡山:《阎伯川先生救国言论选集》第 3 辑,现代化编译社 1945 年版。

三、资料汇编

1. 陈学恂、田正平编:《中国近代教育史资料汇编(留学教育)》,上海教育出版社 1991 年版。
2. 高新民编:《韦卓民学术论著选》,华中师范大学出版社 1997 年版。
3. 顾明远主编:《教育大辞典》第 10 册,上海教育出版社 1991 年版。
4. 华中师范大学教育科学研究所编:《陶行知全集》,湖南教育出版社

1984 年版。
5. 李公朴:《华北敌后——晋察冀》,山西太行文化出版社 1940 年版。
6. 李玉文主编:《山西近现代人口统计与研究(1840—1948)》,中国经济出版社 1992 年版。
7. 民国教育部编:《第一次中国教育年鉴》,台湾宗青图书出版公司 1991 年影印版。
8. 潘懋元、刘海峰编:《中国近代教育史资料汇编(高等教育)》,上海教育出版社 1993 年版。
9. 山西大学校史编纂委员会:《山西大学百年纪事》,中华书局 2002 年版。
10. 山西省教育史晋绥边区编写组等编:《晋绥革命根据地教育史资料选编》,1987 年编印。
11. 山西省图书馆编:《山西图书馆史料汇编》,山西人民出版社 2003 年版。
12. 山西省政协文史资料研究委员会编:《山西文史资料全编》,山西人民出版社 1996 年版。
13. 宋恩荣、章咸主编:《中华民国教育法规汇编》,江苏教育出版社 1990 年版。
14. 太原市教育委员会教育志编写组:《太原教育史料》,1990 年编印。
15. 太岳中学校史编委会编:《晋冀鲁豫边区太岳中学校史》,山西人民出版社 2004 年版。
16. 王谦主编:《晋察冀边区教育资料选编》,河北教育出版社 1990 年版。
17. 王用斌、刘茗、赵俊杰编:《晋察冀边区教育资料选编》(续集),北京师范大学出版社 1991 年版。
18. 阎伯川先生纪念会编:《民国阎伯川先生锡山年谱长编初稿》(1—6),台湾商务印书馆 1988 年版。
19. 于秀芳主编:《山西民歌》,山西人民出版社 1991 年版。
20. 中国第一历史档案馆编:《光绪朝硃批奏折》第 105 辑・文教学校,中华书局 1996 年版。
21. 中国第二历史档案馆编:《中华民国史档案资料汇编》第 3 辑,江苏古籍出版社 1991 年版。
22. 中国第二历史档案馆编:《中华民国史档案资料汇编》第 5 辑,江苏古籍出版社 1994 年版。
23. 中国人民政治协商会议全国委员会文史资料研究委员会编：《文史资料选辑》第 95 辑，文史资料出版社 1984 年版。
24. 朱寿鹏：《光绪朝东华录》第 4 册，中华书局 1958 年版。
25. 朱有瓛主编：《中国近代学制史料》第 3 辑，华东师范大学出版社 1992 年版。
26. ［日］山冈师团编著，山西史志研究院翻译：《山西大观》，山西古籍出版社 1997 年版。

四、学术著作

1. 陈景磐：《中国近代教育史》，人民教育出版社 1983 年版。
2. 陈能治：《战前十年中国的大学教育》，台湾商务印书馆 1990 年版。
3. 陈青之：《中国教育史》，上海商务印书馆 1936 年版。
4. 丁钢主编：《历史与现实之间：中国教育传统的理论探索》，教育科学出版社 2002 年版。
5. 董纯才主编：《中国革命根据地教育史》第 2 卷，教育科学出版社 1991 年版。
6. 杜成宪、邓明言：《教育史学》，人民出版社 2004 年版。
7. 杜成宪、丁钢主编：《20 世纪中国教育的现代化研究》，上海教育出版社 2004 年版。
8. 傅斯年：《史学方法导论》，中国人民大学出版社 2006 年版。
9. 古棋：《现代中国及其教育》下册，上海中华书局 1936 年版。
10. 郭为潘主编：《中华民国开国七十年之教育》，广文书局 1981 年版。
11. 郭新明主编：《洪洞县教育志》，山西人民出版社 1991 年版。
12. 郭振良主编：《保德教育志》，山西人民出版社 1991 年版。
13. 郝树侯：《傅山传》，山西教育出版社 1992 年版。
14. 河津县教育局编：《河津教育志》，运城市印刷厂 1984 年编印。
15. 何兆武、陈启能主编：《当代西方史学理论》，上海社会科学院出版社 2003 年版。
16. 黄济、王策三主编：《现代教育论》，人民教育出版社 1997 年版。
17. 降大任：《山西史纲》，山西人民出版社 2004 年版。

18. 江铭主编：《中国教育督导史》，人民教育出版社1994年版。
19. 金林祥：《思想自由　兼容并包——北京大学校长蔡元培》，山东教育出版社2004年版。
20. 金以林：《近代中国大学研究》，中央文献出版社2000年版。
21. 进山中学校史编审组编：《进山中学校史（1922—1987）》，山西人民出版社1987年版。
22. 李国钧、王炳照主编：《中国教育制度通史》，山东教育出版社2000年版。
23. 李茂盛、雒春普、杨建中：《阎锡山全传》，当代中国出版社1997年版。
24. 李向平、魏扬波：《口述史研究方法》，上海人民出版社2010年版。
25. 李泽厚：《中国现代思想史论》，天津社会科学院出版社2003年版。
26. 梁启超：《中国历史研究法》，上海古籍出版社1998年版。
27. 刘存善：《阎锡山传》，天马图书有限公司出版2004年版。
28. 刘家峰、刘天路：《抗战时期的基督教大学》，福建教育出版社2003年版。
29. 刘精明：《国家、社会阶层与教育》，中国人民大学出版社2005年版。
30. 刘振华、王培德编：《晋绥一中校史》，中共吕梁地委党史研究室1988年编印。
31. 吕达：《中国近代课程史论》，人民教育出版社1994年版。
32. 罗福惠主编：《中国民族主义思想论稿》，华中师范大学出版社1996年版。
33. ［日］田中正俊：《战中战后：战争体验与日本的中国研究》，罗福惠等译，广东人民出版社2005年版。
34. 马敏：《马敏自选集》，华中理工大学出版社1999年版。
35. 马敏、彭南生主编：《中国近代史（1840—1949）》，高等教育出版社2009年版。
36. 马敏：《拓宽历史的视野：诠释与思考》，华中师范大学出版社2006年版。
37. 马敏、严昌洪主编：《当代中国：东方巨人的崛起》，贵州人民出版社2000年版。
38. 马敏、周洪宇、方燕主编：《跨越中西文化的巨人——韦卓民学术思想国际研讨会论文集》，华中师范大学出版社 1995 年版。
39. 苗春德主编：《中国近代乡村教育史》，人民教育出版社 2003 年版。
40. 苗挺编著：《三晋枭雄——阎锡山传》，中国华侨出版社 2005 年版。
41. 彭迪先等主编：《刘文辉史话》，四川大学出版社 1990 年版。
42. 彭南生：《行会制度的近代命运》，人民出版社 2003 年版。
43. 齐红深主编：《日本侵华教育史》，人民教育出版社 2002 年版。
44. 曲士培：《抗日战争时期解放区高等教育》，北京大学出版社 2005 年版。
45. 山西大学校史编纂委员会编：《山西大学百年校史》，中华书局 2002 年版。
46. 山西省史志研究院编：《山西通志·教育志》，中华书局 1999 年版。
47. 山西省史志研究院编：《山西志》，中华书局 1999 年版。
48. 山西省政协文史资料研究会编：《阎锡山统治山西史实》，山西人民出版社 1984 年版。
49. 申国昌：《守本与开新——阎锡山与山西教育》，山东教育出版社 2008 年版。
50. 孙邦正编著：《六十年来的中国教育》，台北“国立”编译馆、正中书局 1974 年版。
51. 台北山西同乡会编：《民国以来之山西政府》，台北山西文献社 1981 年版。
52. 太原教育志编写组编：《太原教育志》，山西人民出版社 1991 年版。
53. 田正平、肖朗主编：《世纪之理想——中国近代义务教育研究》，浙江教育出版社 2000 年版。
54. 田正平主编：《中国教育史研究》（近代分卷），华东师范大学出版社 2001 年版。
55. 王鸿滨、向南、孙孝恩主编：《东北教育通史》，辽宁教育出版社 1992 年版。
56. 王伦信：《清末民国时期中学教育研究》，华东师范大学出版社 2002 年版。
57. 王生甫、任惠媛主编：《牺盟会史》，山西人民出版社 1987 年版。
58. 吴式颖、任钟印主编：《外国教育思想通史》，湖南教育出版社 2002 年版。

59. 吴宣德：《中国区域教育发展概论》，湖北教育出版社 2003 年版。
60. 五台县教育志编纂组编：《五台教育志》，山西人民出版社 1991 年版。
61. 项致中编著：《大同市教育志》，山西高校联合出版社 1993 年版。
62. 兴县革命史编写组编：《兴县革命史》，山西人民出版社 1985 年版。
63. 熊明安：《中华民国教育史》，重庆出版社 1990 年版。
64. 熊明安、周洪宇主编：《中国近现代教育实验史》，山东教育出版社 2001 年版。
65. 熊贤君：《千秋基业——中国近代义务教育研究》，华中师范大学出版社 1998 年版。
66. 许司钧主编：《临汾市教育志》，临汾市教育志办公室 1989 年编印。
67. 徐钟棠主编：《临猗县教育志》，临猗县教育史志编写组 1984 年编印。
68. 严昌洪：《20 世纪中国社会生活变迁史》，人民出版社 2007 年版。
69. 榆次教育志编写组编：《榆次教育志》，1991 年编印。
70. 于洪波：《日本教育的文化透视》，河北大学出版社 2003 年版。
71. 余子侠：《民族危机下的教育应对》，华中师范大学出版社 2001 年版。
72. 章开沅：《南京大屠杀的历史见证》，湖北人民出版社 1995 年版。
73. 章开沅、罗福惠主编：《中国早期现代化研究》，浙江人民出版社 1993 年版。
74. 张广智主著：《西方史学史》，复旦大学出版社 2003 年版。
75. 张全盛、魏卞梅编著：《日本侵晋纪实》，山西人民出版社 1992 年版。
76. 赵立法编著：《山西高等教育简史》，山西教育史志编审委员会 1984 年编印。
77. 郑世兴主编：《中国现代教育史》，台北：三民书局印行 1981 年版。
78. 中共中央党校编著：《阎锡山评传》，中共中央党校出版社 1991 年版。
79. 中国抗日战争史学会编：《抗战时期的文化教育》，北京出版社 1995 年版。
80. 中央档案馆、中国第二历史档案馆等编：《河本大作与日军山西“残留”》，中华书局 1995 年版。
81. 周予同：《中国现代教育史》，上海良友图书印刷公司 1934 年版。
82. 朱国华：《权力的文化逻辑》，上海三联书店 2004 年版。
83. 朱英：《中国早期资产阶级概论》，河南大学出版社 1992 年版。
84. 朱英：《转型时期的社会与国家——以近代中国商会为主体的历史透

视》，华中师范大学出版社 1997 年版。
85. ［德］盖奥尔格·西美尔：《社会学——关于社会化形式的研究》，林荣远译，华夏出版社 2002 年版。
86. ［法］埃德加·莫兰：《复杂性思想导论》，陈一壮译，华东师范大学出版社 2008 年版。
87. ［法］埃德加·莫兰：《复杂性理论与教育问题》，陈一壮译，北京大学出版社 2004 年版。
88. ［法］安多旺·莱昂：《当代教育史》，张斌贤等译，光明日报出版社 1989 年版。
89. ［法］雅克·勒高夫等编：《新史学》，上海译文出版社 1989 年版。
90. ［美］丹尼斯·朗：《权力论》，中国社会科学出版社 2001 年版。
91. ［美］杜赞奇：《文化、权力与国家——1900—1942 年的华北农村》，王明福译，江苏人民出版社 1994 年版。
92. ［美］费正清主编：《美国与中国》，世界知识出版社 2002 年版。
93. ［美］费正清主编：《剑桥中华民国史（1912—1949）》，上海人民出版社 1992 年版。
94. ［美］格若赫姆·罗珀：《博弈论导引及应用》，柯华庆、闫静怡译，中国政法大学出版社 2005 年版。
95. ［美］哈罗德·W. 库恩编著：《博弈论经典》，中国人民大学出版社 2009 年版。
96. ［美］吉尔伯特·罗兹曼：《中国的现代化》，江苏人民出版社 1988 年版。
97. ［美］罗斯：《变化中的中国人》，公茂虹、张皓译，时事出版社 1998 年版。
98. ［美］明恩溥：《中国乡村生活》，午晴、唐军译，时事出版社 1998 年版。
99. ［美］唐纳德·G. 季林：《阎锡山研究——一个美国人笔下的阎锡山》，黑龙江教育出版社 1990 年版。
100. ［美］赵鼎新：《社会与政治运动讲义》，社会科学文献出版社 2006 年版。
101. ［英］爱德华·霍列特·卡尔：《历史是什么》，商务印书馆 1981 年版。

102. [英] 杰弗里·巴勒克拉夫：《当代史学主要趋势》，上海译文出版社 1987 年版。

103. [英] 柯林武德：《历史的观念》，商务印书馆 1997 年版。

104. Anthony M. Orum. *Introdution to Political Sociology*. Peking University Press, 2005.

105. Bourdieu, P. et al., *Reproduction in Education, Society and Culture*, London: SAGE Publications, 1990.

106. Dennis H. Wrong. Power. *Its Forms, Bases, and Uses*. Rutgers University, New Brunswik, 1994.

107. Graham Romp. *Game Theory Introduction and Applications*. Oxford University Press, 1997.

108. Harold W. Krhn. *Classics in Game Theory*. Princeton Unversity Press, 1997.

109. K. R. Postan, Fact and Relevance. *Essays on Historical Method*, London. Cambridge University Press, 1971.

110. Parkin Frank. *Class Inequality and Political Order*. Landon. Sage, 1971.

索　引

H

J

K

L

M

N

P

Q

R

S

W

X

Y

Z

后　记

近年来，我一直在匆忙中度过。忙于日常的教学工作，忙于不辍的笔耕生活，总是处于紧张与繁忙状态。先后经历了攻读博士学位、更换工作单位、从事博士后研究、晋升教授职称和博士生导师等一系列在我人生旅途中具有标志性意义的大事。然而，由于时间紧、任务重，因而心理压力大。连续几年一直伏案钻研，埋头写作，无心享受闲暇生活的乐趣，犹如机器般不停地运转。当然，一方面，由于长期以来习惯于这种生活，可以从中自得其乐；另一方面，因为能够不断看到自己耕获的果实，亦可享受收获的喜悦。这大概是每个学者的共同体验，也是大家之所以孜孜以求、伏案钻研的动力所在。

我与教育史结缘是从 1988 年开始的，当时我正在读大学本科历史专业，期间学着撰写了第一篇论文《荀子的学习思想》，当时下了很大功夫，这篇论文花费了近十个月时间，全文长达 2.5 万字。完稿后，我请陈德安教授（著名教育史学家毛礼锐先生的弟子）指导与修改，陈老师看后给予较高评价。他建议将其分成 3 篇，以我们两人合作的名义投寄出去。1989 年冬，3 篇文章均已在核心期刊上发表，其中一篇被《教育史研究》创刊号录用，并领到了几十元的稿费。这对我来说是很大的激励和鞭策，从此我对教育史产生了浓厚的兴趣，之后的 20 多年我便痴迷地潜心于中国教育史研究。起初兴趣在古代教育史，并于 2002 年由山西古籍出版社出版了《道教教育观与儒道学习观研究》，2006 年由科学出版社出版了《中国学习思想史》。师从周洪宇教授攻读博士学位后，将研究重点转向近现代教育史和教育史学理论。在导师的指导下，撰写了题为《守本与开新——阎锡山与山西教育》的博士学位论文，该论文被评为湖北省优秀博士学位论文，并于 2008 年由山东教育出版社出版。为了撰写博士论文，曾北上南下，东奔西走，搜集了大量第一手资料，而博士论文只写到了抗战前，因此，完成博士论文后剩下不少资料尚未使用，再加上自己对区域教育史已经不知不觉产生了兴趣。鉴于以上原因，我在华中师范大学近代史研究所师从马敏教授从事博士后研究时，经与马老师商量，决定将“交锋与博弈：抗战时期区域教育研究——以战时山西教育为个案”作为博士后出站报告的选题。

经过近三年边工作边研究的紧张生活，终于完成了这本40余万字的书稿，并以《抗战时期区域教育研究——以山西为个案》为题出版。在写作过程中，自始至终得到了中国历史学会副会长，华中师范大学党委书记、中国近代史研究所博士生导师马敏教授的悉心指导，从选定题目、搜集资料到拟定提纲、完成全书，乃至结构调整、修改内容、文字润色等，无不凝结着博士后合作导师马敏教授的心血与汗水，在此特表衷心感谢！华中师范大学中国近代史研究所所长、博士生导师朱英教授和华中师范大学副校长、历史文化学院博士生导师彭南生教授，在我撰写出站报告过程中，给予诸多关心、指导与帮助；我的博士生导师、华中师范大学教育学院周洪宇教授，在百忙中经常关心与指导我的出站报告写作，并不时给予睿智的点拨，使我茅塞顿开，受益匪浅；华中师范大学教育学院余子侠教授，在我查阅资料最艰难的情况下，慷慨地将其未出版的资料汇编奉献出来，为我提供了日伪奴化教育的不少有价值的资料；华中师范大学中国近代史研究所章开沅教授、严昌洪教授、罗福惠教授、刘家峰教授、何卓恩教授、郑成林教授、付海晏教授、魏文享教授、许小青教授以及徐炳三博士、彭剑博士等，在我的博士后出站报告写作过程中从不同角度给予指导、支持与帮助，使我受到巨大的精神鼓舞和良好的学术熏陶；华中师范大学教育学院董宝良教授、杨汉麟教授、喻本伐教授、方彤教授、王建梁教授、但昭彬副教授、李先军副教授、郑刚副教授、刘来兵博士、王莹博士，在工作与研究中不时地给予我关心、鼓励与支持，使我感到生活在一个气氛和谐融洽的学术环境当中！特别是人事处王坤先生、张春江女士和历史文化学院庞华君先生在我从事博士后研究期间给予诸多方面的关心、支持与帮助，使我的出站报告得以顺利完成。爱人史降云副教授多年来边工作边操持家务，并支持和鼓励我潜心学术研究，从而保证我全身心投入到研究学问之中。总之，对以上所有关心、指导、支持与帮助过我的专家、领导、同仁、家人一并致以最诚挚的谢意！由于本人学识与视野所限，书中难免存在疏漏与不足之处，望学界同仁不吝赐教！

申国昌

2014年8月16日于武昌桂子山